权威·前沿·原创

皮书系列为
“十二五”“十三五”“十四五”国家重点图书出版规划项目

智库成果出版与传播平台

广西师范大学
桂林发展研究院 研创

桂林经济社会发展报告（2021）

ANNUAL REPORT ON ECONOMIC AND SOCIAL DEVELOPMENT OF GUILIN (2021)

主　编 / 贺祖斌　钟　洪

社会科学文献出版社
SOCIAL SCIENCES ACADEMIC PRESS (CHINA)

图书在版编目(CIP)数据

桂林经济社会发展报告.2021/贺祖斌，钟洪主编
.--北京：社会科学文献出版社，2022.4
（桂林蓝皮书）
ISBN 978-7-5201-9762-5

Ⅰ.①桂… Ⅱ.①贺… ②钟… Ⅲ.①区域经济发展
-研究报告-桂林-2021 Ⅳ.①F127.673

中国版本图书馆CIP数据核字（2022）第027845号

桂林蓝皮书
桂林经济社会发展报告（2021）

主　　编／贺祖斌　钟　洪

出 版 人／王利民
组稿编辑／周　丽
责任编辑／徐崇阳　张丽丽
责任印制／王京美

出　　版／社会科学文献出版社·城市和绿色发展分社（010）59367143
　　　　　地址：北京市北三环中路甲29号院华龙大厦　邮编：100029
　　　　　网址：www.ssap.com.cn
发　　行／社会科学文献出版社（010）59367028
印　　装／天津千鹤文化传播有限公司

规　　格／开　本：787mm×1092mm　1/16
　　　　　印　张：23.75　字　数：356千字
版　　次／2022年4月第1版　2022年4月第1次印刷
书　　号／ISBN 978-7-5201-9762-5
定　　价／188.00元

读者服务电话：4008918866

编辑委员会

主要编撰者简介

贺祖斌　1965年生，广西灌阳人，二级教授，教育学博士，博士生导师。广西师范大学校长、党委副书记，广西社科联副主席，广西壮族自治区政协委员，桂林发展研究院院长，中宣部全国文化名家暨“四个一批”理论人才，享受国务院政府特殊津贴专家，广西优秀专家等。厦门大学、华中科技大学兼职教授、博士生导师，中国教育发展战略学会高等教育专业委员会副理事长。出版《高等教育生态论》《区域高等教育发展论》《高等教育质量论》等论著18部，发表学术论文160余篇，获国家教学成果奖2项、自治区教学成果一等奖5项、广西社会科学优秀成果一等奖3项。主持完成国家社科基金项目、全国教育科学规划项目等课题20余项。研究方向：高等教育生态与管理、区域经济与高等教育、教师教育等。

序　言

2020年是具有里程碑意义的一年，这一年不仅是桂林市“两个建成”和“十三五”规划的收官之年，而且是脱贫攻坚的决胜之年。在“十四五”开局之年和全面建设社会主义现代化国家新征程开启之年，2021年4月，习近平总书记亲临桂林视察，赋予桂林打造世界级旅游城市的重要历史使命，反复嘱咐我们要当好守护桂林山水的“二郎神”，全面推进乡村振兴，用好红色资源，为桂林发展指明了前进方向、提供了根本遵循、注入了强大动力，全市上下倍感振奋、备受鼓舞。桂林市正在深入学习习近平总书记视察桂林的重要指示精神，准确把握新发展阶段，全面贯彻新发展理念，服务构建新发展格局，以“起步就要提速、开局就要争先”的奋斗姿态，开启发展新征程。

在新的历史时期，桂林市经济社会发展在迎来诸多机遇与有利条件的同时，也面临一系列挑战和亟待补齐的短板。如何科学地评估“十三五”时期桂林市经济社会发展所取得的成效，分析和把握经济社会发展规律和特点，揭示桂林市经济社会发展中存在的不足等，则成为我们关注的重要主题。在桂林市全力推进桂林国际旅游胜地、国家可持续发展议程创新示范区建设，引领经济社会高质量发展的过程中，我们决定通过编撰蓝皮书的方式为桂林市经济社会持续健康稳定发展提供战略性和前瞻性的分析研究。

本报告是广西师范大学、桂林发展研究院的研究成果，同时也是广西师范大学珠江—西江经济带发展研究院的重要智库成果；由广西师范大学、桂林发展研究院组织研究机构和新型智库专家、高校学者以及政府研究人员撰写。在研究过程中，本报告的撰写得到桂林市委、市政府主要领导的多次关心和指导。在此，衷心感谢桂林市委、市政府的大力支持和帮助。

《桂林经济社会发展报告（2021）》的编撰坚持以习近平新时代中国特色社会主义思想为指导，围绕中央和自治区的各项决策部署，将“加快建设新城，疏解提升老城；产业融合发展，城乡协调推进；生态文化相融，富裕和谐桂林”的总体要求统筹起来，对2020年桂林市经济社会运行状况及热点、焦点和难点问题进行深入的研究与分析。本报告涵盖了经济、社会、文化、旅游、农业农村等多个领域，体系完备、内容翔实、数据可靠，具有鲜明的时效性、科学性和前沿性，可以为政府及社会各界的科学决策提供重要参考。这势必将进一步推进桂林市经济社会发展相关议题的深入探讨，也为我国其他地区经济社会发展提供重要的决策参考和实践借鉴。

我们希望以此报告的出版为契机，牢记总书记的殷殷嘱托，撸起袖子加油干，以世界级旅游城市建设统领全市经济社会发展；全力提升旅游品质，增强世界级旅游城市竞争力；全力推进产业振兴，增强世界级旅游城市支撑力；全力推进乡村振兴，增强世界级旅游城市承载力；全力呵护好桂林山水，增强世界级旅游城市吸引力；全力建设最宜居城市，增强世界级旅游城市聚集力；全力用好红色资源，增强世界级旅游城市文化引领力；全力提高人民生活品质，增强世界级旅游城市感召力；走出一条符合桂林实际的高质量发展之路，为建设新时代中国特色社会主义壮美广西贡献新的力量！

是为序。

《桂林经济社会发展报告（2021）》编辑委员会

2021年12月

摘 要

"十三五"时期，桂林以习近平新时代中国特色社会主义思想为指导，按照习近平总书记赋予广西的"三大定位"新使命和"五个扎实"新要求，坚持新发展理念，对标世界一流，推动桂林加快建设国家可持续发展议程创新示范区、全国旅游创新发展先行区、全国生态文明建设示范区、国家健康旅游示范基地，建成世界一流旅游目的地和国际文化交流中心。

《桂林经济社会发展报告（2021）》由总报告、分报告和专题报告三部分构成。总报告对过去五年桂林经济社会发展形势进行回顾分析，对"十三五"规划实施情况进行全面客观评估，并对"十四五"期间的发展态势进行展望。报告认为，经过"十三五"期间抓重点、补短板、强弱项、扬优势、增后劲，桂林"两个建成"战略目标顺利实现，工业振兴和乡村振兴"两大振兴"战略深入推进，城市现代化水平不断提高，全面打赢脱贫攻坚战，统筹城乡全面协调发展，城乡居民幸福指数不断攀升；但现阶段桂林市经济社会发展过程中仍然存在风险挑战应对能力偏弱、旅游胜地"国际一流品质"层次较低、工业发展短板突出、城乡发展不均衡不协调等诸多问题。在"十四五"乃至未来更长时期内，需要继续对标国际一流，创造宜业、宜居、宜乐、宜游的良好环境，推动国际旅游城市建设；进一步确立制造业是产业根本的指导思想，强力推进工业振兴，补齐制造业发展短板；聚力乡村振兴，推进农业农村优先发展；聚力绿色可持续发展，优化"三生空间"；实施东融南拓，积极融入国内国际双循环；整合创新资源，以创新引领培育发展内生动力；着力保障民生，提高人民幸福指数。

本书的分报告和专题报告是总报告核心内容的进一步拓展，梳理桂林国际旅游胜地建设的重要成果，总结梳理桂林国际旅游胜地建设发展的基本经验，并对制约桂林旅游发展的因素进行分析，对桂林打造世界旅游城市进行展望，提出相关对策建议；围绕桂林市建设国家可持续发展议程创新示范区的新愿景，从推进“自然景观资源保育、生态旅游创新发展、生态农业创新发展、文化康养产业创新发展、创新驱动能力支撑”五大行动分析示范区建设现状，系统总结示范区建设的成效，对示范区目前存在的建设合力需进一步增强、可持续发展创新动能不足、景观资源保育任务艰巨等问题进行分析，提出推进示范区建设的政策建议。

此外相关报告围绕工业振兴、乡村振兴、特色小镇建设引领新型城镇化发展、大健康产业发展、社会发展等核心内容，力求全面反映桂林在构建新发展格局背景下经济社会发展的现实基础、比较优势、面临问题、战略机遇和主攻方向等。

关键词： 国际旅游胜地　国家可持续发展示范区　高质量发展　桂林市

目　录

Ⅰ　总报告

Ⅱ　分报告

Ⅲ　专题报告

Ⅳ 附 录

皮书数据库阅读**使用指南**

总 报 告

General Report

B.1

“十三五”时期桂林市经济社会发展评估及展望

刘俊杰　叶允最　桂 曦*

摘　要：本文紧密围绕“十三五”时期桂林市经济社会发展目标、任务与政策举措，回顾总结与系统评估“十三五”时期桂林市经济社会发展情况与成效，分析发展中的短板与制约，对“十四五”时期桂林市经济社会发展提出对策建议。“十三五”时期桂林市围绕“两个建成”总体战略目标，加快树立落实新发展理念、推进供给侧结构性改革、创新驱动转型升级和全面深化改革。经过五年发展，桂林市“两个建成”战略目标顺利实现，工业振兴和乡村振兴“两大振兴”战略深入推进，经济综

* 刘俊杰，博士，广西师范大学经济管理学院教授，广西师范大学珠江—西江经济带发展研究院副院长，中国区域经济学会珠江—西江经济带专业委员会常务副主任委员兼秘书长，研究方向为区域发展与城乡关系；叶允最，广西红色文化教育咨询有限公司研究员，研究方向为旅游与乡村振兴；桂曦，广西师范大学经济管理学院硕士研究生，研究方向为人口、资源与环境经济学。

合实力全面提升，城市现代化水平不断提高，全面打赢脱贫攻坚战，统筹城乡全面协调发展，城乡居民幸福指数不断攀升，社会民生事业和生态文明建设取得重大进展，文化软实力显著增强，全方位高水平开放发展格局正在加快形成。但现阶段桂林市经济社会发展进程中仍然存在风险挑战应对能力偏弱、旅游胜地“国际一流品质”层次较低、工业发展短板突出、城乡发展不均衡不协调等诸多问题。在“十四五”乃至未来更长时期内，桂林应继续对标国际一流，创造宜业、宜居、宜乐、宜游的良好环境，推动国际旅游城市建设；确立制造业是产业根本的指导思想，强力推进工业振兴，补齐制造业发展短板；聚力乡村振兴，推进农业农村优先发展；聚力绿色可持续发展，优化“三生空间”；实施东融南拓，积极融入“双循环”；整合创新资源，培育发展内生动力；着力保障民生，提高人民幸福指数。

关键词：“十三五”规划　经济社会发展评估　桂林

“十三五”时期是桂林市实现全面建成小康社会和基本建成国际旅游胜地“两个建成”目标的决胜期，是树立落实新发展理念、推进供给侧结构性改革、创新驱动转型升级和全面深化改革的攻坚期，是打赢脱贫攻坚战、统筹城乡发展、推进乡村振兴和实现高水平开放发展的战略关键期。“十三五”期间，面对严峻复杂的国际国内环境和艰巨繁重的改革发展稳定任务，桂林市在自治区党委、政府的正确领导下，坚持以习近平新时代中国特色社会主义思想为指导，围绕中央、自治区的各项决策部署，深入贯彻新发展理念，以推进供给侧结构性改革为主线，坚持桂林国际旅游胜地建设“一本蓝图绘到底”，围绕“加快建设新城、疏解提升老城，产业融合发展、城乡协调推进，生态文化相融、富裕和谐桂林”的总体要求，统筹推进稳增长、促改革、调结构、惠民生、防风险、保稳定各项工作。特别是在新冠肺炎疫情发生后，桂林坚持人民至上、生命至上，扎实做好“六稳”工作、全面落实“六保”任务，打赢疫情防控和经济社会发展两场硬仗。“十四五”时期是开启全面建设社会主义现代化国家新征程的第一个五年，也是桂林市深入贯彻新发展理念，加快构建新发展格局，以“起步就要提速、开局就要争先”的奋斗姿态，全力打好工业振兴这场硬仗的关键节点，科学评估桂林市“十三五”时期经济社会发展现状与成效，总结经验教训，对推进桂林市“十四五”高质量发展意义重大。

一 “十三五”时期桂林市经济社会发展总体情况

（一）战略目标实施完成情况

五年来，桂林市紧紧围绕“十三五”规划纲要提出的“全面建成小康社会和基本建成国际旅游胜地”目标，全力抢抓发展机遇，有效应对风险挑战，经济综合实力全面提升，城市现代化水平不断提高，生态文明建设取得重大进展，文化软实力显著增强，城乡居民幸福指数不断攀升。

1. 全面建成小康社会取得决定性成就

2020 年桂林市地区生产总值达到 2130.41 亿元，城镇居民人均可支配收入和农村居民人均可支配收入分别达到 3.81 万元和 1.73 万元，按可比价格计算，分别是 2010 年的 2.1 倍、2.2 倍和 3 倍，超额完成目标（见图 1）。决战脱贫攻坚取得决定性胜利，29.75 万建档立卡贫困人口全部脱贫，510 个贫困村全部出列，3 个贫困县全部摘帽，贫困地区面貌和贫困群众生活发生翻天覆地变化。2019 年桂林全面建成小康社会的 6 大类 53 项指标完成率达 98% 以上，全面建成小康社会取得决定性成就。

2. 基本建成国际旅游胜地

《桂林国际旅游胜地建设发展规划纲要》自 2012 年获批以来，桂林市始终坚持国际旅游胜地建设“一本蓝图绘到底”的原则，至 2020 年四大战略定位逐步实现，12 项指标基本完成。世界一流旅游目的地建设成效凸显，

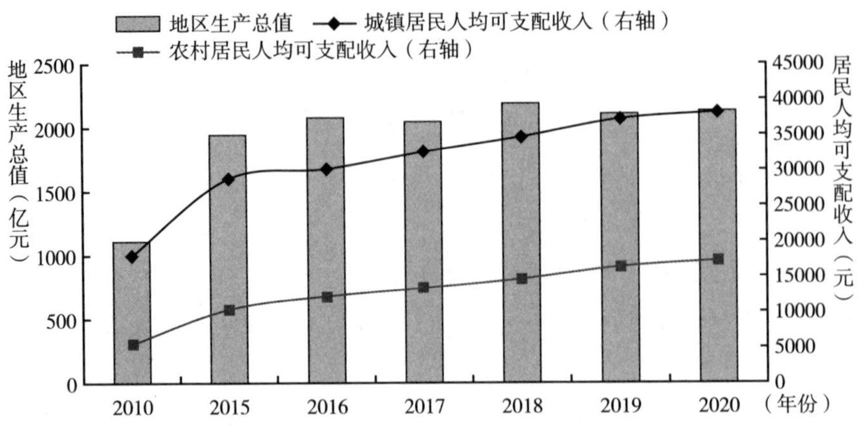

图1　2010～2020 年桂林市地区生产总值及城乡居民人均可支配收入变动情况

资料来源：桂林市历年国民经济和社会发展统计公报。

桂林市接待旅游总人数和旅游总收入分别由“十二五”时期末的4470万人次和517.3亿元提升至2020年的1.02亿人次和1233.5亿元（见图2、图4）。旅游趋势与展望国际论坛、中国—东盟博览会旅游展等重要论坛展会成为推进国际区域性文化旅游交流合作的重要平台，国际国内影响力持续提升。全国旅游创新发展先行示范区建设“创新先行”，旅游综合改革、旅游用地改革、“厕所革命”等创新型治理模式在全国产生一定示范效应。

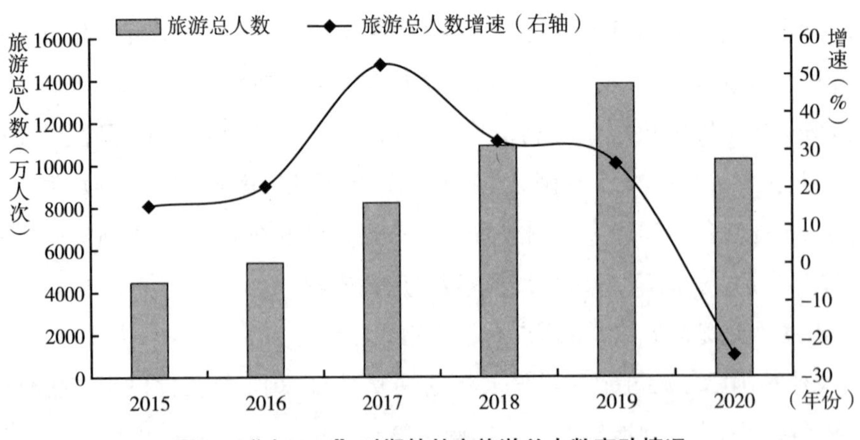

图2　“十三五”时期桂林市旅游总人数变动情况

资料来源：桂林市历年国民经济和社会发展统计公报。

（二）经济社会指标完成情况

桂林市"十三五"规划纲要从经济发展、创新驱动、民生福祉和生态文明4个方面提出了34项经济社会发展指标目标①，其中预期性指标20项、约束性指标14项。本文紧密围绕这些指标目标，具体揭示桂林市"十三五"时期经济社会发展总体现状。由表1可以看出，在34项经济社会发展指标中，实际达到规划目标的指标有20项，未达到规划目标的有14项（其中9项为经济类指标）。从指标完成程度看，34项指标总体完成程度约为58.80%，其中预期性指标完成度为30.00%、约束性指标完成度为100%。

表1 "十三五"时期桂林市主要指标实施完成情况统计

单位：个，%

指标项目		指标数量	完成项数	完成程度
总体情况		34	20	58.80
按指标类型	经济发展类指标	12	3	25.00
	创新驱动类指标	3	2	66.70
	民生福祉类指标	10	6	60.00
	生态文明类指标	9	9	100.00
按指标性质	预期性指标	20	6	30.00
	约束性指标	14	14	100.00

资料来源：桂林市历年国民经济和社会发展统计公报。

从分类指标看，"十三五"时期桂林市经济发展、创新驱动、民生福祉和生态文明4个维度指标完成情况差异性明显，其中12项经济类指标完成程度仅为25.00%，3项创新驱动类指标完成程度为66.70%，10项民生福祉类指标完成程度为60.00%，9项生态文明类指标完成程度达到100%。

1. 经济发展类指标

在12项经济类发展指标中，仅有服务业增加值比重、旅游总收入、户籍人口城镇化率3项指标如期完成规划目标。

---

① 原为33项目标，因城镇化率指标分户籍人口城镇化率和常住人口城镇化率两个子项，二者指标属性、目标值均不同，故按2项计。

桂林市服务业增加值比重由“十二五”时期末的36.2%提升至2020年的54.4%，超出预期规划9.4个百分点，同时年均增速达到3.48%，高出预期年均增速目标1.74个百分点（见图3），超额完成规划目标。

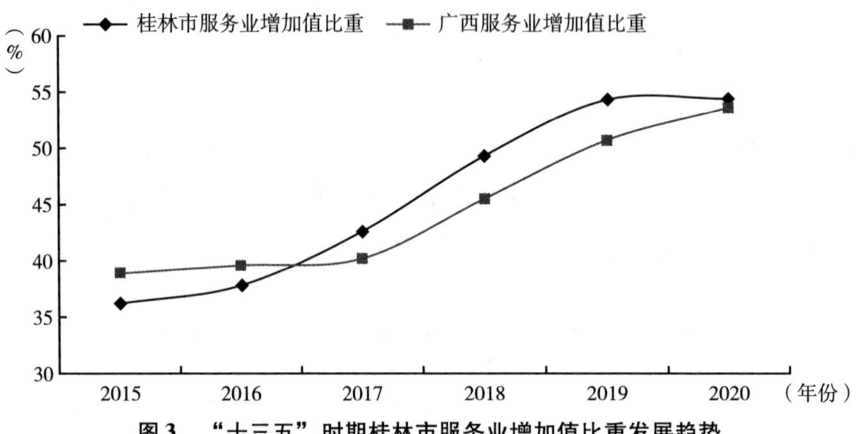

图3　“十三五”时期桂林市服务业增加值比重发展趋势

资料来源：桂林市历年国民经济和社会发展统计公报。

桂林市旅游总收入由“十二五”时期末的517.3亿元提升至2020年的1233.5亿元，增长了1.38倍，完成了1000亿元的规划目标，年均增速达到23.80%，高出规划年均增速目标8.8个百分点，年均增速目标完成率达100%，顺利完成规划目标任务（见图4）。

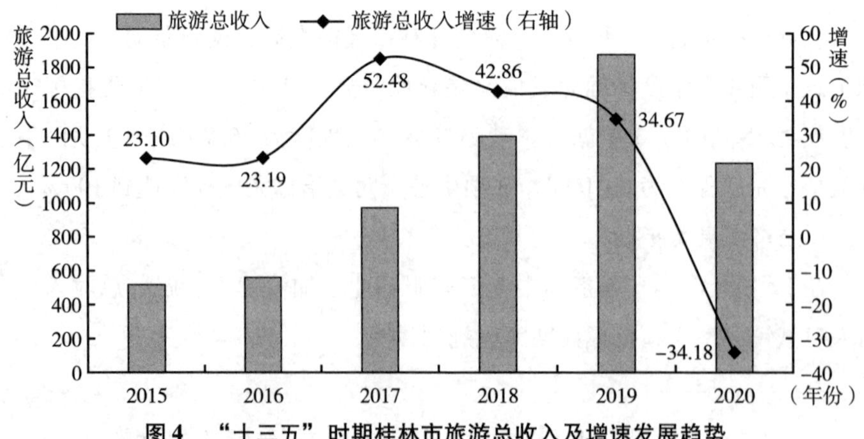

图4　“十三五”时期桂林市旅游总收入及增速发展趋势

数据来源：桂林市历年国民经济和社会发展统计公报。

“十三五”时期桂林市户籍人口城镇化率总体呈现稳步提高发展态势（见图5），由2015年的30.51%提升至2020年的41.30%，年均增速达10.8%，超出规划目标0.3个百分点，有效完成规划年均增速目标。同时，2019年桂林市城镇户籍人口达206.62万人，较“十二五”时期末新增63.62万人，完成自治区交付的新增50万农业转移人口落户的目标任务。

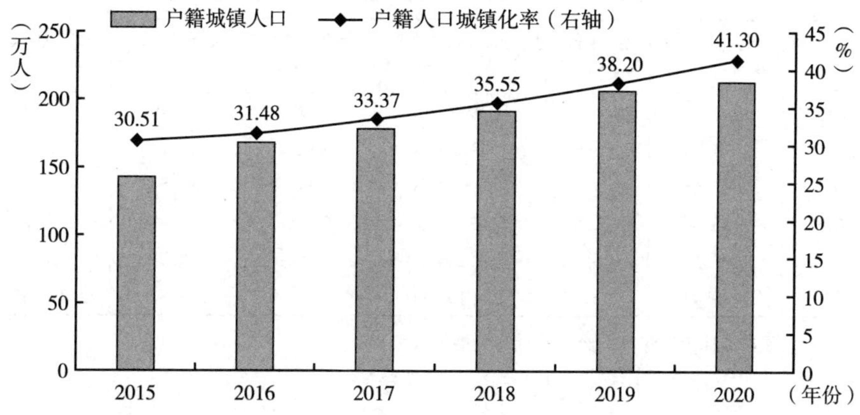

图5　“十三五”时期桂林市户籍城镇人口城镇化率及增速发展趋势

资料来源：桂林市历年国民经济和社会发展统计公报。

另外，在经济类指标中仍有地区生产总值、人均地区生产总值、财政收入、固定资产投资、社会消费品零售总额、进出口总额、工业增加值、常住人口城镇化率、全员劳动生产率9项指标任务未能如期完成。

地区生产总值、人均地区生产总值、财政收入3项指标的完成程度分别为60.87%、61.82%和70.24%，与规划目标仍有较大差距。由表2可以看出，2020年桂林市地区生产总值为2130.41亿元，按可比价计算，是2015年的1.10倍，但与3500亿元的规划目标差距较大，且年均增速仅为5.26%，与规划年均增速8%的预期目标差距达2.74个百分点，目标完成率仅为60.87%。同时，2020年桂林市人均地区生产总值为43197元，较“十二五”末增加了3823元，年均增长率为4.54%，未能完成7%的预期目标。财政收入由“十二五”时期末的258.79亿元降至2020年的207.87亿元，2020年较2019年下降19.7%，其中，一般公共预算收入111.49亿元，同比下降27.0%，税收收入165.79亿元，同比下降8.6%。一般公共预算支出471.93亿元，同比下降4.8%。“十三五”期间，桂林市财政收入年均增速为0.46%，与规划年均增速7%的预期性目标相差较大。

表2　“十三五”时期桂林市地区生产总值及财政收入情况

年份	地区生产总值(亿元)	地区生产总值增速(%)	人均地区生产总值(元)	人均地区生产总值增速	财政收入(亿元)	财政收入增速(%)
2015	1942.97	8.00	39374.00	7.10	258.79	7.20
2016	2075.89	6.90	41639.00	6.00	223.76	7.00
2017	2045.18	3.90	40632.00	2.90	239.54	7.00
2018	2186.30	6.90	43110.55	6.10	257.01	7.30
2019	2105.56	6.50	41294.00	5.90	258.79	0.70
2020	2130.41	2.10	43197.00	1.80	207.87	-19.70

资料来源：桂林市历年国民经济和社会发展统计公报。

固定资产投资和社会消费品零售总额的目标完成率分别为74.08%和73.46%，均未能完成目标任务。从总量水平看，2020年桂林市固定资产投资为1178亿元，高于“十二五”时期末的659亿元，但与规划总量目标3380亿元相差2202亿元；从增速上看，“十三五”期间桂林市固定资产投资年均增长率达到9.70%，但仍低于规划年均增速目标3.3个百分点。另外，2020年桂林市社会消费品零售总额为888.9亿元，是“十二五”时期末的1.3倍，但低于规划总量目标，且年均增长率仅为6.20%，与规划年均增速10%的目标仍相差3.8个百分点，目标完成率仅为73.46%。究其原因，主要受新冠肺炎疫情冲击，导致市场消费受挫（见图6）。

进出口总额目标完成率仅为89.36%。受新冠肺炎疫情等不可预估、不可控的因素的叠加影响，桂林市进出口总额虽然由“十二五”时期末的57.32亿元提升至2020年的72.14亿元，但低于规划总量目标8.59亿元，年均增长率为5.40%与增速目标相差2.6个百分点（见图7）。

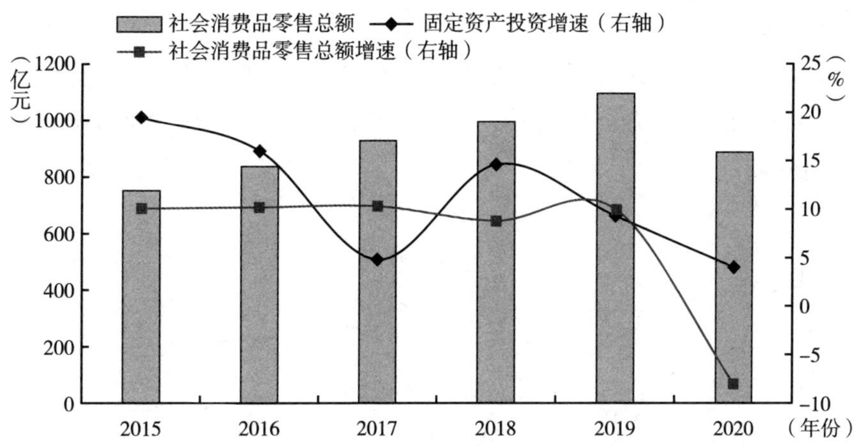

图6　“十三五”时期桂林市固定资产投资和社会消费品零售总额发展趋势

数据来源：桂林市历年国民经济和社会发展统计公报。

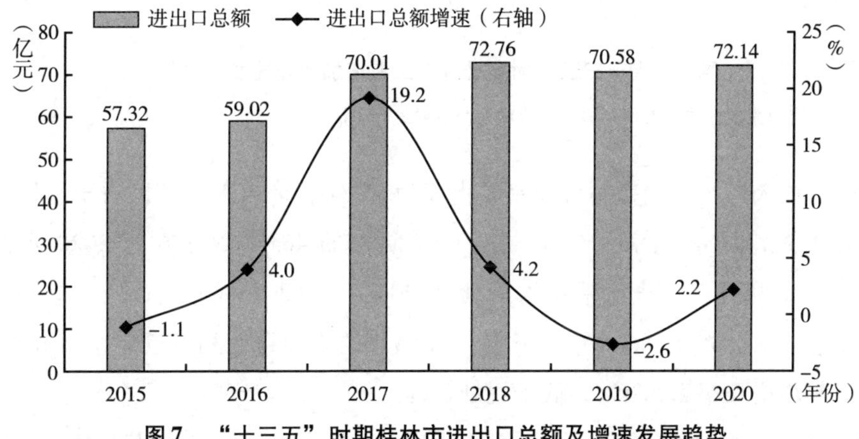

图7　“十三五”时期桂林市进出口总额及增速发展趋势

资料来源：桂林市历年国民经济和社会发展统计公报。

工业增加值目标完成程度相对较低，制造业发展短板尤为明显。2020年全市全部工业增加值比2019年增长5.20%，其中规模以上工业增加值增长6.70%。在规模以上工业企业中，分经济类型看，国有企业增加值增长29.50%，集体企业增长15.40%，股份制企业增长6.40%，外商及港澳台投资企业下降5.60%；分三大门类看，采矿业增加值增长10.30%，制造业增加值增长3.3%，电力、热力、燃气及水的生产和供应业增加值增长

27.10%；从产业结构看，高技术行业增加值增长22.00%，高耗能行业增长5.00%①。“十三五”期间，全市工业增加值增速由2016年的0.90%提升至2020年的5.20%（见图8），年均增长2.60%，与年均增长9%的规划目标相差较大。

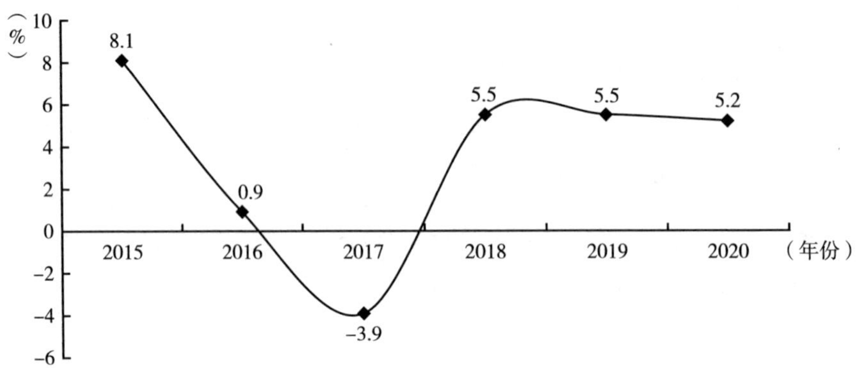

图8 “十三五”时期桂林市工业增加值增速发展趋势

资料来源：桂林市历年国民经济和社会发展统计公报。

常住人口城镇化率的目标完成程度为95.60%。由图9可以看出，桂林市常住人口城镇化率由“十二五”时期末的46.70%提升至2020年的52.58%，低于广西全区平均水平（54.20%）1.62个百分点，低于全国平均水平（60.60%）8.02个百分点，与55%的规划目标相差近3个百分点，同时年均增长率为5.4%，低于规划目标。

全员劳动生产率的目标完成率仅为51.20%。2020年桂林市全员劳动生产率为2.41万元/人，低于“十二五”时期末4.19万元/人，同时低于规划总量目标7.59万元/人。同时，由图10可以看出，桂林市全员劳动生产率增速由2015年的5.60%波动下降至2020年的1.46%，年均增长率仅为4.47%，与8.7%的规划年均增速相差4.23个百分点。

① 桂林市统计局、国家统计局桂林调查队：《2020年桂林市国民经济和社会发展统计公报》，广西桂林市人民政府门户网站，https://www.guilin.gov.cn/glsj/sjfb/tjgb/202104/t20210430_2028569.shtml。

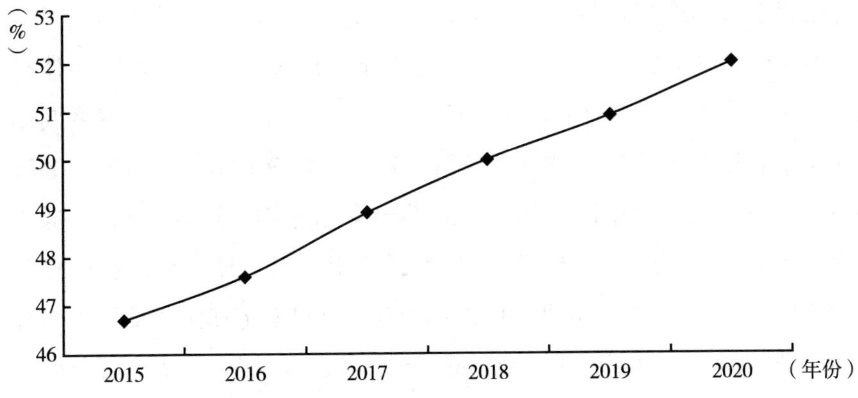

图 9 “十三五”时期桂林市常住人口城镇化率发展趋势

资料来源：桂林市历年国民经济和社会发展统计公报。

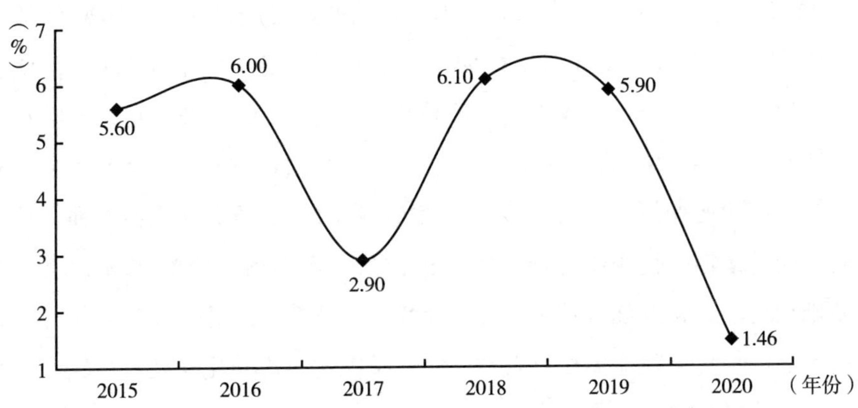

图 10 “十三五”时期桂林市全员劳动生产率增速发展趋势

资料来源：桂林市历年国民经济和社会发展统计公报。

地区生产总值、人均地区生产总值、财政收入、固定资产投资、社会消费品零售总额、进出口总额、工业增加值、常住人口城镇化率、全员劳动生产率 9 项经济类指标未能如期完成目标任务的主要原因如下。

其一，复杂多变的国内外形势带来的影响超出预期。“十三五”以来，经济发展形势和内外部环境变化呈现诸多不确定性，面临新常态下“三期叠加”的压力，以及新冠肺炎疫情、非洲猪瘟、贸易摩擦等不可预估、不可控因素带来的严峻挑战。特别是 2020 年，作为服务业主导的旅游城市，桂林市受新冠肺炎疫情的影响和冲击远大于全区其他地市。2020 年桂林市接待游客、旅游总消费分别只有 2019 年的 74%、65.8%，入境游客同比下降 97%，限额以上住宿业和餐饮业营业额全年增速同比分别下降 44.5%、10.5%。"十三五"期间，桂林市地区生产总值年均增速为 5.3%，低于规划目标 2.7 个百分点。从全区看，自治区"十三五"期间地区生产总值年均增长率为 6.1%，低于规划目标 1.4 个百分点；南宁和柳州地区生产总值年均分别增长 5.8%、4.9%，分别低于规划目标 2.2 个、3.1 个百分点。

其二，经济内生动力不强。桂林经济发展在很大程度上还是以要素驱动、投资驱动型为主，受宏观调控政策趋紧以及民间投资信心不足影响，固定资产投资年均增长 9.7%，低于规划目标 3.3 个百分点，较"十二五"时期低 14 个百分点，稳增长支撑后劲不足。从产业发展格局看，2020 年桂林三次产业结构占比为 22.8∶22.8∶54.4，工业增加值年均增长 2.6%，低于规划目标 6.4 个百分点，成为经济发展的最大短板。建筑业受房地产宏观调控政策影响，年均增长 5.2%，低于"十二五"时期（13.6%）8.4 个百分点；第三产业增加值年均增长 6%，旅游业和消费市场对外依赖性强，批零住餐及交通运输等传统服务业增加值仍占第三产业增加值的 50% 以上；农业基础相对较好，发展也较为平稳，年均增长 5.3%，但以传统经营模式为主的农业结构抗风险能力相对较弱，农业组织化、规模化发展水平较低，对桂林市经济增长的带动作用有限。

其三，政策调整影响部分指标数据核算。首先，统计政策调整使相应指标总量缺乏可比性。2019 年全国开展第四次经济普查，将桂林市 2018 年地区生产总值核定为 1901.12 亿元（低于"十三五"规划基年即 2015 年的 1943 亿元），将 2018 年工业增加值核定为 272.87 亿元（2015 年为 745 亿元）。其次，2018 年 500 万 ~ 5000 万元固定资产投资项目核算由形象进度法更改为财务支出法，投资完成量核减了 60% 左右，总量不可比。减税降费效应持续显现，财政收入增幅回落。从 2017 年开始，中央实施一系列税制改革和减税降费政策，在短期内给地方财政收入带来一定程度的影响。2017

年桂林市减税降费27.59亿元（不含社保费，下同），拉低当年财政收入增幅12.3个百分点；2018年桂林市减税降费39.26亿元，拉低当年财政收入增幅16.4个百分点；2019年桂林市新增减税降费22.44亿元，拉低当年财政收入增幅8.7个百分点；2020年叠加支持受新冠肺炎疫情影响的中小企业复工复产各项财税优惠政策，桂林市全年新增减税降费超13亿元，拉低当年财政收入增幅5个百分点。

2. 创新驱动类指标

在创新驱动类3项指标中，每万人口发明专利拥有量、互联网普及率两项指标如期完成规划目标，研究与试验发展经费支出占GDP比重未能如期完成规划目标。具体分析如下。

每万人口发明专利拥有量由“十二五”时期末的4.6件提升至2020年的8.95件，是全区的1.95倍（全区4.6件），超出规划总量目标0.95件，年均增长率为15.3%，达到规划年均增速目标。另外，固定宽带家庭普及率和移动宽带用户普及率分别由“十二五”时期末的60%和35%提升至2020年的95%和92%，远超规划总量目标，同时年均增长率分别达到30%和57%（见图11），分别超出预定增速目标5个百分点和17个百分点，因此互联网普及率目标顺利完成。

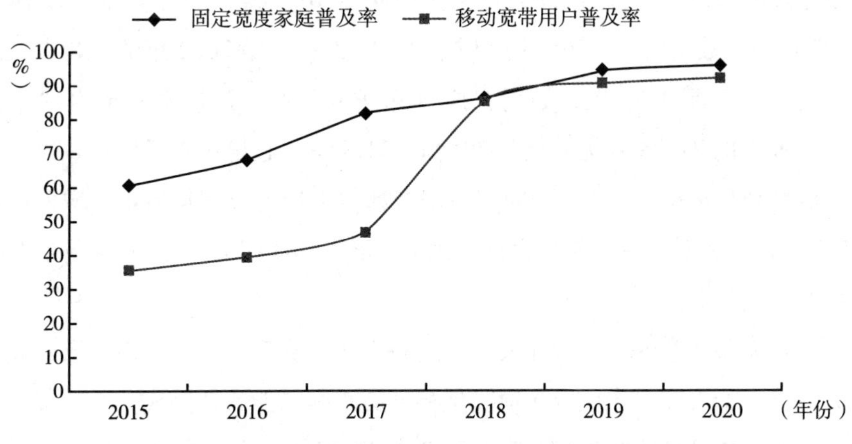

图11 “十三五”时期桂林市互联网普及率发展趋势

资料来源：桂林市历年国民经济和社会发展统计公报。

但是，研究与试验发展经费支出占 GDP 的比重不足 1%，低于预期目标 1.2 个百分点，未能达到预期目标。桂林市创新投入强度在全区各设区市排名第 4（落后于南宁、柳州、防城港），与全国平均水平（2.32%）仍有较大差距。主要原因在于：一是市场主体创新驱动的内在活力不足，企业研发经费投入占投入总量比重不到 50%，低于全国 78%、广西 69% 的水平；高新技术产业产值占比仅为 17% 左右，制造企业多处于产业链的中低端，不论是自主创新、集成创新，还是引进消化吸收再创新能力都比较薄弱。二是产学研结合度不够，科技成果就地转化率较低，且高校、科研院所的研发经费投入主要来源于各级政府资金，在争取上级科技项目资金上与南宁差距较大。三是受经济发展水平及工业化阶段制约，高技术人才和高端产业人才相对缺乏。

3. 民生福祉类指标

农村贫困人口脱贫、基本养老保险参保率、城镇保障性住房建设和棚户区改造、每千常住人口执业（助理）医师数、人均预期寿命、新增劳动力平均受教育年限 6 项指标如期完成目标任务。具体而言，基本养老保险参保率由“十二五”时期末的 90% 提升至 2020 年的 98%，年均参保率 98% 以上，如期完成规划目标；“十三五”期间累计完成城镇化保障性住房和棚户区改造 6.16 万套，超出规划累计增量目标 1.16 万套；每千常住人口执业（助理）医师数由“十二五”时期末的 2.24 人提升至 2020 年的 2.8 人，高出规划总量目标 0.51 人，如期完成目标任务；人均预期寿命也由“十二五”时期末的 77.88 岁提升至 2020 年的 78.8 岁，超出规划目标 0.8 岁，如期完成规划目标；“十三五”期间新增劳动力平均受教育年限年均增速达到 1.5%，完成规划目标任务；农村贫困人口累计实现 29.75 万人脱贫，全面打赢脱贫攻坚战。

但是需要注意的是，常住人口、居民人均可支配收入、城镇新增就业人数、每千名老人养老床位数 4 项民生福祉类指标未能如期完成。

居民人均可支配收入目标完成程度为 90.43%，由“十二五”时期末的 18960 元提升至 2020 年的 28161 元，与规划总量目标相差 2979 元，同时年

均增速为 8.4%，与年均增速规划目标相差 2.6 个百分点，未能如期完成规划目标。其中，城镇居民人均可支配收入由 2015 年的 28768 元提升至 2020 年的 38145 元（见图 12），与规划总量目标仍然存在 5115 元的差距，同时年均增速为 6.3%，低于规划增速目标 2.2 个百分点；农村居民人均可支配收入也由 2015 年的 10365 元提升至 2020 年的 17345 元，虽然超出规划总量目标 1025 元，但年均增速与规划年均增速目标相差 0.14 个百分点。

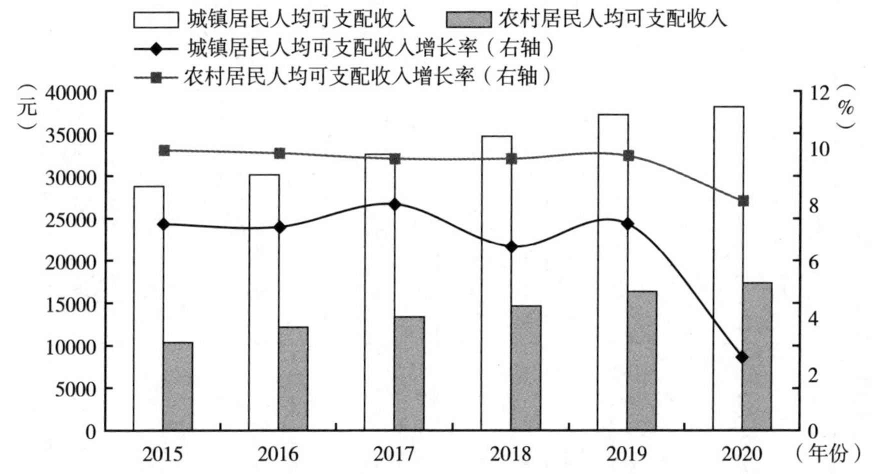

图 12 “十三五”时期桂林市城乡居民人均可支配收入发展趋势

资料来源：桂林市历年国民经济和社会发展统计公报。

另外，常住人口由“十二五”时期末的 495 万人提升至 2020 年的 514 万人，与规划总量目标相差 6 万人左右，年均增长率为 0.75%，但与规划增速目标相差 0.25 个百分点，目标完成率仅为 71%，未能如期完成规划目标任务。同时，“十三五”期间桂林市城镇累计新增就业 27.41 万人，与规划目标相差 12.59 万人，目标完成率仅为 68.53%，未能如期完成规划目标任务。每千名老人养老床位数由“十二五”时期末的 18.45 张提升至 2020 年的 30.1 张，养老基础设施建设实现大幅提升，但仍落后于全区平均水平（30.4 张），且与规划总量目标相差 9.9 张，年均增长率仅为 3.93%，目标完成率仅为 75.25%，未能如期完成规划目标任务。这些指标未能达标的

表 3　桂林市“十三五”规划纲要主要指标目标与实施情况对照

指标		指标属性	规划目标		“十三五”时期指标完成情况(%)							2020 年绝对值	目标完成度(%)	是否完成规划目标
			2020 年	年均增速(%)/五年累计	2016 年	2017 年	2018 年	2019 年	2020 年	年均增速/五年累计完成情况				
										桂林市	自治区			
经济发展	1. 地区生产总值(亿元)	预期性	3500	8	6. 90	3. 90	6. 90	6. 50	2. 10	5. 26	6. 10	2130. 41	60. 87	否
	2. 人均地区生产总值(元)	预期性	67400	7	6. 00	2. 90	6. 10	5. 90	1. 80(预计数)	4. 54(预计数)	5. 20	43197	61. 82	否
	3. 财政收入(亿元)	预期性	296	7	7. 00	7. 00	7. 30	0. 70	-19. 70	0. 46	3. 70	207. 87	70. 24	否
	4. 固定资产投资(亿元)	预期性	3380	13	16. 00	4. 80	14. 60	9. 30	4. 00	9. 70	10. 00	1178	74. 08	否
	5. 社会消费品零售总额(亿元)	预期性	1210	10	10. 20	10. 30	8. 80	10. 00	-8. 10	6. 20	6. 30	888. 9	73. 46	否
	6. 进出口总额(亿元)	预期性	80. 73	8	4. 00	19. 20	4. 20	-2. 60	2. 20	5. 40	8. 80	72. 14	89. 36	否
	7. 工业增加值(亿元)	预期性	1300	9	0. 90	-3. 90	5. 50	5. 50	5. 20	2. 60	3. 60	290. 56	22. 35	否
	8. 服务业增加值比重(%)	预期性	45	[8. 8]	36. 2	42. 6	49. 3	54. 3	54. 4	[18. 2]	—	54. 4	100	是
	9. 城镇化率(%)	—	—	—	—	—	—	—	—	—	—	—	—	—
	常住人口城镇化率(%)	预期性	55	[8. 4]	47. 60	48. 9	50	50. 9	52. 58	[5. 4]	[4. 94]	52. 58	95. 60	否
	户籍人口城镇化率(%)	约束性	41	[10. 5]	31. 5	33. 4	35. 5	38. 2	41. 3	[10. 8]	—	41. 3	100	是
	10. 全员劳动生产率(万元/人)	预期性	10	8. 7	6	2. 90	6. 10	5. 90	1. 46	4. 47	5. 80	—	51. 20	否
	11. 旅游总收入(亿元)	预期性	>1000	>15	23. 19	52. 48	42. 86	34. 67	-34. 18	23. 80	—	1233. 5	100	是

续表

指标		指标属性	规划目标		“十三五”时期指标完成情况（%）							2020 年绝对值	目标完成度（%）	是否完成规划目标
			2020 年	年均增速（%）/五年累计	2016 年	2017 年	2018 年	2019 年	2020 年	年均增速/五年累计完成情况				
										桂林市	自治区			
创新驱动	12. 研究与试验发展经费支出占地区生产总值比重（%）	预期性	2.2	［1.38］	0.82	0.81	0.82	0.59	<1（预计数）	—	—	<1（预计数）	45.45	否
	13. 每万人口发明专利拥有量（件）	预期性	8	15	38.50	24.50	5.56	1.86	5.86	15.3	20.20	8.95	100	是
	14. 互联网普及率（%）	预期性	—	—	—	—	—	—	—	—	—	—	100	是
	固定宽带家庭普及率		≥85	≥［25］	67.7	81.2	85.9	93.25	95	［30］	［40.5］	95	100	是
	移动宽带用户普及率		≥75	≥［40］	39.4	47.5	85.41	90.6	92	［57］	［45.2］	92	100	是
民生福祉	15. 常住人口（万人）	预期性	520	1	0.96	0.96	0.55	0.52	—	0.75	—	514	71	否
	16. 居民人均可支配收入（元）	预期性	31140	11	9	9.40	8	8.60	7.10	8.4	7.80	28161	90.43	否
	城镇居民人均可支配收入		43260	8.50	7.20	8.00	6.50	7.30	2.60	6.3	—	38145		否
	农村居民人均可支配收入		16320	9.50	9.80	9.60	9.60	9.70	8.10	9.36	—	17345		是
	17. 城镇新增就业人数（万人）	预期性	［40］	—	6.06	5.95	5.49	4.49	5.42	［27.41］	［250］	5.42	68.53	否
	18. 农村贫困人口脱贫（万人）	约束性	［28.7］	—	6.85	7.5	6.42	7.54	1.44	［29.75］	［474.5］	1.44	100	是
	19. 基本养老保险参保率（%）	约束性	≥98	—	98	98.36	98	98	98	—	—	98	100	是

续表

类别	指标	指标属性	规划目标		“十三五”时期指标完成情况(%)							2020年绝对值	目标完成度(%)	是否完成规划目标
			2020年	年均增速(%)/五年累计	2016年	2017年	2018年	2019年	2020年	年均增速/五年累计完成情况				
										桂林市	自治区			
民生福祉	20. 城镇保障性住房建设和棚户区改造(万套)	约束性	[5]	—	2.83	0.79	1.18	0.6	0.77	[6.16]	[70.16]	0.77	100	是
民生福祉	21. 每千常住人口执业(助理)医师数(人)	预期性	≥2.29	—	4.11	0.88	2.61	4.66	13.36	[0.74]	[0.55]	2.8	100	是
民生福祉	22. 每千名老人养老床位数(张)	预期性	40	—	24	24.6	23.8	28.7	30.1	[3.93]	[4.39]	30.1	75.25	否
民生福祉	23. 人均预期寿命(岁)	预期性	78	—	77.49	77.06	77	79.35	78.8	[0.92]	[1.52]	78.8	100	是
民生福祉	24. 新增劳动力平均受教育年限(年)	约束性	14	1.48	13.2	13.4	13.65	13.9	14	1.5	—	14	100	是
生态文明	25. 耕地保有量(万公顷)	约束性	33.265	—	32.94	41.36(含可调整地类)	41.13(含可调整地类)	数据未出	数据未出	数据未出	—	数据未出	100	是
生态文明	26. 新增建设用地规模(万公顷)	约束性	≦[1]		0.089	0.1151	0.0879	0.167	0.068	[0.527]	[7.32]	0.068	100	是
生态文明	27. 单位生产总值能耗降低(%)	约束性	完成自治区拨付目标		4.51	4.47	2.97	2.06	数据未出	—	[12.25]		100	是
生态文明	28. 单位生产总值二氧化碳排放量降低(%)	约束性	完成自治区拨付目标		9.8	0.8	3.38	3	数据未出	—	国家核定数未出		100	是
生态文明	29. 万元生产总值用水量(吨/万元)	约束性	完成自治区拨付目标		-6.60	-9.79	-15.20	-26.24	-33.00	-18.17	—		100	是

续表

	指标	指标属性	规划目标		"十三五"时期指标完成情况(%)							2020年绝对值	目标完成度(%)	是否完成规划目标
			2020年	年均增速(%)/五年累计	2016年	2017年	2018年	2019年	2020年	年均增速/五年累计完成情况				
										桂林市	自治区			
生态文明	30. 主要污染物排放量降低(%)	约束性	完成自治区拨付目标		—	—	—	—	—	—	国家核定数未出	待自治区核定	100	是
	其中:化学需氧量(%)				-0.22	-4.58	-0.74	-0.87	比2015年下降1%	—	国家核定数未出			是
	氨氮(%)				-0.21	-2.17	-0.66	-0.42	比2015年下降1.1%	—	国家核定数未出			是
	二氧化硫(%)				比2015年下降5.14%	比2015年下降11.63%	比2015年下降14.43%	比2015年下降14.29%	比2015年下降15.59%(未核定)	—	国家核定数未出			是
	氮氧化物(%)				比2015年下降8.42%	比2015年下降15.33%	比2015年下降14.00%	比2015年下降23.29%	比2015年下降25.78%(未核定)	—	国家核定数未出			是
	31. 森林增长	约束性	—										100	是
	其中:森林覆盖率(%)		≥71		70.91	71.23	71.58	71.62	71.62	0.14	—	71.62		是
	森林蓄积量(亿立方米)		≥1.1		1.169	1.19	1.2	1.21	1.22	0.0102	—	1.22		是

续表

指标		指标属性	规划目标		“十三五”时期指标完成情况(%)							2020年绝对值	目标完成度(%)	是否完成规划目标
			2020年	年均增速(%)/五年累计	2016年	2017年	2018年	2019年	2020年	年均增速/五年累计完成情况				
										桂林市	自治区			
生态文明	32. 城市空气质量优良天数比例(%)	约束性	≥85		83.6(标况)	84.4(标况)	89(标况)	88.5(标况)	96.4(实况)	—	—	96.4(实况)	100	是
	其中:PM2.5浓度下降(%)		完成自治区拨付目标		47(标况)	44(标况)	38(标况)	37(标况)	29(实况)	—	[29.7]	29(实况)		是
	33. 地表水质量	约束性	完成自治区拨付目标		—	—	—	—	—	—	国家核定数未出	—	100	是
	达到或好于Ⅲ类水体比例(%)				100	100	100	100	100	—		100		是
	劣V类水体比例(%)				0	0	0	0	0	—		0		是

注：1. 地区生产总值、人均地区生产总值增速按不变价计算，财政收入增速按可比口径计算。2. 由于2020年各市常住人口数据还有待人口普查结果最终确认，故表中常住人口为2019年数据。3. [ ] 内为五年累计数。

主要原因在于，桂林市非农就业总量小，城镇产业要素集聚效应不足，工资待遇和教育、医疗等公共服务水平较周边发达省市仍有差距，对农民工吸引力不大。再加上桂林市是全国声誉较高的全域旅游强市，随着乡村振兴战略的实施以及农旅融合步伐加快，农民工就地就近创业、就业的概率增加。同时，每千名老人养老床位数为 30.1 张，低于规划目标 9.9 张，主要原因在于 2016 年以来占全部养老床位数 40% 左右的乡镇敬老院和五保村开始撤并整改，床位数逐年减少，同时近年来上级补助资金严重不足，县域养老服务床位建设无法达到预期。但值得指出的是，以上情况为全自治区共性问题。根据自治区绩效考核任务指标，2020 年全自治区各市每千名老人养老床位数需达到 25 张以上，桂林市高于全区平均水平 5.1 张，居全自治区首位。另外，城镇新增就业人口目标完成率仅为 68.53%，与规划目标仍有较大差距，主要原因在于受经济下滑冲击及新冠肺炎疫情等影响，传统服务业就业需求呈现结构性萎缩，导致总体就业需求减少；劳动力供求结构性矛盾突出，大量劳动者缺乏职业技能，难以实现就业，而新型技术性职业所需要的高素质、熟练劳动力供不应求，技工短缺现象相对突出，同时自治区拨付目标任务有所调整，桂林每年均已完成自治区交付的年度目标任务。

4. 生态文明类指标

耕地保有量、新增建设用地规模、单位生产总值能耗降低、单位生产总值二氧化碳排放量降低、万元生产总值用水量、主要污染物排放量降低、森林增长、城市空气质量优良天数比例、地表水质量 9 项指标均如期完成自治区分解交付的目标任务。

（三）重大工程项目实施完成情况

“十三五”期间，桂林市大力实施项目带动战略，持续深入开展“重大项目建设攻坚突破”行动，强化部门联动，加大历史遗留问题和征地拆迁问题的协调力度，推动一批具有标志性、带动性、基础性的重大项目建设，为加快实现“两个建成”战略目标、推进创新驱动转型升级和经济社会高质量发展奠定坚实基础。

1. 重大项目建设成效显著

“十三五”期间，桂林市实施重大项目4200项以上，实际完成投资总额4360.96亿元，拉动固定资产年均增长9.63%；每年市级统筹推进的重大项目均能完成年度计划投资目标任务（见表4）。分行业看，产业类项目完成投资额占全部实际完成投资额的64.3%，占比最大，基础设施类项目、社会公益类项目、节能环保类项目分别占比22%、12.5%、1.2%（见表5）。在基本符合“十三五”规划提出的“在保持投资总量增长的基础上，优化投资结构，促进投资向关键基础设施、先进制造业、战略性新兴产业、现代服务业、现代农业、新型城镇化、生态环保、公共服务和民生改善等领域倾斜，提高实体经济投资占比”的要求。

表4　“十三五”时期桂林市重大项目各年投资完成情况

年份	项目数（项）	总投资（亿元）	年度计划投资（亿元）	实际完成投资		
				投资总额（亿元）	占年度计划投资比重（%）	同比增长（%）
2016年	787	4575.43	747.64	755.59	101.10	-1.10
2017年	889	5175.02	833.46	848.23	101.80	12.30
2018年	990	5847.99	937.89	987.55	105.10	16.20
2019年	758	6796.83	684.27	757.94	110.80	-23.10
2020年	860	7642.62	838.56	1011.65	120.60	33.50

资料来源：桂林市历年国民经济和社会发展统计公报。

表5　“十三五”时期桂林市重大项目行业类别投资完成情况

投资类别	项目数（个）	计划投资（亿元）	完成投资额（亿元）	占实际完成投资总额比重（%）
基础设施类项目	1187	908.49	958.86	22.00
产业类项目	2288	2543.37	2803.87	64.30
社会公益类项目	682	527.43	545.19	12.50
节能环保类项目	127	62.1	51.04	1.20

资料来源：桂林市历年国民经济和社会发展统计公报。

2. 重大工程实施进展顺利

桂林市“十三五”规划纲要提出重点服务业集聚区建设工程、现代特色农业（核心）示范区建设工程、旅游业重大工程、工业产业建设工程、服务业重大建设工程、农业发展重大建设工程、生态建设和环境保护重大工程、开放合作重大建设工程、创新创业重大工程、文化重点建设工程、教育重点建设工程、信息化重大建设工程、城市基础设施建设重点工程13项重大工程（见表6）。总体上看，各项重大工程投资建设进展顺利，总体实施效果良好，基本达到预期目标，但也存在个别项目推进缓慢的现象。

表6　重大工程实施情况

序号	工程	总体进展	推进缓慢的项目
1	重点服务业集聚区建设工程	全面启动桂林国际智慧健康旅游产业园、漓东中央商务区等27个服务业集聚区建设，桂林创意产业园等3个集聚区成为自治区首批现代服务业集聚区。建成桂林猫儿山国际生态度假旅游区、漓江东岸山水休闲、桂阳公路等一批旅游片区、燕京啤酒（桂林漓泉）、桂林城北现代物流配送中心、桂林电商谷、桂林软件与服务外包等一批生产性服务业集聚区项目建成运营。桂林国家农业科技园区顺利通过科技部验收。兴安灵渠成为国家水利风景区。中国—东盟友好疗养基地、桂林雁山科教园、粤桂黔高铁经济带合作试验区（广西园）等项目加快推进	桂林航空港保税物流园、城北高端商贸现代服务核心区、城北铁路小镇等项目推进缓慢
2	现代特色农业（核心）示范区建设工程	工程总体进展顺利，建成阳朔百里新村金橘、恭城月柿、灌阳千家峒雪梨黑李、资源中锋红提、临桂相思湖柑橘等各级示范区（园、点）1000个以上，其中自治区级示范区29个，成功打造永福罗汉果、恭城月柿、全州禾花鱼3个特色农产品优势区，建成全州米粉等8个农产品加快集聚区	—
3	旅游业重大工程	八大旅游产品开发顺利，黄岭景区、杨溪景区等项目顺利完成；八大世界级旅游精品工程中的漓江风景名胜区、阳朔山水休闲景区、"两江四湖"品质全面提升，资源八角寨丹霞景区、动感天湖景区等加快推进，龙脊梯田荣膺"全球重要农业文化遗产"。新增5A级旅游景区1家、4A级旅游景区20家，遇龙河度假区成功创建为广西首个国家级旅游度假区。新创建自治区级旅游度假区3家、广西生态旅游示范区9家，旅游度假区、A级旅游景区数量在各设区市中位列第一。建成旅游服务平台、桂林旅游综合数据中心、智慧景区、智慧酒店等智慧旅游服务系统和旅游品质保障系统等	桂林旅游博艺城（瓦窑小镇）、古桂柳运河—会仙湿地等项目有待加快推进
4	工业产业建设工程	电子信息、生物医药及医疗器械、先进装备产业、生态食品4大优势产业主导地位不断凸显，桂林智神智能电子三轴稳定器产业化基地项目、桂林啄木鸟口腔医疗器械生产车间改扩建项目、桂林莱茵生物罗汉果提取车间技改项目、桂林广陆数控高端数显卡尺智能工厂建设项目、坤弘量子通信、优利特生化检测及免疫诊断试剂研发生产基地等项目竣工投产。桂林华为信息生态产业园、深科技、比亚迪、电科云、高端装备智造园等项目加快推进	特种吸附材料研发与产业化、无机非金属材料产业等节能环保产业基地进展缓慢

续表

序号	工程	总体进展	推进缓慢的项目
5	服务业重大建设工程	出台《桂林市旅游服务业标准体系》,拥有2个国家级旅游标准化示范县,4个自治区级旅游标准化示范县;孝慈轩等特色医养结合养老服务机构建成运营;"桂林电商谷"入选"全国优秀电子商务园区"20强;启动新桂林国际会展中心建设,三大会展品牌影响力不断提升,被评为2015~2016年度"中国最具魅力会议目的地"和"中国会展名城"。成功举办环广西公路自行车世界巡回赛(桂林段)、桂林国际马拉松赛、漂流世界杯等国际赛事	冷链物流体系有待健全,桂林旅游银行尚未设立,上市企业培育不足
6	农业发展重大建设工程	动植物防疫保护体系、农产品质量安全检验检测体系、供销服务体系、农机服务体系、农村水利社会化服务体系、农业市场信息服务体系、农业气象服务体系等农业综合服务体系进一步完善;建成农业产业化重点龙头企业202家,农民专业合作社7271家;建成自治区级以上休闲农业观光示范点80个以上;首批17个田园综合体基本建成;脱贫攻坚取得决定性胜利,29.75万建档立卡贫困人口全部脱贫、510个贫困村全部出列、3个贫困县全部摘帽	农业基础设施、农产品流通体系尚需进一步完善、农业产业体系和服务体系有待发展壮大
7	生态建设和环境保护重大工程	完成漓江城市段沿岸景观亮化、漓江城市段污水集中治理工程,建成沿岸慢行步道、川江水库、斧子口水库大坝,以及雁山污水处理厂污泥深度处理工程、桂林市漓江(城市段)排污综合治理项目;荔江、会仙喀斯特国家湿地公园试点建设通过国家验收;新增灌阳、阳朔、恭城等3个国家级重点生态功能区;南溪河、灵剑溪和道光水等城市黑臭水体整治全面完成,城市污水集中处理率达100%,获评2019年全国城市黑臭水体治理示范城市;森林覆盖率达71.62%,细颗粒物、可吸入颗粒物浓度连续6年实现"双降",成为第二批国家生态文明先行示范区	生态公益林补偿标准低,生态保护和建设资金缺口大
8	开放合作重大建设工程	中欧低碳生态城市合作项目、粤桂黔高铁经济带合作试验区(桂林)广西园等项目持续推进,建成资源县农副特色产品加工贸易园区,全州、灌阳进出口"破零";建成桂林市第一个公用型保税仓——万禾公用型保税仓库。获批4个国家级和1个自治区级外贸转型升级基地	国家铁路一级口岸建设进展缓慢
9	创新创业重大工程	自主创新示范区、科技服务平台、人才培育、创新企业培育等工程进展顺利,新增国家级创新平台29家、自治区级120家,高新技术企业保有量357家,广西瞪羚企业20家,国家科技型中小企业306家	—
10	文化重点建设工程	科技馆、图书馆等文化基础设施建设工程和创意文化、印刷出版、鸡血玉、根雕等文化产业园建设工程加快推进,爱国主义教育基地、诚信体系建设、文明城市创建工程等项目有序推进,"一院两馆"及城市展览馆建成开放,成功入选全国文明城市,建成全区首家"国家示范性青少年综合实践基地"	—

续表

序号	工程	总体进展	推进缓慢的项目
11	教育重点建设工程	桂林市复兴小学、桂林中学临桂校区、中山中学城北校区、桂林卫校雁山校区、全州高中新校区、阳朔二中等一批教育项目相继投入使用,新建成学校66所,新增学位4.57万个,"入学难"和"大班额"问题有效缓解;普惠幼儿园覆盖率达87.5%;名师名校长培养培训、"双师型"教师培养不断深入。实现国家县域义务教育均衡发展全覆盖目标,通过自治区普及高中阶段教育评估验收,荔浦完成"县管校聘"试点工作	—
12	信息化重大建设工程	平安城市、智慧交通、智慧城管、智慧社区等智慧城市典型项目建设加快推进,完成"桂林旅游公共信息服务平台""桂林旅游预警系统""基于移动互联网旅游服务平台研发及示范应用""智慧旅游标准体系"等一批智慧旅游相关工程;公安视频监控网络已初步形成,基本实现区、市、县三级视频资源联网共享。数字桂林成果在桂林地质灾害监测预警系统等领域得到应用,"数字阳朔""数字灵川"和"数字临桂"地理空间框架建设项目获区厅立项批复	各部门之间信息资源整合共享不足、综合应用不够
13	城市基础设施建设重点工程	加快海绵城市建设,福隆园、塔山片区等重点棚户区及城中村改造项目推进顺利;65条城市道路"白改黑"全面完成,汽车客运南站完成搬迁,桂阳公路文化旅游大道、龙门大桥和香江立交等一大批改扩建项目建成通车,基本实现"北通南畅、东拓西联";枫林市场、万达广场等一批高端商业综合体投入运营,山水公园、市民广场、"一院两馆"等标志性建筑建成开放;机场路供水管道加压泵站(现琴潭加压站)、城北水厂二期供水工程等一批供水建设工程建成投入使用	综合管廊建设项目因受喀斯特地形影响,进展缓慢

二 "十三五"时期桂林市经济社会发展主要成就

桂林市"十三五"规划纲要提出发展产业经济、建设生态文明、彰显文化魅力、完善社会保障等重大任务。"十三五"时期,桂林市大力实施工业振兴和乡村振兴"两大振兴"战略,着力推进国际旅游胜地建设,统筹城乡协调发展,持续深化改革开放,全力打好精准脱贫、基础设施和污染防治攻坚战,大力发展社会民生事业,桂林市经济社会发展迈上新台阶,综合实力明显增强。

（一）工业振兴力度空前，强基兴企步伐加快

桂林将工业振兴作为事关发展全局的大事来抓，出台支持工业企业发展十八条政策措施和三年行动计划等，整合优势资源，全面重塑园区布局，推进各类生产要素向工业发展倾斜。大力推进“双百双新”“千企技改”建设，扎实开展“三企入桂”行动，完善市领导跟踪服务推进重中之重项目及重点工业企业机制，积极营造工业振兴浓厚氛围，吸引一批引领性重大产业项目落地。2016～2020年，全部工业增加值增速分别为0.9%、-3.9%、5.5%、5.5%、5.2%，2018年提出“重振工业雄风”战略，当年扭转工业下滑的局面。2020年面对新冠肺炎疫情严重冲击，桂林市攻坚克难推进“六保”①“六稳”②工作，工业企业在全区较早实现复工复产，全年工业增加值增长5.2%，高于全国平均增速（2.4%）2.8个百分点，高于当年桂林市地区生产总值增速3.4个百分点。

1. 主导产业优势地位持续凸显

加快推动工业结构优化升级，主导产业支撑作用持续增强，产业链条持续完善。电子信息、先进装备制造、生物医药、生态食品四大主导产业总产值占桂林市规模以上工业总产值比重达到51.9%，较2015年提升3.9个百分点。电子信息产业方面，华为、深科技、坤弘量子等企业落户桂林，生产出广西自主生产的第一台手机（整机），光隆光电高端半导体激光器芯片的产出填补了国内光电子芯片的空白，智神公司稳定器产品摘得全球工业设计顶级奖项。量子通信等项目竣工投产，华为信息生态产业合作区、雷光科技激光器芯片生产与封装及智能电子三轴稳定器产业化基地建设等项目加快推进。先进装备制造业方面，比亚迪新能源商用车产业基地、新桂轮橡胶、桂林广陆数字测控高端数显卡尺智能建设等项目竣工投产，君泰福电气等6家企业获评广西智能工厂示范企业，桂林福达等4家企业入选自治区龙头企业，电

---

① “六保”：保居民就业、保基本民生、保市场主体、保粮食能源安全、保产业链供应链稳定、保基层运转。

② “六稳”：稳就业、稳金融、稳外贸、稳外资、稳投资、稳预期。

力电容器等4家企业入选2018广西最具竞争力民营企业十强。生态食品产业方面，着力提升农产品精深加工水平和附加值，积极打造“一碗粉（桂林米粉）、一朵花（桂花食品）、两瓶酒（白酒、啤酒）”品牌，初步形成米粉产业链和恭城、全州、平乐、阳朔等一批具有地域特色的水果、食品加工基地；永福罗汉果特色小镇建设完成，罗汉果提取加工水平不断提升；力源、漓泉等龙头企业迅速崛起，初步建成区域知名的生态绿色食品产业基地。医药及生物制品业方面，现代中药、化学制药和高性能医疗器械等产品优势不断凸显，莱茵生物公司年产300吨罗汉果提取车间技改工程、优利特生化检测及免疫诊断试剂研发生产基地等项目竣工投产；桂林三金获评国家工业企业质量标杆；桂林南药阿莫西林胶囊通过国家仿制药一致性评价，实现广西零的突破。

2. 产业转型升级步伐加快

桂林市积极培育战略性新兴产业，与华为、深科技、格力等企业的战略合作不断深化，华为科技城“一基地三中心”项目加快推进，桂康新材料等项目投产，战略性新兴企业达127家，战略性新兴产业规模以上工业总产值占桂林市规模以上工业总产值比重达40.9%，出现智神、优利特、啄木鸟等细分行业“隐形冠军”。大力推进传统产业升级改造，运用“互联网+”、智能技术、循环利用技术等推进家电家居、冶金、产品包装印刷、造纸及纸制品产业、竹木加工业提质增效。荔浦“中国衣架生产基地”品牌知名度进一步提升，产品远销美国、欧盟、日本等国家和地区。稳步淘汰冶金行业落后产能，大力发展标准化金属建材成品和钢架型建材成品；电力、热力和水的生产供应保障城乡居民生产生活需求的能力进一步提升。

3. 园区集聚能力全面提升

桂林市加强资源整合，统筹工业发展空间布局，组建经济技术开发区和高铁（桂林）广西园，与高新区共同形成工业振兴三大园区，兴安、荔浦、平乐、全州4个工业强县，恭城、灌阳、阳朔、资源、龙胜5个生态功能区县差异发展、多点支撑的“345”发展新格局。“十三五”期间，桂林市各园区共完成基础设施投资53亿元，建成标准厂房327万平方米，完成土地收储超4万亩。桂林市共拥有国家级开发区1个，自治区级开发区5个，自治区A类工业集中区3个、B类工业集中区2个，桂林市工业园区（核心区）完成规模工业总产值607.48亿元、规模工业增加值205.96亿元，园区工业总产值对桂林市的贡献率从“十二五”末的64.8%提升至75%。高新区加快提质发展，成功跻身全国国家级高新区前50强，创业园成为广西唯一A类国家级孵化器，2019年被认定为国家外贸转型升级基地。经济技术开发区获自治区级授牌，成为双创特色载体试点，正式进入国家级开发区培育名单。高铁园自2018年挂牌以来，成功引进光达云创谷、数字经济园等35个产业项目。县域工业集中区加快特色发展，荔浦高新技术产业园、灌阳“双百双新”科技产业园、平乐新型建材产业园、全州米粉产业园等一批特色产业园初具规模，荔浦现代家居制品轻工园、平乐县智能制造产业园、全州生态食品轻工园荣获自治区级特色产业园。

4. 强龙头补链条聚集群效应初显

编制智能终端、轮胎、LED光电、光通信和微波通信、生物医药、生态食品、新能源客车7条产业链全景图，精准开展产业链补链强链招商，引进一批上下游企业；坚持抓创新育品牌拓市场，持续推进龙头企业做大做强。截至2020年底，桂林市规模以上工业企业共518家，重点培育龙头企业28家，其中12家企业入选自治区工业龙头企业培育库，1家企业获得2020年广西工业企业质量管理标杆认定，龙头企业总产值达到262.2亿元，占桂林市规模以上工业总产值的31.8%，带动作用明显增强。

5. 工业化信息化融合加快推进

坚持以信息化带动工业化、以工业化促进信息化，两化融合深入推进。加快企业深度“上云”①，助推工业数字化转型。截至2020年底，桂林市502家规模以上工业企业实现“上云”，两化融合发展指数达到89.5，超出自治区指标要求7.8个百分点。燕京啤酒（桂林漓泉）、桂林君泰福、莱茵生物、三金药业等公司两化融合项目建设走在全区前列。

① “上云”：企业以互联网为基础进行信息化基础设施、管理、业务等方面应用，并通过互联网与云计算手段连接社会化资源、共享服务及能力的过程。

（二）全面推进乡村振兴，农业现代化水平不断提升

桂林坚持农业农村优先发展，将乡村振兴作为"三农"工作总抓手，聚力优化现代农业体系，发展现代特色农业，特色示范园区建设成效显著，农业发展基础进一步夯实，新型农业经营体系加快构建，脱贫攻坚取得决定性胜利。第一产业增加值年均增长5.3%，农村居民人均可支配收入年均增速9.36%，高于城镇居民人均可支配收入增速3.06个百分点。

1. 现代农业产业链持续优化

大力推进适度规模经营，农业"接二连三"融合发展加快推进，农业经济总量保持平稳增长。粮食生产坚持"藏粮于地、藏粮于技"，粮食播种面积稳定在500万亩以上，2020年桂林市粮食总产量176.93万吨，灌阳"一季稻+再生稻"平均亩产再创世界纪录，广西"袁隆平超级稻试验站"在灌阳挂牌运行。水果产业坚持优势柑橘为主，特色水果为辅，水果种植面积达378.8万亩，占全自治区种植面积的18.4%；2020年水果产量达792.34万吨，占全自治区水果产量的32%，年均产量增长13.6%。蔬菜种植实施"菜篮子"工程，大力推广避雨栽培、膜下滴灌等技术，2020年蔬菜产量达519万吨，年均增长5.3%。桂江、湘江流域和西部山区蔬菜产业带初步形成。养殖业实施"南方草地"项目，牛、羊等草食动物养殖年均增长5%以上，冷水鱼、凤鸡等特色养殖进一步拓展，阳朔"九龙腾"蜂蜜产值突破1亿元。农产品流通体系建设方面，4个"南菜北运"项目顺利验收，持续承办广西名特优农产品交易会产销对接活动。桂林市7个县8批次获批全国电子商务进农村综合示范项目，荔浦成为全区电子商务进农村综合示范工作先进县，农村电商服务体系初步建成。农产品加工方面，成功打造永福罗汉果、恭城月柿、全州禾花鱼三个特色农产品优势区，建成全州米粉等8个农产品加工集聚区。休闲农业方面，乡村旅游年接待人次超过3000万，年均收入超过250亿元，创建广西休闲农业与乡村旅游示范点33个，中国最美乡村6个，荔浦获评"全国休闲农业与乡村旅游示范县"。品牌建设方面，建立健全现代农业产业标准化生产体系和质量控制体系，恭城、全

州通过国家农产品质量安全创建县考核验收。持续推进“三品一标”① 基地建设，累计创建“三品一标”产品 200 个以上。桂林市有 9 个农产品进入农产品公用品牌目录，获得农业企业品牌 12 个，农产品品牌 14 个。

2. 特色农业示范区和品牌建设成效显著

充分发挥特色农业资源优势，累计创建自治区级现代特色农业示范区 29 个，各级示范区（园、点）总数超过 1000 个。阳朔漓江东岸柑橘、恭城月柿、资源中峰红提、荔浦修仁砂糖橘等一大批现代特色农业（核心）示范区建设工程顺利完成，临桂相思湖柑橘和梅花鹿特色产业分别被认定为自治区四星级示范区和市级示范区。成功打造永福罗汉果、恭城月柿、全州禾花鱼三个特色农产品优势区，建成全州米粉等 8 个农产品加工集聚区。建立健全现代农业产业标准化生产体系和质量控制体系，恭城、全州通过国家农产品质量安全创建县考核验收。持续推进“三品一标”基地建设，累计创建“三品一标”产品 200 个以上。桂林市有 9 个农产品进入农产品公用品牌目录，获得农业企业品牌 12 个、农产品品牌 14 个。

3. 农业发展基础进一步夯实

农业综合生产能力持续提升，建成高标准农田 131.83 万亩，农田有效灌溉面积达 21.49 万亩以上，主要农作物耕种收综合机械化率达 81.2%。酸化土壤改良、水肥一体化等技术大力普及推广，桂林国家农业科技园区顺利通过科技部验收，“桂北农科田园”星创天地被确定为国家农业科学实验站广西站点之一。强化农业人才支撑，推行科技特派员制度、“三区”科技人才服务基层专项行动，派驻脱贫攻坚贫困村科技特派员达 240 名，实现桂林市科技特派员派驻贫困村全覆盖。新型农业经营主体不断涌现，桂林市累计建成市级以上农业产业化重点龙头企业 202 家，其中国家级 3 家，自治区级 33 家；市场监督管理部门登记注册的农民专业合作社 7271 家，其中国家级示范社 29 家，自治区级示范社 265 家；家庭农场 2146 家，其中自治区级示范家庭农场 127 家。永福、兴安获评 2020 年自治区级家庭农场示范县。

① “三品一标”：无公害农产品、绿色食品、有机农产品和农产品地理标志。

县级农村产权流转交易中心实现县域全覆盖。

4. 两大“书记工程”助推城乡融合发展

创造性地以新型城镇化示范乡镇和田园综合体两大“书记工程”建设为抓手推进城乡一体化进程。发挥乡镇在乡村振兴过程中的要素集聚、连城带乡功能和辐射带动作用，整合乡镇和村庄资源，以点带面、以面带全，整体推动乡镇建设。自2013年起累计投入资金150亿元，推进城镇道路、立面改造、污水垃圾处理、给排水、电力等基础设施建设，配套建设学校、卫生院、市民广场、农贸市场、环卫等公共服务设施，共建成5批74个新型城镇化示范乡镇，占桂林市乡镇总数的55%，示范乡镇建成区总面积由12.8平方公里扩大到69.3平方公里，增长5.4倍，常住人口由6.71万人增加到45.15万人，增长6.7倍。涌现出一大批工业经济强镇、特色农业大镇、商贸物流重镇、旅游休闲名镇、历史文化古镇。同时，自2019年起，在已建成的上千个生态宜居、产业兴旺村落基础上，桂林在全区率先整市规划、批次推进田园综合体建设，并将其与示范乡镇建设一并列为“书记工程”，结合生态、文化、旅游、农业优势，综合乡村连片改造、产业融合、社区治理工作，探索乡村振兴新平台、新载体、新模式。首批17个田园综合体基本建成，极大带动乡村风貌改善和休闲产业发展。第二批20个田园综合体已陆续开工建设，第三批20个已完成规划设计，探索出集现代农业、乡村旅游、田园社区于一体的乡村融合发展新模式。

5. 脱贫攻坚取得决定性胜利

聚焦“两不愁三保障”①，打好“四大战役”②“五场硬仗”③，累计投入各类扶贫资金70余亿元，全面打赢脱贫攻坚战。产业扶贫成效显著，累计实施产业扶贫项目3705个，实现贫困村特色产业项目全覆盖，510个脱贫村集体经济收入达5万元以上，成功打造永福“富硒农业+扶贫”等一

① “两不愁三保障”：扶贫对象不愁吃、不愁穿，保障其义务教育、基本医疗和住房。

② “四大战役”：义务教育保障、基本医疗保障、住房安全保障和饮水安全四大战役。

③ “五场硬仗”：产业扶贫、易地扶贫搬迁、村集体经济发展、基础设施建设和粤桂扶贫协作等五个方面实施攻坚战。

大批产业扶贫模式。易地扶贫搬迁效果突出，全面完成43个易地扶贫搬迁集中安置点建设任务，累计搬迁6982户近3万人，搬迁计划项目入住率达100%。健康扶贫效益明显，健全完善“四位一体”医疗保障机制，符合兜底条件的建档立卡贫困人口住院实际报销比例达到90%，推行先诊疗后付费、“一站式”结算和贫困家庭签约服务。教育扶贫稳步推进，实施从学前到大学教育阶段贫困家庭学生资助行动，实现应助尽助；义务教育阶段失学辍学人数实现双清零；“雨露计划”实现应补尽补，贫困家庭子女义务教育阶段入学率达100%，累计培训贫困劳动力和“两后生”① 3万人以上。保障扶贫取得实效，农村低保标准提高至每人每年5300元，农村特困人员供养标准提高至每人每年6890元，贫困劳动力累计新增转移就业11.45万人次。东西部扶贫协作持续发力，实施肇庆—桂林协作项目162个，累计投入资金2.69亿元。

（三）旅游胜地建设持续发力，推动服务业提质增效

全面落实自治区《关于以世界一流为发展目标打造桂林国际旅游胜地的实施意见》，按照“六个一流”要求②，坚持“产品高端化、业态多元化、市场规范化、服务国际化”发展理念，统筹推进服务体系、旅游精品建设，以旅游为龙头的服务业对经济增长、税收贡献、新增就业的带动作用显著增强，服务业增加值年均增长6.3%，占GDP比重由“十二五”末的37%提高至2020年的54.4%，成为经济增长主引擎。

1. 国际旅游目的地建设加快推进

旅游服务体系进一步优化。旅游基础设施提档升级，完成龙脊梯田大循环公路等一批旅游公路项目建设。大力开展“厕所革命”，建成旅游厕所660座，获评全国厕所革命先进市。建设桂林城市旅游服务中心，建成旅游集散中心16处、广西旅游咨询服务中心32处，旅游集散网络日益完善。完

① “两后生”：初、高中毕业未能继续升学的贫困家庭中的富余劳动力。

② “六个一流”：一流的旅游产品、一流的旅游服务、一流的旅游品牌、一流的消费环境、一流的文旅体验、一流的康养基地。

成秀峰区等重点旅游区域的旅游中英文标识系统建设。温德姆、喜来登、悦榕庄等一大批国际品牌酒店建成营业，阳朔格格树、灵川水印长廊等一批特色酒店、民居旅馆迅速崛起，散客旅游接待和服务体系不断健全。持续开展旅游市场整顿和推进导游管理体制改革，成立全区首支旅游警察队伍，形成“1＋3＋N”① 旅游市场综合监管模式，旅游行业健康发展环境不断优化。智慧旅游建设不断深化，建成“一键游桂林”等一批智慧旅游工程，“线上导游超市”率先于全国开张。大健康和文旅产业研究院、旅游大数据中心挂牌成立。

多样化旅游精品加速打造。实施“品质旅游”战略，旅游“双创”成绩全自治区领先，荔浦、资源、雁山、恭城、灵川 5 县获批广西特色旅游名县，桂林市广西特色旅游名县数量达到 8 个；阳朔、兴安成功创建国家全域旅游示范区，秀峰区、灌阳县成为广西全域旅游示范区。靖江王府片区历史文化旅游休闲街区、大碧头国际旅游度假区、三千漓山水人文度假区相继建成开业，万达文化旅游城、地中海俱乐部桂林度假村等一批高端度假旅游精品推动桂林旅游向高端多元休闲度假转型。兴安灵渠成为国家水利风景区，遇龙河度假区成功创建为广西首个国家级旅游度假区。累计新增国家 A 级旅游景区 54 家，占现有 A 级旅游景区（共 91 家）的 59%，其中 5A 级旅游景区 1 家（两江四湖・象山景区），4A 级旅游景区 20 家，数量位居全自治区第一。创建广西星级乡村旅游区、星级农家乐 87 家，占全自治区（共 151 家）的 58%。

生态文化旅游融合发展开创新局面。坚持大融合思路，加快“旅游＋”产业融合。重建逍遥楼，建成“正阳东西巷”“一院两馆”等文旅融合标志性项目，成为城市新地标。2017 年桂林被列入首批国家健康旅游示范基地，瑶汉养寿城被评为广西中医药健康旅游示范基地，打响“漓水青山养生桂林”的城市品牌。成功举办环广西公路自行车世界巡回赛（桂林段）、阳朔

① “1＋3＋N”：“1”指的是综合监管指挥平台，“3”指的是三支执法队伍，即旅游工商分局、旅游巡回法庭、旅游警察，“N”指的是政府有关职能部门。

国际山地越野赛、资江漂流国际精英挑战赛等一系列重大赛事。大力发展休闲农业旅游，荔浦被评为全国休闲农业与乡村旅游示范县，灵川大圩镇袁家村等6个村获评全国乡村旅游重点村。坚持“红绿相融”，深入挖掘红色文化，建设八路军驻桂林办事处旧址等4处全国红色旅游经典景区，长征国家文化公园广西段建设取得实效，“灌阳—全州—资源—兴安—龙胜”红色文化旅游线路纳入全国“重走长征路”精品线路。成功召开首届广西文化旅游发展大会，形成每年举办桂林市文化旅游发展大会办会机制，成为2020年中国文化和自然遗产日主场城市。

2. 传统服务业加快转型升级

创新“互联网+服务业”新业态，适应消费结构升级要求，加快推进健康养生、商贸服务等生活性服务业向精细化和高品质转变。健康养生养老产业发展不断提速，入选第五批居家养老试点城市，崇华中医街获评全国首批中医药健康旅游示范基地，桂林夕阳红养老中心、灵川大圩镇中医馆、阳朔国医堂等品牌影响力持续扩大。积极探索医养结合健康养老新模式，孝慈轩嵌入式社区养老院等特色养老服务机构建成运营。商贸服务业壮大发展，着力打造“漓江购物节”“桂林吃货节”等本地特色消费节庆品牌，培育新增限额以上批零住餐企业（大个体）654家（净增加349家）。成功引进华润万象、万达等商业综合体，建成大西南汽车城、真龙二手车交易市场等汽车综合市场。在全区率先启动夜间经济主题活动，繁荣夜间经济业态，桂林东西巷获批自治区级步行街。实施桂林米粉“百亿元”产业工程，开展米粉店评星定级和桂林米粉“五进”① 工作，成功举办“桂林米粉品牌进北京”等系列展销活动。建成广西电子商务示范企业10家，“桂林电商谷”入选“全国优秀电子商务园区”20强。2020年被列入首批国家文化和旅游消费试点城市。

3. 生产性服务业持续壮大

坚持规模化、集聚化和专业化发展思路推进产业发展，生产性服务业增

---

① “五进”：进商超、进高铁、进高速、进机场、进景区。

加值年均增长21.1%。物流体系建设日益完善，“物流网”三年大会战全面开启，中辰电商物流交易中心、城北现代物流配送中心（一期）、桂林东站冷链物流园建成投产运营，福达农产品冷链物流园、桂林海吉星农产品物流园与苏桥无水港等重点项目建设扎实推进，县域建成运营冷链物流项目85个。金融机构本外币存贷款余额达7346亿元，是“十二五”时期的1.75倍，服务实体经济发展能力持续增强，农合行产权制度改革深入推进，获评自治区绿色金融改革创新示范区创建城市。商务会展业影响力不断扩大，启动新桂林国际会展中心建设，成功举办桂林国际旅游博览会、中国—东盟博览会旅游展等大型知名展会，获评2015～2016年度“中国最具魅力会议目的地”和“中国会展名城”。文化创意产业加快发展，初步构建以动漫游戏、网络创意文化、工艺美术品经营等为主的现代文化产业体系。拥有国家级文化产业示范基地4家，自治区级文化产业示范园区5家、文化产业示范基地25家；建成自治区级特色文化产业示范县2个、特色文化产业项目示范县3个。

4. 服务业集聚区和标准化建设取得新进展

全面启动桂林国际智慧健康旅游产业园、漓东中央商务区等27个服务业集聚区建设，桂林创意产业园等3大服务业集聚区成为自治区首批现代服务业集聚示范区；桂林城北现代物流配送中心、桂林电商谷、桂林软件与服务外包等24个已投入运营的集聚区入驻企业1900余家，吸纳就业人数9万余人。中国—东盟友好疗养基地、桂林雁山科教园、粤桂黔高铁经济带合作试验区（广西园）等项目加快推进。积极开展服务业标准化建设，建立候鸟式养老服务、疗养型养老服务规范等社会化养老服务标准，生态休闲旅游、生态景区评价等旅游服务标准，出台《桂林市旅游服务业标准体系》，涵盖国家标准18项、行业标准13项、广西地方标准8项、桂林地方规范38项。

（四）深入践行“两山理念”，引领绿色低碳发展

始终铭记习近平总书记关于保护好桂林山水的殷切嘱托，坚守“绿水

青山就是金山银山”发展理念，实行最严生态环境保护制度，全面推进生态建设和环境保护，生态环境质量持续改善，成功获批国家可持续发展议程创新示范区。

1. 国家可持续发展议程创新示范区建设开局良好

2018 年获批“国家可持续发展议程创新示范区”以来，桂林实施“自然景观资源保育、生态旅游创新发展、生态农业创新发展、文化康养产业创新发展、创新驱动能力支撑”5 大行动和 17 项重点工程，“漓江流域喀斯特景观资源可持续利用关键技术研发与示范”“荔江国家湿地公园湿地保护与恢复工程项目”及“新三位一体高效生态农业生产基地建设与示范”等一批可持续发展重点项目进展顺利。阳朔生态环保科技园、莲花特色小镇月柿科创园等重大建设项目加快推进。2019 年广西出台《关于支持桂林市建设国家可持续发展议程创新示范区若干政策》，在财政金融、科技支撑、产业结构调整、用地等方面给予桂林创新示范区专门支持。成功举办两届中国—东盟可持续发展创新合作国际论坛和首期联合国“科技创新促进可持续发展”发展中国家技术培训班，联合国开发计划署可持续发展目标（SDGs）本地化项目、亚洲开发银行技术援助合作项目等顺利实施。聘请 5 位两院院士和 23 位知名学者组建可持续发展专家智库。《桂林市喀斯特景观资源可持续利用条例》立法工作有序推进。

2. 生态文明建设不断加强

率先全区落实生态环境“党政同责、一岗双责”等一批重要改革措施，全社会齐抓共管的大环保格局基本建立；率先全区完成生态环境机构“三改”工作①。2015 年成功获批国家生态文明先行示范区以来，全面落实主体功能区制度，新增灌阳、阳朔、恭城 3 个国家级重点生态功能区，生态修复和城市修补纳入全国试点，累计创建国家级生态乡镇 16 个，自治区级生态乡镇 121 个，自治区级生态县 12 个，自治区级生态村 183 个，生态创建工

① “三改”工作：生态环境机构改革职能划转、生态环境综合行政执法改革、县级生态环境机构垂管工作。

作持续保持全区领先，恭城获得全国首个气候宜居县称号。湿地公园建设加快推进，荔江、会仙喀斯特国家湿地公园试点建设通过国家验收。平乐狮子山、资源冷杉保护区分别晋升为国家级森林公园和自然保护区。深入实施退耕还林、石漠化综合治理等重点生态工程，累计完成植树造林80万亩，森林覆盖率达71.62%。龙胜成为国家“绿水青山就是金山银山”实践创新基地。着力打造绿色交通，创建独具桂林特色的“综合衔接·绿色出行·智慧旅游·魅力公交”现代化城市公交体系。

3. 环境保护力度不断加大

全面打响“蓝天保卫战、碧水保卫战、净土保卫战”，全力打赢污染防治攻坚战。蓝天保卫战效果明显，强力开展“五大专项行动”，打出治污“十大组合拳”，关闭采石场138家；关停砖厂217家，全自治区率先实现在线监控122家；整改“散乱污”企业742家；高污染燃料禁燃区燃煤散烧行为逐步清零；整改燃煤锅炉560余台；机动车尾气检测执行新国标，淘汰黄标车及老旧车1.23万辆，连续五年超额完成黄标车及老旧车淘汰任务。建成全区首个网格化空气质量监测预警预报系统，桂林市细颗粒物（PM2.5）、可吸入颗粒物（PM10）浓度连续6年实现“双降”，2019年、2020年空气质量优良天数比例分别为88.5%和96.4%，较“十二五”末（80%）有较大幅度提升；二氧化硫、二氧化氮、一氧化碳年均值均达一级标准。碧水保卫战成果丰硕，打好“补水、治水、引水”组合拳，重点实施城市黑臭水体整治、饮用水水源地保护、农村环境综合整治、地下水污染防治等一系列工程。雁山污水处理厂污泥深度处理工程建成使用，南溪河和灵剑溪等黑臭水体完成整治，获评2019年全国城市黑臭水体治理示范城市；完成集中式饮用水水源地保护区环境问题整改82个；划定农村“千吨万人”饮用水水源保护区15个；完成工业集聚区污水处理设施建设12个。主要河流和城市集中式生活饮用水水源地水质达标率均保持100%，2020年地表水考核断面水环境质量排名全国第二，通过国家水生态文明建设试点城市、国家低碳试点城市和节水型城市复核验收。净土保卫战稳步推进，农用地污染状况详查和重点行业企业用地污染状况调查工作全面完成，污染地块修复和土壤污染防治试点项目深入推进，受污染耕地和污染地块安全利用率分别达 89.67% 和 100%，阳朔县耕地土壤污染治理与修复一期项目及恭城县磨底塘农田土壤修复项目顺利完成。强化危险废物安全管控，危险废物无害化处理率达 100%，危险废物管理督查考核排名全区前列。桂林市医疗废物处置中心扩容项目和全州县医疗废物处置项目投入运行，成为全自治区首个拥有 2 座医疗废物处置设施的城市，农村面源污染和重金属污染防治全面强化。

4. 漓江科学保护再上新台阶

出台《漓江风景名胜区管理条例》，实施漓江流域生态保护和修复提升工程、漓江流域山水林田湖草生态保护和修复工程。漓江游船实现提档升级，完成 21 家采石场 136 万平方米山体生态复绿。集中开展漓江风景名胜区“四乱一脏”① 专项整治行动，蚂蟥洲、伏龙洲等洲岛自然生态景区鱼餐馆及违法搭建物全部拆除，漓江城市段住家船全部清理上岸妥善安置，南溪河和灵剑溪等城市黑臭水体整治全面完成。漓江城市段污水集中治理基本完成，污水直排漓江现象得到有效遏制。漓江主要河流考核断面水质达标率 100%，水质常年达到Ⅱ类水质标准，漓江“青山碧水，伏龙卧波”的美景得以重现。桂林市防洪及漓江补水枢纽工程竣工下闸蓄水，化解漓江“雨季洪水泛滥，旱季枯水停航”困局。实施 30 年来最大规模的游船提档改造，126 艘星级游船投入运营，漓江风景名胜区入选中国绿色旅游示范基地。实施旅游码头提升改造，建立漓江游船环保准入标准，全部游船实行星级管理。推行漓江分时游、分段游、分级游、分形游“四分”游览新模式。漓江管理体制改革持续深入，漓江流域生态补偿机制加快建立，漓江保护四级网格化监管体系不断健全。

5. 生态经济快速发展

制定禁止和限制发展的行业、生产工艺和产业目录及生态环境损害赔偿制度实施方案，协调解决桂林优利特电子集团等重点企业环境问题；加快推进排污许可制改革，完成排污许可证核发 543 家，排污登记 4726 家，91 个

① “四乱一脏”：乱挖、乱建、乱养、乱经营、环境卫生脏。

行业发证加权分和登记加权分位居全区第一，提前完成生态环境部拨付的任务。大力开展工业企业循环经济试点，桂林南方水泥、国电永福电厂等4家企业的自治区工业循环经济示范项目顺利实施，国电永福电厂热电联产工程、恭城龙星电解锌项目等一大批资源综合利用项目建设加快推进。工厂、绿色产品、绿色园区示范试点创建工作成效显著，作为广西首家国家级绿色园区，经开区已建成国家级绿色工厂8家、自治区级绿色工厂14家，燕京漓泉公司获批国家工业产品生态（绿色）设计试点企业和全国工业循环经济示范企业，科伦药业等5家企业获评自治区第三批绿色制造企业。全国农业循环示范市建设加快推进，循环农业经济体系初步成形，建成阳朔县百里新村、恭城县红岩村、平乐县大唐口村、荔浦县板纳村等一批生态循环农业示范新农村。深入实施农药、化肥“零增长”行动，化肥农药使用量年均下降12.1%。生态创建、绿色创建全区领先，累计创建“国际生态学校”27所，数量位居全自治区第一。

（五）坚持城乡统筹发展，城乡面貌焕然一新

突出顶层设计和总体布局，依据“加快建设新城，疏解提升老城，产业融合发展，城乡协调推进，生态文化相融，富裕和谐桂林”战略部署，统筹推进城乡建设。

1. 城市功能持续优化

以“新区产城互动做加法，老城疏解提升做减法”为导向，统筹有序推进新老城区空间优化和基本建设，主城区面积扩展至140平方公里，常住人口增至150.2万。老城疏解提升成效明显，实施“北通南畅、东拓西联”工程，桂阳公路文化旅游大道、龙门大桥和香江立交等一大批改扩建项目建成通车，65条城市道路“白改黑”全面完成，结合人流集中度情况建成20座人行天桥，汽车客运南站完成搬迁，多个交通瓶颈消除。加快推进福隆园、塔山片区等重点棚户区、老旧小区及城中村改造项目，14条特色街区改造提升工程全面竣工，漓江城市段核心区休闲旅游示范带成为新亮点。城市管理水平不断提升，累计完成101个城中村及260个无物业管理小区基础

设施改造提升，累计拆除违法户外广告牌28900余块，城市面貌明显改观。临桂新区功能加快完善，累计实施项目215项、完成投资440亿元，“九横七纵”路网和湖塘水系框架基本成形，环城水系全线贯通，市直机关全部入驻，一批学校、医院、市场等公共服务工程项目建成使用，万达、吾悦广场等一批高端商业综合体投入运营，山水公园、市民广场、“一院两馆”等标志性建筑建成开放，一座生态宜居、产城融合的现代化新城加快崛起。

2. 县域建设稳步推进

全面实施大县城发展战略，荔浦完成撤县改市，灵川与桂林同城化步伐加快，全州、灌阳、平乐、阳朔等县城新区建设取得新成效，合理拓展优化县城空间结构，资源、龙胜、恭城、兴安、永福等县城基础设施建设和城镇风貌改造迈出新步伐，各县城及重点乡镇交通路网、给排水、供气供电等基础设施和配套设施不断完善，城镇综合承载能力和公共服务能力进一步提高。扎实推进新型城镇化示范乡镇和特色小镇建设，2个国家级新型城镇化试点建设任务基本实现预期目标，前五批共74个新型城镇化示范乡镇建设全面完成，新型城镇化示范乡镇占桂林市乡镇总数的比重达55%，恭城莲花镇、兴安溶江镇等9个自治区级特色小镇加快建设。县域经济蓬勃发展，2020年11个县（市）地区生产总值占桂林市的比重达57%，半成以上县域地区生产总值超100亿元，11个县（市）财政收入占桂林市的33.2%，七星区、秀峰区、叠彩区3个市辖区的GDP总产值和工业增加值在全区排名提升明显。荔浦被认定为国家首批创新型县（市），阳朔、龙胜、灵川、平乐、灌阳、荔浦、全州、临桂、七星被评为广西科学发展先进县（区）；灵川、平乐、七星被评为广西科学发展进步县（区）。

3. 美丽宜居乡村建设成效显著

桂林市累计新增村际联网2069公里，荔浦成为全区唯一获评全国“四好农村路”① 示范县及全国首批城乡交通运输一体化示范县，桂林市建制村通畅率、通客车率均达100%，通公交率达60%。累计完成农村改厨改厕各

① “四好农村路”：建好、管好、护好、运营好。

32.95万户，改圈7936户，“三改”[①] 工作成效明显。实施乡村风貌提升三年行动，“三清三拆”整治覆盖村庄5756个，农村卫生厕所、自来水普及率分别在90%、80%以上，农村垃圾专项治理两年攻坚项目通过国家验收，农村生活垃圾处理率达到100%，恭城获评2020年全国村庄清洁行动先进县，永福罗锦镇等获评全国乡村治理示范村镇。大力推进特色名镇名村、传统村落保护发展，49个中国传统村落保护工作全部完成，1000个生态宜居示范村建设走在全区前列，中国最美休闲乡村、广西特色旅游名村和广西特色生态（农业）名镇、名村的数量占据广西多半，塑造形成“传承文明、桂风壮韵、生态宜居、和谐美丽”的乡村风貌。

（六）持续深化改革开放，创新活力得以激发

发挥先行先试政策优势、独特区位比较优势和科教资源集聚优势，深化改革、扩大开放、积极创新，发展新动能的能力不断增强，营商环境持续优化，市场主体和公众满意度进一步提升。

1. 营商环境持续优化

以市场主体和社会公众满意度为导向，桂林市制定优化营商环境的三年行动方案和相关配套文件56个，聚焦“流程再优化、效率再提升、费用再降低”工作要点，创新体制机制，优化政务服务。成立行政审批局，近94%的行政许可事项实现“一枚印章”集中审批，市本级行政权力申请事项和公共服务事项基本实现“最多跑一次”“双容双承诺”“无差别全科受理”“同城通办”等政务服务模式，公共服务效率不断提升，影响力不断扩大，成为自治区唯一用地用矿审批权限下放试点城市。在自治区率先实现企业登记全程电子化覆盖，企业开办办结时限缩至0.5个工作日，不动产登记实现1个工作日办结，市、县、乡三级政务服务事项承诺时限提速率达82.7%。

2. 重点领域改革稳步推进

坚持先行先试，桂林市先后承担国家和自治区级改革试点任务70多项，

① “三改”：改厕、改厨、改圈。

市县机构改革圆满完成，整合减少市县多领域执法机构 95 个。供给侧结构性改革成效显著。全面落实“三去一降一补”五大重点任务。严控新上“两高一剩”[①] 项目，关停小造纸厂 110 家，全面取缔“地条钢”，65 家“僵尸企业”实现平稳退出。房地产去库存成效显著，在全区率先出台支持农民工等新市民购房需求配套政策，大力推动棚户区改造货币化安置。推出降低实体经济企业成本 40 条相关措施，积极落实降税清费、阶段性降低社保费率等系列政策，累计减税降费 150 亿元以上。国资国企改革稳步推进，66 户党政所属企业全部脱钩划转，原属市级投融资公司和 22 家相关企业重组为 8 家投融资公司。文旅综合改革深入推进，启用导游公共服务监管平台，导游管理体制改革全国领先。建立旅游用地基准地价体系，保障融创桂林文化旅游城等一批重大文旅项目用地。农业农村改革扎实展开，农村集体资产清产核资、村级集体经济组织登记赋码与土地确权登记颁证工作全面完成，农村土地流转率为 35.42%，桂林市本级、灵川由中央农办、农业农村部授予全国确权登记颁证典型地区称号。社会体制改革持续推进，医疗卫生体制改革成效获国务院激励通报，河湖管护体制改革全区综合评价第一，义务教育学区制改革和“县管校聘”试点改革率先推行，成为全国第五批居家和社区养老服务改革试点。

3. 开放合作不断扩大

区域合作持续深化，桂林市主动对接“一带一路”、粤港澳大湾区建设，积极打造“北联”主阵地，深度参与珠江—西江经济带、高铁经济带建设。加快“南向”“东融”步伐，联手西江经济带肇庆、贺州共建“粤桂画廊”，与肇庆、江门签订政务服务跨省通办协议。联合国首期“科技创新促进可持续发展”发展中国家技术培训班顺利举办，联合国开发计划署可持续发展目标（SDGs）本地化项目、亚洲开发银行技术援助合作项目落地实施。对外贸易持续发展，实施“加工贸易倍增计划”，获批 4 个国家级和 1 个自治区级外贸转型升级基地，公用型保税仓、跨境电商直销中心等外贸

---

① “两高”：高污染、高能耗的资源性的项目；“一剩”：产能过剩项目。

新业态成功落地，CEPA 项目绿色通道正式开通。口岸通关便利度有效提升，“51 国外国人 72 小时过境免签和东盟十国团队旅游 144 小时入境免签”政策落地实施，落实境外游客购物离境退税政策，桂林航空口岸综合大楼、旅检查验场所相继启用。招商引资取得不俗成果，强力实施“一把手工程”，制定招商引资激励 20 条，成功引入华为、比亚迪、万达、融创、格力等一批世界一流企业，引进 139 个外资项目，累计实际利用外资额达 3.7 亿美元。

4. 全面推动创新创业

“十三五”期间，桂林市累计筹措财政资金 28 亿元，实施科技重大专项 140 项，成为自治区级自主创新示范区。科技创新成果显著，持续推进校企院合作，高水平科技成果不断涌现，获国家科技进步奖特等奖、二等奖，技术发明奖二等奖、国际科学技术合作奖各 1 项，广西科技奖励 161 项，转化重大科技成果 361 项；2020 年每万人拥有发明专利数达 8.95 件，位居全区第三。创新平台不断健全，新增国家级创新平台 29 家、自治区级 120 家；9 家科研院所及企业入选广西重大科技创新基地，入选数量占广西全区的 1/3；国家（省部共建）重点实验室、国家“一带一路”联合实验室均实现零的突破。创新主体加快培育，实施高新技术企业倍增计划、“瞪羚企业”培育计划，保有高新技术企业 357 家、瞪羚企业 20 家、国家科技型中小企业 306 家；实施科技企业孵化工程，新增自治区级以上科技企业孵化器 3 家。创新人才加快引进，整合科技资源，创建桂林可持续发展智库，选聘 28 位行业知名专家（其中两院院士 5 名）。出台人才引进和培养办法，打造桂林海创基地、桂林人才飞地（深圳），“十三五”期间累计新增八桂学者 18 人、广西特聘专家 7 人，总数分别达到 42 人和 39 人；累计引进和培育高层次人才 415 名，88 人通过广西高层次人才认定；累计建成院士工作站 12 家，柔性引进院士 15 人，总数分别达到 26 家和 31 人。

（七）创新性开发人文资源，名城魅力不断彰显

深入实施“寻找桂林文化的力量，挖掘桂林文化的价值”工程，推进

人文资源深度开发，历史文化保护利用和创新型转化不断加强，成功入选全国文明城市，“一城文化满城绿”的城市魅力进一步彰显。

1. 文化遗产保护深入推进

唱响“整理抢救、研究包装、保护利用”三部曲，编纂出版《桂林历史文化大典》，出台《桂林石刻保护条例》，逍遥楼、东西巷、非遗展示馆成为文化新地标，甑皮岩、靖江王陵等国家考古遗址公园初具规模，灵渠成为广西首个“世界灌溉工程遗产”，龙脊梯田系统入选全球重要农业文化遗产，广西文场、彩调等国家级非物质文化遗产代表性项目达 8 个。完成 31 个中国传统村落保护发展示范村和第一批 15 个自治区乡土特色示范村项目建设。长征文化资源保护利用工作成效显著，启动建设长征国家文化公园（广西段），成立桂林红军长征湘江战役文化保护传承中心，红军长征湘江战役纪念设施列入长征国家文化公园及全国“重走长征路”精品线路，全面完成湘江战役红军遗骸收殓保护工作和“一园两馆”等纪念设施建设，隆重举行红军长征湘江战役纪念设施落成仪式和湘江战役红军烈士遗骸安葬仪式，得到中央领导高度肯定。

2. 公共文化事业繁荣发展

文化惠民工程扎实推进，公共服务体系不断完善，广播、电视综合人口覆盖率分别达到 98.6%、99.1%，“一院两馆”及城市展览馆正式对外开放，“村村有书屋”目标顺利实现，公共文化设施场所全部向公众免费开放，新增各类村级公共服务中心 153 个，推出正阳东西巷“讲古堂”，“百姓大舞台”“百姓大讲坛”“漓江之声”“周末大家乐”“桂林有戏”等一批群众性公益文化特色品牌影响力持续提升。文化精品工程深入推进，创作一批文化精品，民族歌剧《刘三姐》走出国门，《桂林有戏》走进国家大剧院，杂技《飞天》荣获第六届国际马戏节比赛银奖，《南溪往事》《潮舞荔江》荣获全国优秀作品奖，《抗战桂林》获广西优秀纪录片一等奖，桂剧《破阵曲》获广西铜鼓奖。

3. 文化产业蓬勃发展

依托国家级文化和科技融合示范基地，桂林市大力推进文化创意、出版发行、动漫等文化产业发展。出台一系列文创产业发展扶持措施，动漫产业领跑全自治区，拥有国家认定动漫企业 3 家，自治区动漫骨干企业 5 家。自治区首家工艺美术创意产业园和桂林文体集团正式挂牌成立，啤酒文化广场建成运营。原创公益剧《可可小爱》亮相全国大众创业万众创新活动周，象山文化产业园入选自治区文化产业示范园区，“两江四湖”旅游公司入选自治区文化产业示范基地。大力推动舞台表演与文化旅游融合，对演艺精品进行创新设计，打造桂林千古情等大型精品演艺，自 2018 年演出以来持续火爆，月均接待游客 35 万人次。

4. 精神文明建设持续深入

利用本地原创性动漫媒介大力弘扬社会主义核心价值观，推进爱国主义教育基地建设，建立健全诚信管理体制。开展道德模范、身边好人、最美桂林人等 20 余类评选、巡演、巡讲活动，推动文明风潮在青山秀水间兴起。素质教育扎实开展，建成自治区首家“国家示范性青少年综合实践基地”，乡村少年宫建设加快推进。坚持“创城为民、创城靠民、创城惠民”，全面落实包联工作机制，持续开展“金点子”活动，成功入选全国文明城市。七星区交通警察大队等 6 家单位获评第五届全国文明单位，兴安县阳安村等 5 个村镇获评第五届全国文明村镇，广西师范大学等 3 所学校获评第二届全国文明校园。

（八）加快补齐民生短板，人民幸福感不断增强

“十三五”期间，桂林市民生领域支出累计超过 1700 亿元，占一般公共预算支出的 78% 以上。教育科技、文化体育、医疗卫生等社会事业全面进步，社会保障基本实现应保尽保。新冠肺炎疫情防控取得重大成果。

1. 坚持教育优先发展

大力推进教育项目及教育基础设施建设，累计投入资金 60 亿元，新建各类学校 66 所，新增学位 4.57 万个。教师招聘办法进一步改进，建立以教育部门为主的教师招聘机制，累计补充中小学教师 1.4 万名。学前教育普及普惠发展，桂林市 134 个乡镇建有 152 所乡镇公办幼儿园，顺利完成乡镇公

办幼儿园全覆盖任务，公办幼儿园在园幼儿占比达51.05%，普惠性幼儿园覆盖率达87.5%。自治区示范性幼儿园23所，实现自治区示范幼儿园县县全覆盖。义务教育实现基本均衡发展，17个县（市、区）全部通过县域义务教育均衡县国家认定，恢复4所市属示范性高中初中办学，荔浦中小学教师“县管校聘”改革试点经验全区推广，九年义务教育巩固率101.07%①。实施普及高中阶段教育攻坚计划，顺利通过自治区普及高中阶段教育评估验收，拥有自治区示范性普通高中19所、自治区星级特色高中3所、自治区特色普通高中立项建设学校6所。职业教育在改革中推进，全面完成中职学校布局调整和专业结构优化，中职学校和专业点数量分别优化调整为24所和165个；深入推进校企合作，开展现代学徒制试点工作，累计建成自治区级示范特色中职学校14所、特色专业及实训基地38个。

2. 健康桂林建设稳步推进

建成覆盖全民的基本医疗卫生服务体系，社区卫生服务机构城区全覆盖，实现居民就诊“一卡通”。3个社区卫生服务中心被评为“全国百强社区卫生服务中心”，入选全国医疗服务多元化监管试点城市、成为国家中医药健康旅游示范基地。医联体建设领跑全区，灌阳、临桂等5县区入选国家紧密型县域医共体建设试点县。恭城瑶族自治县获得全国健康促进县称号，恭城龙虎乡获“国家卫生乡镇”称号，实现国家卫生乡镇零突破。艾滋病防治成效显著，艾滋病抗病毒治疗成功率和治疗覆盖率分列全区第一和第三名。“十三五”末桂林拥有养老服务床位31911张，居全自治区首位。人均寿命提高至78.8岁，高于全国、全自治区平均水平②。全民健身与竞技体育事业蓬勃发展，行政村体育设施实现全覆盖。

3. 社会保障水平进一步提高

认真落实就业优先政策，五年累计新增城镇就业27.41万人，新增农村劳动力转移就业44.18万人次，城镇登记失业率控制在5.5%以内，有效稳

---

① 九年义务教育巩固率＝初三在校生数÷8年前小学一年级学生数×100%。

② 国家卫健委、广西卫健委统计公报显示，2019年我国居民人均预期寿命达到77.3岁；广西居民人均预期寿命为77.03岁。

定就业形势。城乡居民收入水平持续提升，城镇和农村居民人均可支配收入年均增速分别为6.3%和9.36%。城乡居民人均可支配收入比值由2015年的2.5缩窄至2.2，城乡居民收入差距进一步缩小。加强社保扩面征缴，五险参保任务全面完成，2020年桂林市基本医疗保险参保人数达507.18万人。城乡低保和养老金分别实现“十三连涨”“十六连涨”。完成城镇保障性住房建设和棚户区改造6.17万套，完成农村危房改造5.82万户，解决30余万居民住房困难问题。坚决做好救灾优抚安置，累计救助受灾群众约237.15万人次，创建全国减灾示范社区42个，自治区减灾示范社区61个。

4. 社会治理水平稳步提升

实施平安桂林“天网”工程，扫黑除恶专项斗争取得实质突破，“国家重点整治传销城市”已成为过去时，连续5次获评全国社会治安综合治理优秀城市，连续3次获得“长安杯”。深化公共安全建设，严厉打击“两抢一盗”、黄赌毒、电信诈骗等违法犯罪行为，平乐社区戒毒模式全国推广。健全社会矛盾纠纷排查和调处机制，信访维稳工作成效显著。安全生产形势稳定向好。依法行政持续推进，充分落实“一站式办公、一条龙服务、阳光下操作、规范化管理”行政要求。实现全国“双拥模范城”九连冠、自治区“双拥模范城”十连冠，获评全国人民防空先进城市和全国法治宣传教育先进城市。

（九）加强基础设施建设，发展支撑能力明显提升

紧抓国家实施“一带一路”倡议和新型基础设施建设机遇，桂林市加快交通、能源、信息等基础设施建设，经济社会高质量发展支撑能力进一步提升。

1. 现代综合交通体系不断完善

两江国际机场T2航站楼建成投入使用，机场年旅客吞吐能力增至1200万人次，桂林航空公司不断发展壮大，机队规模扩充至11架，新增航线70余条。贵广高铁建设、湘桂铁路电气化改造相继完成，桂林动车所、西货运中心站建成使用，铁路旅客发送量突破1500万人次，自治区率先实现与香

港高铁“一乘直达”，铁路枢纽作用进一步增强。阳朔至鹿寨、荔浦至玉林等5条高速公路建成通车，新增里程250公里，基本实现县县通高速的目标。G321桂林至阳朔、G322永福（苏桥）至鹿寨、G241资源枫木至兴安界等一批普通干线公路建成通车，桂林市公路总里程增至1.49万公里，较2015年增长18.9%，交通路网通行能力和服务水平全面提升。综合运输服务示范城市创建工作成效显著，桂林汽车客运南站等一批客运站建成投入使用，空铁、公铁、空巴等旅客联程运输服务相继开通，桂林市联程联运得到快速发展。

2. 能源保障水平持续提升

新能源产业基地建设加快推进，兴安殿堂、道坪、西坑和全州天湖等风电项目建成并投入使用，桂南500千伏输变电工程等加快推进，新增风电装机容量160.5万千瓦。实施农村自然村（屯）光伏太阳能路灯亮化工程，完成新一轮农村电网升级改造，农村电网供电可靠率达99.9%，配网自动化覆盖率达到90%。“县县通天然气”工程持续推进，城市燃气气化率达98.6%，桂林华能分布式能源项目建成使用。

3. 水利基础设施短板加快补齐

累计实施主要支流及中小河流治理项目121个，新建堤防、护岸418公里。建成城北水厂二期供水工程，第二水源、长塘水库建设稳步推进。以漓江补水枢纽工程为切入点，全面推进生态补水、城市防洪、发电等水利基础设施建设。实施洛清江、湘江、寻江和资江重点中小河流整治工程及沿江城镇防洪堤工程，初步形成以川江、小溶江、斧子口水库组成的防洪及漓江补水枢纽工程为支撑的堤库结合防洪体系。漓江补水枢纽工程收官，使桂林市的防洪标准提高，显著提升漓江桂林断面河道枯水期流量，改善漓江生态环境、通航条件和自然景观。

4. 智慧桂林建设加快推进

以国家智慧城市试点建设为抓手，大力推进新型基础设施建设，政务云平台、商务云平台、数字城管等一批智慧平台项目投入使用。信息网络基础设施建设走在全区前列，投资建成华为云计算数据中心，基本实现5G

网络市区全覆盖、光纤网络和4G网络行政村全覆盖，花江智慧谷、电科云国际大数据发展中心等项目推进顺利，成为广西一体化大数据中心副中心城市、首批数字经济示范区。“互联网+”政务服务取得新成效，10类行政权力事项和公共服务事项全面实现线上办公，网上可办事项1449项，网上可办率达98.71%，信息公开力度和深度稳步提升。智慧交通运输综合信息管理系统项目完成评审，交通一卡通系统建设完成，智慧交通加速发展。“数字桂林”成果在桂林地质灾害监测预警系统等领域得到应用，“数字阳朔”“数字灵川”“数字临桂”等地理空间框架建设项目获自治区立项批复。

三　问题与短板

在国内外环境错综复杂、转型发展压力持续增大背景下，虽然“十三五”期间桂林市社会经济发展的各项目标任务实施取得一定成效，总体执行情况总体较好，但仍存在诸多问题和短板。

（一）规划指标目标完成率总体偏低

桂林市“十三五”规划纲要提出的34项指标中，全部完成的指标只有20项，尤其是20项预期性指标仅完成6项，未完成指标主要集中在经济发展类及与其相关指标。虽然有受疫情影响等客观因素存在，但也表明桂林市发展基础不牢、后劲与韧性不足、应对重大不确定性事件的能力不强。同时，实施规划缺乏刚性约束，部分规划目标指标落实不到位，抓落实力度不够，存在任务分解到位难、部门间配合度不高、任务“分不出去”等问题。

（二）应对挑战的能力有待进一步提升

“十三五”以来，桂林市经济增速持续下行的速度超过预期，从2015年的8%回落至2019年的6.5%，2020年受疫情影响增长率仅为2.1%。虽然经济总量仍排在全区第三，但“十三五”期间的年均增速在广西14个地级市排名第13，可持续发展动能衰减。常住人口人均地区生产总值为全区平均水平的96%，人均财政收入为全区的84%，与“标兵”的差距不断拉大，与“追兵”的距离逐渐缩小：2015年地区生产总值是南宁（第1名）的57.0%，是玉林（第4名）的1.34倍；至2020年，地区生产总值下滑至南宁的45.1%，玉林的1.21倍（见表7）。

表7 “十三五”时期广西各市经济总量及增速对比

	2015年绝对值（亿元）	“十三五”年均增速（%）	年均增速排名	2020年绝对值（亿元）
自治区	16803.12	6.10	—	22156.69
南宁	3410.09	5.81	11	4726.34
柳州	2298.62	4.91	14	3176.90
桂林	1942.97	5.26	13	2130.41
梧州	1078.59	5.63	12	1081.34
北海	892.10	6.70	7	1276.91
防城港	620.72	6.73	6	732.81
钦州	944.42	6.81	5	1388.00
贵港	865.20	8.58	2	1352.73
玉林	1446.13	6.65	8	1761.08
百色	980.35	7.99	4	1333.73
贺州	468.11	8.20	3	778.00
河池	618.03	6.03	9	927.71
来宾	557.70	5.81	10	705.72
崇左	682.82	8.65	1	809.00

资料来源：桂林市历年国民经济和社会发展统计公报。

从自治区111个县区看，桂林17个县（市、区）中除七星、秀峰和叠彩区的GDP在自治区111个县区排名有所上升、灵川县排名保持不变外，其余13个县（市、区）GDP排名均有不同程度下降（见表8）。只有七星、象山、临桂、荔浦等4个区（市）的第二产业增加值排在全区第56名以前。个别县（市、区）财政困难、债务风险加大。

表 8 “十三五”时期桂林县域经济发展态势

县（市、区）	“十三五”GDP实际年均增速（%）	2019年绝对值（亿元）					2020年绝对值（亿元）	
		GDP	在全区111个县域排名	较2015年排位升降	第二产业增加值	在全区111个县域排名	GDP	工业增加值
七星区	5.42	275.03	26	+8	100.11	19	282.48	63.72
临桂区	4.24	222.28	31	-11	60.61	37	231.43	28.78
象山区	5.50	189.70	38	-7	63.82	36	186.05	54.74
全州县	6.20	173.32	43	-6	22.93	73	178.11	14.32
灵川县	6.20	169.42	44	0	36.18	60	173.40	18.06
荔浦市	6.60	147.60	55	-14	42.44	56	148.57	22.87
兴安县	6.14	143.35	57	-17	31.19	66	147.77	23.12
平乐县	5.90	112.65	63	-2	10.76	98	109.39	5.36
阳朔县	5.38	111.65	65	-7	22.10	77	108.00	5.45
秀峰区	4.40	105.19	66	+7	14.43	85	97.10	5.74
叠彩区	4.98	91.42	73	+2	12.39	92	87.67	3.51
恭城县	3.63	90.48	75	-4	11.57	96	83.69	9.81
永福县	6.00	85.54	81	-26	14.26	86	82.97	9.97
灌阳县	5.20	67.61	92	-15	11.74	95	71.53	9.15
龙胜县	5.50	58.82	97	-11	13.88	87	60.40	8.10
资源县	6.20	49.05	101	-9	7.26	105	50.36	5.87
雁山区	6.00	30.84	109	-3	5.00	106	31.49	2.01
全市	—	2105.56	—	—	474.98	—	2130.41	290.56

注：因2020年县域排名未出，故采用2019年排名。

资料来源：桂林市历年国民经济和社会发展统计公报。

（三）工业发展短板突出内生动能不足

“十三五”期间，桂林市工业增加值年均增长2.6%，占GDP的比重仅为13.6%，降幅分别较全国、自治区低17.2个和10个百分点。突出表现为：一是主导产业规模不大，未形成完整产业链条。机床、客车、橡胶等传统产业优势逐步弱化，电子信息产业近年发展较快，但其增加值占桂林市的比重为7.1%。二是龙头企业辐射带动效应不强。2020年末在库规上工业企业518家，比2015年末减少119家，桂林市产值超20亿元的工业企业仅有

4 家，其中超 50 亿元 1 家，尚未培育形成超百亿元工业企业，“强龙头”“补链条”“聚集群”存在现实挑战。三是产业结构不优。制造业企业多处于产业链中低端，高技术产业总产值占桂林市的比重为 18.6%，低于南宁 8 个百分点。四是工业投资不足。制造业投资占固定资产投资的比重仅为 10.7%，“十三五”期间工业投资年均增长 8.5%，低于固定资产投资年均增速 1.1 个百分点。五是营商环境仍需进一步优化。物流、用电、金融成本偏高，吸引优秀企业落地和人才安居乐业的环境仍缺乏竞争力。

（四）旅游胜地的“国际一流品质”有待提升

虽然桂林国际旅游胜地基本建成，但与世界一流旅游目的地标准仍有较大差距。一是旅游产品国际化水平不高，缺乏具有世界级影响力的“拳头产品”和旅游项目。资源八角寨、兴安灵渠和猫儿山、全州天湖等旅游精品建设受制于交通及配套设施条件，其开发运营情况及国际知名度与建设世界级旅游精品的目标存在较大差距。二是国际航线瓶颈制约突出。目前国际航线只有 5 条，导致 72 小时过境免签政策实施效果不明显。三是旅游基础设施配套程度、旅游服务体系互联互通水平以及旅游系统数字化赋能程度有待进一步提升。城市服务功能和服务体系仍存在较大短板，缺少大型综合交通枢纽，交通接驳脱节，游客出行不畅，旅游道路建设滞后、等级不高，智慧化管理、精细化运营存在较大提升空间。四是深厚的文化底蕴优势和良好的绿色生态优势没能充分转换为经济发展优势，旅游商品特色不鲜明、感知度和附加值不高。

（五）局部性不平衡不协调问题依然突出

一是县区之间经济发展不平衡。2020 年各县财政收入最高的临桂区达到 34.36 亿元，是资源县的 17 倍，城区人均 GDP 是县域的 3.12 倍；县域传统产业仍占主导，优势特色产业发育不足；而城区产业同质化现象仍较普遍。二是乡村基础设施建设和公共服务水平亟须进一步提升。市民群众对养老、托幼、教育等高品质、多层次、多样化的公共服务需求未能满足。三是

经济发展需求与生态环保压力不协调。项目用地和能耗指标不足影响项目建设进展。桂林市除了六城区为重点开发区外，其余11县中有5个国家级重点生态功能区，均需要执行产业负面清单制度，对产业选择的要求越来越高。四是“产学研用”四位一体有效衔接存在断点堵点。桂林高校以及科研院所数量仅次于南宁，但长期以来科研院所的科研成果转化率较低，产学研用衔接不够紧密，全社会科技研发经费支出占GDP比重远低于全国平均水平。

（六）高质量发展的生态环境约束仍然明显

一是大气污染防治任务艰巨。“环境空气质量综合指数”及“优良天数比例”仍低于全区平均水平，除2018年环境空气质量综合指数排名全区第8外，其余年份均排在第10名以外。二是饮用水水源地保护有待加强。除兴安、资源、荔浦具有备用水源地外，市区和其他各县区仍未建有备用水源地，一旦在饮用水源地出现集中污染事故，将难以保障居民供水安全。青狮潭水库作为市区规划水源地，虽已划分水源保护区，但取水工程建设进度缓慢，城市备用水源地建设相对滞后，与保障用水安全新要求仍有差距。三是漓江流域生态补偿机制及保护专项资金尚未建立，严重制约漓江的保护和发展。四是农村生活污染治理能力亟待提升。累计完成503个建制村752套污水处理设施建设，覆盖率仅为32.02%，永福、全州、灌阳等部分县区的农村环境综合整治项目（污水处理项目）覆盖率不到10%。

四　“十四五”时期桂林市经济社会发展展望与对策

本文在深入分析“十三五”时期桂林市经济社会发展基本情况的基础上，认真总结经验教训，就“十四五”桂林市经济社会发展提出展望及对策建议。

（一）完善顶层设计，加强规划引领

1. 进一步优化顶层设计

准确研判国内外环境和桂林市发展的阶段性特征，主动适应经济发展新

常态，准确把握新发展阶段、抢抓用好新发展机遇、贯彻新发展理念、融入新发展格局，围绕推动高质量发展、创造高品质生活、实现高效能治理，以“加快发展、转型升级、全面提质”为目标，坚持桂林国际旅游胜地“一本蓝图绘到底”，加强顶层设计，加强政策调控的针对性、有效性和可操作性，在综合权衡基础上科学设置补短板、强弱项主攻方向和目标任务。有序推进新型城镇化建设。将巩固拓展脱贫攻坚成果同乡村振兴有效衔接，将产业发展与国土空间优化有效衔接，科学划定“三区三线”，统筹“三生空间”发展，保障国民经济与社会发展目标任务落地。

2. 高水平落实规划目标任务

建立规划纲要目标任务落实层层分解制度，明确规划纲要各项目标任务工作分工及其实施职责、重点任务落实工作措施等，将各项目标任务分解落实到各部门和各县（区、市）。强化年度计划与纲要的衔接，将纲要确定的主要指标分解纳入年度指标体系，合理确定年度工作重点。建立规划纲要落实情况巡视审查制度，强化党委对规划纲要落实的监督。建立健全动态监督考核机制，积极探索将规划纲要实施考核结果与被考核责任主体绩效挂钩，将规划年度实施情况纳入各级各部门绩效考核，提升规划纲要实施的刚性约束。

3. 加强对补短板强弱项的谋划设计和制度性安排

推动桂林市智库资源积极开展“补短板强弱项”大调研活动，统筹谋划桂林工业振兴、乡村振兴和国际旅游胜地建设、可持续发展议程创新示范区等重大战略之间的资源配置关系；建议出台桂林工业及市场准入负面清单制度，清单之外的行业、领域、业务等的市场主体可以依法平等进入，实现“非禁即入”。增强工业发展相关指标的引导作用和考核结果的应用，调整工业发展相关指标属性，提高桂林市各层面对工业发展的重视程度，营造推动工业发展的良好氛围；强化创新驱动发展战略的具体安排，细化和提出一系列可操作性强的政策措施，有效引导政府加大对企业研发的支持，搭建科技成果转化平台，采取相关措施鼓励和支持企业加大研发投入，充分激发各类创新主体的活力和积极性。聚焦打造世界级旅游城市、创造宜业宜居宜乐宜游环境、用好用活红色资源、加强漓江生态保护、全面推进乡村振兴等方面谋划一批重大政策和重大改革举措，实施一批重大工程项目，积极争取国家和自治区加大政策支持力度。

4. 强化项目建设对规划实施的支撑作用

重点项目是推动规划实施、加快新旧动能转换和实现高质量发展的重要抓手。围绕规划提出的重点任务，谋划提出相应的重大项目。财政资金要优先向规划确定的重大任务和重大工程项目倾斜，坚持项目跟着规划走、资金和要素跟着项目走，依据规划制定重大工程项目清单，对清单内工程项目优先列入年度统筹推进计划，简化审批核准程序，优先保障规划选址、土地供应和资金需求，推动规划目标任务顺利实现。同时，主动向国家和自治区沟通汇报，积极争取更多更大力度的上级政策和资金支持。

（二）聚力工业振兴，补齐发展短板

1. 高度重视制造业的产业核心地位

制造业是财富创造的根本源泉，是改善民生的重要物质基础，是城市综合实力和竞争力提升的持续动能，制造业稳则经济稳，制造业强则经济强。“十四五”期间，将工业振兴置于优先地位，充分利用国家及区域战略多重叠加的比较优势，充分利用科研院所相对集中、历史形成的产业集聚基础，将培育制造业特别是现代制造业置于空前突出的位置。“十四五”是桂林由传统要素驱动、投资拉动向创新驱动转型的构建时期。从战略层面推进工业振兴大会，为桂林市加快补短板强弱项、优化结构、转型升级、全面提质发布动员令。要立足高质量发展视角，充分认识推进制造业振兴的极端重要性和现实紧迫性。由于历史原因及发展定位，近 10 年桂林市工业发展总体步伐偏慢，目前工业化率为 13.4%，低于全区平均水平。加快发展难点在制造业，转型升级关键在制造业，全面提质的重点也在制造业，经济增长能否实现“高质量”，主要看工业特别是制造业能不能实现向智能化、数字化、高端化转型升级。加快制造业现代化步伐是桂林现代化进程中绕不开躲不过的重大现实问题。

2. 实施产业基础再造工程和重大产业集群行动计划

“十四五”期间，按“强龙头、补链条、聚集群、抓创新、创品牌、拓市场”要求，坚持全产业链发展思路，巩固提升电子信息、先进装备制造、生物医药及医疗器械、生态食品四大主导产业在广西的优势地位，加快建链、延链、补链、强链，促进配套企业集聚发展、产业高端发展、产品系列发展，提升产业链本地配套能力和水平，通过工业园区实现产业链高效协作、合理分工、协同互补发展。大力推动互联网、大数据、人工智能与实体经济深度融合。积极开展补链强链延链专项行动，实施产业基础再造工程和重大产业集群行动计划，加快四大优势产业转型升级，加快传统产业“两化融合”步伐，打造工业经济新增长点。大力发展新一代信息技术、新能源、新材料等战略性新兴产业，紧抓数字经济发展机遇，推进数字产业化和产业数字化，加快建设制造企业数字化车间和智能工厂。发挥华为、比亚迪、深科技、格力等一批高质量项目的示范带动效应。

3. 进一步完善“345”产业布局，推进园区和项目建设

依托“345”工业发展布局，加快培育各地特色产业园区。市属三大园区重点培育桂林国家高新区格力生产基地、大数据产业园，桂林经开区重点培育华为信息生态产业合作区、广西医疗器械（临桂）产业园，高铁（桂林）广西园重点培育新材料产业园、机械装备制造产业园，进一步创新体制机制，促进园区产业集聚力、竞争力提升。四个工业重点县重点培育全州县米粉轻工产业园、兴安县汽配产业园、平乐县智能制造产业园、荔浦市光电及家居产业园。五个生态功能区县重点培育灌阳石材产业园、资源硅材料产业园、龙胜滑石加工产业园等。通过集聚发展打造特色产业集群，加快现有企业改造提升、引进实施一批产业链延链补链项目，推动城区及县域工业发展。

（三）聚力“六个一流”，建设世界级旅游城市

围绕一流的旅游产品、一流的旅游服务、一流的旅游品牌、一流的消费环境、一流的文旅体验、一流的康养基地等目标，全力推进世界级旅游城市

建设。坚持统筹思维、融合理念，推动旅游全域化发展、全产业融合、全要素配套，构建高品质服务体系，建设富有文化底蕴的世界级旅游景区和度假区，打造国家级旅游休闲城市、全国文旅融合高质量发展典范和全国旅游创新发展先行区。大力发展平台经济、共享经济、电子商务等新模式新业态，推动智慧零售、在线教育、互联网诊疗等行业高质量发展。加快38个服务业集聚区建设步伐，完善“四上”企业培育机制，加速培育规模以上服务企业。

高标准布局建设步行街、消费商圈、品牌酒店群，积极争取免税购物政策落地，培育壮大中高端消费市场。推进旅游服务标准化和国际质量认证，高标准完善旅游咨询服务中心、旅游驿站、旅游码头、应急医疗救助点等配套设施，积极引进一批国际品牌酒店、休闲产品、购物中心，提供与国际接轨的餐饮住宿、旅游购物、导游等服务，加快建设一批具有国际品质的旅游服务中心。加快大健康文旅重大项目建设，推动健康旅游向精细化、优质化、高端化发展。

（四）聚力乡村振兴，推进农业农村优先发展

“十四五”是“三农”工作重心发生历史性转移的五年，促进农业高质高效、乡村宜居宜业、农民富裕富足，是实现桂林共同富裕的必然要求。推进巩固拓展脱贫攻坚成果与乡村振兴有效衔接。加强财政投入、金融服务、土地支持、人才智力支持等政策衔接，严格落实“四个不摘”要求，五年过渡期内保持现有帮扶政策总体稳定。健全防止返贫动态监测和帮扶机制，健全农村社会保障和救助制度，强化农村低收入人口常态化帮扶，巩固“两不愁三保障”成果。毫不放松抓好粮食生产，重点打造粮食、柑橘、蔬菜、优质畜禽、中草药、南方高山特色种养等种养产业集群。实施现代特色农业核心示范园区提升工程，创建一批国家、自治区级现代农业产业园、科技园和特色农产品优势区。实施农业品牌战略，全力打造桂林砂糖橘、恭城月柿、荔浦芋等一批“桂林系列”区域公用品牌。

打造全域休闲农业与乡村旅游全国标杆，推动一二三产业融合发展。持

续推进幸福乡村“环境秀美”“生活甜美”“乡村和美”等专项行动，打造“美丽桂林·幸福乡村”升级版。加强农村物流体系建设，大力发展农产品冷链物流、精深加工、农产品电商、乡村休闲旅游，促进农村一二三产业融合发展。坚持田园综合体和新型城镇化示范乡镇建设相结合，分类推动村屯整治，建设生态宜居田园乡村。加快构建自治、法治、德治相结合的乡村治理体系，涵养乡风文明，形成治理有效，充满活力、和谐有序的乡村社会。

（五）聚力绿色发展，优化“三生”空间

以习近平生态文明思想为指导，牢记习近平总书记“一定要保护好桂林山水”的重托，坚持绿色发展，坚持山水林田湖草沙系统治理，以生态环境质量持续改善为核心，以解决突出生态环境问题为重点，持续推进蓝天碧水净土保卫战，深入推进生态修复和环境污染治理，推动流域生态环境持续改善、生态系统持续优化、整体功能持续提升。深入实施主体功能区规划和国土空间规划，科学有序布局生产空间、生活空间和生态空间，严格生态保护红线、永久基本农田、城镇开发边界三条控制线管控，实现桂林市国土空间开发保护“一张图”。实施山水林田湖草生态一体化保护和修复工程，完善河长制、湖长制、林长制，加强生物多样性保护，建设国家森林城市；构建以漓江百里绿色画廊，都庞岭、越城岭生态屏障，阳朔、灌阳、龙胜、资源、恭城国家级重点生态功能区为主体的“一廊两屏五区”生态保护格局，重点以保护和修复生态环境为主，因地制宜发展旅游、大健康等资源环境可承载的生态产业和生态经济。支持重点生态功能区将发展重点置于保护生态环境、提供生态产品，人口逐步有序向城镇化地区转移并定居落户。完成生态保护红线勘界定标，发挥生态保护红线优化空间的作用。

大力发展与生态环境相适应、与旅游业发展相融合的先进制造业、优质高效现代服务业和绿色生态现代农业，构建创新能力强、科技含量高、资源环境适宜、人力资源充分利用的现代产业体系，开创桂林经济社会高质量发展新局面。倡导绿色低碳生活方式，加快生活方式和消费模式向勤俭节约、绿色低碳方向转变，创建低碳社区，发展绿色交通，推进政府“绿色采

购”，实现各种废弃物集中处理和资源化利用。强化能源消费总量和强度“双控”，严控能耗强度，合理控制能源消费总量，加大节能挖潜、淘汰落后低效产能，腾出用能空间。推进工业、交通运输、建筑、居民生活等重点领域节能降碳。

（六）融入“双循环”，在扩大内需上夯基垒台

扩大内需是连通双循环的战略基点，是对冲世界经济下行压力、应对各种风险挑战的必然选择，也是构建新发展格局的必然要求。随着我国人均GDP达到1万美元和居民人均可支配收入超过3万元，居民消费也进入新阶段，个性化、多元化、多层次的品质型和享受型的消费需求持续增长。作为国际旅游胜地，桂林目前高品质的商品和服务供给难以满足居民消费升级需求，不仅影响内需对区域经济增长发挥应有作用，同时导致大量升级消费流失境外，优化供给结构以引导消费刻不容缓。“十四五”期间，桂林需要主动全面融入广西“南向、北联、东融、西合”战略，更好利用国内、国际两个市场，融入以国内循环为主的“双循环”。推进“粤桂画廊”建设，构建千里国家级特色风光带，共同打造面向世界的康养旅游休闲度假胜地。

建设国际消费中心城市，积极培育新型消费业态。用活用好境外旅客购物离境退税政策，培育壮大中高端消费市场，创建国家文化和旅游消费试点城市。实施消费升级工程，做大“桂林有礼”品牌，打响“吃在桂林”品牌。将有为政府与有效市场结合，努力提供全生命周期优质服务。充分激发消费潜力，有针对性地完善商贸产业链，提高产品供给适配度，最大限度满足人民群众生产生活需要。促旺传统消费、激活潜在消费，积极培育新消费、新业态、新热点，打造高品质供给体系，以扩大内需促进服务业整体升级。

（七）培育内生动力，在创新引领上蓄势赋能

创新是高质量发展的内生动力源。充分发挥桂林高校云集、人才集聚等创新资源优势，加强应用创新、集成创新、产业创新等重点领域关键技术攻

关，加快技术创新成果产业化。整合科教资源，加快高端人才创业创新示范基地、电子科大花江智谷产业园、卫星导航定位与位置服务实验室、桂林电器科学研究院等一批科技创新平台建设，创建一批自治区及以上重点实验室、工程（技术）研究中心、国际科技合作基地等高层次科研平台，引进培养高层次创新人才和团队，不断完善高新区、经济技术开发区和高铁经济产业园区建设，为新动能发展创造载体空间。实施“小巨人”企业培育工程、“瞪羚企业”培育计划、高新技术企业倍增计划，重点培养一批具有自主知识产权、自主品牌和较强核心竞争力的创新型企业。强化企业创新主体地位，引导和支持企业加大技术创新投入，深化创新创业体制机制改革，推进以科技创新为核心的全面创新，强化高质量发展的创新支撑。

（八）着力民生保障，在“幸福指数”上持续发力

坚持以人民为中心的发展思想，必须落到群众最关心最直接最现实的事情上。加快实现更高质量就业、更高水平收入、更完善社保体系等，补齐民生和社会治理短板，改善人民生活品质，推动共同富裕，不断增强人民群众获得感、幸福感、安全感。着力保就业稳增收。强化就业技能培训，完善终身职业技能培训制度和劳动关系协调机制。建立创业扶持机制，提供创业培训、融资担保等综合服务。优化高校毕业生就业创业待遇和流程，吸引高校毕业生留桂来桂就业创业。完善农民工返乡就业创业优惠政策，拓宽农民工就地就近就业渠道，开发和提供适宜的公益性岗位，多途径增加城乡居民工资性和财产性收入。完善最低工资和工资支付保障制度，提高职工工资性收入。广开农民增收渠道，增加经营性和工资性收入来源。深化收入分配制度改革，缩小不同行业间工资收入差距。促进民生事业均衡发展。支持普惠学前教育资源扩容推进学前教育普及普惠发展，完善新建居住区标准化学校同步配套，推动义务教育优质均衡发展，通过“现代（企业新型）学徒制”提升职业教育产教融合。实施“三医”联动，实施传染病监测、疾病预防控制、卫生应急等能力提升工程，完善公共卫生服务体系。健全基本养老、失业、医疗保险制度，提高社会保险覆盖面；降低保障性住房准入门槛，完

善公共租赁住房管理，提升住房保障水平；建立城乡统筹的特困人员供养制度，健全分层分类的社会救助体系；加快发展适度普惠型社会福利事业，提高困难群众生活水平。

参考文献

习近平：《论把握新发展阶段、贯彻新发展理念、构建新发展格局》，中央文献出版社，2021。

魏后凯、年猛、李功：《“十四五”时期中国区域发展战略与政策》，《中国工业经济》2020 年第 5 期。

宋子千：《科技引领“十四五”旅游业高质量发展》，《旅游学刊》2020 年第 6 期。

何立峰：《“十四五”时期经济社会发展主要目标》，《宏观经济管理》2021 年第 1 期。

何立峰：《学习贯彻习近平新时代中国特色社会主义经济思想　做好“十四五”规划编制和发展改革工作》，《宏观经济管理》2020 年第 10 期。

杨昀、保继刚：《政府角色定位对旅游治理的影响——以广西阳朔遇龙河景区为例》，《旅游研究》2020 年第 12 期。

保继刚、孟凯、章倩滢：《旅游引导的乡村城市化——以阳朔历村为例》，《地理研究》2015 年第 8 期。

《广西建设高标准市场体系行动实施方案》，《广西日报》2021 年 8 月 19 日，第 10 版。

简文湘：《广西加快构建国内国际双循环重要节点枢纽》，《广西日报》2021 年 7 月 28 日，第 1 版。

郭克莎、彭继宗：《制造业在中国新发展阶段的战略地位和作用》，《中国社会科学》2021 年第 5 期。

王春光：《乡村建设与全面小康社会的实践逻辑》，《中国社会科学》2020 年第 10 期。

分 报 告

Topical Reports

B.2
2020年桂林市社会发展分析及展望

肖富群　徐其龙*

摘　要：2020年，面对新冠肺炎疫情和经济下行的双重压力，桂林统筹推进疫情防控与经济社会发展，顺利完成“十三五”规划目标，取得脱贫攻坚战和全面建成小康社会的双重胜利。2020年，桂林居民收入持续增长，教育事业进一步提升，医疗卫生事业成效显著，社会保障水平不断提高，就业创业整体趋稳，公共文化体育事业顺利推进，民族工作扎实推进，成功入选全国文明城市。但同时也存在城乡居民人均收入差距逐年加大、就业结构性矛盾突出、教育质量仍需加强、民生保障水平不高、社会治理存在短板等问题。2021年是开启全面建设社会主义现代化国家、向第二个百年目标奋斗迈进

* 肖富群，博士，广西师范大学政治与公共管理学院院长，教授，博士生导师，广西社会学会副会长，广西师范大学珠江—西江经济带发展研究院研究员，广西师范大学西部乡村振兴研究院乡村社会治理研究中心主任，研究方向为社会研究方法、人口发展与民生保障；徐其龙，博士，广西师范大学政治与公共管理学院讲师，研究方向为发展社会学。

的新起点，也是“十四五”规划的开局之年，桂林要深入贯彻习近平关于桂林的重要讲话与指示精神，以打造世界级旅游城市为中心统领经济社会发展全局，全力提升居民生活品质，加快文化事业发展，稳定和促进就业，建设多层次社会保障体系，推进教育现代化目标，推动优质医疗资源均衡发展，提升社会治理能力，促进社会高质量发展。

关键词：民生事业　社会发展　桂林

2020是极其特殊的一年，在经济下行周期和突袭而至的新冠肺炎疫情的双重压力下，为能顺利完成“十三五”规划目标，桂林始终坚持以习近平新时代中国特色社会主义思想为指导，严格贯彻落实党的十九大和十九届二中、三中、四中、五中全会精神，规划部署各项重大决策，统筹抓好疫情防控和经济社会发展，将人民群众的利益放在首位，做好“六保”“六稳”重点工作，终于顺利完成各项任务，成功取得全面建成小康社会和脱贫攻坚战的胜利，使得桂林社会发展各项事业稳中有进，人民群众共享经济社会发展成果。

一　2020年桂林市社会发展总体形势

（一）居民收入持续增长

2020 年对于全国各地来说都是充满挑战的一年。在经济下行压力增大与防控新冠肺炎疫情的双重压力下，2020 年桂林市努力克服困难，统筹协调做好疫情防控和经济社会发展任务，扎实做好“六稳”工作，全面落实“六保”任务，终于实现经济社会持续健康稳定发展。2020 年全年桂林市地区生产总值达 2130.41 亿元，按可比价计算，比上年增长 2.1%。虽然增速

有所降低，但是在这种情况下能保持经济正增长也已实属不易。2020 年桂林居民人均可支配收入 28161 元，同比增长 7.1%，超额实现比 2010 年人均收入翻一番目标。按常住地城镇和农村划分，桂林城镇居民人均可支配收入 38145 元，相比 2019 年增长 2.6%；农村居民可支配收入 17345 元，同比增长 8.1%。在人均消费支出上，桂林城镇居民支出 21507 元，同比下降 4.2%；农村居民支出 11064 元，同比增长 2.7%。虽然面临社会发展的不利条件，但人民的获得感得到了提升。

（二）教育事业进一步提升

1. 教育事业基础设施逐渐完善

2020 年以来，桂林市共投入教育资金 9.3 亿元。桂林着力弥补基础教育设施的不足，新建义务教育学校 11 所，公办幼儿园 42 所，改扩建教育项目 212 个，实现新增学位 27118 个，公办幼儿园在园幼儿占比已提升至 51.02%，普惠性幼儿园覆盖率已达到 87.5%。继续加强中职学校办学条件达标建设，2020 年，桂林旅游职业中等专业学校等 10 所中等职业学校获得广西壮族自治区办学条件达标建设项目资金 3800 万元，桂林市本级投入资金 6900 万元，进一步改善中等职业学校的办学条件，深化职业学校教育教学改革，不断提升中职学校学生综合素质及其就业能力，中职教育内涵发展水平提升。2020 年，桂林市投入 3.75 亿元政府专项债，持续推进桂林大学聚集区基础设施建设，深入加快《桂林大学聚集区发展规划（2018—2025 年）》执行进度，为桂林世界级旅游胜地建设培养优秀后备人才提供良好的基础保障和支撑。

2. 教育事业质量稳步提升

2020 年，桂林市有幼儿园、普通中学等各级各类学校共 1877 所，较 2019 年增加 4.2%。在各级各类学校的变化中，幼儿园的数量增长最快。在校生人数上，桂林 2020 年普通中学在校生 27.90 万人，小学在校生 40.50 万人，幼儿园在园幼儿 19.39 万人。同时桂林市社会办学共 82 所，较 2019 年增加 14.9%，在校生 5.77 万人，较 2019 年增加 3.0%。桂林市已有 10

所特殊教育学校，在校接受特殊教育的学生1149人。2020年，桂林市不断提高教育质量，提高各级各类学校的入学率和巩固率，解决“入学难”问题，在不断努力下，桂林学前三年毛入园率达到92%，中小学义务教育巩固率达到101.70%，高中阶段教育毛入学率达到93%，国家县域义务教育基本均衡发展评估验收也实现全覆盖，义务教育基础保障战役也实现顺利收官，顺利通过自治区级普及高中阶段教育评估验收。为降低贫困家庭学龄儿童辍学率，2020年桂林建档立卡贫困家庭及非建档立卡贫困家庭适龄儿童少年失学辍学人数实现“双清零”，贫困学生资助工作做到应助尽助，一个也不能少。

3. 中小学“县管校聘”改革工作推进实施

为破解教师资源配置公平难题，桂林市大胆探索中小学“县管校聘”改革工作。这一改革工作是指公办中学和小学的教师由学校聘用，但是教师所在的学校可由县级教育行政部门进行调整，使教师不再固定于某个学校，由“学校人”向“教育系统人”转变，打破不同学校之间的壁垒，使教师可以在不同学校之间进行交流，这样就能够实现优质教育资源的流动和分配。2020年，桂林市以荔浦市教育系统为第一批试点，按照“统一标准、岗位统筹、分类核定、职数统管”总体原则，县级区域内教师岗位编制进行“打包核算”。“荔浦经验”，即核实整个县域内所有的中小学岗位总量，由市级行政部门进行统筹管理；层层放权，实施校长职级制、班主任津贴和学校教师公寓等措施和后勤保障，破解岗位配置、教师晋升和城乡教师资源配置公平问题。

（三）医疗卫生事业成效显著

1. 统筹推进新冠肺炎疫情防控

新冠肺炎疫情暴发以来，桂林市遵循“早发现、早报告、早隔离、早治疗”（四早）的及时干预原则，切断疫情传播，落实“集中患者、集中专家、集中资源、集中救治”（四集中）的原则，全力救治确诊病例，保护人民群众生命财产安全，全面实施外部防御输入和内部防御反弹总体防控策略，全面动员部署、上下联动并整体推进，编织强大防控网络，有效控制疫情蔓延，有力有序做好防控工作。一是建立有效的横向和纵向的防控网络。新冠肺炎疫情暴发后，桂林市及时启动应急响应机制，成立由市委、市政府组成的疫情防控工作领导小组，构建高效连贯的四级联防联控工作机制，抓紧“市、县、乡、村”四级党委书记，并实行行政首长负责制，四级领导干部层层包干，31000 余名机关干部加班加点迅速下沉至社区前线，20 余万名党员志愿者投身防控一线，成功形成党员干部带头引领、全民积极参与的联防联控格局。在联控方式和模式上，社区以“科技信息 + 脚板走访”为手段，进行“智能化”“网格化”管理，开展地毯式、全覆盖、精准排查管控，编织牢固基层社区防控网，新冠肺炎疫情防控做到精准高效。二是率先实施集中救治。为保障感染患者能够得到及时治疗和预防病毒传播，桂林市在自治区率先按照集中救治原则，将患者全部集中到南溪山医院、市第三人民医院。三是严控“传染源”，及时切断疫情传播和蔓延渠道。在自治区率先确定 1 家酒店为集中隔离观察点，确定 12 家酒店为湖北（武汉）到桂林游客集中接待点，严格执行“一点一院一专班”制度，即做到切断病毒的迅速传播，也为湖北游客提供充分的关怀。四是严格管理养老院等人员集中的特殊场所。对养老院等人员密集的场所，及时实行严格管理并做好老年人关心关爱服务，疏解焦虑情绪，对有常见病和重大疾病的老年人提前准备开展医疗救援工作。五是畅通防控物资筹集渠道。通过争取获得上级支持、市场采购、社会捐赠等多元方式筹集防疫物资与资金，全力支持桂林 28 家防疫医疗物资生产和配套企业复工复产，桂林产核磁共振机、N95 口罩、医用护目镜生产填补广西空缺，防疫物资“桂林生产”保障本地疫情防控，桂林也成为广西防疫物资生产体系最完备的城市之一。随着疫情得到有效遏制，桂林新冠疫情防控工作逐渐转向常态化，从应急管理防控向分区分类精准防控转变，依照所出现的病例情况划分县域风险等级，实施差异化精准化防控策略，动态调整高、中、低风险等级，持续筑牢防控机制和网络，聚焦机场、公共场所等重点防控领域，确保人民群众的生命安全高于一切。

2. 医疗资源配置不断优化

据桂林市国民经济和社会发展统计公报可知，2020 年桂林市共有各类卫生医疗机构 4969 所，较 2019 年增加 7.3%。其中医院 82 所（较 2019 年增加 11.0%），乡镇卫生院 143 所（较 2019 年增加 1 所），社区卫生服务中心（站）44 所（较 2019 年增加 1 所），门诊 40 个，村卫生室 3114 个（较 2019 年增加 6.0%）。医疗卫生机构床位 2.70 万张，相比 2019 年增加 9.7%，其中医院床位 1.97 万张，医院床位增加 10.1%，卫生技术人员为 4.06 万人，与 2019 年相比增加 14.7%。其中执业医师（含执业助理医师）达到 1.44 万人，较 2019 年增加 1800 人，注册护士（师）1.87 万人，较 2019 年增加 3100 人。基层医疗卫生人才队伍不断壮大，医疗资源配置总量不断增加，顺利实现 1793 家县乡村公立医疗机构均按规定配备医师。在医疗服务上，大病贫困患者得到及时救治，累计收治病例 9705 例，救助率达到 98.19%，全面完成贫困户家庭医生签约服务工作，累计签约贫困人口 40.83 万人，签约率为 100%。2020 年，桂林市向上级部门争取中央预算内的公共卫生投资项目 12 个，总投资额约为 4.40 亿元，其中中央预算内资金支持 2.32 亿元，又争取 8.96 亿元抗疫国债资金支持 117 个卫生领域有关项目，重点支持中医药传统工程项目与县级人民医院建设等卫生项目，提升医疗卫生基础设施建设。

3. 医联体建设工作持续推进

为深化医疗卫生体制改革，促进优质医疗资源下沉到县和社区，提高基层医疗卫生服务能力，近年来各地不断推进医疗联合体（以下简称“医联体”）建设，将同一区域内的不同等级的医院联合起来。目前，医联体已成为推进分级诊疗制度改革的重要方式和载体。自 2018 年桂林市被确定为广西医联体建设试点城市以来，桂林医联体改革和建设工作综合考核连续两年在广西排名第一，医联体建设工作不断取得实效。2020 年，桂林市进一步推进五种医联体建设，目前已建成 15 个三级医院和二级医院的医联体（三二医联体），建立 18 个紧密型县域医共体，其中乡镇卫生院参与率为 98.4%，成立 4 个城市区域医联体，建立 49 个全市二级以上公立医院专科联盟，推进桂林各级各类医疗卫生资料的不断整合和优化配置。在医联体建设的基础上，桂林大力推进远程医疗，目前已形成互相协调、规范运行的市、县、乡三级远程医疗服务网络机制，逐步完善区域内医疗卫生资料的共享联合机制，推进医联体工作的数量和质量并进建设。

（四）社会保障水平不断提高

1. 参保人数不断上升

2020 年，为继续深入推进全民参保计划，桂林市将基本实现法定人员全覆盖和人人享有社会保障作为重点工作，参保人数从 2017 年的 199.89 万人快速提升至 464.49 万人，入库率提升为 93.56%。2020 年桂林市参加城乡居民基本养老保险达到 244.32 万人，相比 2019 年的参保人数增长 18.0%；参加城镇职工养老保险 103.94 万人，同比增长 3.5%；参加失业保险、工伤保险人数分别为 45.74 万人、53.24 万人，同比分别增长 1.3%、0.8%；参加居民基本医疗保险 431.13 万人，同比增长 0.3%。

2. 社保惠民措施与扶贫政策扩大覆盖

2020 年，受新冠肺炎疫情影响，桂林市降费减负成效明显，共减免社保费用 13.98 亿元，惠及单位 15980 家、职工 31.68 万人；发放稳岗补贴 1.89 亿元，稳定就业人数达 27.97 万人。失业补助金率先在全自治区将补助标准由每人 35 元/月提高到每人 300 元/月，并为 9 万余名符合申领条件失业人员发送 27 万条失业补助金申领短信，简化审批流程，按“当日清账”要求及时兑现待遇。为继续巩固脱贫攻坚成果，2020 年桂林市建档立卡贫困户 100% 参加城乡居民养老保险，达 30.87 万人，发放符合城乡居民养老保险待遇领取条件的人数为 67.09 万人。为减少贫穷困难群体参加保险的缴费负担，其保险费继续由政府部分代缴或全部代缴，贫困群众参保人数由 2016 年的 16.17 万人上升为 2020 年的 22.88 万人，加强社会保障惠民待遇。同时，在城乡居民养老金待遇方面，“十三五”期间，桂林连续三次提高基础养老金最低标准，由每人每月 75 元（2016 年）逐年提高到每人每月 121 元（2020 年），提高近 62.0%。

3. 推进“智慧人社”信息系统建设

桂林市自2017年完成“智慧人社”信息系统建设和推广，将社会保险全险种、全对象、全业务、全流程电子化管理，实现“五险合一”统一办理，市县乡村四级就医结算网络建成，社保基础数据和业务数据集中管理，城镇职工和城乡居民“同人、同城、同库”，实现业务一体化。

4. 社会救助各项事业加快发展

2020年，民政事业经费支出131217.4万元，较2019年增加26.7%，其中社会福利18392.7万元，同比增加26.7%，社会救助支出104120.3万元，同比增长38.8%，城乡特困人员救助供养支出23437.9万元，同比增长27.19%。2020年，桂林市享受城市最低生活保障人数2.57万人（15327户），较2019年增长6.7%，享受农村最低生活保障人数20.09万人（90171户），同比增长6.3%。同时，保障水平不断提高，建立最低生活保障标准动态调整机制，桂林城市最低生活保障标准每人每月由660元提高到750元，增加13.6%，农村最低生活保障标准每人每年由4500元提高到5300元，增加17.8%。在孤儿救助方面，2020年桂林市孤儿数为543人，其中集中供养孤儿112人，分散供养孤儿431人。2020年，桂林特困人员供养人数共31483人，其中城市特困人员供养人数743人，同比增长24.25%；农村特困人员供养人数30738人，同比增长3.82%。2020年，桂林市临时救助17687人次，同比下降2.6%，其他生活救助（含传统救济）61人，同比下降3.17%，生活无着人员救助2561人次，同比下降11.78%。在救助方式上，在站救助1321人次，站外救助1186人次，未保中心救助流浪未成年人54人次。为保障扶贫工作的平稳过渡，防止贫困人口返贫，桂林加大社会救助和社会保障的兜底保障力度，完善相对贫困帮扶机制，加强保障易致贫的边缘户、不稳定的脱贫户和临时原因收入骤减户，建立健全返贫动态检测机制和及时帮扶救助机制，确保脱贫攻坚政策的连贯性。

（五）就业创业整体趋稳

为落实“六稳”“六保”工作任务，在克服新冠肺炎疫情影响的同时，桂林市协调推进疫情防控与企业复工复产工作，尤其是保障重点人群就业工作，就业形势总体平稳。2020 年，桂林市实现城镇新增就业 54156 人，失业人员再就业 15078 人，农村劳动力转移就业 88776 人，就业困难人员实现就业 12055 人，城镇登记失业率 3.51%，有效控制在 5.5% 的计划范围之内，并实现零就业家庭动态清零。

在推进就业措施方法上，桂林全方位推进就业总量和质量。一是“线上 + 线下”相结合招聘推动复工复产，以线上桂林人才网、“桂林人社”公众号为平台，结合线下春风行动、高校专场招聘会等线下活动，综合“线上”和“线下”，整合招聘资源和就业信息，拓宽就业渠道，提高就业服务效率和质量；二是聚焦促进农民工、易地搬迁移民、高校毕业生等重点群体就业。2020 年，在公务员招录、事业单位招聘、选调生工作中划出岗位 4619 个支持高校毕业生就业，63 家见习基地接收 1096 名大学生，发放求职创业补贴 4323.2 万元，惠及 34952 名 2020 届毕业生。抓好农民工复工复产劳务对接，以专列、专车接送形式点对点助力 18532 名劳动者按时复工，其中全州农民工复工专列活动在中央电视台新闻联播中播出。落实易地扶贫搬迁移民就业帮扶，桂林市 8 个易地扶贫搬迁的县（区）搬迁总户数 6984 户，实现家庭内有一人以上就业 6917 户，总共就业人数 14374 人，助力搬迁人群解决易地搬迁之后的就业问题，提高易地搬迁家庭的生计转换能力。三是以“双创”带动就业。2020 年，桂林市投入 500 余万元建设 10 个创业孵化基地，481 家企业和项目入驻，带动就业 9940 人，发放孵化奖补 971.8 万元，建立农民工创业园 3 个，吸引入驻企业 68 家，其中农民工创办企业 53 家（占 78.0%），有 45 家企业投产运营，提供就业岗位 4880 个，带动就业 4610 人。四是继续推进技能培训。2020 年，桂林市组织和完成各类培训 140781 人，其中以工代训 40881 人，企业新型学徒 4529 人。“双千结对” 35 家培训学校与 870 家企业签订三方协议，涉及企业在岗培训 20891 人；以比赛促技能提升，举办和承办桂林市第六届农民工技能大赛和广西第六届农民工技能大赛的分赛场，桂林市共 13 名选手获得名次，其中参加花艺、焊工的三位选手获得大赛一等奖，打破桂林市历届未获一等奖的历史。

2020 年桂林引才留才工作不断加强。一是出台人才支持政策。2019 年，桂林出台《桂林市人才引进和培养办法》，设置桂林急需紧缺人才评价渠道，累计评价急需紧缺类人才 207 人，推荐认定 415 名桂林高层次人才，兑现人才奖励金额 1200 万元，打造“线上 + 线下”育才平台，在人才培养方法中设立留桂兴业奖、企业纳才奖等高校毕业生奖项，并新建人才公寓、青年驿站，为来桂林就业的高校毕业生提供良好就业氛围和支持。二是加强创新创业基地建设。依托桂林市海内外高端人才创新创业示范基地，支持企业开展创新和各类人才发展，目前创新创业基地人才已有 22 名（其中国家级高层次人才 11 名），生物医药和文化旅游等领域的高层次人才也签约入驻创业基地，创新创业基地在孵化项目 16 个，各类创新创业活动覆盖群体已超过 4000 人。三是加强育才和引才工作。2019 年以来，桂林打造全国各地优秀学子“印象桂林”活动，前后邀请来自国内“双一流”、“985”、“211”院校的毕业生来桂林交流考察，为其提供相应的工作岗位，同时开展“丹桂育才计划”，培养本地人才，前后开展培训 39 期，培训本土人才 4623 次，为多家企业免费提供各类精品课程，支持企业人才建设。

（六）公共文化体育事业顺利推进

凭借深厚的历史文化积淀和底蕴，早在 1982 年，桂林就已经入选国家首批历史文化名城。近年来，桂林不断推进文化事业发展，实施“寻找桂林文化的力量，挖掘桂林文化的价值”战略和工程，在文化基础设施、文化服务体系建设、公共文化服务等方面不断加力，将文化自觉、文化自信和文化创新发展成为经济社会进步的新的增长点，桂林城市文化内涵也在不断形成之中。一是持续加强文化建设。《桂林历史文化大典》编纂出版，逍遥楼、东西巷、非遗展示馆成为文化新地标，以甑皮岩、靖江王陵为基础建设的国家考古遗址公园初具规模，灵渠成功被列入第五批世界灌溉工程遗产名录（2018 年）和第四批国家水情教育基地（2021 年），龙脊梯田获得全球重要农业文化遗产（2018 年）的授牌，文化品牌影响不断提升，有 6 个国家级非物质文化遗产代表性项目，10 个村镇入选中国历史文化名镇名村、居广西首位，138 个村落入选中国传统村落。二是公共文化基础设施建设不断完善。2020 年桂林完成 287 个村级公共服务中心建设任务，基本实现村级公共服务中心全覆盖。三是深入开展群众文化活动与惠民活动。2020 年，桂林 19 个文化艺术作品入选第八届广西基层群众文艺汇演，市级文化单位开展 86 场文化惠民公益演出，在戏曲进校园进乡村等活动中观众达 8 万余人次。四是文化产品走出桂林。桂林民族歌剧《刘三姐》走出国门，《桂林有戏》在国家大剧院成功演出，演员伍思亭荣获戏剧表演艺术最高奖——梅花奖，“央视春晚　桂林最美”享誉海内外，城市文化软实力不断增强。五是文化产品供给和服务不断优化。2020 年，桂林继续巩固现有的 181 个公共图书馆、博物馆等公共文化设施免费开放成果，提高公共文化活动服务水平。六是成功举办大型文化活动。2020 年桂林成功举办五会一节，2020 中国—东盟可持续发展创新合作国际论坛、文化和自然遗产日主场城市活动、第 19 届广西名特优农产品交易会、第六届中国—东盟传统医药论坛、首届广西花卉苗木交易会、全国农民体育工作现场会暨第四届全国农民体育健身大赛、全自治区“脱贫感党恩　奋进新起点”主题活动现场会、桂林马拉松等一批国际国内重要节会赛事，桂林城市形象更加彰显。七是积极推进文化体育基础建设。2020 年，桂林地区为挖掘红色文化，启动建设长征国家文化公园（广西段），湘江战役纪念设施已被列入“重走长征路”国家红色旅游精品线路。同时，大力实施健全体育公共服务体系的民生工程。在体育设施建设方面，2020 年新建公建公营社会足球场 51 个，其中 26 个获中央预算投资补助资金 1280 万元，13 个获自治区补助资金 390 万元，超额完成“十三五”时期足球场地建设任务，争取中央集中彩票公益金建设公共体育场地设施 2 个，获中央彩票公益金 200 万元，争取 2020 年广西乡村振兴资金 1580 万元支持项目 7 个，全市教育、卫生、文化旅游等 24 个项目获 18.6 亿元地方政府专项债资金支持。

（七）养老服务水平持续提升

2020 年，桂林持续推动健康养老与康养旅游、健康运动融合发展，通过部门协同，编制社会化养老服务标准，注重发挥健康产业集聚区效应。一是不断提升养老服务质量。桂林继续加快开展居家养老服务设施建设，2020年社区居家养老服务设施覆盖率达100%，继续在主城六区开展居家养老购买服务，为80岁以上高龄老人提供居家养老服务，服务人次覆盖20061名高龄老人，服务满意率一直保持在90%以上。同时，为进一步提升机构养老质量，2020年桂林持续开展养老院服务提升整治活动。二是补齐养老基础设施短板。为加快推进全州、临桂、阳朔、永福等地养老服务基础设施建设，2020年桂林投入养老服务资金1.27亿元，加快重点地区的民政园区建设。截至2020年12月，桂林全市养老床位数达到31766张，每千名老年人口床位数达到30.1张，均位居广西前列。2020年全市发放高龄老人津贴162万人次，共发放金额7111万元。三是谋划城市合作，进一步提升旅居养老服务质量。桂林市加入黑龙江省天鹅颐养经济走廊城市合作机制，10家具备接待候鸟老人的养老机构共提供3380张养老床位。2020年10月，桂林“敬老月”活动如火如荼，养老服务机构、社区、社会组织、爱心人士和企业踊跃组织和参与各类敬老活动，养老工作的多元主体参与格局逐渐形成，社会爱老敬老的良好氛围高涨。

（八）扎实推进民族团结工作

据桂林市第七次普查公报，在桂林市常住人口中，各少数民族人口为820766人，占常住人口总数的16.64%，其中壮族人口为282537人，占常住人口总数的5.73%，各少数民族人口数量占比高于全国8.89个百分点。与2010年相比，各少数民族人口增加8.6万人，增长11.70%，壮族人口增加54250人，增长23.76%。在促进民族团结进步工作层面，桂林深入贯彻习近平总书记关于民族工作的重要论述和对广西工作的重要指示批示精神，以创建民族团结示范市为目标，坚持以铸牢中华民族共同体意识为主线，印发实施《桂林市创建全国民族团结进步示范市实施方案》，从工作机制、民族宣传教育、组织保障等方面扎实开展民族团结进步工作。在工作机制保障层面，建立健全民族工作法规体系和工作机制，成立市县民族工作委员会，建立由市委市政府职能部门参与、民宗部门和乡镇、街道、社区联合的长效工作机制，落实少数民族发展基金，建立民族关系评价监督处置体系，加强少数民族舆情研判。在民族团结宣传教育层面，桂林中小学和高校中开展优秀文化教育，开发民族教育校本课程，利用横幅、标语、板报、专栏等在主次干道、居民小区、单元楼道宣传，制作民族团结工作宣传手册并发放到户，借助新闻媒体对社区相关民族工作和活动进行宣传和报道，营造浓厚的民族团结进步良好社会氛围。例如，永福县将民族团结宣传教育覆盖到各行各业，以“八进”活动为抓手，将宣传教育落实到机关、企业、社区（村）、乡镇、学校、宗教活动场所、军营、家庭等各社会阶层，激发广大民族群众的主动性和参与度。强化组织保障方面，创建少数民族服务平台与服务中心、社区民族之家、民族事务服务窗口、流动人口民族服务管理联络站等多种窗口平台为少数民族提供及时、有效的精细化服务。例如，桂林象山区借助组织平台将民族团结进步创建与基层党建、城市管理和社会治理“三结合”，探索出城市民族工作新模式，开展“党建＋少数民族服务”“党建＋民族文化交流”等活动，打造“南门情·魅力行”等党建品牌。叠彩区借助组织平台服务工作到位，为社区少数民族群众提供婚姻生育、子女入学、社会救助、创业就业、医疗保险、法律援助等方面的服务。2020 年，桂林市秀峰区、龙胜各族自治县龙脊镇、秀峰街道解东社区、象山区城市管理局等 11 个单位获得第四批自治区民族团结进步示范区示范单位荣誉称号，桂林市秀峰区甲山街道荣获第八批全国民族团结进步示范区示范单位称号，民族团结工作更进一步。

（九）成功入选全国文明城市

作为全国精神文明建设工作的最高奖项，“全国文明城市”荣誉反映着一个城市建设整体的文明程度。桂林创城十余年，终于在 2020 年 11 月成功荣获“第六届全国文明城市”的光荣称号，也是自治区唯一入选的设区市。2020 年，桂林在创城过程中，将创城与文明、发展和民生结合起来，坚持“创城为民、创城靠民、创城惠民”的理念，掀起全民创城的热情和高潮。

一是创新创城思路。坚持“老城疏解提升做减法，新区产城互动做加法”，促进新老城区统一规划、协同发展；推进城市轨道1号线、综合交通枢纽项目，完成“北通南畅、东拓西联”工程，对塔山、福隆园等十余个片区进行改造，市政设施完好率保持在95%以上，建成“两江四湖”二期和临桂新区水系，增加“两江四湖”的游览面积，城市绿化覆盖率提升至40.81%，打造高新区、高铁园、经开区等生态食品的八大产业集群。二是提高执政能力。创城过程是提高执政能力、造福群众与改善城市环境等相统一的过程。以创城为契机，既可以提升城市形象并打造宜居家园，又塑造桂林“城景交融”的山水城市形象，更可在创城过程中推进网格化、数字化和精细化的治理过程。三是提升群众的文明程度。桂林在创城过程中要求各级领导带头参加志愿活动，作为榜样示范带动全社会共建美丽城市，实现志愿者注册人数占常住人口比例超过18%的目标，居于广西前列，并涌现出一批优秀志愿组织和志愿者；同时通过“金点子”征集到市民意见建议上万条，市民长期反映强烈和存在的老大难问题得以有效解决，在市容市貌大变样的同时实现市民文明程度大提升，塑造出城市人文志愿精神的雏形。

二　桂林市社会发展存在的问题及原因分析

（一）居民人均收入水平不高，城乡收入差距加大

2020年桂林居民人均收入约2.8万元，其中城镇人均可支配收入约为3.8万元，农村人均可支配收入约为1.7万元，虽然“十三五”期间居民人均收入水平均处于持续增长状态，尤其是农村居民人均收入常年处于9%以上的增速，高出同期经济增长率，但是居民人均可支配收入未达到桂林“十三五”规划的31140元目标，二者相差2979元，城镇人均可支配收入与“十三五”规划的43260元相差5115元，同时桂林居民人均水平与全国居民人均可支配收入的32189元（2020年）相比，还存在着较大的差距，仅为全国的87.5%。按照全国居民五等份收入分组来比较，桂林水平仅处于中

间收入组（26249 元）与中间偏上收入组（41172 元）之间。全国城镇居民人均可支配收入为 43843 元，桂林城镇居民人均可支配收入仅为其 87.0%，尚未达到全国城镇居民可支配收入的中位数（40378 元）水平。可见，相比全国，桂林居民人均收入水平不高，与全国存在较大距离，尤其是城镇居民人均收入水平与全国水平存在较大差距。据第七次全国人口普查公报，全国常住人口城镇化率已达 63.89%，而桂林市常住人口城镇化率仅为 52.58%，二者之间相差超过 10 个百分点，桂林市的整体城镇发展水平还有待提高。自 2016 年到 2020 年，桂林城乡居民收入比不断缩小，由 2.5 降至 2.19；但是城乡居民收入差值数却逐年增加，二者相差由 2016 年的 17894 元上升到 2019 年的 21133 元，直到 2020 年城镇居民收入增速放缓后差值降为 20800 元。“十三五”期间城镇居民人均可支配收入是农村的 2 倍以上，且城乡收入差距整体呈上升趋势，这说明桂林市城乡之间发展不平衡不充分问题依然突出。

（二）居民消费价格上涨，人民获得感受到影响

据 2020 年桂林市国民经济和社会发展统计公报，桂林市消费价格（CPI）全年上升 2.6%，商品零售价格上涨 1.4%，其中与居民生活息息相关的食品烟酒、生活用品及服务、医疗保健等均处于上涨状态，食品烟酒类增长幅度最大，达到 10.0%。相比广西和全国，广西 2020 年 CPI 全年上涨 2.8%，广西食品烟酒价格全年上涨 9.2%，全国 CPI 全年上涨 2.5%，全国食品烟酒价格全年上涨 8.3%。由此可见，2020 年桂林市食品烟酒的价格涨幅均高于全国与广西水平。食品烟酒等生活用品关乎居民的基本需要，其价格的上涨会直接影响到居民的获得感。其中猪肉价格上涨是最明显的，原因主要在于供求之间的不平衡。受突发的新冠肺炎疫情影响，加之非洲猪瘟和“猪周期”的多重不利因素，桂林、广西和全国的生猪产能均受到影响和冲击，2020 年桂林生猪出栏 311.19 万头，同比下降 9.1%，全国生猪出栏 2281.2 万头，同比下降 9.0%，供不应求导致猪肉价格的上升。受猪肉价格影响，多种生活相关的商品价格随之上涨，居民生活成本也随之增加，生活

质量自然也会受到一定的影响。同时，随着相关生活必需品价格的上涨，居民的消费支出也呈现下降状态，2020 年桂林城镇居民人均消费相比上年下降4.2%，仅为21507 元。

（三）新冠肺炎疫情突发，服务业受到较大冲击

2020 年，各地为应对新冠肺炎疫情的传播相继采取隔离封控、非必要不外出等对策，导致社会流动迅速回落，对桂林旅游业和服务业产生巨大冲击。桂林2020 年全年接待国内游客 10231.37 万人次，国内旅游总消费1233.5 亿元，入境过夜游客 9.83 万人次，国际旅游消费 3549.51 万美元，以上数据与上年相比分别下降 24.3%、28.9%、96.9%、98.3%。桂林文旅产业产值断崖式下跌，批发业商品销售额下降 4%，零售下降 2.2%，住宿下降 33.7%，餐饮下降 23.4%，服务业经济增加值排广西末位。服务业经济之所以受到较大影响，除外部因素外，更加暴露出桂林服务业的内部结构性问题。桂林服务业内部结构有待优化。传统服务业占比大，而信息技术、咨询设计、金融服务等新兴服务业占比小，结构有待优化；二是旅游及相关产业受疫情周期性反复影响短期内难以恢复。随着当前新冠疫情防控进入常态化，由于疫情点状发生的增加，人们出行的安全风险增加，社会心态未改变，虽然旅游业已逐步放开，但是旅游及相关行业依然低位运行。

（四）就业总量大，存在结构性矛盾

2020 年桂林市 15 ~59 岁人口为 2960552 人，占全市人口的 60.04%，劳动力总量基数大。由于受到新冠肺炎疫情影响，可能会出现一定的返乡现象，大专院校毕业生不断增加，新出现劳动力数量不断增多，就业压力大。在就业总量增加的同时，企业招工难问题也同时存在，就业难、招工难的就业供需结构性矛盾依然突出。尤其是对于年纪偏大、文化水平低、缺乏就业优势的困难人群就业难度较大，农村剩余劳动力转移就业和失业问题依然突出。同时，一些用工企业受新冠肺炎疫情影响，成本不断增加，部分企业因经营不善，导致劳资双方因工资支付等而产生的纠纷增加，劳动关系不稳定

因素增加。另外，桂林高精尖人才队伍建设不足，引才留才竞争力有待提升，对高层次人才和骨干人才的吸引力依然不强，大部分企业对人力资源开发和培育投入不足，高层次人才反而存在一定程度的流失。

（五）居民教育需求升高，教育质量仍需加强

教育是社会发展的重要基础。但是桂林与全国的教育水平还有着较大的距离。学前教育和义务教育阶段的成果很大程度上可以反映在高中教育水平和大学教育水平上。由表 1 可见，每 10 万人中拥有大学文化、高中文化的人数，虽然桂林高于广西水平，但是与全国水平还有一定的差距，受教育年限也存在差距，整体来看桂林教育质量还有待提高。

表 1　第七次全国人口普查受教育程度比较

单位：人，年

维度	每 10 万人中大学文化的人数	每 10 万人中高中文化的人数	每 10 万人中初中文化的人数	平均受教育年限
桂林	13065	14166	35491	9.70
广西	10806	12962	36388	9.54
全国	15467	15088	34507	9.91

资料来源：作者根据桂林市、广西、全国第七次全国人口普查主要数据相关公报整理。

“十三五”期间，桂林教育按照“转观念、增总量、调结构、促均衡、提质量、惠民生”的思路，实施桂林市区公办初中质量提升计划和“小升初”招生改革，推进新建学校解决教育资源供求矛盾问题；2020 年实现国家义务教育发展基本均衡县全覆盖，一定程度上扭转“公办弱民办强”的教育发展格局，化解“入学难”问题；中职学校布局调整并优化专业结构，使得“小散弱”现象部分改观。但随着新时代与新形势下人民群众的教育需求不断提高，桂林教育资源仍然存在结构性短缺问题，例如教育质量发展不高、教师队伍结构性短缺、城乡教育资源存在较大差距、学前教育普惠性资源供给力度不足、义务教育资源发展不均衡、控辍保学形势依然严峻、高中教育内涵式发展不充分、个别区县学校依然存在“大班额”现象。当前，

片面追求升学率和强化应试教育的现象依然存在，素质教育导向和做法不足、科学标准客观的教育评价体系尚未构建，以及“入学难”“入园贵”和中小学生学业负担重等人民群众关心的热点难点教育问题均未得到有效解决。

（六）民生保障水平不高，社会治理存在短板

脱贫攻坚战和全面建成小康社会的胜利使得桂林社会事业有较高水平的提升，但是区域内部和区域之间不平衡不充分的问题仍然十分突出。对于处于欠发达地区的桂林来说，在社会治理、基本社会服务等多方面仍然存在短板和弱项。一是最低生活保障覆盖率和人数城乡差距大。桂林市2020年享受最低生活保障的人数共22.06万人，其中城市最低生活保障人数仅有2.57万人，农村最低生活保障人数20.09万人，是城市低保人数的7.8倍。按城乡各自常住人口计算，桂林市城市最低生活保障覆盖率为0.1%，农村最低生活保障覆盖率为8.6%，二者均低于广西目前的城乡最低生活保障覆盖率，城乡和地区之间的低保救助十分不平衡。二是基本社会服务方面还存在短板，主要体现在养老服务的城乡发展不平衡。据桂林市第七次全国人口普查主要数据公报，桂林市60岁及以上人口为100.25万人，占桂林常住人口的20.33%，65岁及以上人口为73.07万人，占常住人口的14.82%，桂林显然已进入老龄化社会。虽然桂林养老服务与服务对象的需求相比还有较大的差距，城乡养老服务设施不足，养老服务质量有待提高，部分社区日间照料中心运行不到位，农村基础养老服务还比较薄弱，依然是靠家庭养老为主。三是社会治理存在短板。随着人民群众需求的多样化与权利意识的增强，各级政府要转变治理理念，转变政府职能，创新社会治理方式方法，提高治理现代化水平，营造人人参与、人人共享的社会治理机制。目前桂林市社会治理体制机制尚不完善，群众性自治组织、社会组织和企业与政府并未形成制度性有效的协同作用，社会治理重心在向基层转移的过程中政社职能转移的理念转变不足，政社关系中社会组织的作用未充分发挥，村民自治和社区自治中“德治、法治、自治”相结合的界限和路径不明确，多元共享共治的社会治理格局机制缺乏地方创新。

三　推进桂林市社会发展的对策建议

对于桂林来说，2021 年是一个重点的时间节点。随着全面建成小康社会取得胜利，“十四五”是全面建设社会主义现代化国家、向第二个百年目标奋斗迈进的新起点，桂林的经济社会发展处于重要战略机遇期。在这重要的时间点上，习近平总书记 2021 年 4 月视察桂林，给予桂林经济发展重要指示，一方面充分肯定桂林在漓江保护、生态文明建设、乡村振兴、疏解老城建设新区等推进社会发展方面的工作，反复嘱咐“一定要呵护好桂林山水”“全面推进乡村振兴”“用好红色资源”，并历史性地赋予桂林打造世界级旅游城市的重要使命，这是习近平总书记站在党和国家发展全局的高度对桂林作出的战略指导，明确桂林发展定位，指明桂林经济社会发展的方向和目标。2021 年，桂林站在“十四五”规划和全面建设现代化国家的起点上，要深刻理解、学习和贯彻习近平总书记关于桂林的重要讲话与指示精神，以打造世界级旅游城市为中心统领经济社会发展全局工作，以满足人民日益增长的美好生活需要为根本目的和发展宗旨，把握历史机遇，走出一条符合桂林实际的经济社会高质量发展之路。

（一）打造世界级旅游城市，全力提高居民生活水平

按照习近平总书记对桂林“打造世界级旅游城市”的指示，以“宜业、宜居、宜乐、宜游”为基本要求，桂林市全面做好“十三五”期间国际旅游胜地建设终期评估工作，总结国际旅游胜地建设的优秀经验和问题不足；编制《桂林世界级旅游城市建设规划》，强化顶层设计和规划引领，构建世界级系列产品，包括搭建世界级旅游城市的公共服务体系，发展和培育世界级旅游产业体系。综合评估和释放旅游业的综合效应、带动效应和辐射效应，提高桂林居民生活品质和水平，引导居民共享世界级旅游城市的建设过程和成果，让发展红利更多地惠及桂林居民和游客，以打造世界旅游城市为动力，全力提升居民生活品质，以提升居民生活品质为吸引力和感召力，推

动建设世界级旅游城市的内涵式发展，正确处理好二者之间的关系，增强桂林居民的获得感和生活幸福感。在建设世界级旅游城市的过程中，始终坚持生态、文化、旅游融合发展，让生态宜居成为桂林惠及最广的基本民生福祉，严格执行和遵守“绿水青山就是金山银山”的绿色发展理念，坚持生态发展，既要持续开展污染防治行动，加强环境保护，确保空气达标率、生活饮用水水源达标率、城市黑臭水体消除率等基本指标合格，还要推进桂林山水城市的旅游品质提档升级，搭建和整合全域旅游资源，构建全域旅游大格局，全面提升桂林旅游基础设施、公共服务和旅游管理水平。在此基础上开发、培育和实施一批桂林特色的“文旅＋”引领性文旅项目，建设富有文旅融合特色的消费商圈和商业街区，推动文旅产业发展特色化与品牌化，发展壮大一批水平较高的文旅领军企业，最终全方面提升桂林旅游品质，增强世界级旅游城市的竞争力、吸引力和凝聚力。

推进全国文明城市创建常态化，促进全国文明城市的创建日常化。坚持老城疏解与新城提档齐头并进，按照“一区域一方案、一街道一方案”的做法，提高群众参与度，不断完善城市功能，突出桂林城市特色。在推进老城疏解提升上，坚持限高、退距、增水、增绿原则，实施城市更新行动，推进千亩荷塘湿地等一批重点项目建设。在完善桂林新区功能上，将新区与周边城镇联合开发，促进两江、庙岭、四塘与新区互补同城发展，促进优势资源要素向中心区聚集，引进科技、贸易、体育、金融等业态，推进大数据、云计算等现代信息技术应用，加速建设现代化智能新城。在建设世界级旅游胜地的过程中，统筹生活、生产、生态三大空间布局，加强规划管控，促进城市与自然和谐相融，将桂林建设成为一个人人期待和流连的山水公园城市。

（二）稳定和促进就业，提升就业质量

面对就业总量不断扩大和结构性就业矛盾依然存在的情况，2021 年桂林需继续扩大就业总量，促进充分就业，提高就业质量和劳动者待遇。一是深入推进就业创业。建立健全以创新创业带动就业的机制和途径，畅通多种

就业渠道，继续统筹做好农村劳动力、高校毕业生、退役军人、易地扶贫搬迁户等重点群体就业工作，确保零就业家庭动态清零，提升就业能力，建设创新创业培训基地，建立和规范统一的人才市场，适应就业新业态和新形势，落实弱势群体就业帮扶行动，充分考虑灵活就业和新业态人员就业形势，联合街道乡镇社区等单位开发公益性岗位，做好就业公共服务工作。二是提升就业质量和收入。建立健全就业人员的工作薪酬标准和增长机制，落实最低工资制度和工资按时足额支付的保障制度。对于农民来说，增加农民收入渠道，鼓励农民发展民宿、林下等多元经济形式，开展电商、农产品加工等多种形式经营活动，增加农民的经营性收入来源。对于城镇居民来说，多种途径增加居民的财产性和工资性收入，缩小不同行业之间的收入差距，试点改革分配制度，保持居民收入增速大于经济增速。三是做好城乡劳动力调查，掌握桂林就业基础数据。为有针对性准确地提供就业服务和制定就业政策，应加快劳动力动态调查，掌握桂林现有的劳动力数量、质量、结构及其变化情况，开展就业需求调查，建立失业监测预警机制，将城镇登记失业率控制在4.5%以内。四是保障重点企业用工。推进就业公共服务体系建设，采取行政、教育、经济等多种手段，协助企业解决技工荒、用工荒等结构性难题，降低企业招录成本。五是搭建引才育才体系。优化人才选拔管理办法，深入实施“漓江学者”培养工程，全力引进重点行业和战略性产业的领军人才，提高引才待遇，增加对人才的人文关怀。继续加强本土实用人才培养，持续开展“十万大学生留桂”创新创业活动，加快乡村振兴、工业振兴的人才集聚，充分尊重人才价值，建立健全人才权益的激励保障机制，完善“引才、留才、育才、养才、用才”机制建设，打造区域人才洼地。

（三）推动“五育并举”，加快教育现代化

2021年，在人民群众的教育需求不断提高的情况下，桂林需继续推动教育高质量发展，尽快落实“五育并举”，推动桂林教育现代化进程。在教育理念上，贯彻和落实立德树人的根本任务，培养德智体美劳全面发展的社会主义合格建设者和接班人。在执行规划中，要实事求是地编制完成《桂

林教育事业发展“十四五”规划》《桂林市六城区教育国土空间专项规划（2021—2035年）》，将桂林教育投入的“总量”转化为发展的“质量”。在执行过程中，2021年桂林市应继续围绕“五育”实施系列改革措施。一是加快普及学前教育普惠发展水平。桂林市应在前期的基础上继续推进“全覆盖、强基础、多元化、高质量”的普惠性公益性学前教育服务体系，继续新教、扩建一批公立幼儿园，完善财政投入保障学前教育运营，多渠道扩充学前教育资源供给，提升学前教育三年毛入学率。在幼儿教育内容上，落实《3～6岁儿童学习与发展指南》，使幼儿园教育内容生活化、游戏化，适合幼儿身心发展特点，防止幼儿园“小学化”倾向。二是加快城乡中小学义务教育均衡发展。桂林需加强改善乡镇中心学校和农村小规模学校的办学条件，优化中小学布局，缩小区域内不同学校之间的资源差距，继续推动城乡义务教育学校标准化建设，构建和发展桂林公平而有质量的义务教育格局。同时为推进中小学师资力量均衡发展，继续深化“县管校聘”的教师队伍改革，实现优质教育资源共享。进一步推进“县管校聘”的改革成效，建立健全监督机制、联动机制和保障机制，保障政策落实，提升中小学教师的归属感①。三是促进高中教育特色式发展。新建或改扩建一批普通高中，改善高中办学条件，消除大班额，继续扩大高中教育资源基础总量，计划和落实高中内涵式发展和特色建设的专项支持计划，搭建优质高中与薄弱高中之间的结对帮扶机制，探索高中集团化办学新模式。四是提升职业教育服务地方社会的能力。结合桂林工业振兴、乡村振兴和发展布局，2021年桂林市需继续完善职业教育体系，优化专业结构布局，在教育中探索产教融合、校企合作共建机制，提高职业教育服务地方经济发展的能力和水平。五是助力桂林高校集聚区建设。桂林应借助地方高校优势，加快高校集聚区建设，主动推动地方产业与高校教育研究相融合，联合和支持高校智库建设，打造区域性产学研培一体的高级人才培养基地，支持驻桂林高校建设国内一流大

① 范文卿：《县管校聘教师流动政策的实施困境与破解路径》，《教学与管理》2020年第1期，第9～11页。

学与一流学科。另外，为推进桂林教育高质量发展，还需完善教育发展保障体系，加强对校外培训机构和托管机构的监督指导，落实“双减”任务。

（四）提升社会保障水平，建设多层次社会保障体系

社会保障水平和覆盖范围是民生事业发展水平的重要体现。2021 年，桂林应继续推进社会保障发展，建设适用于不同人群、不同年龄、不同层次的社会保障体系，使得社会保障能够逐渐走向城乡一体、人人享有、质量更高。一是推进社会保险的覆盖范围。2021 年，桂林继续推进全民参保计划，统筹社会保险区域内互联互通，提高社会保险统筹层次，推动社会保障卡跨地区“一卡通”应用，建立健全社会保险待遇动态调整机制，落实农民工、灵活就业人员、新业态就业人员、快递员、外卖配送员等重点群体参加社会保险，完善医疗保障和救助体系，全面实施居民大病保险制度，保护人民群众和劳动者的合法权益，增强人民群众防范风险能力。二是完善社会救助和福利体系。适当提高社会救助标准和低保标准动态调整机制，使城乡低保对象、供养人员服务均等化，建立困难群众及时主动发现报告机制，巩固最低生活保障审批权下放至乡镇改革成果，建立健全临时救助制度的主动发现、快速介入、解救危难的工作机制，使临时救助的“救急难”功能落到实处。三是建立健全农村低收入人口帮扶机制。为防止农村贫困人口返贫，建立农村低收入人口常态化帮扶机制，以产业发展增强贫困人口抵御风险能力，将脱贫攻坚成果与乡村振兴有效衔接，继续支持脱贫地区产业发展，促进产业转型升级，落实易地搬迁就业帮扶，使易地搬迁户顺利实现稳得住、有就业和能致富，同时落实失业保险制度，做好兜底保障工作，发展慈善公益事业，培养桂林社会中互帮互助的社会氛围。

（五）推动医疗资源均衡发展，深化健康桂林建设

桂林市城乡医疗卫生资源分布越来越不均衡，2021 年桂林应以推动医疗卫生资料均衡发展为重点，完善医疗卫生机构基础设施和硬件建设，加强市级综合、中医、妇儿专科等区域医疗中心和县域医疗中心建设，推进县域

卫生健康基础设施提档升级，推进医疗资源均衡布局，深化健康桂林建设。一是强化基层卫生服务体系建设。为缩小城乡之间医疗资源的差距，桂林应促进医疗配置向基层倾斜，制定相关政策，支持和稳定乡村两级卫生人才队伍，实施“村医通”工程，深化城乡之间医疗卫生体制改革。深入推进桂林医联体建设，完善分级诊疗制度，通过远程医疗、远程会诊、远程教育等途径增强乡村医疗服务能力，增加医联体内协同性建设①，提高城乡医疗的共享共用。二是完善卫生服务体系。完善职业病和传染病等防治服务体系，推进城乡全生育周期妇幼健康全程服务，完善地中海贫血和出生缺陷等先天性疾病的防治体系，提升精神卫生、心理健康和残疾康复保障能力，以完善卫生服务体系提高人民的健康水平。三是强化卫生应急服务体系建设。加强重大疫情应急体系建设，逐步实现市、县、乡三级急救网络全覆盖。四是推动中医药和少数民族医药发展。中医药在新冠肺炎疫情中的有效防治让人们认识到其重要作用，推动中医药和少数民族医药传承创新和发展，坚持中西医并重和互补，发挥中医药在预防、治疗和康复中的独特优势。四是开展全民健身运动。医疗卫生资源的建设是为救治疾病，而加快全民健身运动发展则是推动健康桂林建设的有力保障。积极发展青少年体育，推动桂林公共体育馆向社会免费开放，在社区内公园内规划建设方便群众的广场和健身中心、健身步道和运动场等健身基础设施，提高人民群众的身体健康水平。

在推动医疗资源均衡发展的同时，桂林需继续推进新冠肺炎疫情防控常态化运营，不能掉以轻心。作为旅游城市，桂林将高度重视新冠肺炎疫情的防控工作，坚持“外防输入，内防反弹”原则，落实四级联防联控机制，对重点地区、人群、场所、环节进行闭环管理。大力推进新冠病毒的疫苗接种工作，提高区域内群体对病毒的免疫力。借助此次疫情防控，桂林可以此为契机加强全科医生培养、社区医疗服务、公共卫生应急处理能力，并将应对病毒的健康教育融入居民的日常生活中，提高市民的健康意识和素养。

① 曹琦、崔兆涵：《我国医联体协同关系的构建和完善——制度约束和策略选择》，《中国卫生政策研究》2021 年第 6 期，第 7 ~ 13 页。

（六）提升社会治理水平，建设平安桂林

社会治理创新的主要任务和目的就是保障和改善民生，促进社会公平正义，增强社会发展活力，促进社会和谐稳定[①]。在社会治理理念的转变上，桂林应逐步构建社会治理新格局和新结构，逐步形成党委领导、政府负责、民主协商、社会协同、公众参与、科技支撑的社会治理体系，重新定位社会治理中各方的角色和任务，既要发挥政治引领和自治的上下联动作用，也要推进群众自治的法治化和规范化建设，以提高市域社会治理水平协同共促基层社会治理水平提升。一是创新社会治理的方式和路径。在社会治理重心向基层逐渐下移的过程中，既要推进各级综治中心的实体化建设，又要以"网格化+智能化"的新模式推动治理服务的标准化和精细化；在具体路径方面，引入"积分制"方法撬动居民参与积极性，引入社会工作等专业方法提升社会治理专业能力，最终要发挥出社区组织、群团组织和社会组织等的作用，构建"五社联动"的社会治理机制，整合调动社会资源，吸引更多社会工作者和志愿者等多元群体积极参与到社区治理中。二是推进社区层次的治理创新实践。2021 年，桂林市可开展村级议事协商创新实验试点工作，提升农村自治组织服务群众的能力，推动村（居）委会的规范化建设；持续开展"社区万能章"的专项行动，培训城乡社区工作者，提升社区工作治理能力，选拔表彰"最美社区工作者"；学习和借鉴新时代的"枫桥经验"，结合桂林本地实际，完善社会矛盾多元调解处理机制。三是深化平安桂林建设。强力推进"雪亮工程""天网工程"，加快推进市应急指挥中心与保障中心、自然灾害监测预警和风险普查系统、安全生产监测预警系统等建设，扫黑除恶斗争常态化，加强应急队伍建设，提升全民防灾减灾意识。在安全工作上，持续抓好旅游、校园、安全生产、食品药品等重点领域的安全工作，做好信访维稳、欠薪根治、城中村和无物业小区治理等工作，防范

---

① 江必新、李沫：《论社会治理创新》，《新疆师范大学学报》（哲学社会科学版）2014 年第 2 期，第 25～34 页。

化解突出性社会风险，维护社会安全稳定发展。四是高质量完成村（居）委会的换届工作。在换届工作中提升村（居）民的参政议政积极性，依照法律程序实现村（社区）书记和村（居）委会主任“一肩挑”，村（居）务监督委员会成员选优配强，探索自然村级民主协商治理模式，规范基层选举流程，高质量完成村（居）委会的换届选举工作。

（七）加快文化事业发展，提升文化软实力

文化、生态和旅游是桂林经济社会发展的重要抓手，以文塑旅、文旅结合是建设文化桂林的重要策略。2021 年，桂林需继续加快建设文旅强市步伐，进一步挖掘桂林深厚的历史文化积淀与传统，使增加人民群众文化需求和提升精神力量相统一。一是用好桂林红色资源。全面推动建设长征国家文化公园（广西段），以红军长征过广西线路，统筹点线面全域布局，实施红色资源的传承保护、研究发掘、环境配套、数字再现工程的同时做好文旅融合设计，争取将此建设成为全国红色文化和旅游融合的示范基地。加大弘扬湘江战役精神，持续发挥湘江战役纪念馆等文旅设施的宣传教育功能，深挖红色文化的时代内涵和精神特质，结合党史学习教育，传承革命文化，创作一批党史题材的文艺作品，赓续共产党人精神血脉。二是激发优秀传统文化活力。继续推进“寻找桂林文化的力量，挖掘桂林文化的价值”工程，以广西旅游博物馆和桂林考古博物馆建设为着力点创建国家文物保护示范区，支持桂林理工大学地质博物馆申报国家级博物馆，打造博物馆联盟，加强广西文场、桂林渔鼓、桂剧、彩调、团扇制作技艺等非物质文化遗产保护与传承。三是完善城乡公共文化设施建设和服务。在之前已有的文化设施基础上，继续完善和搭建四级公共文化设施网络，实现行政村文化服务中心全覆盖，推进图书馆、博物馆、美术馆和社区文化服务中心建设。支持创作具有桂林特色的文化作品，扩大《桂林有戏》品牌影响力，提升《破阵曲》《咏桂林》《刘三姐》等文艺精品品质，打造“桂林有礼”文化新品牌，“漓江之声”“百姓大舞台”“周末大家乐”广场文艺演出继续深入开展，提升桂林公共文化服务水平。四是加强和支持特色文创产品研发。提升动漫游戏、

出版发行、影视拍摄、文博非遗等产业发展水平。强化文化市场体系建设，完善文化产业规划和政策，推进文化体制改革，激活各类文化主体活力，促进文化企业规模化、品牌化、网络化运营，鼓励中小微文化企业差异化创新发展。

（八）健全养老服务体系，积极应对人口老龄化

老龄化社会已经到来，建立健全养老服务体系，保障老年人晚年生活幸福美满，是社会发展和民生事业发展程度的重要体现。桂林应从政策制定、服务体系、资源供给、基础设施、监督评估等多个方面布局养老工作。一是在政策制定层面。积极贯彻落实《国家积极应对人口老龄化中长期规划》的整体要求，结合桂林实际，将养老工作和健康产业一体化发展，协调推动相关政策制定和落实，协同编制桂林养老服务业发展“十四五”规划与大健康产业发展“十四五”规划。二是养老服务体系。建立健全基本养老服务体系，细化基本养老服务清单，搭建居家养老与医养结合协调的养老服务体系。加强养老服务人才队伍建设，提高能力，培养养老护理员和专业社工等专业人员提供老年人服务，重点关注困难、失能和空巢老人，依托乡镇（街道）社工站开展老年服务领域的日常探访、心理慰问、社会支持、情绪舒缓、能力发展的社工服务。三是基础设施建设。加大养老服务资源供给力度，培养养老领域新业态，继续进行家庭、社区和城市设施中适老化改造工程，加强县级养老服务设施建设进度和布局，构建“县、乡、村”三级农村服务网格机构格局，深入实施特困供养集中居住的老年服务设施改造提升工程，建设、维护和更新街道和社区内的养老服务设施，推广智慧养老数字平台应用，探索发展家庭养老床位，培育建设和评比老年人宜居社区。四是监督评估。目前全国各地的养老服务由市场主体、社会组织、政府等多方参与，但是因为其实施主体的性质和目的不同，易导致养老服务工作的变质。桂林逐步建立健全养老服务综合监管评价制度，提升养老服务质量，加强养老服务机构的信用体系建设，创新“双随机、一公开”的监督管理机制，完善社区聚焦养老服务的监管措施，使养老服务真正有效落实至每一位老年

人。实施养老机构消防安全达标提升工程，开展养老服务领域的非法集资排查工作，研究制定养老服务行业标准和科学的评价体系，推动和落实养老机构的差异化等级评定。另外，推进大健康产业高质量发展，加大招商引资工作力度，主动对接和融入粤港澳大湾区，吸收优势资源，积极引进国内大健康知名企业到桂林投资；加大桂林大健康产业宣传，扩大和提升桂林大健康产业影响力和知名度，推动桂林大健康产业高质量发展，推动养老服务业和健康产业协同发展。

（九）推进社会高质量发展，促进共同富裕

2021 年 8 月，中央财经委员会第十次会议中强调，满足人民日益增长的美好生活需要，必须将促进全体人民共同富裕作为为人民谋幸福的着力点。共同富裕是社会主义的本质要求。正确理解共同富裕的内涵，共同富裕是全体人民群众的富裕，是每一个人的富裕，不是少数人的富裕，也不是平均主义，在维度上包括群众物质生活和精神生活的双重富裕。我国已经实现全面建成小康社会和打赢脱贫攻坚战的巨大胜利，全力改善民生福祉，为推进共同富裕创造良好的物质基础和现实条件。在“十四五”开局之年，桂林结合本地实际，逐步解决发展中的不平衡不充分问题，推进社会高质量发展，将人民对美好生活的向往作为奋斗目标，推动改革发展成果更多更公平惠及全体人民。一是在发展中保障和改善民生，提高桂林常住人口的受教育程度，赋能增权，畅通社会流动通道，为更多人创造更加普惠公平的条件，搭建人人参与人人共享的发展环境。二是在发展中处理好效率和公平的关系，尤其是如何将发展成果惠及至每一个人，坚持以人为中心的发展观，建立科学的政策体系，构建初次分配、再分配和三次分配的制度安排和鼓励措施，加快政策性调控分配的能力，实施就业优先战略，提高低收入群体的收入水平，扩大中等收入群体，加强基础性、普惠性、兜底性民生保障建设，实现国家富强和人民富裕相互协调和支持。三是促进精神生活的共同富裕，提高社会发展质量。当前我国社会的主要矛盾已经转化为人民日益增长的美好生活需要和不平衡不充分的发展之间的矛盾。在推进共同富裕的过程中尤

其注意人民的多元化、多层次、多方面、不同阶段的精神文化需求，以桂林文化发展事业为动力，为促进共同富裕提供精神力量和支撑，以精神文化需要的进步推动共同富裕的进程。四是制定促进共同富裕行动纲要。作为欠发达地区，桂林面临着经济发展和社会发展的双重任务，共同富裕要分阶段分层次进行，而不能一蹴而就，应结合本地实际，制定符合地方特色和标准的共同富裕行动纲要和方案，在纲要中明确共同富裕的宗旨、原则、步骤和计划，让共同富裕成为看得见、摸得着、能行动的指导纲领。五是重点战略和领域支持共同富裕。党的十九届三中全会指出要全面推进乡村振兴战略，巩固脱贫攻坚和乡村振兴有效衔接，需要从点到面，从物质到产业、治理和文化，从建档立卡贫困户到全村人民，全方位推动全体人民共同富裕取得实质性进展。

参考文献

桂林市人民政府：《桂林市国民经济和社会发展第十四个五年规划和 2035 年远景目标纲要》，桂林市人民政府网，http：//www. gxzf. gov. cn/zfwj/zxwj/t8687263. shtml，2021 - 04 - 26。

桂林市人民政府：《桂林市国民经济和社会发展第十三个五年规划纲要》，桂林市人民政府网，http：//guilin. gov. cn/zfxxgk/fdzdgknr/jcxxgk/ghjh/zcqgh/202107/t20210720_2094418. shtml，2021 - 07 - 20。

江必新、李沫：《论社会治理创新》，《新疆师范大学学报》（哲学社会科学版）2014 年第 2 期。

范文卿：《县管校聘教师流动政策的实施困境与破解路径》，《教学与管理》2020 年第 1 期。

曹琦、崔兆涵：《我国医联体协同关系的构建和完善——制度约束和策略选择》，《中国卫生政策研究》2021 年第 6 期。

B.3
2020年桂林市工业振兴发展报告

伍先福*

摘　要：本报告主要对2020年度桂林市工业振兴发展成效、桂林市工业振兴面临的主要问题、桂林市工业振兴发展对策与前瞻等进行分析和探讨。经过对相关统计数据及一手、二手资料等的科学分析，桂林市2020年度工业振兴发展成效相对较好，主要体现在6个方面："345"（3大工业园区、4个工业重点县、5个生态功能区县）工业发展布局初步成形，市属三大园区［桂林国家高新区、桂林经开区、高铁（桂林）广西园］建设卓有成效，主导产业（主要指电子信息、先进装备制造、生物医药、生态食品4个主导产业）和龙头企业持续壮大，战略性新兴产业稳步发展，重大工业项目得以平稳推进，企业服务与营商环境持续改善。在取得上述发展成效的同时，本报告研究发现，桂林市工业振兴正面临着一些典型问题，主要有空间发展失衡，彼此定位趋同；工业园区不强，产业集聚偏低；主导产业不大，龙头企业不强；产业结构不优，创新发展不足；工业化步伐偏慢，营商环境不优；等等。针对当前桂林市工业振兴战略实施中呈现出的典型问题，本报告认为有必要采取相应措施加以一一解决，建议优化"345"空间发展布局，高质量推进工业园区建设，做强做优四大主导

* 伍先福，博士，广西师范大学经济管理学院经济系主任，教授，广西师范大学珠江—西江经济带发展研究院研究员，南京大学商学院产业经济学访问学者，"广西高等学校千名中青年骨干教师培育计划"首批人选，中国区域经济学会珠江—西江经济带专业委员会委员，研究方向为全球价值链（GVC）升级、产业集聚与城市经济发展、技术创新与全要素生产率提升等。

产业，构建结构优化的现代产业体系，多措并举优化营商环境。

关键词： 工业振兴 工业园区 主导产业 龙头企业 桂林

桂林工业发展始于新中国成立初期的手工业作坊，经过新中国成立初期的手工业合作社厂组建、20 世纪 60 ~ 70 年代的“小三线”建设①、改革开放初期的工业快速发展等阶段，桂林工业振兴已具备较好的发展基础。但是，随着桂林“少物耗、少污染、高技术、高效益”发展道路的提出，桂林工业发展由积极挺进转为徘徊不前。直到 2012 年 11 月，《桂林国际旅游胜地建设发展规划纲要》提出，桂林工业发展要为国际旅游胜地建设提供重要支撑，桂林工业发展由此迈入历史转折的重大时期。2016 年，桂林市提出重振桂林工业雄风的发展目标，桂林逐渐掀起新一轮工业大发展热潮。2019 年 1 月，桂林市委五届五次全体（扩大）会议正式提出工业振兴的发展战略；“坚持高质量发展，加快工业振兴”亦被列入 2019 年桂林市《政府工作报告》，相关配套政策先后出台。桂林工业发展进入崭新阶段，深科技、华为科技城、新桂轮橡胶基地、中国中药（桂林）产业园生产基地、量子通信信息项目、广西医疗器械（桂林）产业示范园、比亚迪项目、平钢项目等一批大型工业项目加快建设，不断为桂林工业振兴增加“新动能”。

自 2019 年桂林市部署并实施工业振兴战略以来，桂林市工业持续稳定发展，在产业空间布局、工业园区建设、主导产业发展、重大项目引进、龙头企业发展、营商环境改善等方面均取得较好的成效。据桂林市工业和信息化局提供的统计数据，2020 年，桂林市工业总产值增长 8.4%，规模以上工业总产值增长 10.1%；工业增加值增长 5.2%，高于广西全自治区 4 个百分

① 1964 ~ 1970 年，正值国家启动“三线建设”，桂林按国家规划被定为“小三线”地区，是国家经济建设的重点地区，发展工业是其核心任务之一。

点；规模以上工业增加值增长6.7%，高于广西全自治区5.5个百分点。其中，总量较大的五大类行业均实现较为快速的增长，计算机、通信和其他电子设备制造业同比增长152.0%，工业农副食品加工业同比增长32.5%，电力、热力生产和供应业同比增长27.0%，专用设备制造业同比增长14.9%，电器机械和器材制造业同比增长11.0%，五大类行业合计拉动桂林市12.9%的规模以上工业总产值①。

本报告主要从桂林市工业振兴发展成效、桂林市工业振兴面临的主要问题、桂林市工业振兴发展对策与前瞻等方面进行阐述，以期为桂林市工业振兴战略的全面深入实施提供参考。

一 2020年桂林市工业振兴发展成效

2020年，桂林市工业振兴取得较好的发展成效，集中体现在工业发展布局、市属三大园区建设、主导产业和龙头企业发展、战略性新兴产业培育、重大工业项目推进、企业服务与营商环境改善等方面。

（一）“345”工业发展布局初步成形

“345”工业发展布局是近年来桂林工业发展，尤其是2019年工业振兴战略实施以来所逐渐形成的工业发展空间布局，是桂林市工业振兴2019年、2020年、2021年年度实施方案的着力抓手。其中，“3”是指桂林市属三大工业园区，分别为桂林国家高新技术产业开发区（即“一区三园”包含七星园、象山园、雁山园，以下简称“桂林国家高新区”）、桂林经济技术开发区（以下简称“桂林经开区”）、粤桂黔高铁经济带合作试验区（桂林）广西园［以下简称“高铁（桂林）广西园”］；“4”是指桂林市下属的全州、兴安、平乐、荔浦等4个工业重点县；“5”是指桂林市下属的阳朔、灌阳、龙胜、资源、恭城5个生态功能区县。

① 除非特别说明，本报告数据均来源于桂林市工业和信息化局。

从地理空间上来看，市属三大园区分别位于桂林市城区的东、西、北三端，三者互成掎角之势；4个工业重点县和5个生态功能区县分别位于城区的东南端与东北端，与三大园区形成相互映照之势。整体来看，“345”工业空间布局既符合“点—轴—面”的产业布局思想，也符合“中心—外围”的城市圈层发展理论，是桂林工业振兴较佳的空间形态选择。

2020年，桂林“345”工业发展布局成效初显。市属三大园区中，桂林国家高新区“隐形冠军”企业达15家、数量占桂林市同类企业总数的75%；桂林经开区获广西壮族自治区授牌，其2020年规模工业总产值同比增长23%；高铁（桂林）广西园于2020年实现“三年打基础”目标，2020年基建投入6.5亿元。工业重点县中，荔浦市聚焦光电、食品药品、衣架产业等引进一批龙头及配套项目，美亚迪、英路维特等重点项目建设进展顺利，其2020年新增规模工业企业15家、新增产值7.23亿元；平乐县聚焦新型建材、大健康产业，平钢技改、爱森新材料等项目基本竣工投产，仲康电子、生命科学园等项目快速推进，其2020年工业园区规划面积扩展到2.3万亩；全州县聚焦新材料、桂酒及米粉产业，晨天恒源、米兰香、禅方药业等企业稳步发展，其2020年收储土地1040亩且全部完成“五通一平”；兴安县围绕汽车、新能源、健康食品产业，汽车配件产业园、欣安电器内外部连接线及汽车配线等重点项目建设得到有力推进，其2020年工业投资同比增长45.8%。生态功能区县中，灌阳县、恭城瑶族自治县、阳朔县、资源县、龙胜各族自治县等依托自身产业基础和资源禀赋，突出规划引领，2020年各自确定1~2个主导产业，并围绕主导产业链引进一批龙头及配套企业，实施一批重点项目，逐渐形成主导产业突出、产业特色鲜明的生态功能区示范县。

（二）市属三大园区建设卓有成效

市属三大园区是桂林工业振兴的主战场，其产业发展地位日益凸显。2020年1~11月，桂林市属三大园区完成规模以上工业总产值521.21亿元，同比增长12.8%，三大园区总产值占桂林市规模以上工业总产值的72.7%。

1. 桂林国家高新区稳步发展

1988 年，桂林国家高新区正式成立；1991 年，该高新区获批为第一批国家级高新区，成为全国五个少数民族自治区中第一个国家级高新区，主要产业有电子信息、高端装备制造、生物医药、生态食品以及应用软件和信息技术服务 5 大类，拥有工业（含信息服务业）企业 1000 余家，其中规模以上工业企业 98 家。

（1）坚持两手抓两促进，工业经济实现逆势增长

2020 年，桂林国家高新区在做好疫情防控的同时，聚焦降低疫情影响，多措并举集中发力，帮助企业复工复产，力促项目开工建设，做好“六稳”工作、落实“六保”任务，全力打好经济发展攻坚战。据桂林国家高新区管委会统计数据（桂林国家高新区数据均来源于该园区管委会），该园区 2020 年完成工业总产值 300.37 亿元，其中，七星园完成 192.67 亿元，同比增长 12.8%；象山园完成 98.32 亿元，同比增长 10.29%；雁山园完成 9.37 亿元，同比增长 -13.32%，工业经济实现大逆转，呈现稳定增长态势。2020 年完成工业固定资产投资 16.29 亿元；完成技改投资 11.09 亿元，同比增长 18.36%；完成土地收储 1405.89 亩，新建标准厂房 12.8 万平方米，分别完成全年目标任务的 140.6%、134.6%。

（2）全面实施招大引强，招商引资成果丰硕

一是“三企入桂”成效明显。2020 年“三企入桂”项目签约 35 个，签约金额 604.1 亿元；其中，已开工项目 24 个，总投资 154.6 亿元。二是外资引进成效显著。2020 年累计引进区外境内资金 175.36 亿元，完成全年目标任务的 104.38%；实现商务口径利用外资 4165 万美元，完成全年目标任务的 371.88%。三是项目谈判进展明显。桂林量子信息产业基地、桂林航空航天产业基地、桂林中电科信息产业基地等 10 个总投资额达 782 亿元的重大项目已基本达成投资意向。四是科技和才智引进卓有成效。先后引进清研皓隆、云璟科技、清华大学深圳研究院、研祥特种计算机研究院等一批博士企业和研究院。

（3）强力推进重大项目建设，超前完成年度投资任务

2020 年重点推进重大产业项目 56 个，完成投资 129.75 亿元，超额完

成年度目标任务。一方面，一批重点产业项目开工、签约。优利特血细胞分析系统研发生产基地、北芬生态科技园、雁南飞科技小镇等9个重点产业项目集中开工，四块科技分布式储存大数据中心、华诺威生物医药基地、中国交建·象山园“五网建设”、盘古通信光纤电子设备生产等7个项目签约落户。另一方面，一批重大项目竣工投产。2020年上半年，中国中药（桂林）产业园、坤弘量子信息、清研皓隆、智神科技等6个项目先后竣工投产，截至2020年10月，这批企业实现18亿元的产值，预计2020年底可达到近36亿元的产值。

（4）优化创新创业环境，持续增强创新创业活力

一是以科技项目为载体推动企业创新。电力电容、电科院2家企业的地方专业性技术创新平台项目获得自治区2020年第一批中央指导地方发展基金。二是加大培育科技创新型企业力度。2020年新增北斗星测绘、百税光电2家广西瞪羚企业，桂林国家高新区瞪羚企业达16家，占桂林市相关企业总数的80%。三是加快推动科技合作交流，积极培育创新发展新动能。截至2020年底，桂林国家高新区第一批重大成果转化核验通过15个项目，技术交易额888万元，产生效益额达54318.62万元。四是做好创新平台建设，孕育创新源泉。2020年共推荐高新区电商谷众创空间、科技企业加速孵化器等4家众创空间和孵化器入库国家级遴选名单和备案预申报。

2. 桂林经开区快速增长

桂林经开区是2016年3月桂林市委、市政府根据“振兴桂林工业”的战略发展要求，在整合桂林西城经济开发区、苏桥经济开发区的基础上成立的经济技术开发区；2020年5月，桂林经开区获批为广西自治区级经济技术开发区。经过多年发展，桂林经开区基本形成新一代信息、高端装备制造、生物医药、生态食品四大产业集群。其中，新一代信息产业集群以华为、深科技等为龙头，主攻大数据和智能终端；高端装备制造集群以比亚迪、新桂轮等为龙头，主攻新能源汽车；生物医药产业集群以三金药业、科伦等为龙头；生态食品产业集群以桂柳牧业、力源粮油、莱茵生物等企业为龙头。

(1) 疫情防控与复工复产统筹推进

据桂林经开区管委会统计数据（桂林经开区数据均来源于该经开区管委会），2020 年春节期间该经开区及时组织恒保健康防护、科伦制药、澳柯赛（桂林）医疗器械等 18 家防疫物资生产与配套保障企业第一时间恢复生产和运营；有关部门先后跟踪指导对接服务园区企业或项目达 160 余家（项），累计筛查园区各类企业员工逾 2 万人；为加快企业复工复产步伐，园区率先在广西出台并实施免租政策，使园区内各租赁企业实现共计减免租金 525.48 万元；针对企业困难，创新性地搭建企业互助"周转池"等共享性公共服务平台，帮助企业有效复工复产，于 2020 年 2 月底实现全部规上企业及建设项目的 100%复工。此外，桂林经开区下属广西华云大数据有限公司制定的《桂林防疫复工复产数据综合服务解决方案》成为全区唯一获评工信部支撑疫情防控互联网平台解决方案，入选工信部表彰并发文推广经验。

(2) 规上工业稳步增长

2020 年，该经开区完成规上工业总产值 197.47 亿元，占桂林市规上工业总产值的 23.99%，相较 2019 年增长 23.45%，比桂林市工业同期增速高出 13.35 个百分点，其增速在桂林市属三大园区中居首位。截至 2020 年底，桂林经开区产值亿元以上的企业已达 33 家，其中，20 亿元以上企业 2 家，10 亿~20 亿元企业 3 家，5 亿~10 亿元企业 5 家。2020 年，恒保、翔兆科技、华谊智测等 18 家新建投产企业实现上规入统；25 家企业顺利通过高新技术企业资质认定（其中 10 家为复审），高新技术企业总量达到 56 家，同比增加 27.3%，占桂林市高新技术企业总数的 15.7%；鸿程矿山、锐德检测、富华金属、华越环保 4 家企业被广西科技厅认定为广西瞪羚企业；广协智能、实力、华越环保等 28 家企业入库全国科技型中小企业名单。

(3) 项目建设快速推进

具体来看，在自治区层面统筹推进重大项目上，该经开区的 9 个该类项目 2020 年累计完成各类投资共 38.01 亿元，超额完成年度任务的 42.73%；市领导跟踪服务的重中之重和重大项目中，7 个项目累计完成投资 27.25 亿元，超额完成年度任务的51.39%；市级层面统筹推进重大项目上，45个项目累计完成投资58.83亿元，超额完成年度任务的20.16%；经开区领导跟踪服务推进的重大项目上，110个项目累计完成投资73.59亿元，超额完成年度任务的24.52%。2020年，该园区获批列入1个“双新”项目（华谊智测项目），共有8个列入广西壮族自治区“双百双新”项目（数量占桂林市的23.5%，其中2个为“双百”项目，6个为“双新”项目，占桂林市的21.4%）。2020年园区标准厂房加快推进，施工面积达35.29万平方米，已建成面积达到30.5万平方米，累计完成2020年度计划的117.31%，标准厂房建成面积任务完成情况连续三年在桂林市排名第一。

（4）招大引强成果丰硕

2020年，该经开区共引进包括新桂轮橡胶产业园、桂林环氧防腐钢管生产基地、中国石化合作项目、深科技惠州工厂整体搬迁项目等在内的工业项目共46个，其中，投资达亿元以上的项目有21个，属“三企入桂”的项目有24个（央企4个、民企11个、湾企9个）；已开工的项目有19个，已投产的项目有14个，全年引进的项目总投资达132.9亿元，建成后预计可实现产值281.19亿元。资金类型上，全年内资到位资金共完成114亿元，完成年度目标任务的107.63%。

（5）平台公司建设取得突破性进展

2020年，桂林经开区下属经开控股公司正式获评信用AA等级，成为桂林市第4家AA级投融资公司，公司融资能力进一步提升。2020年，经开控股公司总资产达到93亿元，同比增长53.47%；净资产达到35.51亿元，同比增长69.1%；资产负债率达61.82%，同比下降3.08个百分点；融资到位资金27.083亿元，完成年度目标任务的180.55%，较2019年增加13.77亿元，同比增长103%。

3. 高铁（桂林）广西园逆势成长

高铁（桂林）广西园是根据《粤桂黔高铁经济带合作试验区（桂林）广西园发展总体规划（2016—2030年）》，于2018年1月经广西壮族自治区人民政府同意而成立的跨区域合作经济技术开发区，旨在成为“粤桂黔国际旅游走廊发展引领区、高铁经济带高端产业合作示范区、粤桂黔湘协作发展创新区、西南中南综合交通物流枢纽”。由于高铁（桂林）广西园主要对桂林高铁经济产业园进行建设运营管理，下面仅对桂林高铁经济产业园的发展情况进行分析。

近年来，高铁（桂林）广西园紧紧围绕广西壮族自治区、桂林市“工业振兴”的总体部署，遵循“三年打基础、五年见成效、十年初建成”的基本思路，坚持强龙头、补链条、聚集群，坚持优化结构、转型升级、提质增效，坚持创新驱动、开放合作、绿色发展，基础设施不断夯实、产业体量持续壮大、招大引强成效显著、营商环境持续优化，工业振兴各项工作加快推进，着力打造智慧产业园、高端装备制造园、商贸物流园等特色产业园。据高铁（桂林）广西园管委会统计数据［高铁（桂林）广西园数据均来源于该园区管委会］，该园区 2020 年 1～12 月完成工业总产值 112.38 亿元，同比增长 7.77%；完成规模以上工业总产值 100.4 亿元，同比增长 7.95%，规上工业总产值首次突破 100 亿元大关。2020 年新引进计划投资 1000 万元以上工业项目 25 个，项目总投资 38.66 亿元，其中亿元以上工业项目 12 个；完成工业固定资产投资额同比增幅 8.87%，完成标准厂房建设 11.46 万平方米，完成土地收储 115 公顷，完成基础设施建设投资 2.67 亿元。

（1）坚持完善规划，夯实基础

高铁（桂林）广西园近年来坚持高标准高起点开展空间、产业规划布局，已编制完成《定江镇区控制性详细规划》《定江镇区市政工程专项规划》以及园区电力等专项规划；正在加快《桂林高铁经济产业园概念性总体规划》《定江镇总体规划范围内水土保持方案》等规划方案的编制工作。同时，强化基础设施建设。2018 年以来，通过金融贷款、专项债、财政投资、EPC 等方式，高铁（桂林）广西园累计投入资金约 7 亿元，完成八里四路、八里五路等道路建设约 32.31 公里、雨污管网建设 21.5 公里，并通过电网改迁、电缆管道等方式，提高配套服务能力；累计完成土地收储 5222 亩，完成标准厂房 33.11 万平方米，承载能力持续扩大。

（2）坚持优化结构，扩大体量

一是全力推进项目建设。2020 年，园区在建项目 35 个；竣工投产项目 10 个，其中 4 家实现新建上规；完成投资 1000 万元以上工业技术改造项目 10 项；花江智慧谷纳入自治区“双百双新”项目库。二是构建多元招商体系。围绕电子信息、高端装备制造、新材料、现代商贸物流等主导产业，面向粤港澳大湾区、山东、四川等地，主动出击，着力引进龙头、延链补链，2020 年成功引进今大玻璃、宝龙达、易华录等 12 个亿元以上重大项目。三是创新要素加快集聚。至 2020 年底，园区高新技术企业保有量 55 家。2020 年，华信制药被自治区认定为“瞪羚企业”。

（3）深入推进体制机制改革，优化环境

一是大力实施“双容双承诺”政策，实行工业项目“容缺受理、承诺办理、先建后验”的审批模式，推动项目早落地、早实施、早竣工投产。立大玻璃、智慧医疗照明研发中心等项目已与灵川县国土、住建等职能部门签订“双容双承诺”协议。二是积极承接委托或授权高铁园实施第一批市级行政权力下放事宜，经过前期对接，一批委托协议、授权备忘录陆续得以签署。三是加强主动服务，在园区设立专职代办窗口、组建专职代办人员，变“企业跑”为“管委会跑”，最大限度减轻企业行政审批负担。四是加强融资工作。经桂林市人民政府批准，2020 年 8 月，园区组建粤桂黔高铁园投资开发公司，专门负责园区的投融资事宜。

（4）积极寻求开放合作，提高知名度

建园以来，园区坚持对外开放，打造共建共享平台。2019 年 10 月，在第五届粤桂黔滇高铁经济带合作联席会议上，顺利完成粤桂黔滇高铁经济带合作试验区（桂林）广西园建设工作现场会的各项任务，进一步提高园区的知名度。2020 年 10 月，园区管委会联合桂林市发展和改革委员会、灵川县政府举办中国 · 桂林物流与供应链创新发展峰会暨桂林市国家物流枢纽承载城市建设发展研讨会，邀请国内物流行业协会、企业代表参会，共同探讨现代商贸物流业发展；与广东省冷链物流协会等 6 家企业协会签订战略合作协议并取得良好效果。

（三）主导产业和龙头企业持续壮大

自桂林市工业发展“十三五”规划，尤其是2019年桂林工业振兴战略实施以来，桂林逐步壮大提升已有的优势产业，基本形成以电子信息、先进装备制造、生物医药、生态食品为核心支撑的主导产业体系。2020年，桂林四大主导产业加快发展，其产业增加值同比增长6.1%，占桂林市规模以上工业增加值的51.9%，比重比2019年同期提升3.4个百分点。

1. 电子信息产业持续稳定发展

2020年，通过《桂林市移动智能终端（手机）产业链协同复工复产工作方案》《桂林市新一代信息技术产业发展规划（2019—2025）》《桂林市5G产业发展行动计划本地实施方案》等，以及移动智能终端、光通信和微波通信等产业链的“三图一表”（产业分布图、产业链全景图、产业链补链图、重点招商企业目录表）等政策文件或规划方案的贯彻实施，桂林电子信息产业持续发展，全年实现产值78.8亿元，同比增长130.3%，基本完成年度发展任务。其一，企业转型增效良好。不少企业在现有产品和研发基础上推出面向新一代信息技术的高精尖产品。其二，优势产业发展迎难而上。例如，华为公司被列入美国商务部“实体清单”后，光隆光电迅速与华为达成光开关产品供货协议，及时成为华为产品供货方。其三，行业重大项目稳步推进。例如，光隆光电激光器芯片生产与封装项目、桂林深科技智能制造项目等均按计划推进，截至2020年底，项目基础设施建设基本完工，已具备一定产能。

2. 先进装备制造产业量质同升

桂林先进装备制造产业以国际线缆、君泰福、电力电容、电科院等企业为骨干，近年来着力发展新能源汽车及零部件产业、橡胶产业、机床及专用设备产业、电力装备产业等，重点打造新能源客车生产基地、橡胶研发和生产基地。

（1）汽车装备产业整体向好

2020年，桂林福达曲轴有限公司B48曲轴生产线、福达阿尔芬大型曲

轴生产线、桂林客车发展有限责任公司观光车生产线等一批重点产业项目得以加快推进；桂林比亚迪于2020年6月获得工信部颁发的新能源汽车生产资质；比亚迪和广西汽车集团合作开发全球首款搭载“刀片电池”的纯电动厢式运输车V3成功下线。发展成效上，2020年桂林汽车产业完成规模以上工业产值42.29亿元，与2019年基本持平，其中3家整车企业完成规模以上工业产值8.52亿元；生产汽车3693辆，其中比亚迪生产汽车862辆（公交车691辆、V3纯电动厢式运输车121辆、轻型货车50辆）、桂客发展生产汽车2675辆、大宇156辆；生产新能源汽车1068辆，同比增长12.66%。

（2）机械装备产业呈集群式发展

经过多年发展，桂林市机械装备产业经已形成一定的产业集群，主要包括电力装备产业集群、机床工具产业集群和专用设备制造业产业集群三大产业集群。其一，电力装备产业集群的主要产品有特高压输配电设备、高压输变电设备、电力电容器、互感器、电力电缆、变压器，发展电力市场技术支持系统和发电设备、太阳能、风力发电设备和电网自动化系统等产品，骨干企业为桂林君泰福电气有限公司、桂林电器科学研究院有限公司、桂林电力电容器有限责任公司、桂林国际电线电缆集团有限责任公司等，主要产品及产量在全国处于领先地位。其二，机床工具产业集群包括切削及焊接设备和量具刃具等细分产业，切削及焊接设备主要产品有平面磨床、万能铣床、加工中心、落地式铣钻床、五面加工大型、偏大型数控龙门铣床及加工中心，电子束焊机等焊接机械，代表企业有桂林桂北机器有限责任公司、桂林狮达机电技术工程有限公司、桂林实创真空数控设备有限公司等；量具刃具主要有各种类型的卡尺、智能检测、数据采集等高端数显量具量仪等产品，骨干企业为桂林广陆数字测控股份有限公司、桂林量具刃具有限责任公司。其三，专用设备制造产业集群主要包括橡胶装备、矿山机械和医疗设备三大细分产业。其中，橡胶装备主要有硫化机、橡胶挤出机、压延机、钢丝裁断机等产品，重点企业有桂林橡胶机械有限责任公司、桂林橡胶设计研究院、桂林中昊力创机电设备有限公司等；矿山机械主要有系列碾磨、破碎及环保设备等产品，主要企业有桂林鸿程矿山设备制造有限责任公司和桂林矿山机械有限公司；医疗设备主要有尿液、生化分析系统、超声洁牙机、光固化机、超声骨刀机等产品，主要企业有桂林市啄木鸟医疗器械有限公司和桂林优利特医疗电子有限公司。2020 年，桂林市机械装备产业实现产值 158.26 亿元，同比增长 8.01%，占桂林市工业总产值的 19.22%。其中，电力装备产业集群实现产值 88.84 亿元，同比增长 10.8%；机床工具产业集群实现产值 10.37 亿元，同比增长 1.19%；专用设备产业集群实现产值 10.07 亿元，同比增长 1.14%。

3. 生物医药产业提速增效明显

近年来，桂林生物医药及医疗器械产业发展持续向好，形成包含中成药、中药饮片、植物提取、化学原料药及制剂、生物制药、临床检验设备及配套诊断试剂、口腔诊疗设备等门类齐全的医药工业体系，其企业数量、产业规模、经济效益、主要产品、科技研发等均在自治区内占有重要地位，拥有三金药业、天和药业、南药股份、华诺威药业、科伦制药、华信制药、啄木鸟医疗器械等一批国内外知名度较高的特色企业。其中，桂林三金药业是国家实施 IPO 新政后的首个上市的企业，在全国同类中药品牌中位居第一；桂林南药股份是获批世界卫生组织供应商资格的第一家中国企业，在国内青蒿类药品出口中其连续多年居首位；天和药业是我国最大的膏药生产企业之一。科技支撑上，桂林生物医药产业近年来建立 1 家国家级企业技术中心、2 家国家地方联合工程研究中心（啄木鸟口腔医疗器械及材料研发工程国家地方联合工程实验室、优利特免疫诊断试剂国家地方联合工程实验室）、4 家自治区级工程（技术）研究中心、4 个博士后工作站，18 家医药企业被广西壮族自治区科学技术厅认定为高新技术企业。截至 2020 年底，桂林市拥有规模以上生物医药企业 33 家，实现规模工业总产值近 75 亿元，占桂林市规模以上工业总产值的 9.1%。其中，桂林市现有规模以上医疗器械企业 10 家，分别为优利特、啄木鸟、威诺敦、紫竹乳胶、恒保健康、珂深威、登普乐、漓峰、清研皓隆、恒保卫生防护，2020 年实现规模工业总产值近 20 亿元。优利特尿液分析产品国内市场占有率第一，其血液分析及生化分析产品国内市场占有率均在国内前三。同时，桂林市拥有光隆光电、信通科技、斯壮微电子、科创精密模具等一批医疗器械配套企业，年产值达25亿元。

4. 生态食品产业整体效益稳步提升

生态食品产业是桂林市的传统产业，拥有良好的产业基础，尤其是近年来，通过引入国内外知名企业强强合作、兼并重组、股份制改造等多元途径，其经济总量进一步增大，整体效益稳步提升。桂林生态食品产业的重点行业有酒的制造、罗汉果、饮料制造、方便食品制造、粮油饲料加工和调味品等，并逐渐形成一批初具规模、管理有序、产品竞争力强的大型集团，如桂林娃哈哈集团、桂林力源粮油集团、燕京啤酒（漓泉）股份有限公司、桂林西麦公司等。地理空间上，桂林生态食品产业逐步形成多个生产企业集聚区和数个优势农产品加工产业带，空间形态上出现产业集群式发展，且其区域布局较为合理。这些产业带分别是：象山区及全州县、兴安县、灵川县的酿酒产业带；临桂区、灌阳县、全州县、灵川县、永福县的大米加工产业带；临桂区、象山区、高新区的饮料产业带；荔浦市、恭城县、永福县、平乐县、秀峰区的特色旅游休闲食品产业带等。同时，桂林生态食品产业的产品结构调整取得显著成效，一大批知名品牌食品饮料不断更新换代，作为新兴门类的休闲食品、方便食品、绿色食品、保健食品等，其数量已占有市场相当份额；调理食品、工业化主副食品、熟食制品、速冻食品、调味品、礼品食品等的式样品种和市场需求也迅速得到提升。2020年，桂林市规模以上食品制造业企业72家，占桂林市规模以上企业总数的13.7%，全年总产值近115.2亿元，占桂林市的比重近14%，同比增长2.1%，年产值1亿元以上企业25家，行业从业人员近2.1万人。

5. 基于四大主导产业的龙头企业持续壮大

龙头企业主要诞生和成长于前述四大主导产业，是桂林工业企业的领头羊，是桂林工业振兴的核心引擎。2020年，桂林前100强工业企业产值增长18%，占规模工业的比重达71%；总产值超10亿元规模以上工业企业有14家，产值同比增长30.3%，拉动桂林市8.1%的规模以上工业总产值。

其中，深科技、桂林供电局、坤弘量子信息科技三家公司对规模以上工业总产值贡献率较大。总体来看，桂林工业龙头企业的发展壮大得益于其相对完善且相互衔接的“企业培育—上规入统—龙头企业—持续壮大”成长环节体系。

（1）推动工业企业上规入统

2020 年，桂林市工信部门会同统计、税务等部门，加强对培育企业在经营规划、上规申报、税务规范等方面工作的指导，不断加大对以上规模企业的培育力度，凡达到上统入规条件的企业，坚持成熟一家组织上报一家，全年共实现工业企业上规入统 81 家，超额完成自治区交付的 55 家培育工业企业上规入统的年度目标任务，完成率 147%。从县（市、区）完成情况看，七星区、永福县、灵川县、兴安县、荔浦市、灌阳县、平乐县、全州县及恭城县 9 个县区企业培育工作较为突出。

（2）着力打造工业龙头企业

2020 年，桂林市新增 28 家市级工业龙头企业，其中，先进装备制造行业 7 家、电子信息行业 3 家、医药及生物仿品行业 5 家、食品行业 6 家、建材行业 4 家、其他行业 3 家。在上述 28 家市级龙头企业中，有 12 家入选广西自治区级工业龙头企业。其中，桂林国际电线电缆集团有限责任公司、桂林橡胶机械有限公司、桂林电力电容器有限责任公司入库第一批广西工业龙头企业（2019 年 7 月），桂林三金药业股份有限公司、桂林福达股份有限公司、桂林力源粮油食品集团有限公司等 6 家企业入库第二批广西工业龙头企业（2019 年 9 月），桂林康乐人粉业有限责任公司等 3 家企业入库广西贫困地区工业龙头企业（2020 年 6 月）。

（3）既有龙头企业实力见长

作为电子信息产业的龙头企业，桂林深科技有限公司“代采”业务不断扩大，年度产值突破 35 亿元，已形成年产 2500 万部手机产能，2020 年 11 月当月产值超 5 亿元，成为桂林市月产值规模最大的企业，2020 年 1 ~ 12 月累计生产手机超 1300 万部，生产路由器 320 万部，实现产值 35.76 亿元。作为先进装备制造业的龙头企业，桂林国际电线电缆集团有限责任公司

克服疫情影响，实现逆势增长，2020 年实现产值 55 亿元人民币，同比增长 8.6%；实现销售收入 65.8 亿元，同比增长 52%；出口创汇 1.6 亿美元，同比增长 20%；实现利润总额 1.1 亿元，同比增长 30%。作为汽车装备产业龙头企业的桂林比亚迪实业有限公司和桂林客车发展有限责任公司，2020 年分别实现产值 5.37 亿元、2.7 亿元，后者已获得新能源汽车生产资质，成为桂林市重要的整车生产企业。

（4）龙头企业突出创新引领

为充分发挥桂林市龙头企业科技含量高、技术水平先进的优势，桂林地方政府不断引导企业通过创新谋发展、打造品牌谋效益，并不断加快智能化、绿色化发展步伐，以提升企业的核心竞争力。2020 年，桂林市新增福达曲轴、国际电线电缆、艺宇印刷包装等 3 家国家级绿色工厂，占全区同类工厂总数的 19%，数量在全自治区排第 1 位；新增奥创园、桂林智慧谷等 3 家国家级众创空间；新增科伦制药、吉福思、橡胶机械等 6 家广西自治区级绿色工厂。同时，通过深入实施“强龙头”战略，桂林电子信息、医疗器械等 10 余类细分行业“隐形冠军”企业稳步壮大，智神信息、啄木鸟、优利特等企业产品在细分领域领先地位不断巩固。例如，智神信息创办短短 5 年时间，其三轴稳定器销量在全球同行业排名第一；啄木鸟的口腔超声洁牙系列产品市场占有率达 85%；优利特的尿液分析仪及配套试剂产品市场占有率达 57%。此外，桂林奥创园入选 2020 年度国家中小企业公共服务示范平台；电科院被认定为广西新型研发机构，毛嘉工艺品有限公司技术中心被认定为广西自治区级企业技术中心，量具刃具与紫竹乳胶成为广西自治区级创新示范企业，星辰科技获广西自治区级工业设计中心，桂林福达股份有限公司获得 2020 年广西工业企业质量管理标杆。

（四）战略性新兴产业稳步发展

作为工业振兴战略“优化调整产业结构”中与四大主导产业地位相当的另一大产业，桂林战略性新兴产业主要发展新一代信息技术产业、智能装备制造产业、节能环保产业、新材料产业、新能源及新能源汽车产业、大健康产业等细分产业。根据桂林市科技局提供的统计数据（本小节数据均来源于桂林市科技局），截至2020年底，桂林市经国家统计部门认定的规模以上战略新兴产业企业127家，总产值约336.6亿元，同比增长16.21%，比全部规模以上工业总产值增速高6.17个百分点，占全部规模以上工业总产值的约40.9%。

1. 产业逆势较快增长

面对外部形势的严峻考验和新冠肺炎疫情的不利影响，作为战略性新兴产业主体的高技术产业展现出强大韧性和巨大活力，在疫情防控期间率先全面复工复产，疫情后新技术、新产业、新业态、新模式加快发展。2020年，桂林高技术产业规模以上工业总产值、增加值分别增长50.6%、22%，高于桂林市全部规模以上工业总产值、增加值增长率40.5个和15.3个百分点，高技术产业总产值、增加值占全部规模以上工业的比重分别达18.6%、23%，分别较2019年提高5.4个和4.3个百分点。其中，电子信息产业规模工业总产值、增加值分别增长43.1%、44.9%，信息传输、软件和信息技术服务业营业收入增长6.9%，均大幅度超出同期桂林市相关行业平均水平。

2. 新兴产业集群加快形成

依托桂林市“345”工业发展布局，桂林战略性新兴产业逐渐走向集聚集群化发展。桂林国家高新区先后引进清研皓隆、漓晶生物等一批重大产业化项目，智神智能电子三轴稳定器、飞宇智能摄像稳定器等竣工投产，“隐形冠军”企业达15家，数量占桂林市同类企业总数的75%；桂林经开区产品线拓展至“1+8+N”系列项目，深科技“代采”业务不断扩大、二期投产，年度产值突破35亿元，华为信息生态合作区注册企业104家，与华为合作商安科讯达成年产值50亿元投资协议，华为科技城加快建设；高铁（桂林）广西园新签约年产500万平方米高新节能玻璃生产项目、高性能有机硅新材料等亿元以上项目12个，光达云创谷、数字经济园等加快建设，智慧产业园已入驻（挂牌）117家企业；荔浦市培育自治区“双百双新”光电项目3个，光电科技产业规模不断壮大，正在筹备建设光电研发中心；

平乐智能制造与电子零部件、新型材料新兴产业园加快发展，13 个在建新兴产业项目实现竣工。

3. 重大项目持续带动发展

2020 年桂林实施的 856 个市级统筹推进的重大项目中，涉及战略性新兴产业（含高技术产业）项目 191 项，全年完成投资 196.29 亿元，其中竣工 21 项、开工 40 项。全年实施新一代信息技术及智能制造重大项目 41 项，量子通信项目实现当年开工当年投产，桂林市高端装备制造产业园建设项目等相继开工；实施大健康领域项目 86 项，其中生物医药及医疗器械项目 28 项，广西医疗器械（桂林）产业示范园、桂林优利特电子集团有限公司血细胞分析系统研发生产基地、广西优尼康通医疗科技有限公司 KN95 防护口罩生产项目、广西林洋药业有限公司药品 GMP 生产线建设工程等开工建设，桂林登普乐医疗器械有限公司年产 100 万套口腔医疗器械项目、桂林优利特电子集团有限公司生化检测及免疫诊断试剂研发生产基地项目等竣工投产；实施新能源及节能环保项目 48 项，灵川兰田等 5 个风电项目开工建设，比亚迪、广西汽车集团有限公司新能源客车生产建设项目持续推进。

4. “新基建”引领数字经济聚集成势

2020 年，出台《桂林市新型基础设施建设三年行动方案（2021—2023 年）》，有力保障桂林市“新基建”工作开展；全年策划储备第一批“新基建”项目并实施滚动管理，重点储备项目共完成投资超过 70 亿元。“新基建”为桂林数字经济注入强大动力，桂林获批为广西首批数字经济示范区，被列为广西大数据副中心城市、区块链副中心城市，与华为、深科技合作的“一基地三中心”（桂林深科技智能制造基地、桂林华为软件开发创新中心、桂林华为人工智能创新中心、桂电华为鲲鹏联合创新中心）加快建设；华为云计算桂林数据中心正式投入运营，共有来自桂林市本级 25 家单位的 36 个业务系统加入该中心运行；重资引进位居国内行业第一的国信优易公司，着力打造大数据融合创新平台、同步打造数据创新产业园，相应引进并建设易华录蓝光存储基地，成效良好。

（五）重大工业项目得以平稳推进

重大工业项目是桂林工业振兴的核心支撑，主要包括重点工业项目、技术改造项目、智能制造项目、创新成果转化项目等不同类型。依托市属三大园区和四大主导产业及战略性新兴产业，桂林2020年重大项目建设平稳推进。

1. 重大项目招商引资不断突破

近年来，桂林市有关部门不断创新招商方式，突出市领导带队招商、县区主管招商；制定印发《“三企入桂”暨“浙商广西行”工业招商工作方案》《2020年市工信局工业招商工作方案（试行）》，将年度工业招商目标层层分解到县区、园区，结合年度绩效考评，压实工作责任。2020年，通过产业链招商、以商招商等方式，桂林市精准引进一批重大产业突出项目，2020年1～11月，桂林市先后引进计划投资超1000万元的工业项目达147个，提前超额完成自治区年初拨付的全年考核任务，计划投资总额达到424.1亿元，其中，央企类项目9个、民企类项目86个、中国台湾企业类项目52个。项目规模上，共签约维丰高新电子产业项目等79个协议投资亿元以上规模项目，占签约项目总数的1/2以上，坤弘量子等15个项目协议投资规模均超过10亿元。项目以制造业为主，签约引进国际高端特种装备生产项目、通云海科技项目等117个制造类企业，占全年引进签约项目的79%，其中，已开工制造类项目79个，占全部开工项目的78%。

2. 重大项目建设不断加快和深入

在加大力度招商引资的同时，桂林市不断推进已开工、已引进待开工、已有项目待扩容等重大工业项目的建设，并紧密结合自治区的有关政策有序推进“双百双新”“千企技改”等重大工业项目建设，建立用地市级统筹协调、反映问题及时解决、项目推进协调调度等工作机制。2020年，新建（投产）入库39家，拉动桂林市工业总产值增长3.9个百分点。全年实际开工68个工业项目；坤弘量子通信、深科技二期、智能电子三轴稳定器等63个项目实现竣工投产，全年新增产值达到85亿元。其中，瑰丽深科技、桂林坤弘量子等重大项目的投产，很大程度上填补了广西在智能手机和量子产品上的空白。

在整体推进重大工业项目建设运营的过程中，桂林市将重心放在推进“双百双新”与“千企技改”两类重大工业项目建设上。2020 年，坤弘量子通信电路板研发及生产基地建设项目、荔浦市衣架家居特色产业园、优利特血细胞分析系统研发生产基地等 12 个项目被列为第三批自治区“双百双新”产业项目；光隆光电激光器芯片生产与封装项目、智神智能电子三轴手持稳定器产业化基地建设项目等 24 个项目被列入自治区“千企技改”工程“隐形冠军”培育项目，全市项目数占全自治区总数的 1/4 有余，在 14 个地市中排名第一；共有 18 个项目被列入工信部主推的“工业企业技术改造升级导向计划”，其数量占全自治区总数的 1/4，行业上涵盖电子信息、医药、钢铁、机械、有色金属等，对桂林市的行业发展起到引领示范性作用。2020 年 12 月，广西“千企技改”工程推进现场会在桂林市召开，福达阿尔芬大型曲轴生产线等 24 个“双百双新”项目参加全区各季度集中开竣工活动，数量占全区的 18.8%。

（六）企业服务与营商环境持续改善

2020 年，桂林市政府及有关部门不断加强对企业的服务，企业营商环境得到不断优化，主要表现在：第一，深化并完善桂林市领导联系与服务重点工业企业的工作机制，使其服务的广度深度得到不断拓展，桂林市领导联系服务的工业企业数量已增至 106 家。2020 年前 11 个月，由桂林市领导带队，率桂林市牵头服务部门先后深入工业企业进行现场调研共计 365 次，及时助力企业解决众多发展中面临的棘手难题。第二，建立并完善企业问题分级协调、解决即予以销号的工作机制，各大重点工业企业共反映 146 个突出问题。2020 年前 11 个月已解决 139 个，问题解决率达到 95%。第三，制订并出台针对园区工业建设项目审批流程再造的系统性改革实施方案，使园区工业建设项目的审批流程得到进一步优化，其行政审批时限从之前的 41 个工作日压缩至 12 个工作日内，初步形成科学、便捷、高效的工业建设项目审批和管理体系。第四，深入实施“双容双承诺”改革，在 2019 年 34 个项目的基础上，2020

年又有36个工业建设项目参与“双容双承诺”流程改革，让项目实现快速落地开工，这项改革将报批时间平均压缩至3~4个月。第五，持续加大对工业项目的金融支持力度。2020年前11个月，桂林市各大金融机构共向制造业企业提供贷款资金249亿元，同比增长17.44%。例如，专题协调国际线缆、坤弘量子等工业企业在银行获得融资超10亿元；为新桂轮、光隆光电、优利特争取自治区第三批直投资金，获得支持资金计划2.3亿元。

二　桂林市工业振兴面临的主要问题

（一）空间发展失衡，彼此定位趋同

1. 政策支持和产业聚集主要偏向于三大园区

在政策支持上，桂林市相关工业发展政策更多倾向于市属三大园区，对四个工业强县和五个生态功能区县的政策支持偏少。针对前者，桂林市先后出台《桂林市促进市属三大园区发展实施办法》（市政办〔2018〕47号）、三大园区体制机制改革等多个专项政策；但针对后者，近年来仅出台《桂林市加快培育县域100亿元产业园区工作方案》（市政办〔2018〕48号）等个别专项文件。

在产业聚集上，不管是政府主动招商引资驱动的资本集聚还是市场自发形成的产业要素聚集，均主要流向市属三大园区，尤其是流向规模以上工业企业。2020年1~11月，桂林市属三大工业园区完成规模以上工业总产值521.21亿元，其产值占桂林市全市的比重达到72.7%。在2020年桂林市被列入自治区“双百双新”产业项目计划的35个项目中，有25个位于市属三大园区；在桂林市357家高科技企业中，有323家位于市属三大园区。

2. 不同类空间及同类空间之间呈现同质化发展

在不同类空间发展上，市属三大园区与工业重点县、生态功能区县间的主导产业及其产业发展方向存在一定重合，缺乏基于不同空间各自比较优势的产业链分工与合作。不管是市属三大园区，还是四大工业重点县及五个生

态功能区县，均以电子信息、先进装备制造、生物医药、生态食品中的一类或几类作为主导产业，产业类型上没有形成明显差异。在同类空间发展上，同样存在一定的产业选择趋同化现象。例如，在市属工业园区之间，桂林国家高新区主要产业有电子信息、高端装备制造、生物医药、生态食品以及应用软件和信息技术服务5大类，桂林经开区着力发展电子信息、先进装备制造、生物医药及生态食品四大主导产业，两者在产业选择上雷同度高，具体产业发展方向上也差别不大。

（二）工业园区不强，产业集聚偏低

1. 工业园区大而不强

虽然桂林市属三大园区2020年完成的规模以上工业总产值达到500亿元以上，其总数占桂林全市的70%以上，且引进了一些世界500强、中国500强的企业，如华为、比亚迪、深科技等，但因产业链体系不够完整而存在较大的产业链安全隐患。据有关部门制定的七大产业链资料，可发现每条产业链均存在较多补链环节，说明其产业竞争力不强。

2. 园区产业集聚力偏弱

一方面，政府招商引资难度越来越大、质量越来越低。以2018年成立的高铁（桂林）广西园为例，由于工业化初期所需的大量产业要素资源已集聚在先前开发的桂林国家高新区和桂林经开区，高铁（桂林）广西园的初始产业要素集聚变得相对困难，主要包括工业用地紧缺、资金短缺、人才缺乏等。另一方面，已集聚企业的内生发展动力不足，企业规模难上新台阶。以桂林国家高新区为例，该园区产值超50亿元的工业企业仅有1家，产值为10亿～50亿元的工业企业仅为7家，产值为1亿～10亿元的工业企业37家，产值为0.2亿～1亿元的工业企业53家，其余工业企业产值均在2000万元以下。

（三）主导产业不大，龙头企业不强

1. 主导产业体量和产值尚不大

近年来，尤其是“十三五”期间，桂林市主导产业发展取得一定成效，但其产业规模仍然不大，产业竞争力仍然不强，工业高质量发展动力仍然不足。2020 年，电子信息、先进装备制造、生物医药、生态食品四大主导产业总产值分别为 78.9 亿元、152.0 亿元、71.4 亿元、117.3 亿元，尚未培育出产值超 200 亿元的产业。例如，桂林发展较好的客车整车生产、电工电器制造等细分行业，其在全国的市场份额都不大；如果与上海、广州、深圳等先进地区相比，则还存在非常大的差距。同时，主要产品产量保持增幅放缓，在桂林市生产的 143 种工业产品中（不含能源产品），仅有 62 种产品保持正增长；其中，在重点监测的 13 种产品中，仅有 5 种产品实现正增长，说明产业发展态势较为堪忧。

2. 龙头企业数量少且实力不强

在企业数量上，桂林依托主导产业而形成的龙头企业偏少。据相关数据整理，截至 2020 年底，桂林产值超 10 亿元的工业龙头企业仅有 14 家。其中，产值 10 亿 ~20 亿元的工业企业 10 家、产值 20 亿 ~30 亿元的工业企业 2 家、产值 30 亿 ~50 亿元的工业企业 1 家、产值 50 亿 ~100 亿元的工业企业 1 家，产值超百亿元的工业企业尚未培育形成，可见其龙头企业的辐射带动效应不强，未形成系统完善的本地产业链，距离成为“强龙头”企业新要求仍存在较大差距。企业实力上，桂林工业龙头企业可谓是“大而不强”，在国内外市场缺乏行业核心竞争力。例如，2020 年广西新增工业企业质量管理标杆 20 家，桂林仅有福达股份有限公司入选，说明桂林龙头企业整体质量水平仍待提升。

（四）产业结构不优，创新发展不足

1. 产业结构有待高度化和合理化

虽然桂林工业发展基本确定以电子信息、先进装备制造、生物医药、生态食品和战略性新兴产业为主体的产业体系，但其内部产业结构并不合理，产业结构高度化上表现出“三多三少”，即劳动密集型企业多而资本密集型尤其是技术（知识）密集型企业少、低附加值企业多而高附加值企业少、低加工度企业多而高加工度企业少；产业结构合理化上表现出“四大不协调”，即产业素质之间不够协调、产业之间的联系方式不够协调、各产业之间的相对地位不够协调、产业供给与需求的适应性不够协调。例如，战略性新兴产业，尤其是其中的高技术产业，在很大程度上代表产业结构高度化的发展方向，但是，桂林高新技术企业数量较少，产值较低。截至 2020 年底，桂林市高新技术企业仅有 357 家，其中规模以上企业仅有 108 家，占桂林市规模以上工业企业的比重仅为 20.85%。

2. 产业经济创新发展能力不足

虽然桂林市高校科研院所较多，具有丰厚的知识和人才资源优势；同时，桂林是国家新型工业化（电子信息产业）示范基地、国家两化深度融合实验区和国家电子信息消费试点城市，这些得天独厚的条件本应成为桂林产业经济创新发展强大动力和有力保障。然而，这些条件并未有效转化为桂林产业经济发展的创新能力。例如，2020 年广西新增认定自治区级技术创新示范企业 16 家，桂林仅有 2 家，分别为桂林紫竹乳胶制品有限公司、桂林量具刃具有限责任公司；2020 年广西新增认定自治区级企业技术中心 20 个，桂林仅有 1 个，为桂林毛嘉工艺品有限公司技术中心；2020 年，桂林仅有城德科技孵化园被工业和信息化部认定为“2020 年国家小型微型企业创业创新示范基地”；等等。

（五）工业化步伐偏慢，营商环境不优

1. 工业化发展步伐偏慢，高质量发展基础薄弱

近年来，桂林市工业发展总体步伐偏慢，工业化率仅为 13.6%。工业园区规模总量不大、发展效益不高，产业关联不够紧密，协作能力不强，没有形成完整的产业链，集群式发展效应尚未充分显现；高端制造业较为缺乏，高新技术产业发展水平不高。截至 2020 年底，电子信息类规模以上工业企业 23 家，仅占桂林市规模以上工业企业总数的 4.5%，且产业关联度、集聚度低，产值占比偏低，严重缺乏龙头企业带动，产值超 10 亿元的龙头企业仅 2 家，超 5 亿元企业仅 1 家，1 亿 ~5 亿元的企业 10 家。高新技术人才严重缺乏，桂林高校的电子信息类毕业生，每年留在桂林人数不足 2 成

（约800人）。工业高质量发展基础亟待全面夯实。

2. 营商环境仍需优化，工业投资吸引力不强

“十三五”以来，桂林市优化营商环境工作取得明显成效，但仍缺乏优化营商环境的新思路、新举措和新模式，工业发展政策体系有待进一步完善，在项目立项、用地、审批和企业问题协调解决等方面效率不高，“互联网＋政务服务”能力不强，尚未实现全流程“网上办理”，水、电、气、物流等工业发展要素成本较高。人才保障不足，激励政策不强，“招工难、人才少”成为制约优质企业落户的瓶颈。

三　桂林市工业振兴发展对策与前瞻

（一）优化“345”空间发展布局

1. 对市属三大园区进行个性化定位

应充分发挥市属三大园区在信息、人才、资金、技术、物流等方面的比较优势，深化其体制机制改革，重点引进行业龙头企业、“链主”企业和高新技术企业，力求实现三大园区的个性化定位与发展。首先，桂林国家高新区应充分发挥其作为工业主战场的作用，整合提升其所辖的七星园、象山园、雁山园等园区实力，集中力量抓招商、推项目、强产业，重点发展高端装备制造、电子信息、新材料、生物医药及医疗器械等产业。其次，桂林经开区应积极探索“产业＋科技、产业＋金融、产业＋教育、产业＋旅游、产业＋城市”的“五产融合”发展新模式，健全完善秧塘园、两江园、凤凰园、苏桥园、宝山园、福龙园等功能片区，重点发展电子信息、先进装备制造业、生物医药及医疗器械等产业。最后，高铁（桂林）广西园应发挥其高铁站场的枢纽作用，健全完善灵川园、秀峰园、叠彩园，规划建设谭下园、三街园、灵田园，重点发展电子信息、装备制造业、新能源、新材料等产业，配套发展高端生产性服务业、高品质生活性服务业。

2. 差异化打造四大工业重点县

聚焦全州、兴安、平乐、荔浦四个工业重点县（市），主动承接粤港澳

大湾区、长三角等地区的产业转移，加强重点项目建设和布局、龙头企业发展和培育，着力提升工业发展能力，加快形成与市属三大园区产业发展错位、产业链条完备、产业集中度高的县域工业重点发展集聚区，推动园区产业转型升级。其中，全州县应充分发挥其作为广西北大门的区位优势和资源优势，重点发展生态食品、轻纺产业、新材料，整合提升铁合金产业；兴安县可实施“筑巢引凤”工程，巩固完善“一区多园”体制机制，重点发展装备制造、新型建材、绿色家居等行业；平乐县可着重发展生态食品、新型建材、电子信息等行业；荔浦市可按照“产城融合”发展理念，坚持“产科融三核驱动”，提档升级高新技术产业园、长水岭工业园，重点发展电子信息、绿色家居、生物医药等行业。

3. 特色化发展五个生态功能区县

依托灌阳、恭城、阳朔、资源、龙胜五个生态功能区县的产业基础、资源禀赋，以市场化为导向，积极引进一批产业链上下游龙头企业、配套企业，重点推动特色优势产业转型升级，促进生态功能区县产业差异化、特色化发展。其中，阳朔县可重点发展旅游工艺品、生态食品、新材料产业，积极发展创意设计产业；灌阳县可重点发展生态食品、新材料、新型建材，做大做强新兴产业，改造提升传统产业和企业；资源县可重点发展新型建材、绿色家居、新材料等行业；恭城县工业集中区可重点发展生态食品、新型建材，加快由粗放型、高耗能向高质量、绿色化转型发展；龙胜县可重点发展滑石加工产品及产业链下游产业，培育发展生态食品、滑石产业、新能源产业等。

（二）高质量推进工业园区建设

1. 加快培育特色产业园

依托“345”工业发展布局，加快培育各地特色产业园区。市属三大园区中，桂林国家高新区重点培育格力生产基地、大数据产业园，桂林经开区重点培育华为信息生态产业合作区、广西医疗器械（临桂）产业园，高铁（桂林）广西园重点培育新材料产业园、机械装备制造产业园。四个工业重点县（市）中，重点培育全州县米粉轻工产业园、兴安县汽配产业园、平乐县智能制造产业园、荔浦市光电及家居产业园。五个生态功能区县中，重点培育灌阳石材产业园、资源硅材料产业园、龙胜滑石加工产业园等。通过集聚发展打造特色产业集群，加快现有企业改造提升、引进实施一批产业链延链补链项目，推动城区及县域工业发展。

2. 促进园区产业集聚力提升

解决园区发展困难，提升工业园区的产业集聚力。一是借助三大园区管理体制机制改革的红利，充分利用市级审批管理权限下放或委托园区，实现园区事务园区办结，提升工作效率。二是抓好园区规划调整，结合第三次全国国土调查，抓紧国土空间规划修编，为园区发展留足空间。三是抓好园区基础设施建设，重点推进重大项目、标准厂房配套道路等设施建设，提升道路、供水、供电、给排水等各类基础设施水平，加快完善电镀、环保综合处理、集中供热、烘干房、固废处理等公共设施，完善现代服务体系，提升工业园区承载能力。四是继续狠抓土地收储和标准厂房建设，要按照园区发展规划和国土空间规划，提前收储好土地，充分保障工业发展需要。

（三）做强做优四大主导产业

1. 加快对电子信息产业的扩能升级

聚焦华为科技城、深科技智能制造产业基地建设，重点发展新型智能终端、通信设备、光电、集成电路产业链，加快扩能提级。其中，新型智能终端产业链应扩大其手机整机制造产能规模，积极承接深科技惠州基地产能转移，尽力提升整机产品附加值；通信设备产业链应重点发展光通信、微波通信、量子通信等系列产品；光电产业链应重点发展全彩色 LED 封装、应用及高性能 LED 照明系统及散热器件、光电探测识别系统等，大力发展智慧照明、利基照明、健康照明、小间距显示屏、文旅照明等新兴照明产品；集成电路产业链应稳步扩大光通信芯片、IP67 防水数显芯片、模拟电路芯片等特色芯片产能，发展壮大智能芯片，配套发展芯片设计、芯片封装。

2. 提升先进装备制造业的协同配套能力

以比亚迪等企业为龙头，重点发展新能源汽车及零部件、高端装备、电力装备、橡胶、绿色环保装备等产业链，加快提升产业协同配套能力。其中，新能源汽车及零部件产业链应重点发展新能源客车整车及零部件；高端装备产业链应重点发展轨道交通装备、数控机床及工量具、智能制造、通用无人机、航空航天装备、应急救援装备、机器人等；电力装备产业链应重点发展电线电缆、干式变压器、电抗器、电力电容器及成套装置、高低压触头、电工模塑料、输变电用变压器等产品；橡胶产业链应重点发展轮胎、卫生防护用品，提升工程轮胎、航空轮胎、汽车轮胎和防化服、避孕套、医用手套等产品竞争力；绿色环保装备应重点发展节能环保设备、资源循环利用技术装备、可降解材料等。

3. 推进生物医药和医疗器械产业创新发展

依托生态优势，加强技术研发，做强做优桂林三金、桂林南药、一方天江、华润天和、优利特、啄木鸟、清研皓隆等骨干企业，重点发展生物医药、医疗器械产业链，加快产业创新发展。其中，生物医药产业链应重点发展中药民族药、化学原料药、生物技术药；医疗器械产业链应加强其领先技术的研发与高端市场的开拓，着力发展高端医疗器械、防疫医疗物资、健康器械产业。

4. 全力支持生态食品产业做大做强

生态食品产业应以力源粮油、燕京啤酒、莱茵生物、桂林三花、桂林象山、三养胶麦等企业为龙头，以广西啤酒酿造工程技术研究中心、广西天然甜味剂工程技术研究中心、广西罗汉果功能健康品工程技术研究中心等为创新载体，发挥农产品质量优、规模大优势，重点发展粮油加工、罗汉果、酒水饮料、果蔬加工、旅游休闲食品、健康营养食品等，着力打造“一碗粉（桂林米粉）、一朵花（桂花食品）、两瓶酒（白酒、啤酒）”品牌，提升其产品附加值。

（四）构建结构优化的现代产业体系

1. 培育壮大三大战略性新兴产业

围绕布局战略性新兴产业、未来产业，重点发展新一代信息技术、新材料、新能源三大新兴产业，促进产业大崛起，加快形成发展新动能。其中，新一代信息技术产业可重点发展5G通信设备及应用、物联网、人工智能、大数据、信创产业链，全力打造“一基地三中心”，建设下一代信息网络产业集群；新材料产业可重点发展新能源电池材料、新型电工电子新材料、石墨烯、高性能聚合树脂材料与无机材料、增材制造材料、非金属材料等，以便将桂林尽快打造成华南地区的新材料产业基地之一；新能源产业应有序推进风电、太阳能光伏发电、生物质发电、垃圾发电、热电联产等新能源产业发展，着力提高新能源在能源消费中的比重，配套发展风电装备、太阳能光伏发电装备产业链。

2. 改造提升三大传统特色产业

支持传统制造业企业应用新技术、新工艺、新设备、新材料，推进特色产业绿色化、智能化改造，推动装备升级、模式创新和品牌质量提升，加快家电家居、冶金工业、新型建材等特色产业重焕生机。其中，家电家居产业应力求做精做深竹木加工、智能家电、纺织服装产业链，着力延伸产业链条，提升中高端产品占比；冶金工业应着力调整冶金产品供给结构，稳妥发展精锡、硅锰合金、不锈钢制品等产业，有序淘汰电解锰落后产能，合理控制铁合金、有色金属产能规模，推动相关产业项目向园区集聚发展，促进产业持续健康发展；新型建材产业可重点发展新型绿色水泥、新型建筑材料、碳酸钙等，加快产品绿色化发展。

3. 着力推动产业优化升级

首先，应强化科技创新的引领支撑作用。可实施关键产业链技术攻关工程，支持重点行业龙头企业牵头吸纳上下游配套企业，联合高校和科研院所创建国家级、自治区级制造业创新中心，力争在关键核心技术攻关、技术标准制定、知识产权创造与应用、科技成果转移转化等方面取得突破。其次，应推动“百企转型升级”。鼓励企业实施装备改善和工艺改进，加快发展先进产能，积极引导企业引进先进技术装备，开展技术改造、智能化改造和“互联网+”制造等，并建立工业技改项目库，实施动态补充调整和跟踪督办。最后，应培育壮大新模式、新业态。积极培育大规模定制、网络协同生

产、服务型制造、数字化工厂等新模式或新业态，积极鼓励生产消费品的工业龙头企业发展个性化定制，支持装备制造龙头企业推行服务型制造，鼓励各类重点骨干企业采取市场动态响应、智能战略决策等新型模式。

（五）多措并举优化营商环境

1. 完善企业服务机制

切实提高行政审批效率，加速推行并联审批、网上云审批以及投资项目审批代办制，合理构建可覆盖桂林市全行业的网上云审批及其电子监察系统，逐步理顺各大前置审批项目，科学规范运行程序，有效缩短办结时限，切实提高行政效率。可整合已建成的政府信息网络平台，以此推进“政企直通车”等专项信息服务系统的建设，以便为企业提供“全天候”“零距离”“无障碍”的信息沟通渠道。加快推进审批流程电子化，实现网上可办率达 100%。切实减轻企业负担，加大清费减负工作力度，在严格落实好已取消的各个行政事业性收费项目后，应进一步逐项梳理现有审批权限内的各个行政事业性收费项目，切实采取并落实“减、免、缓、停”等有效措施。

2. 深入实施“双容双承诺”制度

在守住环保底线、耕地保护红线的基础上，对入园企业及项目依法取得用地的产业项目，实施“双容双承诺”（容缺、容错，企业向政府承诺、政府向企业承诺）直接落地改革，实现项目审批便捷化和政府监管高效化。

3. 加强企业高层次人才培养

定期组织优秀民营企业家到国家知名重点院校进行短期管理研修免费培训，组织规模以上民营企业高管人员进行系统性管理免费培训，组织小微企业主进行专业化管理免费培训，组织青年企业家或企业高管人员到国内知名大企业挂职锻炼。定期表扬一批桂林市优秀企业家、优秀营销人才、优秀工匠、优秀班组等，每年对获表扬人员组织 1 次免费体检等服务。

4. 依法保护企业和企业家合法权益

切实打造亲清营商环境，着力构建亲清新型政商关系，努力提升各大企业家的投资信心及其发展预期，推进各类有利于企业创新发展的投融资体制、产权制度、分配制度等的有序形成，通过体制机制改革带动企业创新发展，通过法治化、市场化、国际化等的优良营商环境来充分调动各大企业家的积极性和创造性。发挥公共法律服务平台全时空服务企业功能，为企业提供仲裁、法律援助等优质高效法律服务。制定涉及企业的规范性文件应当听取企业意见。建立企业投诉应急反馈处理机制，坚决制止和纠正各级行政执法机关和执法人员随意侵犯企业利益的行为。

参考文献

徐莹波、陈春霏：《桂林开启工业振兴新时代》，《桂林日报》2019 年 1 月 17 日，第 1 版。

徐莹波、唐文睿：《锚定广西工业第一梯队目标“十四五”桂林迈上工业振兴新征程》，《桂林日报》2021 年 3 月 1 日，第 1 版。

刘康禄：《桂林工业发展六十年（1949—2009）》，桂林市经济委员会，2009。

周振华：《产业结构优化论》，上海人民出版社，2014。

王国平：《产业升级论》，上海人民出版社，2015。

王缉慈等：《创新的空间——产业集群与区域发展（修订版）》，科学出版社，2020。

肖兴志：《中国培育发展战略性新兴产业跟踪研究》，中国社会科学出版社，2017。

B.4
桂林市实施乡村振兴战略发展报告

贺祖斌　李强谊　韩淑娅　江元娟*

摘　要：2020年是“十三五”规划的收官之年，也是脱贫攻坚战役的决胜之年。党中央以打赢脱贫攻坚战、实施乡村振兴战略为主题出台政策，推动脱贫攻坚和乡村振兴有效衔接。在此关键节点上，为保证乡村振兴的全面实施，桂林市围绕产业兴旺、生态宜居、乡风文明、治理有效、生活富裕五个方面进行探索和实践，不断巩固现有脱贫攻坚成果，加大乡村振兴力度、提高农业发展质量、推动农民持续增收、抓好农村人民居住环境整治、加强乡风文明建设、健全乡村治理体系，并取得显著成效。但目前桂林市总体经济发展水平相对落后，出现农业产业化发展水平偏低、农民社会保障不全面、公共服务体系不健全、基层治理主体能力不足等诸多问题。在“十四五”开局之年，桂林市深入贯彻落实中央、自治区相关精神，全面推进乡村振兴战略，着力稳定粮食生产、恢复重要农产品产能、完善农村基础设施建设，提高农村人居环境整治效率，持续深化农村改革。

* 贺祖斌，博士，广西师范大学校长、党委副书记，教授，博士生导师，广西社科联副主席，自治区政协委员，桂林发展研究院院长，研究方向为高等教育生态与管理、区域经济与高等教育、教师教育等；李强谊，博士，广西师范大学经济管理学院副教授，广西师范大学珠江—西江经济带发展研究院研究员，研究方向为资源与环境经济学；韩淑娅，广西师范大学经济管理学院硕士研究生，研究方向为环境经济学；江元娟，广西师范大学经济管理学院硕士研究生，研究方向为农村经济发展。

关键词： 乡村振兴 脱贫攻坚 农村改革 桂林

农业农村的发展离不开国家在战略层面上的整体布局，“三农”工作的进一步开展更需要兼具统筹性与协调性的先进思想作为宏观指导。党的十九大报告提出实施乡村振兴战略的总方针，不仅表明我国在农业农村发展决策上作出重大调整，而且意味着在习近平新时代中国特色社会主义思想指引下乡村振兴战略的深化发展。桂林作为一个农业大市，其丰饶的物产、殊胜的环境、悠久的历史为乡村振兴战略的稳步推进提供得天独厚的自然人文条件。在政策落实过程中，桂林市农业农村局立足于本地实际，以补短板为重点任务、以稳中求进的工作总基调，坚持新发展理念，深化农业供给侧结构性改革，将保供给、保增收、保小康始终作为桂林市农业高质量发展的保障，将农民稳定增收、农村改革稳步推进、农村社会平稳发展视为稳固本市经济社会全局的重要支撑，力求做好“三农”工作，使其发挥在全面深化改革过程中的“压舱石”作用。因此，在桂林市委、市政府的不懈努力下，自乡村振兴战略推行以来，桂林市乡村产业繁荣发展，乡村建设如火如荼，乡风文明发展日新月异，农村治理成效显著，农民收入持续提升，群众生活蒸蒸日上，可以说在乡村建设的方方面面均取得重大进展。

一 桂林市实施乡村振兴战略的发展现状

（一）产业兴旺发展现状

1. 基本农业生产情况建设

2020 年，桂林市农林牧渔业总产值再创新高，总量达到 735. 94 亿元，居全自治区第二位。其中，林业产值达 37. 77 亿元，同比增长 7. 6%；畜牧业产值达 146. 08 亿元，同比下降 5. 7%；渔业产值为 13. 42 亿元，同比下降 0. 2%；种植业产值达 509. 56 亿元，同比增长 9. 5%；农林牧渔产业及辅助性活动产值增高，达到29.11亿元。农产品供应总体充足，农业产值也逐年升高。2020年，桂林市农业增加值和工业增加值分别比上一年增长6.2%、5.2%，经济发展维持稳步提高的趋势。

（1）种植业发展稳中向好

同2019年相比，2020年粮食作物和经济作物的播种面积分别上涨2.2%和2.1%，播种面积分别达到33.73万公顷和36.86万公顷。从种植业产量来看，粮食总产量相比上年增长4.7%，为176.93万吨。水果总产量比上年增长16.8%，产量高达792.02万吨，水果生产实现“十五年连丰”，连续8年产量超过300万吨。其中，柑橘类水果增速高达20.5%，产量为551.98万吨；梨产量增速为10.8%，产量为29.09万吨；柿子产量增速为10.5%，产量108.75万吨；葡萄产量增速为6.6%，产量为42.29万吨。

（2）林业产值实现新增长

2020年，全年林业产值37.77亿元，比上年增长7.6%。其中，龙胜县林业产值31836万元，同比增长15.64%；阳朔县林业产值同比增速较快，达9.2%；兴安县林业产值同比增长8.4%；永福县林业产值同上年相比增长7.1%；临桂区林业产值同比增长3%；资源县林业产值40822万元，同比增长7.9%；荔浦市林业产值同比增长20.3%；灵川县全年完成林业总产值2.89亿元，同比增长0.6%；七星区全年全区木材产量3600万立方米，比上年增长2.9%。

（3）渔业生产稳中向好，渔业生态安全水平提升

渔业资源的可持续发展是桂林市渔业生产的前提与保障。2020年，桂林市将渔业生态维护与渔业资源开发同时纳入生产监管范围，以确保渔业生态与资源“双保护”的有序推进。“双保护”政策落实后成效显著，渔业生产稳中向好，其中，水产养殖面积达到1.1万公顷，水产品总产量达到10.48万吨，渔业产值突破17亿元，实现水产养殖产量年均递增4.5%，渔业产值年均递增5%。2020年，桂林市全境实施禁渔制度，17个县（市、区）禁渔面积达27797平方千米。禁渔期间，散发宣传资料98100余份、悬

挂横幅550余条、张贴渔业宣传标语1500份。同时，开展联合执法行动220余次，出动船艇300余艘次、车辆900余辆次、执法人员4500余人次，收缴电鱼工具190余套，清理销毁地笼网2500余条，检查各类渔具店100余家，查获非法捕捞案件82宗。此外，为提高渔业生态安全，筹措放流资金60余万元，累计向漓江水域放流鱼苗260万尾。

（4）畜牧业生产总体平稳

2020年，在养殖业方面加强与科研院所和高等院校的技术合作，打造构树生态养殖品牌，通过以构树为原材料的饲料、纸张、果汁等产品，延长构树相关产业价值链，为农户实现产业脱贫提供稳定的就业机会。2020年，桂林市肉类总产量达到47.95万吨，同上年相比降低3.5%；家禽出栏数量达到新高，为1.43亿羽，相比上年增长6.5%；生猪出栏数量总计311.19万头，比上年下降9.1%。受非洲猪瘟疫情影响，近两年生猪出栏量快速下滑，生猪养殖出现低谷。由于生猪产能的下降，禽肉替代作用增强，家禽生产发展较快。2020年，牛肉、羊肉的产量都得到显著提升，产量分别为1.61万吨、0.29万吨，同比增长7.1%、4.1%。截至2020年底，桂林市获评畜禽养殖标准化示范场共83家，其中国家级24家，自治区级59家，获评数量均居全自治区前列。

2. 现代特色农业示范区（园、点）建设

近年来，桂林市为统筹推进现代特色农业工作的开展，大力实施四级联创方案，致力于创建一批具备现代特色的农业（核心）示范区。桂林市本着发挥示范区引领作用的目的，以产业集聚效应和规模效应为重要助推力，在与国家深化农村改革目标保持一致的同时，着力发展符合地方实情的现代特色农村产业。

（1）扩大特色农业覆盖范围

2020年，桂林市共有974个的不同级别的现代特色农业示范区（园、点），其中核心示范区级别分别有村级、乡级、县级、市级和自治区级5类，达到认定标准的示范区数量分别为595个、226个、71个、34个和22个，特色产业从村到市、自上而下，基本实现全覆盖。桂林市现代特色农业

“7+3”产业体系[①]收效显著，水果产业增加值达百亿元以上，居全自治区首位[②]；截至2020年，桂林现代特色农业示范区创建成果显著。

（2）带动示范区资金投入与收益

2020年，桂林市加大资金投入，获建设补助资金19130万元，其中包括奖励与补助约达12770万元；示范区（园、点）投入147.85亿元，这包括财政投入57.53亿元，社会营生主体投入90.32亿元；加入务工示范区建设人数达5.8万人，辐射成效明显，18.7万农户参与其中，解决66879户贫困户，吸引外来人员参观次数多达920万[③]。新建示范区（园、点）重点抓紧“10+3”产业[④]，自上而下建立示范区（园、点）达1000余个，2020年产值增长高达12%，这也让桂林成为全自治区特色示范区（园点）数量最多的地级市。在乡村第三产业发展上，桂林市政府在市域范围内积极筹备乡村旅游，使桂林市国家级休闲农业示范区数量达10余个，三星级以上旅游示范点更是达到80个以上。

（3）推动地方农业经济发展

2020年，桂林市建成多个现代特色农业示范区（园点），积极推动地方农业经济发展。例如，灵川县金晨有限公司通过多方联动，将产业与企业、村集体合作社与农村农户紧密联系起来，创建三方联合模式，力争打造种植面积最大，科技投入最多的菌业集体，以便辐射带动更多的周边乡镇，从而将灵川县菌菇产业的发展推入一个高潮；永福县的“国家农业产业化示范基地”——“福寿田园”富硒农业示范区的富硒香米种植面积有3000余亩，富硒砂糖橘种植面积更是达5000亩，尤其是该县所产的富硒香米、富硒罗汉果养生茶等蝉联“中国名优硒产品”桂冠两年，大幅度提升该县产

① 现代特色农业“7+3”产业体系：7大优势特色产业和3大先导性支撑产业的产业布局。

② 刘健：《走桂林特色乡村振兴之路“农业大市”迈向“农业强市”》，《桂林日报》2021年03月18日。

③ 谢灵忠：《田园综合体：乡村振兴的新载体——桂林市田园综合体建设的实践探索》，《广西农学报》2020年第5期。

④ “10+3”产业是指粮食、糖料蔗、水果、蔬菜、茶叶、桑蚕、食用菌、罗非鱼、肉牛肉羊、生猪十大种养产业和富硒农业、有机循环农业、休闲农业三大新兴产业。

品产业的吸引力和竞争力。

3. 农业科技投入

党的十八大以来，党中央陆续出台多项农业扶持政策，不断加大对农村农业科技资金的投入，体现出对农业科技创新的高度重视。各项政策的主要目的，归根结底就是要确保科技创新在农业研发与生产过程中的关键作用，以农业科技创新为现代农业发展的立足点与发力点，着力提升我国农产品产量与质量，做到研学结合、产教融合，进而从源头解决制约农村发展的科技短板问题。

（1）技术指导能力加强

2020 年，桂林市为加强农户科技生产能力，开展科技特派员“千人进村活动”，科技人员通过田间实地指导为农民答疑解惑。此外，还组织举办蔬菜、果树、水稻等各类农业技术培训，加强“在园在田”果蔬生产管理指导，稳定粮食生产。重点推广抛秧、“三避”栽培技术、测土配方施肥技术和病虫害综合防治技术等一批农业实用新技术，有力推动桂林市种植业生产。2020 年，水稻作业机械化工程是桂林市推动农业现代化目标实现的有效载体，也是桂林市农业现代化建设的重要成果之一。该工程十分重视农业现代化技术的推广工作，通过传授防治病虫害和育秧收获技术，组织村民和科技人员互动交流等方式，再结合线上直播与线下宣传，全方位推动农业机械与农业艺术的融合，并打造 13 个稻粒快速烘干基地等措施，推进全市农业全程机械化广泛应用。

（2）科技投入成果突出

2020 年，桂林市荣获自治区科技进步奖多达 41 项，比上年增加 5.1%。除此之外，桂林市全年登记科技成果 352 项，较上年增长 70.9%。2020 年，桂林市签订技术登记合同 243 件，合同成交额高达 10925.56 万元，技术交易额突破亿元大关，达到 10385.91 万元。桂林市在专利方面也取得新成就，受理专利申请 7179 项，专利授权 4107 项，其中包括发明 719 项。桂林市推广树冠盖膜简易设施栽培面积超过 200 万亩，葡萄、金橘基本实现全覆盖，砂糖橘、晚熟杂交柑覆盖率超 95%，水果良种覆盖率达到 95%，优质果品率达到80%；引进推广先进技术480项及优良品种586个，认证“三品一标”产品160个，注册品牌商标156个；持续开展以“微生物+”为核心的畜禽现代生态养殖，生态养殖认证率达到96.14%，畜禽粪污综合利用率达到87.28%，粪污处理设施装备配套率达到96.22%。桂林市打造农业科技试验示范基地37个，推广农业先进适用技术（模式）43项，培育农业科技示范主体2000余名。

（二）生态宜居发展现状

1. 人居环境治理

为全面推行党中央国务院发布的《农村人居环境整治三年行动方案》，结合自治区、桂林市《农村人居环境整治三年行动实施方案》目标任务，桂林市以减少农村生活垃圾、“厕所革命”推进和村容村貌提升为主攻方向，扎实推进桂林市农村人居环境整治行动。

（1）人居环境整治任务圆满完成

2020年，桂林市完成全年无害化卫生厕所改造21799户，完成全年任务的92%。一类县份已全部完成全年拨付的任务数，无害化卫生厕所覆盖率已达94%。其中阳朔县全年无害化卫生厕所改造任务数为2000户。二类县份卫生厕所改造超过2646户，卫生厕所覆盖率高于93.69%。三类县份全州县全年无害化卫生厕所改造任务数为8000户。截至2020年12月，基本完成全年任务。桂林市人居环境整治效果显著，灌阳县全年无害化卫生厕所改造任务数为3112户，已完成2632户，完成任务的84.5%，卫生厕所普及率已达87.88%；平乐县全年无害化卫生厕所改造任务数为100户，已完成121户，卫生厕所普及率已达89.50%；龙胜县、资源县卫生厕所普及率分别达到85.40%、85.32%，均已达到三类县份无害化卫生厕所改造逐年提升的目标要求。

（2）人居环境治理工作成效显著

2020年，桂林市建设整治型村庄1659个，设施完善型村庄92个，精品示范型村庄8个，加速建成龙胜马堤民族风情乡村等8条风貌提升示范带，桂林行政村公共文化服务中心实现全覆盖，1 镇 4 村获评全国乡村治理示范村镇。兴安县被评为 2019 年全国村庄清洁先进县。临桂区泗林村获得由农业农村部举办的“全国美丽宜居村庄短视频擂台赛乡风文明型优秀作品”奖。龙胜县、恭城县代表桂林市在全自治区农耕文化暨农村公共服务体系建设现场培训会上作典型发言。

（3）设立试点示范推进农村厕所革命

2020 年，桂林市以试点先行、户厕改造为基础，终端处理为目标，鼓励利用终端改造技术推进农村“厕所革命”。例如，桂林市在临桂区中庸镇宅山村召开桂林市农村厕所革命整村推进现场会，组织县区人员实地观摩整村推进灰水后端处理“三个两模式”①。临桂区“宅山村”模式得到自治区领导的充分肯定，全自治区正以“宅山村”模式为样板在全自治区范围内大力推广，为探索农村厕所革命终端粪污处理技术新模式提供经验。

2. 农村住房条件

2020 年，桂林市及时印发《桂林市 2020 年度住房安全保障挂点督战实施方案的通知》，县区、乡镇同步落实，针对核查发现的问题，做到及时梳理清单、如实反馈、限期整改，全盘保障危房改造工作顺利推进。

（1）农村危房改造扎实推进

自 2009 年危房改造工作开展以来，桂林市连续 13 年超额完成自治区拨付的目标任务，共完成农村危房改造 17.1 万户，累计投入财政补助资金 37 亿元，解决约 51 万农村贫困家庭人口的住房安全问题。2020 年，桂林市开展“三清三拆”村庄 2382 个，拆除农村危旧房 3215 栋，开展“三微建设”② 5459 户。桂林市 11676 户危改任务已全部完成，累计完成拆旧 15131 户，完成核验农村危改检索系统和住房保障核验系统共 114518 户，危改竣工率达 100%、验收率达 100% 和资金拨付率达 100%，农村住房安全保障工作全部完成。

① “三个两模式”：厕所粪污两次处理、两次利用，实现两化。

② “三微建设”：微花园、微果园、微菜园。

（2）住房安全保障持续完善

2020 年，桂林市公布《桂林市脱贫攻坚住房安全保障战役实施方案》，公开危房改造对象确定、危房鉴定、危房改造面积、危房改造补助、危房改造验收等标准，对桂林市 4 类重点对象住房安全鉴定核实，确定农户住房等级，并以统一设计的标识牌上墙公示。通过广播、电视、报纸、宣传栏、张贴标语和发放“政策明白卡”等多元形式，加强对农村危房改造政策宣传解读；严格执行“三审两公示”制度，通过报刊、网站等媒体公布桂林市保障性住房和棚户区改造建设年度目标任务、完成情况、分配入住等信息。桂林市集中力量推进低保户、农村分散供养特困人员、贫困残疾人家庭和建档立卡贫困户四类重点对象的农村危房改造工作，2020 年期间不断获得农村危房改造上级补助资金 1.71 亿元，市级配套资金 567.15 万元，有力地保障了脱贫攻坚住房保障战役的顺利推进。

3. 农业农村水利建设

2020 年，桂林市加大力度推进水利工程建设，全面推进防洪及漓江补水枢纽工程建设和大中型水利枢纽工程建设，灌区续建配套及节水改造工程效果良好。同时，持续加大对以小型农田水利，农村安全饮水，桂中、左江和大石山区三大旱片治理，漓江等重点中小河流域治理，病险水库除险加固等为重点的水利基础设施建设的投入，水利建设工作稳步推进。

（1）饮水安全进一步保障

2016～2020 年，为保障农村居民饮水安全目标稳步推进，桂林市水利局筹划与组织人员启动项目建设，总投入资金 22425 万元，创建 909 个饮水安全工程项目，解决 49469 位建档立卡贫困人员的饮水安全问题，总受益人数高达 397718 人，2020 年度脱贫攻坚农村饮水安全项目全部完成。2020 年，桂林市共完成项目投资 3795 万元，占总投资的 100%，完成项目数 143 个，占总项目数的 100%，受益人口 68573 人，其中建档立卡贫困人口 8809 人，使贫困地区农村饮水安全保障水平得到进一步巩固和提升，彻底解决建档立卡贫困人口的饮水安全问题，并达到“不漏一户、不落一人”的总体目标要求。2020 年底，全自治区农村自来水普及率达到 87.2%，农村饮用水条件得到显著改善。指导基层少数民族地区项目规划设计和技术指导60余次，保证项目最好、最快地发挥效益，同时先后深入兴安县、平乐县、雁山区、灵川县，通过实地走访和听取汇报等方式，详细了解桂林市农村地区的饮水安全情况。

（2）防洪工作进一步完善

2020年，桂林市共投入水利建设资金8.46亿元，投入5.34亿元支持防洪及漓江补水枢纽工程建设、斧子口水库建设工程、重点中小河流治理工程等，落实防汛责任制，排解险情，全力改善农业生产条件。2020年，兴安县农业灌溉面积从2.9万亩增至3.9683万亩，兴利库容由1795万立方米增加至6777万立方米，水库库容系数由0.11提高至0.44，显著提高水库下游海洋河流域及兴安县城的防洪减灾能力。2020年，各类水库共拦蓄洪水5.84亿立方米，减免农田受灾面积8.84万亩，减少受灾人口85110人，减免直接经济损失7.5亿元。

（3）水环境治理进一步提升

2020年，在政府与社会公众共同参与下，漓江阳朔断面水质，青狮潭水库、青狮潭水库出水口断面水质，南流江的横塘断面水质、亚桥断面水质，九洲江的山脚断面水质，钦江的东断面水质、钦江高速公路西桥断面水质分别达到或优于文化遗产保护所划定的Ⅰ类、Ⅱ类、Ⅲ类和Ⅳ类标准的要求。2020年，桂林市财政投入4500万元对青狮潭水质进行改善，经自治区复核检查，桂林市落实最严格水资源管理绩效考核为优秀，桂林市10县1市6城区全部达到良好以上，其中13个县（市、区）达到优秀等级。

（三）乡风文明发展现状

1. 农村优秀传统文化保护传承工作稳步推进

在乡村振兴战略实施背景下，各县农村优秀传统文化保护传承工作实现较快的发展。其中，以龙胜县为例，在非物质文化遗产代表性项目名录中，龙胜县就有国家级1项、自治区级12项、市级17项、县级58项，共88项。而中国少数民族特色村寨，龙胜县有16个；中国传统村落，龙胜县有

30个。2020年，龙胜县累计投入少数民族发展专项资金1000余万元，整合多个部门项目资金900余万元投入特色村寨建设，已建成平安壮寨、黄洛瑶寨、广南侗寨、布弄苗寨等30余个少数民族特色村寨，并收集、整理、归档少数民族文化古籍、语言文字、节庆资料、歌舞、服饰及传统技艺等大批少数民族文化素材，有效保护和传承少数民族文化。

2. 农村公共文化事业持续发展

2020年，桂林市为支持完善村级公共服务中心，投入村级公共服务中心建设专项补助资金7175万元，建设287个村级公共服务中心。其中，恭城瑶族自治县嘉会镇的农家书屋基本覆盖乡镇所有村落，14个村落的农家书屋藏书大多收录与农民息息相关的农业技术推广类书籍，藏书量为500本到2000本不等，最多的书屋有藏书超2000本，藏书十分丰富。阳朔县重视农村公共文化事业的建设，不仅为建成贫困文化场所注入80余万元资金，成立3个贫困村文化活动场所，还打造独特的文化队伍，不断提升文艺队演员的文化素养，在编排群众喜爱的曲艺节目中陶冶村民的文化情操。同时，瑶族文化陈列馆也是阳朔县文化事业发展的象征，它见证着当地农村文化建设的发展。

3. 农民精神文化生活日益丰富

在乡村振兴战略的推动下，农村地区精神文明建设也得到较快的发展。比如，在资源县资源镇石溪村举办的“法治文化进乡村”巡回演出，将法治宣传与优秀传统文化相结合，使村民在欣赏节目的过程中，强化自身的法治观念，也让法治文化建设走向基层、落到实处。灌阳镇枫树脚屯因曾打响“红军入桂第一战”而具备深厚的革命传统，基层组织充分挖掘当地“红色”资源，将党建和农村治理有机结合，加强红色文化对居民的精神文明熏陶，进一步加快当地新农村建设的步伐。龙胜县境内瑶族支系众多，红瑶作为龙胜瑶族的一支，每年的3月和4月都会在泗水乡举行同胞的会期，该会期也被称为“红衣节”，是当地少数民族民俗文化的重要组成部分。

（四）治理有效发展现状

1. 农村基础党组织建设

（1）农村党组织带头人队伍结构整体优化

2020 年，桂林市积极推进农村基层党员工作建设，努力提升党组织建设水平，发挥党组织在工作中服务意识和态度，更好地建设乡村。具体措施主要表现为：在农村党组织建设上，重点推进党组织的向下拓展，将党建工作贯穿于农业产业发展的各个环节中，还在“村两委”换届等活动中多听取村民的意见和建议，充分发扬村民的主人翁意识；在农村党员队伍建设上，通过素质考察，在各行各业的优秀人才中挑选、培养和选拔村干部，优选党组织带头人队伍；在农村党员能力建设上，要求党员时刻注重农业农村工作的务实性，要能从经济、产业和地域等多角度综合考量问题。

（2）党组织扶持村级集体经济持续壮大

2020 年，桂林市坚持“党建引领乡村振兴”的发展思路，将党的建设与乡村振兴工作相结合，走出一条党建强、人才广、产业旺、农民富、乡村美、服务优的乡村振兴之路。其中，恭城瑶族自治县通过狠抓党建，从推进扶持贫困村发展物业经济项目、积极统筹财政及自有资金入股县“旱改水”项目和结合农村“三资”① 清理，对村集体闲置集体资产以借助租赁、参股、联营等方式进行盘活利用，推进发展壮大村级集体经济工作。

（3）农村党员队伍建设不断推进

2020 年 6 月，为进一步增强党员干部的清正廉洁意识，筑牢拒腐防变的思想道德防线，扎实做好农业农村系统深化扶贫领域专项治理“抓系统、系统抓”工作，桂林市农业农村局组织 60 余名党员干部代表赴灵川县江头村廉政文化教育基地参加党风廉政教育活动，不断推进党风廉政建设和全面从严治党向纵深发展。2020 年，为持续深化农业农村系统良好政治生态建设，推进全面从严治党向纵深发展，全面打赢脱贫攻坚战，桂林市农业农村

---

① 农村“三资”：在集体所有制下，农村集体所有的资金、资产和资源.

局举办为期 2 天的农民培训培育管理工作培训会。以此次培训会为契机，切实强化党员干部“不敢腐、不能腐、不想腐”的廉洁自律意识，进一步改进工作作风，始终保持一颗敬畏心、责任心、平常心，自觉将从严治党理念融入至各项工作之中，努力做一名称职合格的“懂农业、爱农村、爱农民”的农业干部。

2. 乡村治理体系构建

（1）德治工作持续深化

桂林市在 2020 年 11 月举办的全国精神文明建设表彰大会上荣获“全国文明城市”称号，“全国未成年人思想道德建设工作先进单位”荣誉称号也花落桂林。为深化德治教育，桂林市通过打造农家书屋活动，引导村民读书用书，在宣传社会主义核心价值观的同时，不断丰富广大村民的精神文化世界，提高农村居民的人文素养，此举不仅可以为农民提供专业的知识储备与支撑，而且能全面地提升农村地区的知识文化水平。因此，农家书屋在促进农民增收致富，解决与农民切身相关的实际生产生活需求问题，帮助农民改变思想观念和提高自身的科学文化素养，推动新时代文明实践开展方面发挥重要作用。

（2）乡村治理工作继续深化

2020 年，桂林市深化乡村治理工作，加强对村级后备干部的定期考察、建立“双组共建”机制和农村无职设岗定责服务机制，提高干部乡村治理的能力。建立村“两委”班子的“一约三会”机制，确保党员骨干带头使用文明用语，举止得体，养成健康生活方式，培养良好心态；定期组织村民开展各种文化活动；在传统节日期间开展教育活动；鼓励年轻劳动力参加义工队伍，并时常引导村民发挥各自所长参与各种文艺展示和宣传活动，让村民积极履行清洁环境的社会义务；推行道德优选优评制度，授予文明家庭“道德先锋”等称号，并为获得荣誉称号的村民优先提供生产生活上的支持与帮扶。

（3）农村社会治安环境全面改善

2020 年，桂林市为提高社会治理成效，创新治理举措，相继出台相关政策措施，政府治理工作有条不紊推进，通过一手抓社会治理，一手抓全民普法的一系列新举措，社会治理成效和群众安全感逐年提升。其中，2020年上半年恭城瑶族自治县群众安全感达98.89%，全自治区排名第八，桂林市排名第一；2020年，阳朔县紧随其后，在部分村庄实施“雪亮工程”，据统计在部分村庄加装约570个高清探头，村庄的“雪亮工程”建设覆盖鸡窝渡村、绛村、阳朔历村等村；同时也提高村“两委”网络云管理能力，提高农村平安建设的普及率，将专用治安管理电脑系统与村民手机的网络云App联通，村“两委”及网络人员综合发力打造“数字平安村”，将农村民生的服务问题、管理能力、治安环境、文化输入等方面体现在云管理之中。这种云管理不仅可以助力乡村民生的发展，而且使村“两委”的管理及时满足村民的需求，从而有效提升农村社会治理的效率。

3. “三农”工作队伍建设

（1）农业农村人才管理机制不断完善

2020年，桂林市举办国家高层次人才助力乡村振兴工作交流系列活动，以此促进人才、项目及技术等资源向桂林市企业及乡村流动，进一步完善农村人才素质和完善人才管理机制。例如资源县农技人员进村入户，深入田间地头方式指导粮食春耕春播1000余次。农技人员开展科技大培训活动，加大产业扶贫培训力度，防范技术风险，累计举办培训班65期，培训贫困群众3750人次。逐步建立专家人才服务乡村振兴长效机制，依托“专家工作站、人才服务工作室、特色产业发展平台”等服务平台，引项目、搞培训、建基地。同时，邀请市、县以及高校中中级职称及以上农业专业人才深入一线开展人才“基层服务行”活动，着力解决该乡辣椒、西瓜、金槐等农业种植技术方面的瓶颈问题。

（2）农村实用人才带头人队伍建设持续加强

2020年，桂林市发挥各县区示范带动作用，加大农村人才建设工作力度，为返乡入乡人才提供高效优质服务，激励各类人才投身乡村产业振兴。例如白宝乡组织全乡各村30名左右的人才到市县高校、农村实用人才基地进行免费学习和培训，培育一批适应现代农业发展的人才。通过“先锋示

范”行动，20余名党员率先发挥示范引领作用，积极主动创业，打开农村农业创业局面；党支部为进一步提高创业积极性，将普通村民与创业带头人（如养殖、种植大户）、农村科技人员或者村集体经济组织的关系拉近，促成高效合作、互助共赢，以便最终实现科技帮扶、科学创业。同时为农村创业无偿转让土地近200亩，整合农村闲散人力资源，使100余人实现就业。为选拔优秀人才，桂林市通过选拔大学生基层干部，吸引返乡人员造福农村经济，鼓励医护工作人员投身农村基层医疗卫生建设等方式，培养高素质人才创新队伍；在政策上，桂林市持续加大对农村企业政策和资源的倾斜，推动创办新型经营组织190家。

（3）高素质农民培养工作加快推进

2020年，桂林市举办全自治区高素质农民能力提升培训班，专家现场指导，技术人员互动交流学习，互相借鉴，进一步满足了高素质农民成长成才需要和产业发展需求。组建乡镇“科技特派员服务团”，通过“一对一、一对多”的方式对农民进行科技对接帮扶，为群众脱贫致富提供技术和智力援助。围绕本地特色农产品加工技术，培养产业发展技术指导工作队，按照“人才+项目+特色产业”的模式，开创产业致富新形式，辐射带动更多的农村特色产业工作者，使他们可以通过科技手段实现发家致富。2020年，阳朔县农业农村局组织该县新型职业农民40余名学员先后到贺州市钟山县公安镇大田现代特色农业示范基地、岑溪市岑溪砂糖橘西江果蔬产业（核心）示范区、玉林市容县中平现代特色农业（沙田柚）核心示范区、来宾市象州寺村生态水果现代农业核心示范区等地进行交流学习。

4. 农业农村法制建设

（1）农业农村立法工作扎实推进

2020年，在农业农村法治建设方面，桂林市做到依法兴农和依法治农。桂林市紧跟国家步伐，统筹推进地方性农业农村立法项目，加快推动与农产品质量安全、土地管理、渔业、农作物病虫害防治、植物新品种保护等方面相关法律条例的添加与修订，积极发挥立法引领作用。2020年，桂林市资源县以《广西人工繁育陆生动物处置指导意见》为参考，制定出可规范实施的《资源县人工繁育陆生野生动物处置实施方案》，在方案中明确规定陆生动物补偿的范围、数额以及方式。为了解该方案是否有效实施，资源县组织工作小组进行实地调查，及时获取村民的养殖动态信息。

（2）农业农村普法宣传工作有效实施

2020 年以来，桂林市加强农业普法，制定普法责任清单，严格落实“谁执法谁普法”责任制，明确普法责任主体及工作职责，扎实开展法治宣传教育活动。2020 年 12 月，桂林市农业农村局政策法规与改革科组织桂林市农业综合行政部门就农民群众法治需求和关注的热点问题，走进农村、深入群众，广泛开展宪法和涉农法律法规的宣传教育工作。桂林市农业农村局通过设立咨询服务台、悬挂法治宣传标语、发放宪法、民法典和涉农法律法规宣传资料的方式，从农产品质量安全、农作物病虫害防治、科学使用农药、农业技术推广、动物防疫、农业机械等方面开展广泛宣传，活动期间共发放农业法律法规知识手册、农业机械相关画册、农药使用宣传单页等宣传材料 3000 余份。

（五）生活富裕发展现状

1. 农村脱贫攻坚

2020 年，为全面建成小康社会，打赢脱贫攻坚战，桂林市积极投入加强贫困村的基础设施、改善农村生活环境、指导贫困农户实现产业脱贫等各项工作中，以此确保打赢脱贫攻坚硬战。

（1）农村扶贫力度进一步加大

2020 年，桂林市为加强贫困村的基础设施建设，总计投入各项财政专项扶贫资金 38.9 亿元。其中，共新建、扩建村屯道路 4915 条，里程数达到 5646.811 公里；在农村新建独立桥梁 353 座，长达 7053.585 公里；小型人饮工程 624 处，其他项目 3607 处（个）。此外，为解决桂林市建档立卡近 5 万人饮水安全问题，财政局累计投入资金 2.25 亿元，共建饮水安全与保障项目 909 个，为农村人口饮水安全提供保障。桂林市为进一步加大贫困村扶贫力度，为每个贫困村提供 50 万元村集体经济发展扶持专项资金。截至

2020 年 12 月底，桂林市 510 个贫困村集体经济收入均超过 4 万元。

（2）精准扶贫举措落地工作有效推进

桂林市在脱贫攻坚战中取得令人瞩目的成就：桂林市所有贫困县全部成功摘帽，所有贫困人口成功实现清零，最终脱离绝对贫困与区域性整体贫困的现象。桂林市利用自身资源优势选择产业脱贫的方式，各个县也都能因地制宜设计不同的发展模式，比如永福县的富硒农业、灌阳县的超级稻工程、恭城县的生态循环农业、龙胜县的旅游产业、兴安县的光伏产业和荔浦、全州等地的电商产业都分别与扶贫挂钩，让特色产业项目走进 510 个贫困村，使 93% 的贫困户都能参与到特色支柱产业的建设之中，这就保证贫困农户特色优势产业的充分发展，为农户脱贫攻坚提供就业渠道。

（3）贫困地区生产生活环境继续改善

2020 年，贫困地区基础设施建设加快推进，实施“绿美乡村”建设工程，开展村（屯）绿化景观提升项目建设。继续实施道路硬化和村（屯）绿化，符合国家贫困帮扶要求的自然村（屯）超 20 户已完成硬化道路任务，所有水库移民自然村通硬化道路，新建砂石路动工 121 条，竣工 103 条，升级硬化路动工 1013 条，独立桥梁动工 92 座。农村饮水安全巩固提升，兴建农村饮水安全巩固提升工程 236 处，项目受益总人口 101883 人，新增供水人口 54461 人。桂林市为加快农村环境整治，近三年来累计共投入农村环保专项资金 5.01 亿元，共建设农村环境整治项目 528 个，其中污水处理项目 474 个，建设污水管网约 1288.4 公里，垃圾收集转运项目 54 个，受益人口达到 143.3 万人。

2. 农村教育

党的十八大以来，我国高度关注农村义务教育的发展，继续加大对农村义务教育的政策倾斜与资金扶持，加大对农村学校的保障力度，提高乡村教师队伍的待遇，农村学校的基本办学条件得到质的飞跃，乡村教育质量获得全面提升。

（1）打赢教育扶贫攻坚战

近 5 年来，桂林市教育局从四个方面出发重点推进教育扶贫工作：一是控辍保学工作力度加大。义务教育阶段辍学人数由780人降至0人，桂林市贫困家庭适龄儿童与少年失学、辍学人数实现“清零”；二是学生资助工作实现应助尽助。共发放资助资金20.45亿元，资助学生181.48万人次；三是乡村学校办学条件明显改善。桂林市义务教育学校总投资195899万元，涉及学校2261所，建设1326个项目；四是乡村教师队伍全面补充。足额配齐义务教育阶段教师，各县区教师空编率均低于5%以下。同时，认真落实学生资助工作，学生资助工作有6个阶段、10余个资助项目，加大对贫困学生的资助力度，使学生资助政策持续完善。

（2）农村义务教育投入力度继续加大

截至2020年10月，教育扶贫学生资助项目基本落实，桂林市资助家庭经济困难学生约43.23万人次，发放补助资金约4.76亿元，其中资助扶贫户家庭学生15.29万人次，发放补助资金0.956亿元，因家庭困难而失学的人数大幅度下降，教育脱贫呈现出良好的发展态势。

（3）乡村教师职业环境不断优化

2018～2020年，桂林市累计拨付资金2.3亿元，为缩小特设岗位教师与普通公办教师相对应享受的工资条件和待遇津贴的距离，解决提高乡村教师不同程度的专业素质问题，桂林市财政局按照《关于建立乡村教师招聘财政激励机制有关问题的通知》合理控制地区中小学教师入编数量，并且在教师工资的基础之上，一次性发放一对一补助金额补助，主要用于改善老师生活水平，入职老师补助金额约为每人1500元。为吸引更多的人才入职乡村教育行业，应加大乡村教师队伍建设提供可行性保障力度，计划发放在编教师生活补助734.72万元，乡村教师招聘奖补资金114万元，为促进城乡教育均衡发展提供财政支撑。

3. 农村医疗卫生

实现我国城镇化与农村发展相协调的关键在于农村医疗卫生状况的改进，如何优化农村医疗卫生服务，是保障乡村振兴战略实施的关键举措。在全面推进乡村振兴进程中，推进农村医疗卫生事业发展，为提升乡村卫生服务质量与提高乡村居民健康水平奠定坚实的基础。

（1）医疗卫生工作表现优异

健康扶贫攻坚战中，卫生健康“十三五”规划指标全面完成。医联体网格化建设走在全自治区前列，建成紧密型“三二医联体”15个、县域医共体19个，远程医疗协作网11县全覆盖，县域医共体乡镇卫生院参与率达98.4%。比如，2020年，雁山区组织区级、乡级、村级三级医护工作者实地深入各村，开展以健康扶贫政策为主题的宣讲活动，其中宣讲活动还设有给村民送医送药的环节，最后该区建档立卡贫困户家庭医生的签约率达到100%。阳朔县99家村级卫生室完成“村医通”建设，县内定点医疗机构全部实现“一站式”结算。临桂区建设完成标准化村级卫生室158个，投入1.24亿元用于乡镇卫生院卫生基础设施和规范化、标准化建设。全区共建立城乡居民电子健康档案44.42万份，电子建档率91.90%。

（2）不断提高农村医疗卫生服务水平

2020年，桂林市落实贫困地区医疗卫生人才队伍建设、实施贫困地区订单定向医学生、特岗、全科医生培养政策。全州县人民医院承办乡村医生专项技能短期培训工作，在培训后居民能学以致用，获得便捷、安全的基本医疗服务。比如，雁山区实施基层医疗卫生人才培植行动，定向选择医学部，定向选择招收人数和定向培养专业类型，培植人数共达10人；为进一步提高医疗业务水平，政府部门鼓励参与乡村医生业务培训活动，约有123人参与；桂林市为提高基层医疗工作水平，资金投入约378万元为完善医疗设施，规范医疗质量；同时，根据乡镇和行政卫生院（室）要求增配，分为有两个名额，对于医生数量匮乏的乡村卫生院多增加5个名额，努力实现1个乡镇卫生院或1个行政村卫生室搭配1名以上的全科医生、合格村医或家庭医生签约团队等医疗服务目标。

（3）改善基本公共卫生服务条件

2020年，原基本公共卫生服务资金标准为人均65元，较2019年标准提高5元，其中新增的5元按照《广西壮族自治区卫生健康委员会广西壮族自治区财政厅关于2020年人均基本公共卫生服务经费补助标准中新增5元部分资金使用管理的通知》及时下发到符合通知要求的城镇与乡村地区，积极做好防御新冠肺炎的疫情防控工作资金投入基本公共卫生服务项目，其余60元用于开展健康教育、预防接种、0～6岁儿童健康管理等项目。2020年，桂林市成功实现基本医疗卫生服务体系的全覆盖，并在此基础上成功打造“医保医联体”的桂林模式。借助健全的基础医疗卫生服务体系与成功的“医保医联体”的桂林模式，桂林市在医联体建设工作考核中连续两年取得全自治区排名第一的好成绩，还被评选为国家中医药健康旅游示范基地与全国医疗服务多元化监管试点城市。

4. 农村社会保障

农业农村经济快速健康稳定发展紧紧相依于农村社会保障，健全农村农业保障制度既是新时期解决“三农”问题的现实基础，也是稳定经济、改善民生和创造和谐的客观要求。

（1）社会保险覆盖面继续扩大

2020年，桂林市财政局联合民政局、扶贫办印发的《桂林市2020年社会救助兜底脱贫行动实施方案》明确对于建档立卡贫困户中所认证的重度残疾人、重病患者和老年人参照“单人户”纳入低保的，对其家庭可免除再次进行经济状况核对，待脱贫攻坚任务圆满完成之后，动态管理低保政策再有序跟进。此外，桂林市还积极组织各县（市、区）民政、扶贫部门将低保对象、特困人员、孤儿与未脱贫建档立卡贫困人口、边缘人口、监测人口进行全面数据比对，并建立相关台账。对于还没有纳入保障范围的对象要说明原因，逐一销号，对符合条件的困难群众要及时反馈，保障范围要基本实现困难人口全覆盖。2020年末，桂林市参加城乡居民基本养老保险244.32万人，比上年增长18.0%，受农村最低生活保障人数20.09万人，同比增长6.3%。

（2）农村社会保障标准和水平稳步提高

2020年，城市低保平均补助水平每人每月达390元以上，农村低保平均补助水平每人每月达235元以上，其中农村A类低保年补助水平要达到4000元以上。2015～2020年，桂林市累计发放低保金约29.44亿元，特困人员供养资金7.51亿元，临时救助资金8576.45万元，受益群众达1740万人次。阳朔县发放农村低保13.38万人次3152万元、城市低保3826人次

153 万元。发放优抚补助 1759 人 1526 万元。永福县深入启动全民参保计划，完善全县社保体系，基本养老保险、城乡医疗保险参保率分别达 98% 以上、95% 以上。

（3）农村公益事业财政奖补受益广

2020 年，桂林市所辖 13 个县（市、区）被列为自治区农村公益事业财政奖补工作范围，并按 67% 农业人口组织实施奖补。桂林市试点县（市、区）农业总人口 387.87 万人，农村公益事业财政奖补项目覆盖 2296 个自然村屯，直接受益人口 121.2 万人，占试点县（市、区）农业总人口的 31%。桂林市各县（市、区）2020 年度共完成项目总投资 27056 万元，完成财政奖补项目 2067 个，竣工率 100%。其中：村内水渠 36 公里，村屯道路硬化项目 495 公里，安全饮水管线 29.3 公里，其他小型水利设施等 42 个；村内环卫设施 6 个；村容美化亮化安装路灯 19132 盏，村内绿化植树 1050 株；修建桥涵 13 座，村内公共活动场所 22.11 万平方米，其他公共设施 90 个，为桂林市乡村振兴奠定坚实的基础。

二　桂林市实施乡村振兴战略存在的问题

（一）产业兴旺发展存在的问题

1. 特色农业发展“大而不强”

一是特色农业示范区过度分散。目前，桂林市认定的示范区规模化经营程度不高，分散经营模式的数量达 900 余个，有些示范区的辐射带动作用难以满足市场化、信息化、规模化等特征鲜明的现代农业的发展要求。农业新型产业受科技创新的成果转化率不高，生物技术、信息技术、工程技术等新技术与“三农”的融合不多等因素影响[①]，对农业产品的种植习性、生产环

---

① 贺祖斌、周剑清：《发挥高等教育优势，服务乡村振兴战略——广西师范大学校长、博士生导师贺祖斌教授访谈》，《社会科学家》2021 年第 8 期。

境及成熟周期等把握不好，市场风险性较强，产业扶持发展较困难。二是有些农业产品成熟期集中在一定的时间段，易出现农产品旺季市场贱卖、淡季价格昂贵的现象，从而使农民的经济效益遭受影响，产品深发展的压力也加大。三是产业产品规模种植和种类选择无法衡量，易受市场杠杆调控，易盲目跟风，迎合和洞悉市场需求的能力差，供不应求或供过于求的问题时有发生，易出现增产不增收或增收无法增产等难题①。

2. 人、地、钱功能有待优化

一是农民的主观能动性发挥不够明显。科技文化知识的掌握情况反映桂林市农民素质的高低，据了解，桂林市农民大多数以传统的农业生产方式生产，科技投入不高，部分从事农村农业生产的青壮年主力军科技文化水平参差不齐，较难掌握和应用科技含量较高的现代农业技术，对农业信息的接收时间慢、反馈输出能力弱，市场动态把握时机易滞后②。二是土地的综合整治缺陷性较突出，针对土地资源的整治安排与指导，多数地区无法做到全面、科学与统一。基层地方政府推进整治工作缺失精细化和系统化的政策指导，易出现地块层次重叠整治与时序安排不科学等问题，土地资源盘活利用的进度被严重限制③。三是农村金融服务体系脆弱。针对农产品的种养殖业及初级加工产业的金融服务，缺乏匹配度高的农村农业多元发展的服务热线。在农村地区的证券、期货、农业商保等新型保障服务同城市相比较为落后。

3. 一二三产业融合需要加深

一二三产业融合的本质是对传统农业生产、加工及销售的融合，是对农业的进一步的改造与升级，随着国家和社会对农业的扶持，部分地区一二三产业融合发展态势良好。但就总体融合度而言，整体产业融合依旧是浮于表面。主要表现为：一是筹措产业融合发展资金的难度大，工业和服务业的生

---

① 邱巧玲：《桂林市现代特色农业示范区建设存在的问题及对策》，《现代农业科技》2020 年第 5 期。

② 任彧：《如何下好乡村振兴土地综合整治这盘棋》，《人民论坛》2019 年第 32 期。

③ 孔雪松、王静、金志丰、佴玲莉：《面向乡村振兴的农村土地整治转型与创新思考》，《中国土地科学》2019 年第 5 期。

产总值高，农业相较于二者，收益低且不稳定；加上农业易受生活环境和生产周期影响等原因，其面临的发展风险也较大，难以吸引社会企业大额投资，发展空间收窄。二是三产融合路径繁多且杂乱，因地制宜指导融合难度大，易出现三产融合空间的简单拼凑，产业链割裂等问题。比如农业的种植地仅因加工厂地建设用地相近而简单合作，忽视产业链端的融合。三是必要生产要素的流失使三产融合困难升级，比如缺少高新尖人才、缺少足够场地、缺少丰富资金和相关生产设施等关键要素，加之科学技术低，老年人口多，农村高素质青壮年及劳动力的外出务工，流失人才严重使三产融合项目缺少必要的人才支撑。四是利益分配机制建设存在不合理现象，部分三产融合的利益分配机制不合理，不考虑实际发展需要，简单分配，有的甚至仅在项目规划书上“分配”，易打击融合积极性，三产融合项目可持续性发展前景遭受瓶颈①。

（二）生态宜居建设存在的问题

1. 农民环保意识有待进一步提高

一是部分农村基层干部抱着牺牲环境，换取当地经济短期增长的心态，忽视生态环境保护，生态治理意识淡薄，环境保护的职责缺位，同时宣传工作不到位，上下协调、部门合作的处理机制被边缘化。二是农民受教育程度较低，文明生活习惯养成较慢，主要是因为在生活方面，农民环保意识较弱，生活垃圾及生产废弃物丢弃随意性强，农户主动参与检查、维修和自觉管理农村环境卫生的意识不强，生产方面，农药无规范使用，部分田地土壤农残物含量超标，农业面源污染较严重。同时，较高素质人才外出务工，农村文化较高人员流失现象普遍，留守人员多为素质不高的老者、妇女和儿童，接受新鲜事物能力较差，影响农村的生态文明建设。三是基础设施建设的后期资金投入不够、农民生态教育资源不足、“轻农重城”的环保政策偏失及物质资料的缺乏等问题，使其难以支撑农村生态文明建设的进一步完

① 陈冬仿：《乡村振兴战略视角下农民生态文明意识培养路径探索》，《农业经济》2021 年第 7 期。

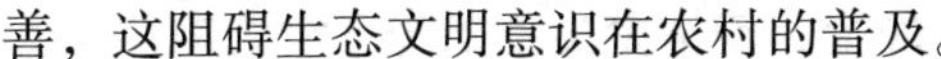

善，这阻碍生态文明意识在农村的普及。

2. 资金保障体系有待完善

一是地方财政入不敷出。作为旅游型城市，桂林市收入来源多数依靠可观的特色旅游产业经济，大量的财政资金投入在景区基础设施完善、特色民俗活动项目开展及景区自然风光维持等方面，部分部门面临财政吃紧甚至淡季财政赤字问题。二是桂林城市多山岭，土地多贫瘠，乡镇收入多依靠自营果树产业，大型工厂较少，留在乡镇的青年人数少，同时受山区地形限制，乡镇多封闭，经济交流较少，产业多分散化，生产链条短小且简单，缺少基础性产业稳定支撑，对整体经济增长的作用发挥有限，经济基础薄弱。三是下放资金时间滞后。基层地区的乡镇易受消息闭塞、政策传达渠道不畅等影响，分配政策资金时间晚、支配数额有限，无法满足县乡需求。四是许多政策财政拨付手续多、程序烦琐，专项资金拨付到村逾期多，数量少，专项财政资金支持力度有限，限制相关工程的建设及完善进度，烂尾项目出现；也因资金不足牺牲项目完成质量，豆腐渣工程偶有发生，惠民工程成效一般，乡村振兴项目功效大打折扣。

3. 农村公共服务及设施建设有待提升

一是农村公共服务及设施建设合理性有待提升。农村生活环境长期以来备受忽视，垃圾乱丢，少甚至无垃圾丢弃站、环卫工人、运输垃圾和饮水安全检查等设备，垃圾多放置在自家周围地区，垃圾处理时间滞后，处理效率低下，或只应付突击检查做“面子工程”，乡村生活垃圾得不到彻底解决，乱丢乱放现象随处可见；在乡村的娱乐设施方面，农村地区享受不到同城市居民等同的娱乐条件，娱乐设备建设规划地址集中，设备少量，种类单一，很难能够实时使用。二是公共基础设施配置不均衡。统一规划的社区或者街道有足够的空间配置和较为完备的后勤街道服务或娱乐设备，基础设施普及率较高；而部分乡村受地区影响，村庄分布呈零星状态，基础设施建设比如医疗卫生室、法律援助事务所和设施维修站等统一规划难度大，存在普及不到的地区，惠及村落人数有限。三是群众信息反馈路径窄，公共服务设施建设难以因地制宜。许多地区根据书面要求，盲目进行建设，未能及时听取群

众意见或建议。同时，群众反馈渠道较少，不清楚反馈路径，公众对服务要求上达受限，基层未做好群众路线，“一刀切”举措时有发生。

（三）乡风文明建设存在的问题

1. 公共文化建设力度需加强

乡村文明建设虽效果明显，但整体仍面临文化基础设施缺乏、基本文化条件落后，后期运营不到位等窘境。主要表现为以下几个问题：一是政府在农村公共文化投入方面不尽科学，大部分基础设施投入是一次性投入，投入量大但重复利用率低，既浪费资源，也收效甚微。二是部分农村地区现存公共文化产品供需面临结构性矛盾，劣质文化产品以及较差服务质量无法满足农民逐渐多元化的文化需求，农民的精神食粮多匮乏。三是一些村庄建立相关的文化站、图书室和活动中心缺乏特定的人力资本管理和资金投入持续性补充。因此，文化资源投入总体上缺乏相关性、时效性和科学性，有时流于形式，难以充分发挥其应有的作用。

2. 村民积极参与意识有待“补课”

乡风文明建设的主人公为村民，但农民关注文明乡村建设意识差，主人翁精神存在感弱、责任感不强和行动自愿性差。究其原因，一是存在部分村民错误地认为乡村文化建设与自身无关，只是听从上级安排，马虎作业；理解不到乡村文化对农村、农业和农民自身发展的意义，甚至认为仅关乎政府政绩行为，是官僚形式主义，对其嗤之以鼻，不配合行为时有发生。二是部分项目在乡村文化建设过程中存在理论至上、教条主义盛行、脱离乡村建设和农民实际需要等问题，农民参与发言和建设机会严重不足，形式大于内容的现象持续存在。三是乡风文明的措施照本宣科，“高大上”项目与农民自身文化发展密切联系度不高，农民无法从中等到满足感，参与其中的热情和能动性不足①。

---

① 王见凤：《乡村振兴战略背景下乡风文明建设的问题与路径探析》，《法制与社会》2020 年第 11 期。

3. 基层党组织领导带头作用不明显

一是基层党组织建设参与度不高。存在基层党组织内部人员对乡风文明了解较少，割裂经济与文明建设的同步性，狠抓经济，忽略文明建设。二是干部政绩考核指标存在缺陷，乡风文明建设考核要求被忽视，乡风建设工作没有形成量化的考核标准，削弱基层党组织参与度和积极性。三是基层党组织存在人员缺少经验借鉴与实践能力，建设乡风文明正确思路不开阔，缺乏制订具体措施与长期规划能力。同时，存在部分农村地区党员及干部人数不足、力量薄弱，调动所属地区建设的能力有限，乡风文明建设难以扎实且全面铺开。

（四）治理有效存在的问题

1. 乡村空心化问题还需进一步改善

一是目前在城镇化、信息化迅速推进中，经济腾飞发展，给人民生活带来质的提升的同时，城乡收入差距也在不断拉大。农村人口迎合时代潮流，在空间上大量流动，年轻劳动力集中于城镇，村中多留老、弱、病、残，甚至个别农村地区出现无人村或一人村现象，农村建设发展丧失持续性的发展支撑，乡村发展易陷入重复建设且水平一般的怪圈。二是乡村治理的主体是村民，但目前在村农民受年龄、文化程度或身体素质的影响无法有效参与到乡村治理中，而流出的村民多年离家，对农村的归属感不强，主体意识淡薄，积极性和主动性较差，乡村治理有人无力参与，有人无心参与，主体治理缺失严重，进一步加大开展农村基层工作部署的难度①。

2. 自治、德治和法治合力作用还需进一步加强

“三治融合”的治理模式是将自治、德治和法治进行深度融合，开拓乡村治理的新路径。然而在具体实践过程中，“三治”未能进行有效融合。一是在乡村治理实践中，未能清楚厘清“三治融合”之间的关系，自治是国家放权让村民自理，德治是以社会主义核心价值观解决乡村治理存在问

---

① 周蓉：《乡村治理现代化面临的困境及实践路径》，《乡村科技》2021 年第 1 期。

题的重要途径，法治防止“亲亲相隐”发生，但时常出现基层干部无实权，德治大于法治，法律意识淡薄等现象。社会治理体制需要社会各成员进行联动、公众积极参与，但是以目前结果可知，行政化的压力阻碍乡村治理措施有效实施。二是村规民约缺乏有效的行为规范。村规民约是对国家法律为乡村治理进行自上而下模式的补充，但在执行上依旧存在程序不规范、执行不到位等问题。三是在乡村治理体系中，法治对农村村民的约束力不足。村民对法律的认知度不足，传统的讲人情、讲关系的思想还根植于村民的意识之中，这是在乡村治理中对法治权威性的一种挑战，也是自治的大难题之一①。

3. 基层治理主体能力还需进一步提升

一是在乡村治理中，多重主体由于利益吸引参与乡村治理，使得各参与主体的职能分工不明确，其治理实践能力也不足。二是乡镇基层组织的机制建设能力不强，公共服务力、乡镇财政保障力、社会整合力都存在明显不足，村民委员会的协调管理能力不能与新时代乡村治理发展要求相符合，基层治理能力有待加强。三是农村村民普遍缺乏主人翁意识，长期作为旁观者参与到乡村治理中，自治、合作能力与参与能力较低，进一步发展地区社会组织困难。另外，农村常常忽视乡村治理人才队伍建设。乡村振兴的发展呼唤新型人才，而专业的陈旧、课程的老化限制了创新人才的产出；培养模式的固化、教学方法的单一化等因素都制约着高校服务乡村振兴的深度、广度②。

（五）生活富裕存在的问题

1. 农民非农收入稳定机制有待健全

一是农民收入增长主要依靠劳动力要素的工资性收入，农民收入模式单

---

① 李三辉：《乡村治理现代化：基本内涵、发展困境与推进路径》，《农业经济》2020 年第 10 期。

② 贺祖斌、周剑清：《发挥高等教育优势，服务乡村振兴战略——广西师范大学校长、博士生导师贺祖斌教授访谈》，《社会科学家》2021 年第 8 期。

一。加之农民素质不高，市场环境变化莫测，经济政策对非收入影响大，抗风险能力较低，以农养农观念根深蒂固，非劳动力就业难以稳定维持，收入结构模式多元化转变较困难。二是桂林作为“国家的后花园”，一直致力于保护环境，发展生态，因此，多数不符合低碳、环保和集约化条件的工厂或企业被责令停业整改，甚至关闭、清退。同时，桂林小型企业或旅游业企业居多，对经济起引领和带动作用的大型高新尖企业较少，加之政策倾斜、资金支持力度不足和技术投入见效周期较长等问题，需要较长时间培育大型企业或者工业，新的经济增长点未能及时出现，农民难以获取非农收入。三是在新冠肺炎疫情的影响下，大中小工厂和企业都承受较为严重的经济损失，造成桂林市进厂务工农民数量的减少与收入的不稳定。

2. 高层次医务人员队伍有待壮大

一是由于农村经济水平有限，医疗资源投入不到位，工作条件比较艰苦，医护人员相关的薪酬和福利都较低，职业发展前景易遭受限制困境，配套生活基础设施不尽完备，多数医学学生学成不愿回乡投身于农村医疗建设，农村的医疗水平发展得不到新活力补给。农村高层次医务人员匮乏，多地区只能进行简单的外科治疗，尤其检验科、儿科、产科、传染科等专业医生严重不足。当治疗重大疾病时，农村医疗机构常常由于医疗资源跟不上而束手无策。二是农村医疗机构中，医务人员学历职称较低、年龄偏大、人数不足、专业治疗水平有高有低，这些现象在基层单位很普遍，是农村面临的重要难题①。

3. 农村学校教师素质有待提高

一是农村教育体系以及教学条件同城镇教育相较明显滞后，课程设计简单，老师数量不多，老师身兼多班多课，专业知识与任课实际不相符，提升任课教师专业进修机会少，与时代发展要求相差较大，农村教师在学历结构，年龄和性别结构等都有着不同程度的不平衡、不合理。二是农村学校的

---

① 林建：《乡村振兴战略下我国农村医疗卫生服务供需矛盾分析》，《中国卫生经济》2020 年第 12 期。

教师在年龄上普遍偏大，多采用经验式、填鸭式等传统教学模式，对学生难以做到因材施教。旧式的教育方式总是以提高学生学习成绩为教育目标，容易忽视学生心理健康问题。

4. 农村社会保障体系有待完善

一是农村社会保障筹资渠道单一。当前，大部分农村地区居民对于社会保障基金了解全面性不足，农村内部既缺乏与农村密切联系的专门基金管理机构，也缺少外部统一、健全的基金运作监管。因此，保障基金运行效率低下，较难发挥基金对农村的保障效用。二是多数农村地区多元化的社会保障筹资机制建立尚且不完善，部分农村地区在集体经济、政府财政等方面存在问题①。三是社会保障资金筹集渠道不宽，未能充分发挥社会公众参与度，加上对现有保障基金运营管理不科学，缺乏专业性水平较高的农村社会保障相关从业人员，现有多部门管理下的农村社会保障极易出现保障条目重复、规章杂乱和责任界限模糊等问题。

三　推进桂林市乡村振兴的政策建议

（一）推动产业兴旺的政策建议

1. 优化产业布局，合理培育特色农业发展

一是应利用桂林各县域的特色资源优势，政府带头建立龙头企业示范点，全力帮助创建现代特色农业示范区，将资源优势转变成促进产业优质提升的动力。二是要拓宽农业的生产性功能，丰富农业功能转变的多样性，加速实现农村产业从简单农产品生产向生产、生活、生态三个层次进行转型升级。三是政府加强对现代特色农业示范区的财政帮扶与政策引导，为现代特色农业产业的龙头企业以及农民专业合作社提供多种形式的补贴奖励，在此基础上加大政策倾斜力度，为农业发展提供良好的平台。四是政府引导地方

① 舒召慧：《和谐社会视角下的农村社会保障力度强化路径》，《农业经济》2021 年第 3 期。

高校加大对乡村振兴的服务力度。在充分发挥政策导向作用下，高校应整合优势特色专业，对接乡村振兴战略。首先，高校可根据桂林市各县域相关资源禀赋的差异性与产业发展的前景性进行专业整合。其次，高校结合乡村振兴的总体布局和要求，对于特色产业发展中存在的问题，利用专业化知识与高素质人才给予调整和优化①。五是各县域根据本地的资源禀赋为农业发展提出专业化、科学化的解决建议，拓展特色新型农业，提高农产品的附加价值，促进经济效益、生态效益和社会效益的有机统一。

2. 提高管理，加快多元主体在产业发展中的参与度

一是建立健全培训机制、制定培训实施计划。采取灵活多样的培训形式形成“科技人员直接到户，良种良法直接到田，技术要领直接到人”的新格局②。二是重视土地综合整治工作。构建包括政府、企业和农民在内的多元主体参与体系，依托企业自身技术资源，开发产业链条，城乡互通；加强农民在土地综合整治中的主体性地位，将农村闲置土地空间规整为农业生产空间。基层地方政府需要对企业参与农村土地综合整治工作进行规划和安排，吸引企业积极参与到土地资源的综合整治当中，提高农地复合价值。三是厘清各类金融机构的具体职责。推进金融项目与特色金融产品或服务精准对接，厘清城乡资金融合程序，促进资金双方互通有无，提高资金使用的灵活率。四是加强商业银行与保险机构的联系与合作。研发新型涉农保险贷，形成风险共担、利益共享共同体，分散农业经营主体风险，为乡村振兴提供坚强后盾。

3. 统筹规划，推进农村一二三产业融合发展

一是关注利益分配。加快构建严密的利益联结机制。以利益联结为基础，优先支持与农业合作社性质相似的经营组织，创造性地提出三方联动模式，比如“公司、合作社和农户”“公司、基地和农民”等农企共赢模式，切实提高农民组织化程度，带动农民共同参与融合发展。二是以拓宽延展产

① 贺祖斌、周剑清：《发挥高等教育优势，服务乡村振兴战略——广西师范大学校长、博士生导师贺祖斌教授访谈》，《社会科学家》2021 年第 8 期。

② 任彧：《如何下好乡村振兴土地综合整治这盘棋》，《人民论坛》2019 年第 32 期。

业链为目标。巩固产业基础，重点增加农业多元功能和价值，延伸产业链，延长供应链，培育新的业态形式。三是以特色农业经济为基础导向。优化农村农业发展政策，加大政策扶持力度，提高产业融合程度。此外，应该考虑乡村地区资源禀赋差异、地区发展差异等，探寻适宜的主导产业类别，并设计出差异化、精准化的政策。四是深度发展“互联网 + 现代农业”生产新模式。推动农村经济繁荣，以优化生产要素、完善业务体系、重构商业模式等方式完成农业转型与升级，消除农业产业链的各个环节之间的阻碍，将信息流、物流和资金流融合成良好发展的生态圈。

（二）建设生态宜居的政策建议

1. 转变传统思维方式，切实增强农民环保意识

一是增强农民环保意识，深度开展宣传教育类活动。通过耳濡目染的形式提高群众的参与感和认同感，让农村居民完成从旁观者到参与者的角色转换，主动承担起乡村振兴的任务，并将政策安排落实到生活的每一处。二是发挥好村“两委”与党员干部的带头作用。组织群众积极参与至农村基础设施建设与环境整治工作的全过程，全力推动农村人居环境的改善，加快建成生态宜居的美丽乡村。

2. 拓展资金筹集渠道，加大资金投入和保障力度

一是推动公共财政机制改革，建立乡村振兴专项工作基金。公共财政对改善农村生态环境具有重大意义，农村基础设施建设与公共服务水平的提高都需要大量资金的投入，推动公共财政机制改革对于改善农村居住环境至关重要。二是合理安排项目基金的使用。处在乡村振兴战略的大背景下，环境整治、道路修缮、危房改造、水利设施建设等项目都需要专项基金的支持，在各级财政帮扶下做到专款专用，最大限度发挥财政资金的保障作用。三是利用人脉资源引导龙头企业、农村自治组织、农民群众通过捐赠、投资、承包等方式扩宽资金筹集渠道，以保障农村人居环境综合整治的有效进行。

3. 健全农村法律法规，优化农村基础设施建设

一是加快落实农村基础设施项目，并以此为任务导向，进一步促进基础设施建设的法律法规规范化和合理化，细化农村道路、危房、水利等基础设施的建设标准，健全农村环境改善流程中的监管机制，增强法律规范的警示作用，为农村环境整治提供便利。二是因地制宜补齐农村基础设施建设的短板，让农村基础设施建设有序推进，同时也要防止农村基础设施的过度建设，避免造成资源的浪费。三是缩小农村与城市之间在水电路气暖等基础设施上的差距，对农村基础设施建设投资方式进行改革，为建成宜居宜业的美丽农村提供新思路。

（三）助推乡风文明的政策建议

1. 重塑乡风文化，树立现代文明新风尚

一是以加强宣传教育为解决途径，改变群众思想观念，消除陈规陋习和不正之风。创新宣传方式方法，积极利用新媒体和传统宣传阵地，采取群众愿意参与的方式进行宣传，发挥好支部党课、“百姓宣讲团”、道德讲堂、农民夜校、乡村舞台、农家书屋的教育功能，着力构建多样化立体传播矩阵。二是树立典型、用好典型。广泛开展“文明家庭”“美丽庭院”“孝心儿女”等各类先进评选活动，传播真善美，弘扬正能量。三是丰富和创新活动载体，提高农村居民文化知识储备。最大限度发挥好公共文化机构的辐射带动作用，深入推进文化惠民活动，鼓励支持社会力量兴办公共文化服务活动，运用市场手段整合民间艺术资源，组建群众文艺队伍，让“农民演给农民看”，使表演者和观众都能受到教育。

2. 加强组织领导，充分发挥基层党组织作用

一是切实负起乡风文明建设的社会责任。积极组织开展社会主义核心价值观教育，提倡“婚事新办、丧事简办、厚养薄葬”的新形式，积极引导广大青年转变婚恋观念。二是基层政府充分发挥村委会、村务监督委员会、共青团和妇联等基层组织和红白理事会、道德评议会、禁赌禁毒会、村民议事会等群众自治组织在乡风文明建设中的监督管理和教化约束作用，多方凝

聚乡风文明建设的合力。三是加强农村综合治理。相关职能部门依法严厉打击农村高价彩礼、婚姻诈骗、红白事大操大办、赌博、子女不赡养老人等不良社会风气，切实维护社会和谐稳定。

3. 完善制度体系，构建乡风文明建设长效机制

一是以制度建设为目标。动员群众积极参与村规民约的修订与完善，提倡孝老爱亲、尊礼守法，明令禁止失范行为，坚决抵制大操大办、人情攀比等陈规陋习，取消封建迷信活动。二是基层组织完善考评激励机制。将乡风文明建设纳入年度工作绩效考核和领导干部考核内容，加强乡风文明建设监督检查，对工作优异的乡村要给予表彰奖励，以示范村的形式总结经验进行分享，因地制宜加以推广。三是监督乡风文明建设工作。针对表现不佳的乡村，要深度反省、责令整改和跟进维持。紧紧抓住基层党员干部这个“关键少数”，带头践行村规民约，引领家庭成员、亲朋好友主动抵制不良风气，畅通监督渠道，鼓励支持广大群众同不良风气作斗争。

（四）提升乡村治理的政策建议

1. 引进新乡贤人才，提高群众乡村治理能力

一是培育本村乡贤文化。以乡情、乡思和乡愁来吸引和聚集各行各业成功人士返回家乡并投身于乡村治理中，充分发挥新乡贤学识、人脉、能力和资源，实现“治理有效”，推动乡村振兴。二是利用农村内部人员体系与制度环境进行乡村自治。充分利用人与人之间的联系，吸引新乡贤回归乡村、建设乡村，增强农村内生性，加快建成乡村治理新秩序。三是发挥新乡贤示范引领作用。宣传讲解自治方式与规则，强化群众的自治意识，并在具体实践中逐步规范落实。在乡村自治过程中，需要引导和带动村民积极参与选举活动，让村民深度主动参与村务决策和事项管理，优化参与治理规则，监督村级公共权力运行，转变长期存在于村民心中的旁观者意识，使村民逐渐成长为乡村治理中优秀的参与主体。

2. 推进“三治合一”治理，实现乡村善治

一是坚持齐驱并进、协调互补的原则，加快法治、自治、德治、三者之

间的有效融合。二是明确各个乡村自治组织之间的事务与权力，保证乡村治理法治化的有效进行。宣传基层自治应坚持积极策划相关主题活动，普及法律知识，提高法制意识，发挥法律对民众行为束缚作用，有效落实农村治理相关措施，保证乡村善治能够有效进行。三是肯定德治在乡村治理中的重要性，充分利用乡村本土的特色文化资源，积极发挥传统美德、伦理准则、人情关系等社会网络带来的正向作用①，使乡村治理更具本土气息。

3. 发挥党的领导核心作用，提高基层治理能力

一是加强乡村“两委”班子的思想建设。选好用好“两委”带头人，将选拔优秀党员成为基层组织负责人、及时调整软弱涣散的农村基层党组织班子作为当前农村基层干部建设的工作重点②。二是鼓励各类乡村民间社会组织积极主动参与到乡村治理的过程中。仔细落实党建责任制，思考村乡基层领导班子乡村治理的任务目标、问题建议以及责任承担问题，健全乡村治理的问责制。三是多层次、多维度提升乡村治理者、教育者、劳动者能力素养。通过乡村干部培训，提升基层干部队伍的组织、工作能力；通过派驻科技人员、优秀人才下基层输送农业技术，强化基层组织工作支持，③ 让他们回归群众路线，发挥自身文化引领和“智志”双扶持的特殊作用。四是发展壮大村级集体经济。从培养集体成员、建立集体机制、提供政策扶持、量化经济效益等方面入手，不断探索适宜农村集体经济发展的新模式，为推动农村集体经济繁荣发展开拓新局面。

（五）促进农民生活富裕的政策建议

1. 拓宽农民增收渠道，提高农民收入水平

一是为农村土地流转开创新模式，加快土地在农户与承包商之间的流转速度，以便让农户收获财产性收入红利。二是政府提供全方位就业机会，鼓

① 周蓉：《乡村治理现代化面临的困境及实践路径》，《乡村科技》2021 年第 1 期。

② 陈丹薇：《乡村社会治理存在的问题及建议》，《现代化农业》2018 年第 3 期。

③ 贺祖斌、周剑清：《发挥高等教育优势，服务乡村振兴战略——广西师范大学校长、博士生导师贺祖斌教授访谈》，《社会科学家》2021 年第 8 期。

励农民走向就业。此外，政府可为创业农民提供创业补贴、降低创业门槛，吸引农村居民返乡就业。三是加大对新型农业经营主体的关注力度，为其提供政策与资金方面的便利，通过“保底收益 + 按股分红”等形式让农户受益，为农民创造经营性收入，并为农村各类资产资源注入活力，提高农地承包经营权的流转效率，给农民带来收入增长红利。

2. 提升工作人员素质，改善农村医疗机构

一是采取培训或者交流的方式不断提高医务工作者的专业水平。基层政府可为高层次人才引进制定相关帮扶政策，以高级人才、协助方式，切实保证人才培养战略的实施。其中，具体形式包括签订人才培养协议、医疗机构定向管理培训、医护人才方便就业等形式①。二是健全基层医疗机构的培训制度。完善评价制度，提高基层人员素质，为在农村医疗机构工作的医务人员提供适宜的就业平台，解决高级医护紧缺的问题。三是加大对培训资金的注入。实际调整医疗资源，提供平台，保障供需平衡，同时注重监督管理机制建设，制定具体监督范围流程，提高监管的专业性和有效性。

3. 优化教师待遇机制，提高教师队伍的水平

一是加强对乡村教师的专业培训，提升他们的整体教学能力。另外，应当依据当地学生的学习水平，创新教学方式，建设和完善教育培训体系，倡议城乡教师培训机构合作建成培训项目指导专家队伍，坚持因材施教，处理好教师在培训与教学中相互脱离的问题。二是为乡村教师解决好编制管理问题与实际职称问题。基层政府通过对编制名额进行协调将编制名额优先分配给乡村教师，各地区可根据乡村教学具体情况，对名额较少的乡村学校可扩充其编制，以缓和目前乡村学校教师编制还比较稀缺的局面。三是关注教师实际问题，稳定教师教育资源。地方应加强对教师合法权益的保护，提高乡村教师的福利和待遇水平。避免新任乡村教师心理落差为壮大教师队伍，为新任教师营造一个舒适的环境，帮助他们解决生活中的困难，以便使其更好

① 曹萌、薛佳：《关于农村基层医疗卫生服务机构存在的问题分析及对策探讨》，《农村实用技术》2021 年第 3 期。

地融入当地的生活之中，同时要加深新任教师与当地村民的联系，形成良好的社会关系。

4. 完善农村民生保障，提高农民幸福指数

一是利用政府资金保证农村社会保障资金的持续性供给，加大养老保险金制度对农村民生的保障力度，为筹措农村社会保障资金过程中容易出现的缺乏整体性、规模性等问题提供解决思路①。二是对于各地区财政支出，要因地制宜，解决好因地区财政状况不均衡的问题，合理安排农村社会保障项目的公共支出，在拓宽筹资渠道和来源方面，引导社会多元主体的共同参与②。三是加大农村社会监管力度，健全农村社会保障法律体系，为农民生活营造一个良好的氛围。

参考文献

邱巧玲：《桂林市现代特色农业示范区建设存在的问题及对策》，《现代农业科技》2020 年第 5 期。

任彧：《如何下好乡村振兴土地综合整治这盘棋》，《人民论坛》2019 年第 32 期。

孔雪松、王静、金志丰、佴玲莉：《面向乡村振兴的农村土地整治转型与创新思考》，《中国土地科学》2019 年第 5 期。

陈冬仿：《乡村振兴战略视角下农民生态文明意识培养路径探索》，《农业经济》2021 年第 7 期。

王见凤：《乡村振兴战略背景下乡风文明建设的问题与路径探析》，《法制与社会》2020 年第 11 期。

周蓉：《乡村治理现代化面临的困境及实践路径》，《乡村科技》2021 年第 1 期。

李三辉：《乡村治理现代化：基本内涵、发展困境与推进路径》，《农业经济》2020 年第 10 期。

马敏：《企业信用档案管理研究——基于政策分析的视角》，硕士学位论文，安徽大学，2011。

林建：《乡村振兴战略下我国农村医疗卫生服务供需矛盾分析》，《中国卫生经济》

① 周韦津：《我国农村社会保障中的问题及对策探究》，《农村经济与科技》2020 年第 24 期。

② 舒召慧：《和谐社会视角下的农村社会保障力度强化路径》，《农业经济》2021 年第 3 期。

2020 年第 12 期。

舒召慧：《和谐社会视角下的农村社会保障力度强化路径》，《农业经济》2021 年第 3 期。

陈丹薇：《乡村社会治理存在的问题及建议》，《现代化农业》2018 年第 3 期。

曹萌，薛佳：《关于农村基层医疗卫生服务机构存在的问题分析及对策探讨》，《农村实用技术》2021 年第 3 期。

周韦津：《我国农村社会保障中的问题及对策探究》，《农村经济与科技》2020 年第 24 期。

刘健：《走桂林特色乡村振兴之路“农业大市”迈向“农业强市”》，《桂林日报》2021 年 3 月 18 日。

谢灵忠：《田园综合体：乡村振兴的新载体 ——桂林市田园综合体建设的实践探索》，《广西农学报》2020 年第 5 期。

贺祖斌、周剑清：《发挥高等教育优势，服务乡村振兴战略——广西师范大学校长、博士生导师贺祖斌教授访谈》，《社会科学家》2021 年第 8 期。

专题报告

Special Reports

B.5

桂林国际旅游胜地建设发展报告

陆　军*

摘　要：桂林从2012年开始推进国际旅游胜地建设，2020年底基本完成《桂林国际旅游胜地建设发展规划纲要（2012—2020年）》的规划目标任务。桂林国际旅游胜地建设是桂林打造世界一流旅游城市的重要节点，也是桂林打造世界一流旅游目的地承上启下的重要阶段。在这一阶段，桂林在旅游产业用地、体制机制、旅游业态、发展模式、国际化等各个领域先行先试，取得重要经验，初步形成中国国际旅游的“桂林典范”“桂林模式”“桂林样本”。本报告梳理了桂林国际旅游胜地建设的重要成果，通过重要成果比较全面地总结桂林国际旅游胜地建设发展的基本经验，并对制约桂林旅游发展的核心因素进行分析，对桂林打造世界旅游城市提出建议。

* 陆军，广西师范大学历史文化与旅游学院副教授，广西师范大学珠江—西江经济带发展研究院研究员，华南理工大学会展专业在读博士，研究方向为乡村旅游。

关键词： 桂林国际旅游胜地 世界旅游 旅游城市

桂林市位于广西壮族自治区东北部，总面积27809平方公里，2020年常住人口为493万人，是广西的文化中心。桂林以甲天下的“山清、水秀、洞奇、石美”的喀斯特山水风景著称于世。桂林自1973年对外开放旅游以来，一直是广西旅游发展的龙头，特别是改革开放以来，桂林在旅游公共服务设施建设、接待入境旅游、旅游创汇、旅游景区建设、旅游演艺等方面一直走在全国同类旅游城市的前列。然而，由于桂林整体经济发展水平较弱、城市拉动与辐射功能不足、与其他产业融合不够、旅游产业用地少等因素的制约，桂林的旅游资源得不到更好的发挥、潜能得不到更好的释放。为此，国务院在《关于进一步促进广西经济社会发展的若干意见》（国发〔2009〕42号）中，明确给予桂林建设桂林国家旅游综合改革试验区，打造桂林国际旅游胜地的新政策。2021年习近平总书记视察桂林时，嘱托桂林要打造世界旅游城市的更高要求。桂林被国家赋予厚望。

桂林也是世界旅游胜地，从最早被国家定位为国际风景游览城市，到现在打造世界旅游城市，国家始终给予桂林极高的关照与关怀，根据不同的发展阶段，给予桂林不同的定位：从国际风景游览城市到国家历史文化名城，从国家旅游综合改革试验区到桂林国际旅游胜地建设，再到世界旅游城市。桂林的每一个阶段发展都反映世界旅游发展的新趋势和新方向。2020年经受全球新冠肺炎疫情带来的巨大冲击，桂林的旅游业凭借着成熟的危机应对和处理经验，迅速制定旅游业复苏措施和提振政策。2020年桂林市接待国内游客人数1.02亿人次，同比恢复75.68%；实现国内旅游消费1231.09亿元，同比恢复71.09%。全年共接待入境游客9.83万人次；国际旅游（外汇）消费3549.51万美元，桂林应对危机复苏旅游的经验为世界旅游复苏提供良好的经验。

本报告以桂林国际旅游胜地建设发展作为重点考察对象，对桂林国际旅游胜地建设阶段（2012～2020年）桂林的旅游发展进行梳理、分析与总结，为桂林打造世界旅游城市提供经验借鉴。

一　桂林国际旅游胜地建设发展的重要成果

（一）总的建设发展成就

1. 旅游经济效益持续增长

截至2020年底，桂林接待旅游总人数从2016年的5385.87万人次增长到2020年的10241.20万人次，年均增长17.43%；旅游总消费从2016年的637.30亿元增长到2020年的1233.54亿元，年均增长17.95%；其中，2018年、2019年连续两年旅游总消费在广西位列第一。2018年桂林入境游客接待人数在全国排名第十，旅游消费和市场规模均实现扩容提质。2020年，受新冠肺炎疫情影响，旅游接待总人数和总消费均呈下降趋势，其中入境旅游市场受疫情影响较大，入境过夜游客数和国际旅游（外汇）消费额大幅度缩减；但旅游复苏强劲，桂林市接待游客总人数和旅游总消费同比恢复74.03%和65.81%。2020年桂林市列入首批国家文化和旅游消费试点城市。

表1　2016～2020年桂林市文化旅游经济指标

主要指标	2016年	2017年	2018年	2019年	2020年
旅游总人数(万人次)	5385.87	8232.79	10915.31	13833.66	10241.20
旅游总消费(亿元)	637.30	971.76	1391.75	1874.25	1233.54
入境过夜游客数(万人次)	233.32	248.90	274.70	314.59	9.83
国际旅游(外汇)消费(万美元)	118217.80	131627.23	152421.74	206235.83	3549.51
国内游客人数(万人次)	5152.55	7983.89	10640.61	13519.07	10231.37
国内旅游消费(亿元)	558.81	882.89	1290.89	1731.75	1231.09

资料来源：桂林市文化广电和旅游局。

2. 旅游品牌创建扎实推进

桂林A级旅游景区及其他旅游品牌数量排名居广西前列。根据桂林市文化广电和旅游局统计：2016 年至 2020 年桂林市新增加“两江四湖——象山景区”5A 级旅游景区 1 家，新增“在水一汸”等 4A 级旅游景区 20 家；创建广西星级乡村旅游区、星级农家乐 87 家，占现有广西星级乡村旅游区、星级农家乐（共 151 家）的 58%。遇龙河度假区成功创建为广西首个国家级旅游度假区，实现国家级旅游度假区零的突破。新创建自治区级旅游度假区 3 家、广西生态旅游示范区 9 家，旅游度假区、A 级旅游景区数量在各设区市排名中位列第一。桂林扎实开展旅游标准化建设，目前共有 2 个国家级旅游标准化示范县、4 个自治区级旅游标准化示范县，旅游管理水平和服务质量得到有效提升。桂林市星级旅游饭店 47 家，其中五星级饭店 5 家，各类旅游住宿设施 5060 家，共有床位 33.26 万张，星级汽车旅游营地 17 家，桂林市旅游产业规模在广西处于龙头地位。

3. 文化和旅游融合发展开创新局面

桂林推进一批文化和旅游融合重大项目建设。重建逍遥楼，建成正阳东西巷、王城历史文化休闲旅游街区、“一院两馆”等文化和旅游融合标志性项目。建成万象城、万达广场等高端文化和旅游休闲综合体，这些特色鲜明的文化旅游休闲景区、街区，为桂林国家历史文化名城增添新魅力。

“大健康 + 旅游”不断融合，培育中医药养生、康体养生等多元产品。以示范基地的建设为抓手，桂林加快大健康与文化和旅游融合，探索推出“中医药特色服务 + 文化和旅游”“康复疗养 + 文化和旅游”“民族医药 + 文化和旅游”等融合新模式，推动健康旅游产业不断集聚发展，营造“漓水青山　养生桂林”城市形象。2017 年桂林市被列入首批国家健康旅游示范基地，2018 年广西信和信桂林国际智慧产业园被列入国家中医药健康旅游示范基地，2019 年瑶汉养寿城被评为广西中医药健康旅游示范基地。

体育和旅游融合加速，推进示范基地创建和精品赛事举办。目前，桂林市已成功创建 6 家广西体育综合体、2 家广西航空体育飞行基地、2 家广西山地户外运动营地。2017 年以来，连续三年成功举办环广西公路自行车世界巡回赛（桂林段），同时还举办 2019 年阳朔国际山地越野赛、2018 年资江漂流国际精英挑战赛等一系列重大赛事，加速体育和旅游两大产业的融合发展。

农业和旅游实现深度融合，休闲农业与乡村旅游融合加速发展。桂林实施休闲农业乡村旅游、休闲度假旅游、红色旅游等融合发展，实现农业与旅游功能衔接和特色互补。荔浦市获评为全国休闲农业与乡村旅游示范县，灵川大圩镇袁家村等6个村获评全国乡村旅游重点村。

坚持“红绿相融”，红色旅游实现新开发。桂林深入挖掘红色文化、长征文化，建设八路军驻桂林办事处旧址等4家全国红色旅游经典景区，长征国家文化公园广西段建设取得实效，开发以“发扬长征精神，重走红军道路”为主题的“灌阳—全州—资源—兴安—龙胜”红色文化旅游线路，并纳入2017年发布的全国“重走长征路”精品线路。

桂林开发阳朔低空飞行基地、滑翔伞飞行基地、研学旅游基地等旅游服务项目，形成一批文化和旅游融合新业态、新模式，为文化旅游产业转型升级增添新动力。

4. 旅游公共服务水平不断提高

大力开展“厕所革命”，“十三五”期间，桂林共建成旅游厕所660座，2016年获评全国“厕所革命先进市”，“桂林模式”在全国重点推广。全面实施旅游中英文标识系统建设，完成秀峰区、漓东百里生态示范带、首届广西文化旅游发展大会考察沿线的旅游中英文标识系统建设。新增147块旅游标识牌，启动大桂林生态休闲旅游精品线路沿线旅游中英文标识系统（一期）建设工作。2016年以来，启动“桂林城市旅游服务中心”建设工作，先后完成桂林骏达汽车总站旅游集散中心、高铁站（西站）旅游集散中心、高铁站（北站）城市旅游服务中心、万福广场城市旅游服务中心以及桂林市旅游集散中心（木龙湖）的建设工作。在两江机场T2新航站楼等处新建“桂林旅游咨询服务中心”“桂林旅游红色驿站”等城市旅游服务中心网点。截至2020年底，桂林市共建成旅游集散中心16处，其中二级旅游集散中心1处，三级旅游集散中心1处；广西旅游咨询服务中心32处，旅游集散网络日益完善。

5. 文化旅游的智慧化水平逐步提升

桂林基本建成“一键游桂林”旅游综合服务平台、综合监管平台和文化旅游大数据中心，智慧旅游监管中心建成投入使用，成为广西推广智慧旅游的典范。桂林文化旅游综合数据中心采集旅游“食、住、行、游、购、娱”六要素数据，横向采集公安、机场、客运、航运及三大运营商数据，并完成与自治区文化和旅游厅“广西旅游直通车平台”“桂林市社会治理与应急指挥平台”的对接，初步实现行业监管、数据共享和数据统计功能。通过“一键游桂林”旅游综合服务平台和城市旅游服务中心线下服务，桂林已形成覆盖桂林市主要交通节点、部分市区景区的智慧旅游公共服务网络体系。

6. 文化旅游交流合作日益深入

打造“‘大美桂林’桂林画院美术书法精品巡回展”文化交流品牌活动。“十三五”期间，桂林先后在天津、乌鲁木齐、重庆等20余个城市举办展览，这些展览成为宣传桂林的一张文化名片。世界旅游组织第一个中国旅游观测点在阳朔设立，连续举办联合国世界旅游组织/亚太旅游协会旅游趋势与展望国际论坛、中国—东盟博览会旅游展、桂林国际山水文化旅游节等国际论坛和展会，2020年还举办第15届中国—东盟文化论坛（首届中国—东盟文化艺术周）、中国非物质文化遗产整体性保护论坛、文化与自然遗产日主场城市活动。通过一系列展会、论坛扩大桂林与国内城市及东盟国家的文化旅游交流合作，显著提升桂林文化旅游的国际影响力。2019年，桂林、吉安、赣州、韶关、永州、遵义6市就区域红色旅游发展达成合作共识，共同发布《西部红色旅游城市区域合作桂林宣言》，有效提升桂北红色旅游品牌影响力。

（二）先行先试：桂林国家旅游综合改革试验区建设

2009年是中国旅游业发展改革的关键年，也是中国旅游转型升级的关键年，国家于当年密集出台促进地方经济社会发展和旅游业发展的改革政策，其中在关于进一步促进海南、云南、广西经济社会发展的若干意见中将云南省、海南岛、桂林市作为首批国家旅游综合改革试验区，构建起“一省一岛一市”的国家旅游综合改革试验格局。

桂林国家旅游综合改革试验区的核心是：国家、综合、改革、试验四个关键词。桂林一直被视为世界旅游业发展的“风向标”和“晴雨表”，联合国世界旅游组织也将桂林作为与中国旅游业界合作、研究中国和亚太旅游发展趋势的“基地”和“桥头堡”。同时，桂林也是最早对外开放的国际风景旅游城市（1973年开放）。在近50年的旅游发展历程中，桂林旅游探索和创造许多经验并在全国推广，桂林是全国第4大入境游城市，仅次于北京、上海、西安，桂林旅游因此被誉为中国旅游的“风向标”和“缩影”。所以成为唯一选中的旅游综合改革试验区的地级市，通过对桂林旅游综合改革试验，为国家实施旅游综合改革试验提供先行先试经验和样本、模式。

桂林国家旅游综合改革试验区的“综合性”体现在构建实验示范体系、构建旅游要素市场、旅游发展功能创新、建立旅游生态环境保护补偿机制等方面有更好的探索，将旅游业置于经济、社会、环境、生态、产业、文化等整体中进行考虑，突破旅游单一的发展模式。

在“改革”上，桂林在政府服务体系、财税、旅游用地、生态补偿、旅游要素、生态文明、国际合作、国际交流、物权产权等领域进行改革尝试与探索。

在“试验”上，桂林市在入境游客落地签证、生态补偿机制、环境保护、投融资机制、行政区划调整、事权责、市场运行机制等方面进行试验。

2009年，桂林国家旅游综合改革试验区建设的总体方案和建设发展规划纲要完成编制上报给国家，桂林进入为期三年的国家旅游综合改革试验区建设阶段。2009～2011年，利用三年的时间，桂林市在国家旅游综合改革试验区的先行先试方面取得明显的成效。以建设桂林世界旅游城作为“改革”突破口，推动服务业转型升级。第三产业实现增加值467.58亿元，增长7.9%；三产税收占全部税收的比重达54.4%。罗山湖体育休闲产业园等30个桂林世界旅游城重点项目集中开工或竣工。2011年桂林接待游客2788.17万人次，增长24.1%，其中入境游客164.39万人次，增长10.6%。

（三）发展纲要：桂林国际旅游胜地建设规划成果

随着桂林市利用三年时间（2009～2011年）从宏观层面对旅游进行综合改革，在多个领域实施先行先试，在此基础上，桂林市审时度势，依据国家给予桂林的政策，积极推进桂林国际旅游胜地建设。2012年11月1日，经国务院同意，国家发展和改革委员会批复《桂林国际旅游胜地建设发展规划纲要》（以下简称《规划纲要》），标志着桂林进入打造国际旅游胜地建设阶段，也标志着桂林国际旅游胜地建设上升为国家战略。规划范围涵盖桂林市全境，共6区10县1市（2015年5月临桂撤县设区），总面积达2.78万平方公里。

《规划纲要》确定5个方面的建设任务。第一，构建高效有序、协调发展的空间格局，合理划分城市化地区、农产品主产区、重点生态功能区和文化自然遗产保护区，构建"一轴两带"产业发展格局，统筹推进中心城区、临桂新区、重点城镇等建设，促进城乡协调发展。第二，加强生态文明建设，深化漓江、名城景观、自然保护区、森林公园及湿地的保护与开发，做好污染综合防治、低碳与循环经济发展。第三，强化旅游业发展，着力打造八大系列旅游产品、推进"六个一批"重点工程，做好旅游市场开发、旅游市场主体建设和旅游公共服务体系建设，推进旅游区域合作。第四，加快相关产业发展，统筹推进会展业、文化体育业、商贸服务业、金融服务业、绿色农业、低碳工业等产业发展，促进相关产业与旅游业深度融合发展。第五，增强国际旅游胜地建设发展的保障水平和支撑能力，在保障体系建设方面，构建立体交通、新能源、网络信息、新基建、旅游公共服务、综合治理等保障体系，促进城乡共同协调可持续发展。第六，用足用好用活现有的政策基础上，在政策创新、财税改革、体制机制创新、绿色发展、投融资、社会资本等方面加大创新改革力度，为桂林国际旅游胜地建设保驾护航。

从上述规划定位与内容、目标可以得知，桂林国际旅游胜地建设最大的改革创新在于：旅游业与其他经济社会融合发展，应着重解决建设市民与游客的主客"共建共享"问题，强化国际文化交流与交往，促进人类命运共同体发展，突破桂林旅游一直以来以单一的旅游经济为发展导向的局限，突破“就旅游发展旅游”的发展路径，更加注重经济、社会、文化、生态、环境等多重目标功能的协调融合发展。经过九年的实施，桂林国际旅游胜地建设基本完成规划目标、任务和内容，取得国家旅游综合改革试验区、旅游产业用地改革、世界旅游趋势与展望大会、世界旅游城、国家可持续发展议程创新示范区、中国—东盟博览会旅游展等多个重大建设成就。

旅游转型升级取得新成效。桂林建成地中海俱乐部桂林度假村、阳朔悦榕庄、玉圭园·环球名胜水上乐园、罗山湖水上世界等一批高端度假旅游精品项目，投资300亿元的桂林万达文化旅游城项目已初步建成，为世界一流的旅游目的地建设提供重要载体支撑。旅游文化融合发展成果丰硕，建成王城东巷文化旅游街区、美国“飞虎队”桂林遗址公园、万达广场等文旅、商旅、体旅产业融合项目。一批旅游新业态加快发展，高铁旅游、低空旅游、乡村旅游成为桂林旅游新亮点，旅游逐步向多元化和休闲度假模式转变。与海航合作成立桂林航空旅游集团，拥有自己的航空公司“桂林航空”。

旅游软硬环境明显改善。随着湘桂高铁、贵广高铁开通运行以及“北通南畅、东拓西联”工程建设，桂林旅游通道能力大幅提升。在全国率先启动“旅游厕所建设提升工程”，厕所革命取得阶段性胜利。大力实施“品质旅游”战略和旅游标准化建设，桂林先后荣获“中国十大休闲城市”“中国十佳品牌会展城市”，跻身全国旅客满意度十强，旅游服务业标准化试点城市通过国家验收。

桂林市文化广电和旅游局统计表明，桂林市实施1475个重大旅游项目，总投资额高达4290亿元。全域旅游建设取得重大成就：2020年桂林市被评为国家文化和旅游消费试点城市，桂林开启全天候旅游消费模式；阳朔县和兴安县建成国家全域旅游示范区，灌阳县和临桂区建成广西全域旅游示范区；龙胜各族自治县、灵川县等8个县区获得广西特色旅游名县称号，国家、自治区级旅游度假区共4个；5A级旅游景区达4家、A级旅游景区达100余家、位列广西第一；桂林首创的“一键游桂林”模式成为广西典范。文化和旅游融合新品牌成效显著，创造“桂林有礼”“桂林有戏”“养生桂林”“红色桂林”等文旅融合新品牌。桂林在旅游消费升级、产业升级、产品升级、管理升级、业态升级、质量升级等方面也有不少新的突破。旅游产业成为桂林的优势产业，所占的国民经济比重达到54.4%，成为经济增长主引擎。

（四）改革突破：桂林旅游产业用地改革试点

旅游改革最大的瓶颈之一就是项目用地难。旅游项目的特殊性，决定旅游项目用地无法和城镇用地、工业用地等采取集中供地或大面积使用建设用地。一直以来，桂林虽不缺乏大型旅游项目，但许多优质的旅游大型项目因采用现行用地管理办法和土地分类而无法有效解决用地难题。因此，在桂林国家旅游综合改革试验区发展阶段，桂林就开始探讨旅游用地改革问题，桂林国际旅游胜地建设发展中终于实现改革突破。

桂林市强化旅游业用地支撑。全面落实国土资源部、住房和城乡建设部和国家旅游局《关于支持旅游业发展用地政策的意见》（国土资规〔2015〕10号），优化调整并细化《桂林旅游产业用地改革试点若干政策（试行）》（桂政发〔2013〕35号）政策。2013年6月，经国土资源部批复，桂林市开始旅游产业用地改革试点，探索旅游产业用地规划管控、分类管理、农民利用集体土地参与旅游开发并分享收益、旅游产业转型升级等方面的制度改革。2014年，桂林市制定实施《桂林旅游产业用地改革试点若干政策（试行）》（以下简称“31条”）以及与之配套的《桂林市重点旅游片区发展规划（2014—2020年）》、《桂林市统筹推进重大旅游建设项目清单（2014—2018年）》、《桂林市旅游项目用地专项年度计划指标管理暂行办法》等一系列政策，建立桂林旅游用地分类体系，编制桂林旅游用地基准地价并加以实践，并围绕规划管控、分类管理、农民参与旅游开发、节约集约用地等改革的主要任务开展实践探索。支持城乡建设用地增减挂钩、耕地占补平衡等指标优先安排自治区级旅游重点项目。推动各地将旅游休闲基础设施建设纳入城乡建设总体规划。支持城镇和乡村居民利用自有住宅依法从事旅游经营。

1. 出台系列旅游产业用地改革政策

一是创新编制“多规合一”规划。全方位落实规划管控，桂林市旅游发展委员会联合市国土局组织桂林市原11县6区，编制《桂林市重点旅游片区发展规划（2014—2020年）》（以下简称《重点旅游片区规划》）。将土地利用总体规划、城镇总体规划、漓江风景名胜区保护规划和旅游总体规划等进行融合。制定重大旅游建设项目清单。依据《规划纲要》，桂林市发展改革委牵头组织拟定《桂林市统筹推进重大旅游建设项目清单（2014—2018年）》（以下简称《项目清单》），将一批有影响力，经济效益、社会效益、民生效益明显的旅游项目纳入《项目清单》。纳入《项目清单》的项目与《重点旅游片区规划》衔接，对于列入项目清单的旅游重点项目给予优先用地支持。

二是颁发《桂林旅游产业用地改革试点若干政策（试行）》。依据《关于桂林旅游产业用地改革试点总体方案》（以下简称《总体方案》）的要求，在国土资源部的指导下，经过多轮实地调研和广泛征求各级政府、相关部门意见，经自治区政府同意，《桂林旅游产业用地改革试点若干政策（试行）》于2014年6月25日正式颁布实施。目前，“31条”已在广西20个旅游名县中推广运用，对广西旅游产业转型升级起到极大促进作用。

三是完善旅游产业用地改革试点相关配套政策。依据“31条”政策，进一步细化和制定《桂林市旅游产业用地项目规划修改与调整管理暂行办法》《桂林市旅游项目用地供应管理暂行办法》《桂林市旅游项目用地专项年度计划指标管理暂行办法》《桂林市旅游用地报批管理暂行办法》《桂林市农村集体土地使用权开发旅游流转暂行办法》五个配套政策，并由桂林市政府印发《桂林市农村集体土地使用权开发旅游流转暂行办法》（市政〔2015〕70号）从旅游项目用地规划、指标分配、报批、供地、土地流转五个方面对旅游项目投资进行政策支持，简化相关程序，从而提高旅游项目业主投资的积极性。

四是探索低效用地再开发利用政策。根据《总体方案》中“开展城镇低效用地再开发利用，扩展旅游产业用地空间”的精神，结合“31条”中落实节约优先促进旅游产业转型升级的供地政策，颁布实施《桂林市城镇低效用地再开发利用暂行办法》，组织编制《桂林市城镇低效用地再开发工作专项规划（2014—2018年）》，将布局散乱、利用粗放、用途不合理的旧城镇、旧厂房和旧村庄共743个地块纳入专项规划。经统计，桂林市城镇低效用地总规模为3654.84公顷，改造后预计可给桂林市带来巨大的经济收益。

2. 构建桂林市旅游用地分类体系

在桂林市旅游产业用地现状调查与需求分析的基础上，根据法律法规、《土地利用现状分类》（GB/T21010－2007），结合规划、旅游业态和生态保护等实际，针对旅游用地管理和使用的普遍问题，构建直接用于分类管理、出让的统一体系。该分类体系采用4级分类，将旅游用地划分为建设用地、非建设用地2个一级地类，下设旅游设施用地、旅游地产用地、旅游景观和生态用地3个二级地类，之下又细分为8个三级地类，24个四级地类。

二级地类中旅游设施用地、旅游地产用地属于建设用地；旅游景观和生态用地属非建设用地，主要包括耕地、园地、林地、草地、水域等农用地及其他类型的非建设用地。旅游设施用地、旅游地产用地与城镇用地、农村居民点用地等相并列，具有建设用地的性质和特点要求，但又不同于一般的建设用地。

旅游设施用地是服务于自然景观和人文景观的旅游配套设施用地；而旅游地产用地主要是依托周边旅游资源而建，具有旅游开发价值，服务于旅游活动的系列建设用地；旅游景观和生态用地是旅游景区中具有生态服务功能的各类非建设用地，具有多功能性和边界模糊性等特点，不在《土地利用现状分类》中独立出来，可按原地类用途管制，只在用地管制方面提出促进旅游与其他功能协调发挥作用的措施与要求。

桂林市旅游用地分类体系的建立为桂林市合理规划、利用、统一管理旅游用地提供科学标准，更为我国土地利用现状分类改革积累试点经验。

3. 编制旅游用地基准地价

旅游用地基准地价体系将桂林市中心城区定为6个等级，临桂区及11个县（自治县）分为1~4个不同等级，同时，桂林市在旅游用地分类体系的基础上，对各类用地进行具体的细分和评估，最后形成细分用途的旅游用地基准地价。

4. 积极探索农民利用集体土地参与旅游开发模式

探索农民利用集体土地参与旅游开发和分享收益的方式，在实践中摸索出自主经营、门票分成合作、林权流转合作、股份制合作、土地租赁合作等模式。针对实践中暴露出的一些具体问题，相应制定《桂林市农村集体土地使用权开发旅游流转暂行办法》，进一步确定政府、企业和农民之间的权利和义务，在严格保护耕地和生态环境的前提下，保证农民“不失地、不失业、不失居”，提高农民收入、拓宽就业途径的同时还有效地保护和改善当地的生态环境。

总之，2013 年 6 月，国土资源部批复同意《桂林旅游产业用地改革试点总体方案》，桂林市制定出台《桂林旅游产业用地改革试点若干政策》和《桂林市旅游产业用地项目规划修改与调整管理暂行办法》等 5 个配套政策，完善土地管理制度，建立差别化的桂林旅游用地分类体系，编制桂林旅游用地基准地价并加以实践。试点工作开展以来，自治区国土资源厅每年支持桂林 100 公顷新增建设用地指标，支持旅游产业用地改革试点，直接促使和保障桂林文化旅游城、塔山片区等重大项目的落地。落实最严格的耕地保护制度和节约用地制度，严格实行土地用途管制制度，在保护基本农田的基础上，加强对土地利用的引导和管控，实施差别化土地政策，优先保障国际旅游胜地建设的鼓励扶持类项目用地。

桂林市的改革成果得到国家的认可，国土资源部、住房和城乡建设部、国家旅游局在印发《关于支持旅游业发展用地政策的意见》（国土资规〔2015〕10 号）中就吸纳桂林改革试点中旅游用地分类管理、农村集体参与旅游开发等方面的经验做法。广西壮族自治区人民政府办公厅《关于支持文化旅游高质量发展用地政策的通知》（桂政办发〔2019〕110 号）中就采纳桂林改革试点中旅游用地分类管理、农村集体土地参与旅游开发等方面的经验和做法并在广西 20 余个特色旅游名县中推广运用，为促进广西旅游产业转型升级和全域旅游发展起到积极作用。

（五）创新示范：景城融合—世界旅游城建设

“保护漓江，发展临桂，再造一个新桂林”是桂林旅游发展的重要战略举措，从2007年开始，广西对桂林发展作出重大战略调整，城市建设的重心向西，创造性地谋划桂林城市旅游发展，提出“景城同建、产城融合、主客共享”的城市旅游发展理念和战略，具体建设内容为世界旅游城。世界旅游城规划的范围包括大半个临桂区和永福县的苏桥镇，该建设方案内容是世界旅游城市发展史上罕见的，具有颠覆性的创新。

近年来，桂林市积极探索旅游转型升级，从传统的以观光旅游为主导的目的地向更为多元、复合、提质、增效的旅游目的地升级，从宏观发展环境看，桂林国家旅游综合改革试验区、国家服务业综合改革试点区域、广西加快推进新型城镇化等一系列政策的相继出台与实施，为桂林旅游转型升级与发展提供多重机遇，正是基于这一机遇，桂林市委、市政府审时度势，将临桂区、永福县和象山区三个区县区域划入世界旅游城建设范围，规划城市建设用地目标是120平方公里，打造将文化、旅游、城市建设融为一体的世界级旅游新城。

世界旅游城建设在多个方面均在全国具有创新示范引领作用，具体表现在以下几点。

1. 主导产业：构筑新三大动力体系

一是大旅游产业。通过大旅游推动旅游产业优势提升与产业融合。大旅游产业围绕着旅游主体产业、旅游延伸产业和旅游支撑产业三大板块，通过资源整合、能级跨越、领域拓展、设施完善，实现“吃、住、行、游、购、娱、商、学、养、闲、情、文、展”等旅游产业要素的集聚、融合与创新，全面塑造国际化、特色化的新旅游功能体系。

二是新兴产业。结合国家大力扶持发展的新兴战略性产业政策机遇，桂林重点实现大康养产业、旅游装备产业和文化创意产业突破性发展，推动优势产业升级与新兴产业的培育发展。在大康养产业方面，规划旅游城市重点发展现代医养结合、中医药大康养产业，将桂林旅游医院、三金药业、莱茵生物、罗汉果小镇、信和信大中华养生谷等一批医养旅游项目落户世界旅游城，引领桂林大康养旅游产业发展。在旅游装备产业方面，重点发展体育装备、新型住宿设备、旅游电子科技产业等。文化创意产业上更是突出桂林文创优势，将桂林“一院两馆”、国际会展中心、抗战文化园、凤凰休闲体育运动园、力港动漫、金顺昌等桂林本土优势特色文创。通过三大新兴产业规划建设，一个集文化、商业、旅游、休闲为一体的超大型旅游航母在桂林大地上横空飞跃。

三是现代特色产业。结合临桂新区、桂林经济技术开发区和万福休闲旅游度假区建设，世界旅游城引进一大批世界级的休闲娱乐、购物、会展、艺术等现代特色产业项目，万达文化旅游城、吾悦广场等超级旅游项目纷纷落地运营。桂林国际旅游集散中心、桂林智慧旅游中心、桂林国际艺术民宿中心等也将落户世界旅游城。

三大产业按照“对接区域、联动老城、融合山水，彰显特色”的空间战略构筑“一点、三星、三区”的开放格局，突出“旅游、生态、创新、低碳”四大发展主题，使其成为带动和辐射广西旅游业的新引擎，成为桂林国际旅游目的地和游客集散地的新增长极，更成为景城融合、产城融合和产城旅共建共享的典范。

2. 项目建设：基础性、带动性和标志性项目先行

世界旅游城将首先推进核心区基础性、带动性和标志性项目建设。主要包括：重点推进创业大厦、中心公园、“一院两馆”、广电大厦、桂林日报传媒中心、防洪排涝及湖塘水系、快速公交、旅游通道及教育、医疗卫生等项目建设。

同时，还将启动一批重大项目，包括建设世纪大道门户展示区、山水大道综合服务区、创业大厦行政中心区等项目。

3. 管理体制：坚持市场化运作

建设世界旅游城要加大资源整合力度，积极探索建立高效运转、权责对等的桂林世界旅游城管理体制、运行机制和建设开发模式。此外，还要坚持市场化运作，创新项目投融资体制机制，多渠道筹措项目建设资金，加大招

商引资力度，着力引进一批大企业和国际知名品牌，加快形成以政府投入为引导、社会投入为主体的多元化投资格局。

4. 建设成效：临桂全域旅游大发展

临桂原作为桂林城市旅游边缘化的县区，得益于世界旅游城建设，从2011年开始发力，大力推进景城同建共融，已成为桂林新的政治文化中心，成为设施配套齐全、道路四通八达、产业融合集聚、环境生态宜居的世界旅游新城。

临桂按照全域打造世界旅游城的发展理念，整合旅游资源、公共服务、体制机制、政策体系等，实现资源的有机整合，产业的融合发展，社会的共建共享，探索出景城融合、共建共享的全域旅游带动其他经济社会协调发展的“世界旅游城样本与模式”。

推进全域旅游，做强旅游产业。临桂区按照“世界旅游城”的总体规划将临桂新区作为一个大景区进行打造，建成新区环城水系、罗山湖、美国飞虎队桂林遗址公园、抱璞博物馆、“一院两馆”、崇华中医街等一批国家A级旅游景区，做强枫林美食街、喜来登酒店、宏谋大酒店、希尔顿酒店、两江国际机场、都市风光、桂林有礼会客厅、城市候机厅、桂林大剧院等一大批“吃、住、行、游、购、娱”旅游产业，打造景区与城市全民共建共享的全域旅游模式，构建“城市引领乡村发展”的全域旅游大格局。

制定品牌战略，打响旅游品牌。按照建设“世界旅游城”战略定位，持续推进A级旅游景区、星级酒店、城市旅游等品牌战略，坚持在“集小成大”树品牌、“无中生有”创品牌、“有中生新”育品牌和“借题发挥”打品牌上下功夫，打造红溪、“在水一汸”等国家4A级旅游景区、“一院两馆”城市文化旅游新名片、崇华中医街国家级大康养基地、五通农民画国家文化产业示范基地等一批国字号旅游品牌。

突出旅游特色，引领乡村振兴。深挖临桂景城全域融合“旅游元素”，突出发展临桂“新区休闲度假、城郊养生养老、会仙湿地古运河、历史名人文化、义江乡村生态”特色旅游，探索一条产旅互动、景城融合、城乡一体的全域旅游发展新路，以世界旅游城建设为引领带动临桂乡村振兴。

打造研学旅行集群，推动产业转型升级。积极发展城区福达工业研学、莱茵生物研学、“一院两馆”国学研学、信和信大中华养生谷康养研学，带动辐射会仙湿地生态研学、义水中庸田园综合体农业研学、红溪森林研学发展，桂林花海花卉科普研学、乐8小城创意研学，打造会仙喀斯特湿地生态新标杆、义江流域乡村休闲新高地、“一院两馆”城市文化新名片、临桂新区宜居宜游新天地，打响“世界旅游城”品牌，推动临桂工业、农业、生态等产业转型升级。

创新旅游业态，做足文化和旅游融合。以景城融合共建共享为抓手，积极创新发展“旅游+体育赛事”“旅游+美食”“旅游+文化地产”“旅游+节事活动”“旅游+夜间经济”等旅游新业态，促进环广西公路自行车世界巡回赛、“建昌”杯175篮球联赛全国总决赛、“三月三”夜游临桂、吾悦广场万达广场夜游、枫林美食街不夜城、船火新区环城水系、市民广场音乐狂欢等文化和旅游项目融合。

截至2020年12月，临桂已落户各类酒店200多家，建成国家4A级旅游景区1家（新区环城水系）、国家3A级旅游景区4家（抱璞博物馆、“一院两馆”、崇华中医街、美国“飞虎队”桂林遗址公园）、四星级酒店1家（喜来登酒店）、大型旅游购物综合体5处（吾悦广场、万达广场、花生唐、抱璞博物馆、桂林有礼）、大型剧场1处（桂林大剧院），各类旅游要素配套齐全，已成为生态环境良好、旅游氛围浓郁、旅游要素齐全的旅游新区，被评为国家三星级绿色生态城区，国家文化和旅游消费示范城市，一座“世界旅游城”正昂首迈进新时代。

（六）风向标：联合国世界旅游组织/亚太旅游协会旅游趋势与展望国际论坛

建设桂林国际旅游胜地需要体现有国际元素，需要在国际上有桂林的声音，有桂林的方案，而联合国世界旅游组织/亚太旅游协会旅游趋势与展望国际论坛成为桂林走上国际舞台的又一高端平台。

桂林国际旅游胜地建设将国际化战略作为旅游发展的首要战略，以此扩大国际知名度和美誉度。要求继续提高旅游业管理水平，改善旅游基础配套设施，扩大对外开放度，加大促销力度，完善旅游产品体系，培育具有国际竞争力的旅游企业。发挥旅游业的国际市场信息优势，延伸旅游产业链，促进相关产业发展，优化桂林市产业结构。通过与世界旅游组织、大湄公河次区域经济合作体等国际旅游组织建立密切的合作关系；与亚太旅行商协会、美国旅行社协会等世界主要旅游机构和旅游协会开展务实合作；推进与世界著名旅游集团、航空公司、跨国集团、新闻媒体的合作互动；与中国台湾、马来西亚、泰国等地区和国家的旅游大联盟开展合作；与世界主要会议组织和奖励旅游组织建立密切合作关系，推动桂林会议及奖励旅游的发展。为此，经过努力，桂林争取到世界旅游组织和亚太旅游协会举办的联合国世界旅游组织旅游趋势与展望国际论坛（以下简称“世界旅游论坛”）永久落户桂林，对桂林旅游国际化程度，不断开拓桂林国际旅游合作的新领域，在学术和产业层面共同提高桂林旅游发展的国际化程度和关注度做出重要贡献。

2009 年 4 月 8 日，桂林市旅游局与联合国世界旅游组织在北京签署意向书，联合国世界旅游组织旅游趋势与展望国际论坛每年在桂林举办一次。来自世界各地的旅游部门官员、专家学者和业界精英集聚桂林，围绕世界和亚太地区旅游发展趋势主题开展探讨与对话，这必将会进一步增进各国各地区旅游业的交流与合作。桂林通过这一平台，在国际化建设方面，加强与世界旅游组织、亚太旅游协会以及国际、区域间旅游组织机构的合作交流，全面扩大深化合作交流领域，不断完善产业自身建设，积极参与国际与区域多边旅游合作，拓展旅游发展空间对全面推动桂林旅游的发展均将产生积极的影响。世界旅游论坛不仅是在桂林举行高级别会议之一，而且是国际旅游会议的最高级别会议之一，它是桂林会展业发展的一个标志性事件，表明桂林会展事业发展到一个完全可以接待各种国际会议的阶段。

自 2007 年首届联合国世界旅游组织/亚太旅游协会旅游趋势与展望国际论坛在桂林举办以来，截至 2020 年，已成功举办 14 届联合国世界旅游组织/亚太旅游协会旅游趋势与趋势国际论坛，这 14 年以来，在各界人士和政府

的努力下，无论是论坛的举办形式还是内容，都在不断地创新发展，已成为区域性国际影响力的旅游业态成果与思想理论交流、合作、展示的重要平台。通过这一平台，世界了解到中国旅游最新发展成果，能够进一步认识广西、认知桂林旅游。简而言之，该平台为桂林乃至中国与世界各国尤其是亚太地区旅游理论研究、经验交流、实践探索做出重要贡献，更是桂林走向国际、打造世界一流旅游目的地的重要平台。桂林也通过这一智库平台，吸收全世界最新的理论研究成果和实践经验，为桂林探索和打造世界一流旅游目的地和建设世界旅游城市提供智库支持。

（七）国际交流：中国—东盟博览会旅游专题展

中国和东盟是互利共赢的好伙伴。由中国和东盟10国政府共同主办的中国—东盟博览会已经成功举办15届，搭建中国—东盟友好合作的重要平台，成为国家层面直接主办、具有特殊国际影响力、每年一届的国家级重点展会，服务中国—东盟自由贸易区建设，推动包括旅游在内的各领域务实合作。

旅游是国家软实力的体现，是人与人、国与国进行沟通交流的重要外交平台。东盟国家是“21世纪海上丝绸之路”的重要节点区域，这些国家的旅游业是各自重要的支柱产业，尤其是泰国、新加坡、越南、马来西亚、印度尼西亚等国家一直将旅游业作为经济增长点。自2015年起，桂林每年承办中国—东盟博览会旅游专题展。

中国—东盟博览会旅游专题展由中国文化和旅游部、中国东盟秘书处、广西壮族自治区人民政府共同主办，每年会根据旅游业发展的动态确定主题，并邀请东盟10国旅游主管部门和旅游企业、旅游中间商、旅游代理商参展，采用线上和线下展览的方式进行展览。同时，借鉴其他会展机制，中国与东盟10国轮流出任主宾国。

通过中国—东盟博览会旅游专题展，桂林国际旅游胜地建设在走上国际化的道路上迈开新的一步；以该展为平台，增强广西与东盟国家乃至世界主要旅游客源国的沟通、联系与交流，为中国旅游企业面向全球开放搭建合作平台，促进中国与东盟国家经济贸易，强化中国与东盟国家的旅游对接合作，有力助推中国与东盟国家互为客源国、旅游目的地建设。

（八）全域旅游：桂林国际旅游胜地建设的重要贡献

全域旅游是在一定的空间内，通过旅游业引领或辐射带动，将一定区域内的各类资源、经济业态、产业体系等进行整合、融合，并从政策机制、公共服务、智慧旅游、经济运行、产业要素、游客满意度、文明素养、宣传营销、生产安全、环境保护等方面进行系统化、全方位、全时空、全业态进行开发的一种旅游新模式和新路径，最终实现产城产业融合发展、经济社会共建共享。它成为现代综合性旅游的价值共享平台，为政府、企业、游客、居民和投资找到共享价值，实现主客共享。全域旅游不是全面开发，也不是遍地开发，而是体现在它的核心价值理念上，即突破传统“就旅游发展旅游”的局限，实现旅游与其他产业融合，形成新的产业生态群落和产业集群，实现有限的地域空间集约化发展。全域旅游最大的理念是突破地域、部门、行政的约束局限，将社会、生态、环境、人文等非经济领域资源整合至旅游发展过程，形成全社会支持旅游发展的大格局，从而实现提升人民生活水平、生活品质，增强人民幸福感的重要目标。

自 2013 年广西实施特色旅游名县品牌建设以来，阳朔、兴安、龙胜、荔浦、资源、雁山、恭城、灵川等县（市）获批广西特色旅游名县（市），桂林市广西特色旅游名县（市）数量达到 8 个；阳朔、兴安成功创建国家全域旅游示范区，秀峰区、临桂区、灌阳县成为广西全域旅游示范区，特色旅游名县、全域旅游示范区总数达到 11 家，在广西地市中位列第一，2021 年 6 月桂林获评为广西全域旅游示范市。截至 2020 年底，桂林市 11 家特色旅游名县、全域旅游示范区实现旅游消费 799. 71 亿元，占桂林市旅游总消费的 65%，旅游接待总数 6873. 26 万人次，占桂林市旅游接待总数的 67%。以“双创”为抓手，桂林市旅游经济增长迈上新台阶，旅游对县域经济贡献率不断增加，并成为县域经济发展的重要引擎，树立全域旅游发展的“桂林样板”。

从桂林国际旅游胜地建设发展的探索与经验中，摸索出全域旅游的核心要义：创新、引领、示范、共建、共享。正是得益于桂林国际旅游胜地建设发展的这些基本经验，从2015年开始，桂林市全面推进全域旅游建设发展，成为桂林国际旅游胜地建设发展实践的新模式，得到国家层面的认可与推广。

推进全域发展。坚持“大桂林就是一个大景区”的理念，打造桂林全域旅游示范市，2021年桂林成功获评广西全域旅游示范市。围绕“文化和旅游+”，推动文化旅游与农业、林业、水利、工业、交通、住房、医疗、养老、体育、教育等产业融合发展。加快推进8条大桂林生态休闲旅游精品线路，构建大桂林生态休闲旅游圈。大力实施文化旅游扶贫，打造一批文化旅游重点村、民族风情特色村、传统村落、田园综合体和产业园。加快乡村旅游品质提升，建设升级一批星级乡村旅游区、星级农家乐，加快推广遇龙河国家旅游度假区、秀峰桃花湾旅游度假区的高端民宿业态模式，推动乡村休闲度假转型升级。提升打造一批旅游度假区、高A级旅游景区、文化旅游街区、文化旅游精品线路、文化旅游演艺和文化创意品牌，推动抓好漓江文化旅游提升发展，推动一批星级酒店和精品民宿建设提升。推动加快发展健康体育旅游，建设国际旅游消费中心，大力营销“桂林有礼”品牌和广西特产、塑造桂林饮食文化。

加强示范创建。桂林将城市、县城、乡镇、村庄进行统筹谋划、统一推进，建成千余亩的临桂新区山水公园、300亩的市民公园，新区水系和“两江四湖”二期建成通航，扩大“两江四湖”的游览面积；打造8条大桂林生态休闲精品线路，阳朔、兴安成为国家全域旅游示范区、全国旅游标准化示范单位，遇龙河成为广西首个国家级旅游度假区。

坚持以创建全域旅游示范区、广西特色旅游名县、旅游标准化示范县为引领，打造一批文化旅游强县。以创建国家、自治区全域旅游示范区为重要抓手，推进各县（市、区）出台支持文化旅游发展的政策措施，完善旅游基础设施和旅游公共服务体系，补齐公共服务短板，提升旅游品质。推动兴安、龙胜、恭城、雁山加快创建国家全域旅游示范区，除永福、平乐、叠彩、象山、七星县（区）外，其他县（区）全部建成广西全域旅游示范区（或广西特色旅游名县）。

推动融合提升。桂林市全力推动文化旅游生态融合发展，坚持国际旅游胜地建设“一本蓝图绘到底”，取得较好成效。实现从传统产业发展模式向全域旅游升级、从观光游览地向休闲度假地升级、从旅游产业基本要素发展向“文化旅游”深度融合升级、从开发一般文化和旅游项目向创造未来文化遗产升级、从基本服务规范向国际化服务品质升级、从旅游企业相互竞争向文化和旅游产业集聚发展升级、从一般国际旅游城市向国际旅游胜地升级。旅游总消费从2015年的517亿元增长到2019年的1874亿元，年均增长37.98%。

桂林国际旅游胜地建设发展形成“全景旅游、全业融合、全时体验、全民共享”的全域旅游桂林模式。

（九）生态文明：桂林践行青山碧水蓝天白云的见证

建设“全国生态文明建设示范区”是桂林国际旅游胜地建设发展的四大目标定位之一。桂林拥有得天独厚的漓江山水生态景观资源，享有“山水甲天下”的美誉，是全国首个国家旅游综合改革试验区，是国际旅游城市、国家历史文化名城和区域性中心城市。桂林市拥有世界上发育最典型的喀斯特地貌，以漓江山水为代表的喀斯特景观资源，是“中国南方喀斯特”地貌演化史的代表。2014年，以桂林山水为代表的“中国南方喀斯特”地貌被联合国教科文组织列入《世界遗产名录》。但桂林地处西部多民族欠发达地区，经济发展方式还比较粗放，基础设施建设相对滞后，景观资源的保育能力不足，支撑经济社会发展等方面的能力均有弱化趋势。有效保护与合理利用好各类景观资源、实现经济社会同步可持续发展，是摆在桂林面前的重大挑战，尤其是在国家对环保约束越来越严格的背景下，如何保护好脆弱的喀斯特山水资源、少数民族原生态资源和文化景观、脆弱的历史文化记忆和遗址遗迹遗存，是桂林市需要解决的难题。

桂林市重视资源永续利用发展，积极组织开展国家可持续发展议程创新示范区创建工作，先后聘请专家编制《桂林市可持续发展规划（2017—2030年）》《桂林市国家可持续发展议程创新示范区建设方案（2017—2020年）》。经过努力，国务院于2018年批复同意了桂林市以“景观资源可持续利用”为主题建设国家可持续发展议程创新示范区的请示。为此，桂林拉开了以“景观资源可持续利用”建设的大序幕，对喀斯特石漠化生态修复、环保、生态治理、绿色农业、生态旅游、生态康养等各类工程技术进行深层次的改造创新，探索一系列可操作应用、复制推广的实践模式，以“景观资源可持续利用”为主题，探索一批“绿水青山就是金山银山”实践创新基地，为我国山区可持续发展提供实践经验。

桂林市坚持问题导向、创新驱动、项目带动，高标准实施“自然景观资源保育、生态旅游创新发展、生态农业创新发展、文化康养产业创新发展、创新驱动能力支撑”五大行动和17项重点工程。在破解可持续发展典型问题、培育发展新动能、提升老百姓幸福感和获得感等方面取得明显成效，并积累成功经验，初步形成创新驱动可持续发展的局面。近三年来，桂林总投资累计1215亿元，完成计划投资额的76.92%，有效推进79个重点工程项目的实施。其中，生态旅游产业创新发展行动资金投入603.80亿元、约占总投资的50%，自然景观资源保育行动资金投入197.70亿元、约占总投资的16%，创新驱动能力支撑行动资金投入166.60亿元、约占总投资的14%，文化康养产业创新发展行动资金投入164.46亿元、约占总投资的13%，生态农业创新发展行动资金投入82.70亿元、约占总投资的7%。不断深化科技与体制机制改革，出台《关于实施创新驱动发展战略的决定》《桂林市促进科技创新发展实施办法》等系列政策文件，形成政策组合拳；2019年10月，桂林市与深圳市共同建立“人才飞地”机制，实现深桂两市人才直接对话、跨区域资源对接和信息共享；完善可持续发展相关地方立法，制订出台《桂林市漓江风景名胜区管理条例》，积极推动《桂林市喀斯特景观资源可持续利用条例（草案）》等地方立法工作；创新保护与发展体制机制，推进漓江“三统”（统一管理、统一经营、统筹利益分配）改革；探索建立健全漓江生态补偿机制，拟订《建立桂林漓江风景名胜区生态补偿机制实施方案》；成功打造中国—东盟可持续发展创新合作国际论坛，与联合国开发计划署等国际机构建立良好的合作关系，组建可持续发展专家智库。

桂林市通过国家环境保护模范城市复核，先后成为全国水生态文明建设试点城市、国家级低碳城市试点城市、国家生态文明先行示范区，表明桂林市生态环境保护工作成绩得到国家有关部委的高度认可，一批成果经验和成熟模式能够在全国范围内推广应用。

一批重大生态文明建设工程取得成效。桂林防洪及漓江补水、漓江流域环境保护与治理、桂林喀斯特世界自然文化遗产申报、明靖江王城王陵建设等工程建设取得明显成效。桂林市生态环境质量始终保持良好，环境空气质量逐年改善，2016 年环境优良天数达到 306 天，市域主要江河干流漓江（桂江）、浔江、洛清江、湘江、资江水质达到或优于国家 III 类水质标准，国控、区控断面水质达标率均为 100%。

二　桂林国际旅游胜地建设发展面临的挑战

（一）制约桂林国际旅游胜地发展的结构性矛盾未得到更好解决

桂林国际旅游胜地建设各项事业得到较好的发展，但与打造世界一流旅游目的地和世界旅游城市的更高要求相比，桂林旅游仍存在结构性矛盾等问题。主要表现在：一是世界的优质资源与世界级旅游品牌不匹配矛盾。桂林具有甲天下的山水、文化、生态资源，桂林旅游也是世界品牌，但已有的旅游品质却尚未达到世界级水平。二是旅游空间与旅游新发展的矛盾。桂林在旅游发展空间方面基本上仍是停留在漓江与桂林秀峰区，阳朔尽管近年来旅游空间有所扩大，但主要布局在遇龙河和县城，呈现的依然是点—线发展模式，未形成带—面发展模式，导致许多旅游新业态难以及时在桂林发展。三是国际化元素和国际化程度低。桂林旅游公共设施、旅游产品水平、旅游基础设施、旅游服务水准、旅游元素、文明城市等各方面，国际化水平和国际化元素均不明显，尤其是国际化管理水平方面，与国外一些著名的国际旅游胜地差距较大。四是已开发的资源掌握在小投资商、小公司、小业主手中，许多优质资源难以得到有效整合开发，比如阳朔的十里画廊、桂阳公路旅游带、漓东旅游带等旅游项目均掌控在实力较弱的业主手中，难以有效进行资源整合、产业融合，形成具有集约化、集团化、集群式发展格局。五是桂林客源结构大部分掌控在旅行社和实力较弱的旅游中间商中，导致桂林在客源市场结构改革上举步维艰，适应市场发展的新业态、新方式难以得到快速发展，特别是传统的旅游产品结构没有得到根本性改革，客源结构依然以观光为主，让桂林的旅游经济和旅游市场不大、不强，有数量但经济效益不强等。

（二）国际标准的旅游公共服务体系仍不健全

要建成世界一流的旅游目的地，不仅要有世界级的旅游资源和高端休闲度假旅游项目，也要有符合国际标准、世界一流水平的旅游公共服务体系，这样才能为广大境外游客营造良好的旅游环境。但是，当前桂林城市服务功能国际化水平不高，旅游交通接驳脱节，旅游道路建设滞后、等级不高，大部分景区景点和主要街道缺少双语路名牌、指示牌、导览牌等，旅游公共接待设施存在老化和供给不足现象，服务配套滞后、缺失，且当前以景点、景区为依托的旅游公共配套和服务设施已不能满足大众旅游市场需求。所以，按照国际标准，加大力度完善旅游公共配套设施，提升旅游综合服务水平，才能为建成世界一流的旅游目的地提供坚实的服务基础。

（三）区域竞争激烈，扶持政策收紧，环境约束严，生态保育任务繁重

区域竞争日益激烈。近年来，国内旅游呈现持续快速增长势头，尤其云南、海南、贵州等地旅游业发展十分迅速，旅游模式、品种多样，极大地促进了当地的经济发展。如贵州省从 2005 年开始抓旅游，逐步构建“全季节体验”的旅游产品体系，打造山地旅游、健康旅游、民族风情旅游、文化

旅游、高铁旅游等旅游新业态，贵州省的旅游产业也呈井喷式增长，一跃成为国内的旅游大省。面对诸多竞争，桂林必须优化旅游产品类型；依托其独一无二的山水景观，深挖历史文化内涵，做足休闲度假概念，重视旅游产品推陈出新，以适应越来越激烈的市场竞争。

区域经济发展的扶持政策正在收紧。当前，在土地资源管理政策日益收紧、财税金融政策愈发严格、环保耗能约束逐渐严厉的形势下，地方区域经济发展如何应对新常态，招商引资如何适应新形势，寻求创新发展，已经成为桂林打造国际旅游胜地过程中必须要面对的一个重大课题。面对新的发展形势，桂林必须要利用好国际旅游胜地的优势；立足当地现有产业和项目做好转型升级和培育的文章；多方面整合资源配置，达到对外部项目和资本的吸引能力；做好地方或区域产业发展资源要素的对接承接；拓展招商引资形式的多样化和多变化；搭建多类平台，促进招商引资工作开展；努力实现招商引资的新突破。

桂林生态景观资源保育任务依然繁重。近年来，桂林虽然有一大批生态文明建设工程和项目建设取得明显成效，但仍难以在短时间内完全改变桂林生态环境本底脆弱的实际情况，这就造成桂林水生态系统保护与修复、岩溶石漠化治理、耕地保护综合整治、漓江流域营林造林等工作依然十分繁重。加之越来越多的游客人数和不断扩张的城市空间，城市资源环境承载能力将面临巨大考验。如何修复、保育与合理开发桂林山水的生态资源，整体提升支撑桂林发展的生态承载力，为子孙后代保护传承好桂林山水生态资源这座“金山银山”，是桂林创建全国生态文明建设示范区的使命和课题。

（四）对外交流合作平台的带动效应仍显不足

一是国际会展交流不足。虽然桂林已有国际会展中心等 5 个大型场馆，室内展位面积约 3.8 万平方米，但由于场馆设施及功能不完善，无法满足举办更高规格、更大规模展览及会议论坛需求，在一定程度上制约着桂林会展业发展，导致现有国际会展平台带动商贸、旅游、餐饮住宿等产业发展的能力不足。

二是跨区域旅游合作发展水平不高。随着高铁的开通运营，许多周边地区高度重视高铁旅游业发展，贵州省各地、福建南平通过定期、定向减免门票、减免高速公路通行费等方式来吸引游客，相对而言，桂林乃至广西在这方面的针对性举措不多。此外，虽然粤桂黔高铁经济带合作试验区（桂林）广西园落户灵川，但园区组织管理、开发建设进展缓慢，与广东、贵州以及柳州等地的工作存在明显差距。

三是文化旅游发展的国际化水平有待提升。桂林 72 小时的过境免签时限较短，入境旅游免签的国别范围较小。同时桂林两江国际机场国际航线少、航线覆盖城市少，导致 72 小时过境免签政策实施效果不明显。基础设施、公共服务设施的国际化服务水平有待提升。桂林的国际化人才、全过程管理型人才较缺乏，急需培育一支国际化的人才队伍。

三　桂林国际旅游胜地建设发展建议

（一）进一步加快产旅融合、城景协调发展

1. 创新城景协同发展

创新城景协同发展，加强旅游在城市品牌建设的辐射力，将旅游资源的潜力彻底转化为城市吸引力，将分散的旅游线路节点转化为旅游目的地和旅游景区。以突出城市文化底蕴及特色为核心，合理规划集“衣、食、住、行、娱、购、体验”于一体的 24 小时全域旅游线路集。

2. 注重老城区城市更新与景区提档升级的协同

结合老城区功能疏解、危旧房改造等内容，将“两江四湖”项目周边地区搬迁腾出用地的规划与开发工作纳入“两江四湖”项目升级版建设。建议由市政府统一安排，将原行政事业用地重点发展休闲购物、滨河（湖）特色餐饮、小众文艺演出等业态，将“两江四湖”周边危旧房升级改造成桂北特色民居带，实现“两江四湖”由传统的观光旅游项目向观光旅游与都市休闲互动于一体的旅游项目转变。

3. 注重县域城镇化与特色旅游（产业）小镇的协同

没有产业支撑的城镇化建设完全就如同空中楼阁、海市蜃楼，但是推行城镇化也不是要大拆、大建、大搬迁，而是要结合桂林各县生态环境优良、特色资源丰富的实际，推行就地城镇化。所以，依托地区优势产业基础和特色资源禀赋，加快特色旅游（产业）小镇建设，可以成为县域城镇化的重要载体。按照A级旅游景区的标准，打造一批特色旅游小镇，集聚旅游及相关产业要素和人气，实现相关产业人口在特色旅游小镇集聚，有效提升城镇人口数量。

4. 注重美丽乡村建设与全域旅游的协同

全域旅游是美丽乡村建设的新载体，美丽乡村是全域旅游的重要依托。要从点、线、面全方位统筹美丽乡村与全域旅游发展。其中，抓好景区景点、村庄、居民点建设，每一个景点、每一个居民点甚至每一个栋建筑都可以被打造为精品、塑造为景观，这一方面可以通过发展民宿经济，让每个点的环境更加优美、服务功能更加完善；另一方面将连接各个乡镇和散落分布的景点的盘山公路、乡间小道、隧道、高架桥等建设为风景路、景观道，游客走在路上就有赏心悦目的旅游体验，例如，可以将广西公路自行车赛道与城市街道、自然景区进行结合，打造桂林特色的旅游风光道路；此外，要注重面上的软环境改善，提升当地居民整体文明素质，改善旅游市场秩序等。

（二）积极发展旅游消费新模式，全面提升旅游消费水平

1. 建设国际旅游消费中心

加快创建国家文化和旅游消费城市，营造高品质消费环境，发展中高端、个性化旅游产品，激发旅游消费潜力，培育壮大旅游消费市场，建设成为国际一流的旅游消费中心。依托桂林市中心城区、阳朔以及其他具备条件的县（市），打造一批文化旅游消费集聚区，培育文化和旅游消费热点。重点推动秀峰桃花湾、融创桂林文化旅游城、阳朔遇龙河、兴安猫儿山、全州大碧头等培育健康养生、休闲度假、体育运动等消费市场，提升服务质量和

水平，引导高端私人定制旅游消费规范发展。积极开展夜游景区、夜间演艺、夜游街区等夜间文化旅游活动，培育夜间游憩、特色餐饮、健身休闲、时尚购物等夜间经济产业，丰富夜间旅游消费场景。重点提升“两江四湖”沿岸和阳朔西街夜游体验，大力开发驻场演艺、公园夜游和沉浸体验式夜生活项目，完善城市夜游综合配套与服务保障水平，支持有条件的旅游景区（点）、文化场馆等夜间开放，开发业态多元、吸引力强的夜间旅游优质项目和产品，拓展夜间消费市场。

2. 扩大和引导文化消费

加大力度推进文化消费供给侧改革，强化文化消费业态的创新，以积极、健康、向上的现代文化消费理念引领一批国家级文化产业示范基地的新发展，培育一批文化创意产业体系和做强做大桂林具有潜力的文创创意产业企业，特别是引导印象刘三姐、宋城千古情、力港网络动漫、五通农民画等创意产业、衍生文创、IP 文创的创新发展，开发面向大众的文化消费产品，满足国内外不同文化背景的游客的消费需求。出台激励政策，支持业余休闲文化消费业发展，让更多的优秀影视作品、图书、演艺、动漫、文创等文化实体进入机关学校、乡村企业、部队基层，积极开展全民阅读、雅俗共赏等文化消费活动。鼓励各地积极打造文创商店、特色书店、小剧场、文化娱乐场所、主题街区等多种业态的文化消费集聚地，推进传统文化消费转型发展。

3. 培育新型文化旅游消费模式

加快适应新形势新需求，积极利用新技术新手段，全力开拓文化旅游消费新领域，激发文化旅游市场消费活力。一是大力培育“双周”经济。积极开展“桂林人游桂林”等宣传推介活动，加强柳州、南宁、广州、深圳、贵阳等周边客源市场开发，重点策划周末“短期游”主题体验产品和短途旅游线路，推出一系列惠民套餐，迅速提升周边周末短期游市场占有率。二是支持发展文化和旅游数字经济。利用现代化信息技术，推动文化和旅游消费效能提升，推广电子票、云排队等消费形式，提高文化和旅游消费便捷度，打造数字文化和旅游共享经济新模式。三是鼓励发展网红经济。创新文化旅游游览体验，打造网红餐厅、网红景区、网红小吃、网红酒店等消费热点，开展网络演艺、线上游览、直播带货等消费业态。

4. 完善促进消费政策

鼓励各地制定消费优惠政策，举办消费季、消费月活动，制定带薪休假制度实施细则，实行国民休闲旅游计划等。结合壮族“三月三”和其他少数民族的传统节庆活动，灵活安排带薪休假和错峰休假，扩大节假日消费；引导有条件的企业和单位根据实际情况，依法优化调整作息安排，为干部、职工周五下午与周末外出休闲度假创造有利条件。建立健全文化旅游市场监管和消费维权体系，实施放心消费行动，全方位优化消费环境。

（三）强化优质旅游，引领旅游新业态发展

文化旅游产业提质增效工程。把握好后疫情时期文化旅游产业发展趋势和机遇，优化“一核三带三极多点”全域旅游发展格局，加快建设桂林市中心城区文化旅游发展核心，打造漓江沿线、湘桂走廊、西南通道三大文化旅游经济发展带，做优做强阳朔、龙胜、兴安三大文化旅游增长极，强化多点辐射，带动桂林市文化旅游发展和提质扩容，建设大桂林大景区。

旅游新业态、旅游新产品、旅游新基建、现代特色服务工程提质增效工程。采用最新的发展理念，包装策划一批具有世界级水准的精品旅游景区、线路、旅游带、旅游廊道等。依托桂林优质的农业、山水、林业、文化等资源，规划一批大康养、沉浸式体验、休闲度假、山地运动、精品民宿、商务会展、旅居康养等旅游新业态、新产品、新服务项目，构建全域化、国际化、品牌化、高端化的全域旅游体系。强化夜间旅游、私人定制、文创 IP 等新型旅游消费业态；开展旅游服务标准化体系建设，推出诚信旅游建设、服务质量建设工程，以国际、国家和地方旅游标准化为依据，打造一批旅游标准化示范基地、示范企业，不断提升具有国际水准的旅游公共服务体系。尤其是强化“旅游 + ”产业融合体系工程建设，培育打造一批农旅融合、文旅融合、体旅融合、林旅融合、康旅融合、医旅融合新业态。统筹推进华江九寨、清江湿地公园、观阳古镇、兴坪特色镇、梦幻阳朔、妈祖文化、仙

家温泉、福寿田园综合体、九曲龙溪田园综合体、阳朔·春风漓水田园综合体、红色记忆·梨李飘香田园综合体等项目。

历史文化遗产保护传承与开发示范工程。开展灵渠（南渠）修缮工程，建设非遗展示馆和传承展示中心，非物质文化遗产生产性保护示范基地。在红军长征过广西路段沿线深入挖掘一批主题鲜明、内涵清晰、影响突出的长征文物和文化资源，推动红色旅游基础设施建设，开展湘江战役干部培训学院、长征国家文化公园、非物质文化遗产（彩调）传承综合建设及县级文化馆建设、桂台民族文化创意园等项目，串联沿线重要遗址遗存、民族文化、自然生态等，建设红色文化教育培训、实景演出、管控保护、主题展示、文化和旅游融合、传统利用等主题功能区，实施保护传承、研究发掘、文化和旅游融合、环境配套、数字再现、人才提升等项目。

民俗与特色文化保护开发示范工程。着力打造民俗与特色文化标签，增强桂林文化的知名度和影响力。探索推出“城市文化菜单”，收录具有一定国际影响力、具备行业标志性的品牌文化活动，繁荣文化演艺产业，支持各类经营主体建设中小型文化演艺空间，打响具有桂林特色的文化演艺体验品牌，规划建设特色影视拍摄基地，探索举办有影响力的电影节。培育壮大文化创意产业，提升动漫游戏、出版发行、创意设计、文博非遗、数字创意等产业发展水平，提升桂林高新区创意产业园发展水平，积极打造一批文化艺术创作基地。开展桂台民族文化创意园、阳朔国际艺术村、阳朔影视文化和旅游产业示范基地等项目。

消费提升和环境营造工程。通过消费促进桂林旅游业、生态农业、农产品加工业、健康医药产业、文化产业跨越式发展。顺应消费升级趋势，提升传统消费，培育新型消费，适当增加公共消费。加快发展大宗消费、线上消费、健康消费、文化和旅游消费，鼓励发展新消费模式。完善促进消费政策，推动传统商品消费提质升级。开拓城乡消费市场，打造专业化、特色化、区域性国际消费中心城市，提升以县城为重要载体的城乡融合消费网络节点。促进服务消费，壮大夜间经济，培育更多消费新增长点。完善节假日制度，落实带薪休假制度，扩大节假日消费。

加强消费市场监管和信用体系建设，畅通消费者维权机制，营造安全放心的消费环境。

（四）完善公共服务，提升国际旅游竞争力

1. 推动国际旅游集散地升级发展

完善旅游集散中心建设，提升旅游交通集散服务效能，创新旅游集散联动运营模式，持续推进桂林国际旅游集散地升级发展。优化市域旅游集散中心总体布局，结合机场、火车站、汽车客运站、旅游码头等建设旅游集散中心，加强各县（市、区）现有旅游集散中心的提升，“十四五”期间建成18个三级以上旅游集散中心。推动旅游集散中心标准化建设，完善游客自助旅游、团队服务、旅游信息咨询、旅游集散换乘、车辆租赁、景区票务服务、购物休闲等功能，培养专业管理服务人才，推进运营管理与服务规范化。推动成立桂林市旅游集散中心联盟，构建覆盖桂林市的集散网络运营平台，加强各地旅游集散中心线路联运、信息互通、资源互享、客源互送、产品互联、营销互动。

2. 打造智能高效的旅游咨询服务体系

实施旅游咨询服务中心（点）提升工程，对各县（市、区）现有的旅游咨询服务中心（点）进行硬件设施和服务的提档升级。优化桂林两江国际机场、市域各高铁站、市县汽车客运站、漓江旅游码头、高速公路服务区、星级旅游饭店、重要景区和度假区、特色街区等重要场所旅游咨询服务中心（点）建设，完善桂林城市文化旅游服务中心旅游咨询服务功能，扩大旅游咨询服务网络，预计到“十四五”末桂林市旅游咨询服务中心（点）数量达到60个。依托“一键游桂林·i游桂林”智慧服务平台，完善线上查询、咨询服务功能，推广重要涉旅区域国际语言无障碍服务终端系统、桂林文化旅游公共服务智能互动平台设置，加快旅游咨询服务便捷化、高效化、智慧化发展。

3. 深入开展厕所革命

继续推进厕所革命，推进旅游厕所标准化建设，大力发展智慧旅游厕

所，提升桂林市旅游厕所管理与服务水平。实施旅游厕所建设提升工程。推动A级以上旅游景区、度假区、桂林市城区等旅游厕所标准化建设，推动现有旅游厕所升级改造，按照国家相关规范标准完善旅游厕所各类设施设备，推广节能节水、生态环保、卫生保洁先进科技应用。优化旅游厕所布局，加强公共文化设施、文化产业园（基地）、乡村旅游廊道沿线、漓江（桂林城区至阳朔段）沿线、西北和南部旅游环线公路等重点区域旅游厕所建设。预计到“十四五”期末，桂林市A级旅游厕所数量达到600座以上。整合利用云计算、物联网、移动互联网等技术，重点推进桂林市城区、4A级及以上旅游景区、自治区级及以上旅游度假区、漓江（桂林城区至阳朔段）沿线等智慧旅游厕所建设。推进桂林市景区内外旅游厕所电子地图上线工作。健全厕所管理与服务机制，积极探索旅游厕所社会化、市场化管理新模式，鼓励“以商建厕、以商养厕、以商管厕”，促进旅游厕所建设与管理可持续发展。

4. 加快智慧文化和旅游“新基建”

推动公共文化服务数字化。加快建设数字文化场馆。推动市博物馆、市图书馆、市非遗展示馆、省立艺术馆以及县级图书馆、文化馆等植入先进信息化、数字化技术，加强智能化展陈设施配备，增强文化场馆展览互动性和体验性，提升公共文化设施智能化服务水平。推进“互联网+公共文化”融合发展，建设公共文化云、智慧图书馆体系，提升全民阅读、全民艺术普及数字化水平。支持桂林市博物馆、图书馆、省立艺术馆开展基于5G等新技术的数字化、网络化服务，大力发展云展览、云阅读、云视听、云演艺、数字艺术等业态，推动公共文化服务走上“云端”、进入“指尖”。完善数字文化资源供给，加强移动互联网传播和数字文化服务推广，逐步形成内容丰富、技术先进、覆盖城乡、传播快捷的公共数字文化体系。

打造“一键游桂林·i游桂林”智慧旅游服务体系。完善“一键游桂林·i游桂林”智慧旅游公共服务体系，升级旅游综合监管、智慧旅游服务、智慧营销综合功能，实现网络全覆盖，推进旅游公共服务数字化智能化。整合共享交通、民航、出入境、公安等涉旅数据信息，加快各县（市、区）智慧旅游平台数据接入，加强对桂林市文化旅游主管部门、涉旅企业、重要旅游设施智能高效监管，加快形成市、县、企业三级可视化旅游综合管理系统，增强旅游市场大数据监管和服务能力。整合桂林市文化旅游优质资源，围绕“吃、住、行、游、娱、购”六大旅游要素为游客提供一站式服务。推进建设一批智慧景区、智慧乡村旅游区、智慧旅游饭店、智慧旅行社，引导旅游企业开展信息化、数字化提升改造，持续完善在线预订、分时段预约游览、智能导游导览等“一键式”服务。加强与旅游企业的信息合作营销，建立跨区域的智慧旅游营销合作平台，丰富旅游宣传营销渠道。鼓励通过网络直播等多元形式开展线上营销，利用5G、VR等新技术开发线上云游、线上展览等应用，提升智慧营销水平。

加快建设智慧旅游服务终端。加快开发“国际语言无障碍服务终端系统暨桂林文化旅游公共服务智能互动平台”，在重要涉旅场所开展部署，服务国内外广大游客。在两江国际机场、旅游集散中心和旅游咨询服务中心、星级旅游饭店等部署语言无障碍服务终端；在两江国际机场、桂林北站、桂林站、琴潭客运站、“一院两馆”及其他重要文化设施、4A级及以上景区、度假区、星级旅游饭店等部署文化旅游公共服务智能互动终端。

（五）扩大国际合作与交流，深化跨区域共建共享

1. 加强与东盟国家、欧美国家、日韩、共建“一带一路”国家和地区等的交流合作

加强与东盟开放合作。依托联合国世界旅游组织/亚太旅游协会旅游趋势与展望国际论坛、中国—东盟博览会专题旅游展和中国—东盟文化艺术周等国际性活动，深化与东盟国家城市在旅游、人文等方面的交流合作，推进桂林与东盟国家资源共享、客源互送。积极发挥桂林旅游学院中国—东盟旅游人才教育培训基地的作用，推动设立国际旅游人才培训基地。争取与具有合作潜力的国外城市缔结友好关系，开拓繁荣旅游多边贸易市场。积极参与广西丝路书香工程，争取创办广西（桂林）建设“一带一路”旅游发展高峰论坛及旅游商品交易博览会，强化与共建“一带一路”国家和地区在旅

游市场营销、旅游景区开发等方面的交流合作。实施开放便利的出入境管理措施，扩大旅行社行业开放、放宽旅游从业人员限制、鼓励旅游金融创新等，逐步实现免税自由购物、免审跨区投资。围绕动漫、数字艺术、创意设计、演艺娱乐等领域，培育文化出口重点企业，推动建立1家以上面向东盟的文化出口基地，扩大文化产品和服务出口。

拓展与欧美、日韩等国家和地区的文化和旅游交流合作。依托联合国世界旅游组织/亚太旅游协会旅游趋势与展望国际论坛，加强与欧美、日韩等国家的文化旅游交流合作。支持联合国世界旅游组织、亚太旅游协会、世界旅游旅行理事会、世界旅游城市联合会、世界旅游联盟等国际旅游组织在桂林设立办事处，支持境外旅行商在桂林市设立分支机构，给予场地、税收等优惠政策支持。积极参与国际文化旅游合作与分工，承办国际文化交流节会，开展国际性赛事娱乐活动，加强桂林与各国在文化旅游可持续发展战略、目的地宣传与开发建设、文化对外贸易、人才教育培训等方面的合作，将桂林打造成为国际文化旅游中心。

2. 深化与粤港澳大湾区交流合作

加强文化和旅游企业交流合作。以广西构建“南向、北联、东融、西合”开放新格局为契机，深度融入粤港澳大湾区发展，立足桂林区位优势，积极举办面向粤港澳大湾区的文化旅游专题招商洽谈会和文化艺术交流活动。加强科技、人才、营销等方面的交流，不断拓宽文化旅游合作领域。加大对粤港澳大湾区招商引资力度，对香港、澳门、广东的文旅创新企业以及旅游高科技企业、技术进行引进，通过各种交流与合作平台提高涉粤港澳大湾区企业的服务水平，以此提升桂林文化和旅游企业竞争力。

规划实施好“粤桂画廊”。以旅游线路为纽带，以产业互补、共建共享、互通有无为重点，深化粤桂两地的肇庆、广州、贺州、桂林四市文化和旅游合作，构建点、线、带、面梯度发展的国家级旅游廊道，以广州和桂林为两个龙头，做好“粤桂画廊”在康养旅游、文化旅游、休闲度假等大项目上共建共享，共同打造世界级的康养旅游休闲度假旅游胜地，加快文化和旅游人才队伍集聚，为合作共建提供坚实的人才支撑，推动沿线城市文化和旅游产业互助、成果共享，为新发展阶段推进东西部合作提供新样板。

3. 强化与国内省市交流合作

加强与西南地区城市文化和旅游交流合作。加强与云南、贵州等西南地区文化旅游合作，推动成立粤桂湘滇黔五省区文化旅游合作联盟，形成区域旅游资源共享、信息互通、线路互推、游客互送、利益共赢的良好合作模式。推动与湖南、贵州等"重走长征路"沿线城市、西部红色旅游城市等地区的红色旅游推广合作，联合打造红色跨省区线路，共建湘桂红色精品旅游线路。推动桂林与昆明、贵阳、重庆等游客集散地（出游地）的联结与互动，加强整体促销推广，共同打造"大西南旅游"品牌。

积极构建湘桂文化旅游走廊。依托湖南永州—桂林—柳州湘桂高速铁路、泉南高速公路等交通干线构建湘桂文化旅游走廊，积极对接湖南、湖北等中南地区，强化与南宁、柳州等区内城市连接，构建面向东盟国家和地区的文化旅游国际大通道，加强南北双向交通互通、线路互通、产品互助、优势互补，推动引客入桂（林），形成联通中南地区、北部湾城市和东盟国家的海陆衔接文化旅游国际廊道，推动文化旅游对外交流合作。

加强与国内其他城市合作。加强与北京、上海和西安等全国旅游影响力较大城市的交流合作，扩大桂林国际旅游胜地在全国的影响力。推动成立京沪西（安）桂（林）旅游联盟，积极融入"北上陕"中国入境旅游枢纽合作机制。加强与长三角、京津冀、成渝等区域建立密切的旅游合作关系，强化与东北、华北等地区在旅居养老、健康养生等方面的合作，持续办好"冬游桂林"活动。

参考文献

陈宪忠：《世界旅游论坛永久落户桂林的影响力》，《旅游研究与实践》2009 年第 3 期。

桂林市人民政府：《桂林市国家可持续发展议程创新示范区建设方案（2021—2025 年）》，2021 年 3 月。

桂林市发展和改革委员会:《〈桂林国际旅游胜地建设发展规划纲要〉实施情况中期评估报告》,2018 年 11 月。

张志成:《桂林国际旅游胜地建设取得较好成效》,人民网,2020 年 12 月 25 日。

吴敏:《第十四届联合国世界旅游组织/亚太旅游协会旅游趋势与展望国际论坛聚焦“旅游复苏与转型”》,文化和旅游中国,2020 年 12 月 9 日。

中国城市规划设计研究院:《桂林世界旅游城概念规划》,2011。

林业江:《桂林旅游产业用地改革试点的探索与实践》,《旅游学刊》2017 年第 7 期。

李楚:《政府工作报告》,《桂林日报》2021 年 6 月 29 日,第 13 版。

李志刚:《政府工作报告》,《桂林日报》2012 年 2 月 6 日,第 1 版。

广西旅游规划设计院:《桂林市文化和旅游发展“十四五”规划》,2021 年 3 月。

刘桂丹:《国务院确定建设桂林国家旅游综合改革试验区》,《桂林日报》2009 年 12 月 16 日,第 1 版。

梁国羲等:《桂林市旅游产业用地改革试点工作调研报告》,《南方国土资源》2017 年第 11 期。

广西壮族自治区人民政府:《桂林国际旅游胜地建设发展规划纲要(2012—2020 年)》,2012 年。

B.6
桂林市国家可持续发展议程创新示范区建设发展报告*

马姜明　邵超峰**

摘　要：　本报告围绕桂林市建设国家可持续发展议程创新示范区的新愿景，站在为全球同类城市可持续发展贡献桂林智慧的高度，从桂林市推进“自然景观资源保育、生态旅游创新发展、生态农业创新发展、文化康养产业创新发展、创新驱动能力支撑”五大行动分析创新示范区建设现状；并从创新示范区规划目标任务完成情况、创新驱动可持续发展能力、落实联合国2030可持续发展目标（SDGs）进展3个方面，系统总结创新示范区建设的成效，凝练梳理3个桂林市可持续发展典型案例；对目前创新示范区存在的建设合力需进一步增强、可持续发展创新动能不足、景观资源保育任务艰巨等问题进行分析，提出推进创新示范区建设与经济发展和生态保护的制度与实际操作层面的政策建议，为类似地区实施可持续发展战略提供参考。

关键词：　可持续发展　创新示范区建设　桂林

---

* 本报告为桂林市科学研究与技术开发计划项目“桂林市国家可持续发展议程创新示范区建设评估及发展模式梳理与提升”（项目编号：20180107－3）和“景观资源生态与可持续利用重点实验室培育”（项目编号：20190205）的研究成果。

** 马姜明，博士，教授，博士生导师，广西师范大学生命科学学院副院长，广西师范大学可持续发展创新研究院常务副院长，广西漓江流域景观资源保育与可持续利用重点实验室主任，广西师范大学珠江—西江经济带发展研究院研究员，研究方向为可持续生态学；邵超峰，博士，南开大学环境科学与工程学院教授，研究方向为可持续发展理论与实践。

2015年9月，联合国193个成员国在发展峰会上共同通过纲领性文件——《变革我们的世界：2030年可持续发展议程》（以下简称《2030年可持续发展议程》），文件包含17项可持续发展目标，169项子目标，致力于推动全世界消除极端贫困、促进健康、遏制气候变化等挑战，为全球可持续发展指明方向[①]。我国高度重视落实《2030年可持续发展议程》。习近平主席在出席联合国发展峰会时郑重承诺，中国将以落实《2030年可持续发展议程》为己任，团结协作，推动全球发展事业不断向前。2016年9月，我国发布《中国落实2030年可持续发展议程国别方案》，从战略对接、制度保障、社会动员、资源投入、风险防控、国际合作、监督评估7个方面入手，制定一揽子落实举措[②]。2016年12月，国务院印发《中国落实2030年可持续发展议程创新示范区建设方案》（国发〔2016〕69号），提出在“十三五”期间建设10个左右国家可持续发展议程创新示范区（以下简称“创新示范区”），打造一批可复制的可持续发展现实样板，并明确要求创新示范区建设要以实施创新驱动发展战略为主线，以破解制约我国可持续发展的关键瓶颈问题为着力点，集成各类创新资源，加强科技成果转化，探索完善体制机制，提供系统解决方案[③]。

桂林拥有得天独厚的漓江山水生态景观资源，享有“山水甲天下”的美誉，是全国首个国家旅游综合改革试验区，是国际旅游城市、国家历史文化名城和区域性中心城市[④]。桂林市拥有世界上发育最典型的喀斯特地貌，以漓江山水为代表的喀斯特景观资源，是“中国南方喀斯特”地貌演化史的代表。2014年，以桂林山水为代表的“中国南方喀斯特”地貌被联合国

① 《变革我们的世界：2030年可持续发展议程》，联合国网站，https：//www. un. org/zh/documents/treaty/files/A-RES－70-1. shtml，2015－09－25。

② 《中国落实2030年可持续发展议程国别方案》，外交部网站，https：//www. fmprc. gov. cn/web/zyxw/t1405173. shtml，2016－10－12。

③ 国务院：《国务院关于印发中国落实2030年可持续发展议程创新示范区建设方案的通知》，《中华人民共和国国务院公报》2017年第1期。

④ 广西壮族自治区人民政府、桂林市人民政府：《桂林市可持续发展规划（2017－2030年）》，桂林市科学技术局网站，http：//kjj. guilin. gov. cn/zwgk/zcwj/bszcwj/201811/t20181109_1025508. htm，2018－03－02。

教科文组织列入《世界遗产名录》。但桂林地处西部多民族欠发达地区，经济发展方式还比较粗放，基础设施建设相对滞后，景观资源的保育能力不足，支撑社会经济发展等方面的能力均有弱化趋势。如何有效保护和利用好景观资源、同步实现经济和社会的可持续发展，既是桂林面临的重大挑战，也是中国乃至世界自然资源丰富、生态环境脆弱、社会经济发展相对滞后的同类型城市所面临的共性问题①。

桂林市积极组织开展国家可持续发展议程创新示范区创建工作，组织编制《桂林市可持续发展规划（2017—2030 年）》和《桂林市国家可持续发展议程创新示范区建设方案（2017—2020 年）》。2018 年 2 月，国务院批准桂林市以“景观资源可持续利用”为主题建设国家可持续发展议程创新示范区，要求重点针对喀斯特石漠化地区生态修复和环境保护等问题，集成应用生态治理、绿色高效农业生产等技术，实施自然景观资源保育、生态旅游、生态农业、文化康养等行动，统筹各类创新资源，深化体制机制改革，探索适用技术路线和系统解决方案，形成可操作、可复制、可推广的有效模式，对中西部多民族、生态脆弱地区实现可持续发展发挥示范效应，为落实 2030 年可持续发展议程提供实践经验②。

本报告系统梳理桂林市获批创新示范区建设以来的现状、取得的成效、存在问题及原因分析、今后发展的建议，为助力推进创新示范区建设工作提供参考。

一 桂林市国家可持续发展议程创新示范区建设现状

2018 年 2 月，国务院批复桂林以“景观资源可持续利用”为主题，建

① 广西壮族自治区人民政府、桂林市人民政府：《桂林市国家可持续发展议程创新示范区建设方案（2017—2020 年）》，桂林市科学技术局网站，http：//kjj. guilin. gov. cn/zwgk/zcwj/bszcwj/201811/t20181109_ 1025523. htm，2018 - 03 - 02。

② 国务院：《国务院关于同意桂林市建设国家可持续发展议程创新示范区的批复》，《中华人民共和国国务院公报》2018 年第 7 期。

设国家可持续发展议程创新示范区。3 年多来，桂林市统筹推进“自然景观资源保育、生态旅游创新发展、生态农业创新发展、文化康养产业创新发展、创新驱动能力支撑”五大行动，创新示范区建设取得初步成效[①]。本报告对创新示范区建设现状进行分析。

（一）坚持完善工作保障机制，全力推进创新示范区建设

桂林市将创新示范区建设作为自身发展的重大机遇，从践行新发展理念、落实“五位一体”总体布局和“四个全面”战略布局的高度推进创新示范区建设。

一是广西壮族自治区人民政府及时出台《关于支持桂林市建设国家可持续发展议程创新示范区的若干政策》（桂政发〔2019〕48 号），从财政金融、科技、产业结构、用地等 8 个方面加大对创新示范区建设的支持力度，营造良好政策环境。

二是建立健全推进机制并成立专门机构，成立自治区、桂林市、各县（市、区）三级创新示范区建设领导小组，将创新示范区年度工作任务列入各级政府部门的年度绩效考核内容，形成上下联动、层层抓落实、协同推进的工作格局，率先成立专门工作机构——桂林可持续发展促进中心，具体负责创新示范区的建设和管理工作，为创新示范区建设提供强有力的组织保障。

三是区、市两级政府针对创新示范区的瓶颈问题，在自治区、市两级科技专项资金中设立可持续发展专项，支持创新示范区技术研发、应用与示范。在政府的引导下，创新示范区建设已逐步形成企业、科研院所、社会团体及公众等多元参与、良性互动的局面。

① 钟源：《聚焦人居环境建设共话城市可持续发展——四位全国人大代表畅谈国家可持续发展议程创新示范区建设》，《经济参考报》2020 年 5 月 26 日，第 5 版。

（二）紧密围绕创新示范区建设主题扎实推进各项创新行动，促进经济、社会和生态协调发展

桂林市坚持问题导向、创新驱动、项目带动，高标准实施“五大行动和十七项重点工程”。在破解可持续发展瓶颈问题、培育发展新动能、提升老百姓幸福感、获得感等方面取得明显成效，并积累成功经验，初步形成创新驱动可持续发展的局面。截至 2019 年，有效推进 79 个重点工程项目的实施，总投资累计 1215 亿元，完成计划投资额的 76.92%。其中，生态旅游产业创新发展行动资金投入 603.80 亿元、约占总投资的 50%，自然景观资源保育行动资金投入 197.70 亿元、约占总投资的 16%，创新驱动能力支撑行动资金投入 166.60 亿元、约占总投资的 14%，文化康养产业创新发展行动资金投入 164.46 亿元、约占总投资的 13%，生态农业创新发展行动资金投入 82.70 亿元、约占总投资的 7%。

聚焦打造“宜游宜养的生态之城”“宜居宜业的幸福之城”“活力迸发的创新之城”。一是全力推进生态文明建设，环境更加优美宜居。坚持实施“生态立市”战略，加强自然景观保护和修复，提升漓江流域生态保育水平，构建“山水林田湖草”生命共同体。2019 年市区空气质量优良率达 88.5%，水源地水质达标率均保持 100%，桂林市森林覆盖率提升至 71.62%。二是高质量推进产业发展，经济体系更加绿色协调。积极探索景观、环境、产业融合发展新模式，2019 年桂林市接待游客 1.38 亿人次，旅游总消费达 1874 亿元，“一部手机游桂林”模式在广西推广，桂林旅游世界品牌、国内标杆、区内龙头地位不断提升；实施乡村振兴战略，打造粮食、柑橘、特色水果、蔬菜、中草药、优质家畜 6 个超 100 亿元产业集群，新增“三品一标”农产品 38 个①；获批建设桂林国家健康旅游示范基地，文化康养产业加快发展。三是加强创新体系建设，创新驱动更加坚实有力。重点实施创新平台建设、人才引进和培养、技术创新与成果转化等工程，新

① 秦春成：《政府工作报告》，《桂林日报》2020 年 1 月 22 日，第 2 版。

增国家级科技创新平台21家，建立广西地级市首个海创基地、桂林人才飞地（深圳）、桂电—华为鲲鹏联合创新中心等创新合作载体，有效汇聚创新资源。

（三）深化科技与体制机制改革，激发社会创新动能

一是深入实施创新驱动发展战略。出台《中共桂林市委员会 桂林市人民政府关于实施创新驱动发展战略的决定》（市发〔2017〕15号）、《桂林市促进科技创新发展实施办法》（市政发〔2017〕10号）等系列政策文件，形成政策组合拳；市本级财政科技支出2.73亿元，带动桂林市研发经费投入强度0.82%（2018年数据），科技投入保障更加有力；实施“三百二千”科技创新示范工程，统筹推进重大技术攻关、重大科技创新平台建设、高层次创新人才团队引培、高新技术企业培育和重大科技成果转化，3项成果荣获国家科技奖励。二是完善可持续相关地方立法。围绕可持续发展需求，积极开展《桂林市漓江风景名胜区管理条例》《桂林市喀斯特景观资源可持续利用条例（草案）》等地方立法工作，推动建立健全可持续全法治体系。三是创新保护与发展体制机制。推进漓江“三统”（统一管理、统一经营、统筹利益分配）改革；探索建立健全漓江生态补偿机制，拟定《建立桂林漓江风景名胜区生态环境保护补偿机制实施建议方案》，漓江保护与发展体制机制更加完善。启动市属三大园区体制机制改革，增加创新发展能力考核指标，激发创新发展活力。探索发行绿色金融债券，推动科技成果转移转化。

（四）凝练典型经验模式，讲好“桂林故事”

通过政策引导、科技支撑、机制创新、多方投入、公众参与等方式综合施策，在景观资源科学保护利用、生态产业创新发展、城乡生态环境一体化治理、文化保护传承发展等方面，初步积累一些可持续发展典型经验模式，一系列“桂林故事”获得国内、国际的充分认可。例如，在景观资源保育与科学利用方面，形成“科学保护漓江创新实践模式”，实现漓江生态效

益、社会效益和经济效益三提升；在城乡生态环境一体化综合治理方面，形成生产、生活、生态相融的“恭城模式”，获得“中国人居环境范例奖”，被联合国誉为“发展中国家农村生态经济发展典范”；在以旅游业为主导的生态产业创新发展方面，形成生态保护、旅游与扶贫相结合的龙胜梯田“农旅融合”模式。

（五）加强国内外交流合作，广泛汇聚创新资源

桂林通过不断加强国际国内交流合作，集聚优质创新资源，宣传桂林典型经验模式。一是打造国际交流合作平台。成功举办两届中国—东盟可持续发展创新合作国际论坛，并列入中国—东盟技术转移与创新合作大会议程，成为中国—东盟博览会构架下常态化举办的重要高层论坛。以论坛为纽带，促进一批创新合作项目落户桂林。二是与联合国开发计划署等国际机构建立良好的合作关系。举办首期联合国“科技创新促进可持续发展”发展中国家技术培训班，实施亚洲开发银行技术援助项目，面向全球汇聚资源的渠道进一步拓展。三是加强区域创新合作。组建可持续发展专家智库，实施“三企入桂”行动，引进一批中电科、华为、深科技等中央企业、知名民营企业和大湾区企业，为高质量可持续发展注入强劲动力。

二　桂林市国家可持续发展议程创新示范区建设成效

本报告从实地调研的角度，搜集并整理有关创新示范区建设与绿色发展的资料文件及数据（含理论文献、政策文件、法律法规、案例剖析、年鉴统计数据等）；总结当前桂林市国家可持续发展议程创新示范区建设与绿色发展过程中取得的主要成就，为研究的逻辑建构和政策分析提供理论基础与知识储备。

（一）创新示范区规划目标任务完成情况

对照《桂林市可持续发展规划（2017—2030 年）》和《桂林市国家可持续发展议程创新示范区建设方案（2017—2020 年）》确定的目标任务，规划目标任务的完成情况分析如下。

1. 规划目标指标的达成情况

对照创新示范区规划确定的2020 年发展目标，根据 2017～2019 年的统计数据（见表 1），分析其完成目标的进展及存在的挑战，并通过颜色编码方式表现总体的完成情况：黑色表示已完成或按目前趋势能完成的指标；灰色表示按照目前趋势存在一定挑战的指标；白色表示按目前趋势挑战较大的指标。

《桂林市可持续发展规划（2017—2030 年）》从生态环境、经济发展、社会进步和创新驱动四个方面确定 32 项指标，其中黑色指标有 17 项，占 53.13%；灰色指标有 7 项，占 21.88%；白色指标有 8 项，占 25.00%。

表 1　桂林市可持续发展指标完成进度统计分析

一级指标		二级指标	单位	2017 年	2018 年	2019 年	2020 年目标值	指标状态
生态环境	1	生态保护红线面积占国土面积比例	%	39.07	39.07	39.07	24.20	
	2	森林覆盖率	%	71.23	71.58	71.62	71.30	
	3	漓江干流国控点优于三类水质比例(阳朔)	%	100.00	100.00	100.00	100.00	
	4	臭氧日最大 8 小时平均浓度	μg/m³	139	136	149	120	
	5	PM2.5 年均浓度	μg/m³	44	38	37	35	
	6	非化石能源占一次能源消费比重	%	29.89	32.87	33.34	27.00	
	7	农田土壤有机质含量	g/kg	38.6	39.1	39.5	24.2	
经济发展	8	人均 GDP 较 2015 年的增长率	%	9.70	16.80	23.70	71.00	
	9	旅游总消费占 GDP 的比重	%	48	73	89	28	
	10	旅游总消费较 2015 年增长率	%	971	1388	1874	190	
	11	农田灌溉水有效利用系数	个	0.508	0.526	0.540	0.550	
	12	规模化养殖场(区)畜禽粪便综合利用率	%	77.38	81.68	90.27	95.00	
	13	万元 GDP 能耗较 2015 年下降率	%	8.78	11.92	13.73	14.00	
	14	单位 GDP 二氧化碳排放量较 2015 年下降率	%	10.52	13.54	16.76	9.00	

续表

一级指标		二级指标	单位	2017 年	2018 年	2019 年	2020 年目标值	指标状态
社会进步	15	居民人均可支配收入较 2015 年增长率	%	19.30	28.90	40.00	64.00	
	16	城镇登记失业率	%	2.40	2.80	2.66	<3.57	
	17	城乡收入比	%	2.44	2.37	2.32	2.60	
	18	民生领域财政投入占公共预算支出总额比例	%	79.50	78.87	77.27	≥76	
	19	基本养老保险参保率	%	31.93	32.98	32.98	≥90.00	
	20	基本医疗保险参保率	%	96.49	94.65	95.00	≥95.00	
	21	每千老年人口养老床位数	张	24.60	23.80	28.70	40.00	
	22	每千常住人口执业(助理)医师数	人	13.88	14.33	15.41	2.60	
	23	人口平均预期寿命	岁	77.06	77.00	79.35	79.00	
	24	城镇生活污水集中处理率	%	100.00	100.00	100.00	95.00	
	25	城镇生活垃圾无害化处理率	%	100.00	100.00	100.00	≥95.00	
	26	农村自来水普及率	%	76.30	78.40	81.00	80.00	
	27	固定宽带家庭普及率	%	20.71	26.52	30.36	82.00	
创新驱动	28	研究与试验发展经费支出占地区生产总值比重	%	0.81	0.82	未发布	2.20	
	29	每万从业人员中研发人员数	人	36	38	42	45	
	30	新兴产业增加值占 GDP 比重	%	24.00	25.70	28.10	30.00	
	31	新增劳动力平均受教育年限	年	13.52	13.69	13.85	≥14.00	
	32	公民具备科学素质的比例	%	5.98	6.30	7.00	10.00	

从指标类型分布上看，7 项生态环境指标中，黑色指标 5 项、灰色指标 1 项、白色指标 1 项，说明生态环境改善状况较好，基本上按照预定计划得到较好实施，但臭氧日最大 8 小时平均浓度较高，反映未来光化学烟雾问题值得关注；7 项经济发展指标中，黑色指标 3 项、灰色指标 3 项、白色指标 1 项，说明完成预定的经济发展指标尚有一定压力；13 项社会进步指标中，黑色指标 9 项、白色指标 4 项，由于经济发展水平提升较慢，居民人均可支配收入较 2015 年增长率、基本养老保险参保率、每千老年人口养老床位数、固定宽带家庭普及率 4 项指标偏离预定目标；5 项创新驱动指标中，灰色指标 3 项、白色指标 2 项，无黑色指标，反映桂林市科学技术进步水平有待提

高，在创新驱动社会经济发展方面有待进一步加强。

2. 规划任务的落实情况

两年多以来，通过不断充实完善可持续发展项目库，创新示范区、新增入库项目 137 项，项目总数达 216 项。通过积极争取政策支持、广泛汇聚多方资源，不断加大资金投入，集中力量统筹推进五大行动和十七项重点工程，部分项目已经完成并发挥作用，创新示范区建设取得较大进展。

“五大行动”资金投入情况（见表 2）：自创新示范区获批建设至今，“五大行动”总投入 1200 多亿元。从资金来源上来看，通过不断加大财政投资引导，充分发挥社会投资的主导作用；从资金投入方向上来看，产业发展和生态环境治理是主要发展方向，高度契合经济与生态协调可持续的绿色发展理念。

“五大行动”投入占比（见图 1）：生态旅游产业创新发展行动资金投入占比最高，为 50%；自然景观资源保育行动资金投入占 14%，创新驱动能力支撑行动资金投入占 15%；文化康养产业创新发展行动资金投入占 14%；生态农业创新发展行动投入占 7%。这充分说明五大行动与桂林市到 2020 年基本建成国际旅游胜地，成为全国旅游发展先行区的发展目标高度契合。

（1）自然景观资源保育行动

自然景观资源保育行动包括喀斯特石漠化治理与修复、水生态系统保护与修复、城乡生态环境综合治理、自然景观风貌保护与修复四大工程，共投入 197.7 亿元。从来源上看，内资投入仍然占主导地位，占比达 64%；从投资方向上看，生态环境治理和基础设施建设占比最大，分别为 35% 和 34%（见图 2）。

一是喀斯特石漠化治理与修复工程。重点实施桂林喀斯特世界自然遗产地（风景区）生态景观修复项目，修复面积达 11 万平方米，恢复历史遗留遭到破坏的采石场自然生态，保护桂林喀斯特世界自然遗产地生态景观环境，保持自然遗产地的原真性和完整性。在实施山体和岸线修复的同时，还开展景观工程、污水治理工程，系统解决污水垃圾、景观和防洪问题。通过

表 2 “五大行动”资金投入情况

重点行动	按经费来源分(亿元)					按投入方向分(亿元)						
	财政投资			社会投资		基础设施建设	生态环境治理	科技创新	社会民生	产业发展	其他投入	总投入
	国家	自治区	市、县	内资	外资							
自然景观资源保育行动	19.12	21.20	31.60	125.78	0.00	66.90	70.20	1.70	21.10	37.10	0.70	197.70
生态旅游产业创新发展行动	30.30	41.70	64.60	467.20	0.00	178.00	21.20	1.60	34.30	367.30	1.40	603.80
生态农业创新发展行动	17.50	18.60	20.30	26.30	0.00	28.40	10.10	2.90	12.60	28.30	0.40	82.70
文化康养产业创新发展行动	21.60	28.62	33.40	80.54	2.30	68.60	6.40	1.20	10.40	79.26	0.60	164.46
创新驱动能力支撑行动	12.20	21.80	30.50	100.10	0.00	38.40	9.70	67.40	12.30	75.60	1.20	166.60
总计	100.72	131.92	180.40	799.92	2.30	420.30	97.60	14.80	90.70	587.56	4.30	1215.26

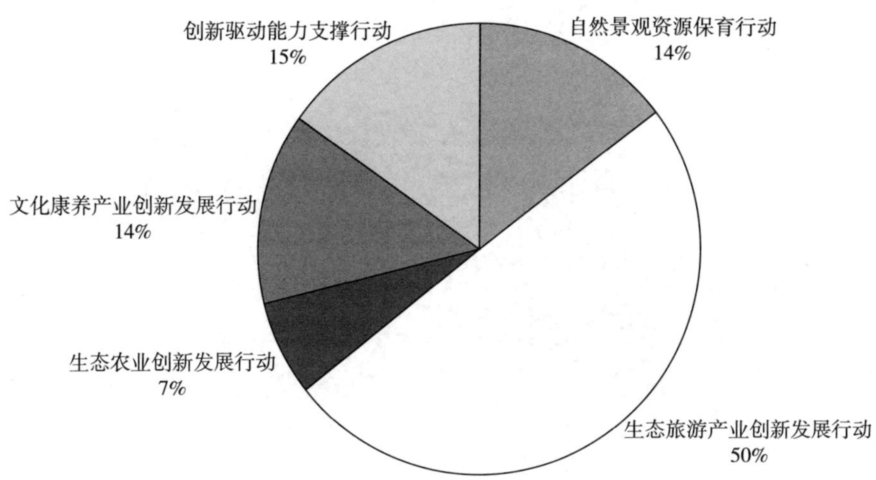

图1 “五大行动”投入占比

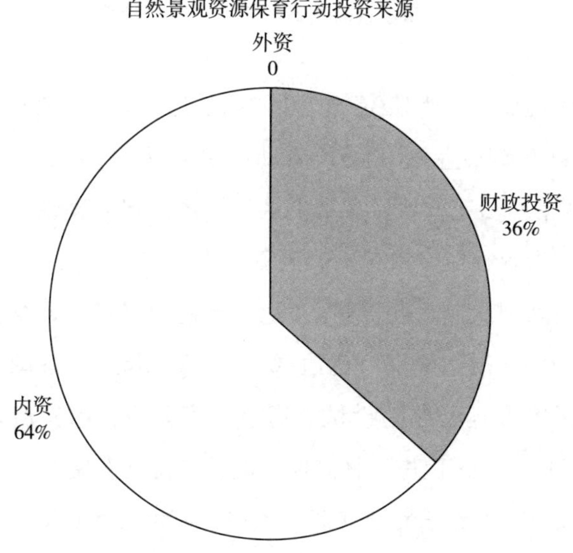

实施一系列工程项目，桂林“石漠化发生率”下降为26.2%。

二是水生态系统保护与修复工程。漓江活动壅水科学试验项目二期主体

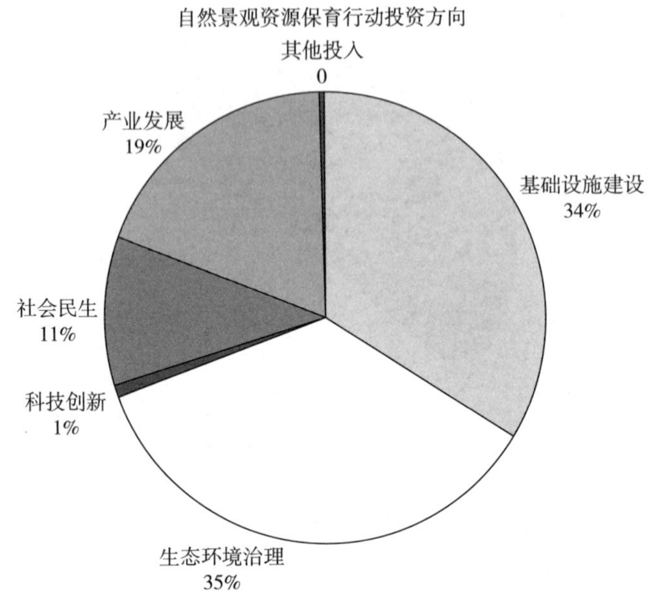

图2　自然景观资源保育行动投资情况

完工，水质保持优良，枯水期生态、景观及通航条件得到改善。开展黑臭水体整治和漓江排污综合治理工程，启动中央水污染防治专项资金南溪河（临桂段）水污染防治工程项目和雁山区草坪乡污水处理系统工程，污水直排漓江现象得到有效控制，入选国家黑臭水体治理示范城市。持续推进水污染防治，全面落实河长制、湖长制，“地表水达到或好于Ⅲ类水体比例”达100%，“主要河流水质达标率”也达100%。会仙湿地开展国家湿地公园试点工作，荔江国家湿地公园建设试点通过国家验收，植树造林15.6万亩，森林覆盖率达71.62%，促进桂林湿地生态的可持续发展。

三是城乡生态环境综合治理工程。通过打好大气污染防治持久战，加大水污染综合防治，加快城乡环境卫生治理，推进重点企业污染防治，推进农村环境综合整治，完善城乡基础设施建设，做到“污水不下河、垃圾不落地、黄土不见天”。截至2019年，桂林创新示范区做到“农村饮用水安全保障率”达80.99%，“农村自来水普及率”达81%，“城市集中式饮用水水源地水质达标率”达100%，“城镇生活污水集中处理率”达100%，“城市垃圾分类覆盖率”达100%，“城镇生活垃圾无害化处理率”达100%，“城市空气质量优良天数比例”达88.5%，“一般工业固废综合利用率”达91.5%。桂林市目前已成功创建国家级的生态乡镇16个、自治区级生态县（区）11个、自治区级生态乡镇121个、自治区级生态村183个、市级生态村1406个，成为广西首批申报自治区级生态市的城市。

四是自然景观风貌保护与修复工程。打造漓江城市段“一江四岛”游览项目，完成伏龙洲自然生态景区建设，绿地生态修复5.5万平方米，湿地修复2.29万平方米；加快推进蚂蟥洲、大洲自然生态景区建设，将水上游览与洲岛生态景区相互串联，形成漓江城市段旅游新亮点。

（2）生态旅游创新发展行动

生态旅游创新发展行动包括旅游新产品开发提升、旅游新业态培育提升、旅游服务业水平提升三大工程，共投入603.8亿元。从投资来源上看，内资占比高达77%；从投资方向来看，投入产业发展中占比最高，达61%；基础设施建设占比达29%（见图3）。

一是旅游新产品开发提升工程。突出“红色+绿色生态”“红色+民族风情”等特色，整合桂北五县资源，策划推出12条桂林红色旅游精品线路，加快打造百里漓东之旅、峰林遗产之旅、茶江生态之旅、桂柳运河之旅、龙脊风情之旅、资江丹霞之旅、湘江红色之旅、灵渠古道之旅8条大桂林生态休闲旅游精品线路，基本形成以漓江黄金水道为主轴、两岸为双翼，各县区连为一体的全域旅游发展格局。阳朔成为全国首批全域旅游示范区，遇龙河成为全区首个国家级旅游度假区，桃花湾旅游度假区成为全区样板，灵川、恭城成为广西特色旅游名县，创建国家A级旅游景区23家、广西生态旅游示范区2家。

二是旅游新业态培育提升工程。培育“旅游+文化”新业态，“桂林千古情”一期于2018年7月建成运营，组织开展“浓情三月三·多彩民族风”“文化列车”服务项目等多姿多彩的文旅活动，促进文化传承与旅游产业发展的良性互动。培育“旅游+农业”新业态，持续开展“美丽桂林·

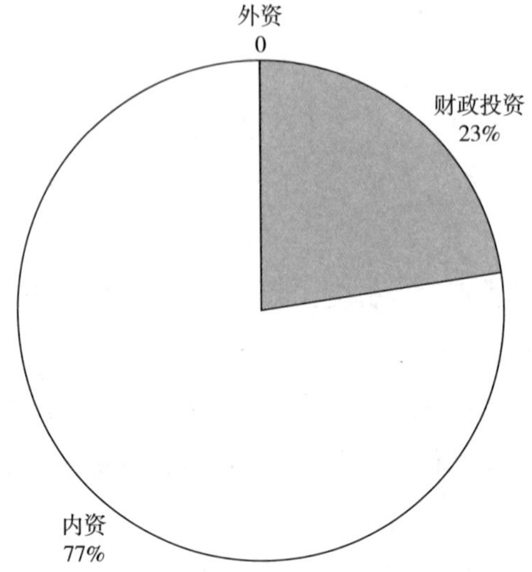

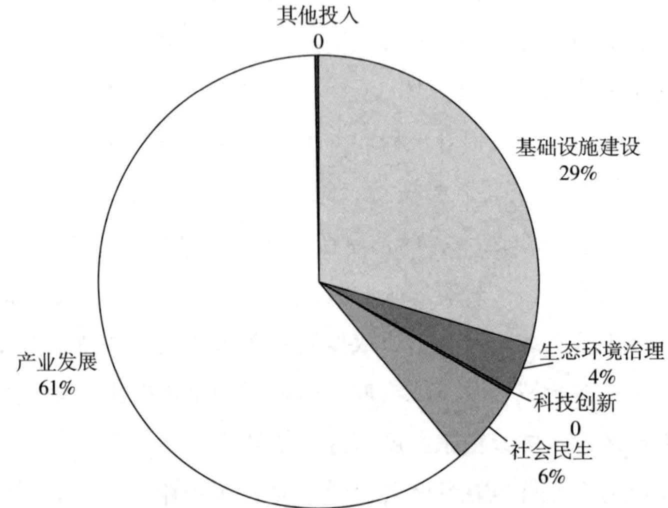

图 3　生态旅游创新发展行动投资情况

幸福乡村”建设活动，统筹农业景观功能和体验功能，阳朔蕉芭林村、秀峰桥头村获评中国美丽休闲乡村，创建广西星级乡村旅游区（农家乐）19家。培育“旅游＋康养”新业态，实施健康旅游重点项目 34 个，总投资

755.5 亿元，已完成投资 44.3 亿元。

三是旅游服务业水平提升工程。加快打造文旅基础设施。2019 年桂林市新建村级公共服务中心 58 个，旅游厕所 109 座（含改建 11 个），完成广电云村村通户户用工程建设行政村联网 559 个、自然村联网 915 个，现桂林市拥有星级饭店 65 家、星级酒店床位数 19690 张、公共图书馆 14 个、文化馆（群艺馆）18 个、乡镇综合文化站 134 个，旅游基础服务设施水平不断提升。加快推出智慧旅游项目。“看·桂林”视频资讯平台正式上线，“一键游桂林”项目建设初见成效，并成为全自治区推广“一部手机游广西”的典范。其中，旅游综合监管平台已达到“6 通”（“通旅行社”“通导游”“通景区”“通酒店”“通购物企业”“通旅游车辆”），实现旅游管理、服务、营销智慧化。加快净化文旅市场环境。在全自治区率先推进文化旅游综合执法改革，大力开展文旅市场专项整治，对网吧、娱乐场所、营业性演出市场、“不合理低价游”、旅行社转让经营权和承包挂靠问题、宾馆酒店非法经营旅游业务行为以及“黑车”“黑社”“黑导”等问题进行清理整治，营造安全舒适的文化旅游环境，让人民群众和广大游客放心游、放心玩。

（3）生态农业创新发展行动

该项行动包括高效生态农业生产基地建设与示范、特色农产品深度开发与产业化示范、农产品质量安全保障三大工程，共投入 82.7 亿元。从投资来源上看，财政投资占比最高达 68%；从投资方向上看，投入到基础设施建设和产业发展的占比最高，同为 34%（见图 4）。

一是高效生态农业生产基地建设与示范工程。农业科技支撑能力进一步增强，建成一大批标准基地、标准园艺园和现代农业核心示范园，农业经济逐步形成“带状”发展的良好局面。推广测土配方施肥、秸秆还田、节水农业等先进适用技术超过 1400 万亩。推广“猪—沼—果（菜、林）—鱼”“果园养鸡”“稻田养鸭（鱼）”“粮经轮作”“立体循环生产”等生态循环农业模式，建成示范点 2350 个，并探索出“生产—生活—生态”相融的“新三位一体”乡村发展模式。积极发展循环农业，充分利用农业生态环保新技术，实施农业节水工程，促进农业可持续健康发展。2019 年，农田灌

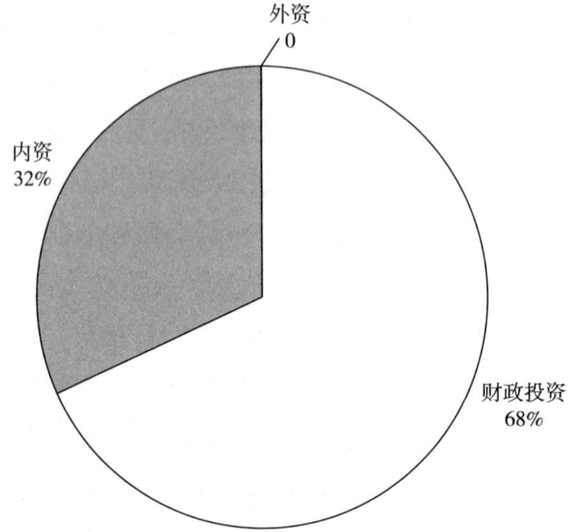

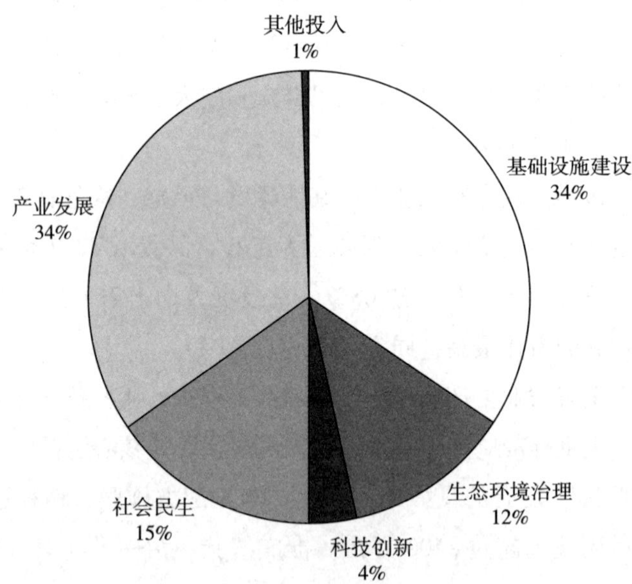

图4　生态农业创新发展行动投资情况

溉水有效利用系数提高到0.54，规模化养殖场（区）畜禽粪便综合利用率提高到90.27%，农田土壤有机质含量恢复到39.5克/千克。

二是特色农产品深度开发与产业化示范工程。优势产业集聚发展，推动生态农业规模化、集约化、品牌化发展，桂林市共获认定各级现代特色农业示范区（园、点）1747 个，新增自治区、市、县、乡、村级现代农业示范区（点）778 个，特色产业实现县（市、区）、乡镇全覆盖。继 2018 年永福罗汉果之后，2019 年恭城月柿、全州禾花鱼，又成功创建为国家级特色农产品优势区，永福罗汉果、恭城月柿、全州禾花鱼、资源红提 4 个获批自治区级特色农产品优势区。新型经营主体培育成效明显，推动农产品加工向园区聚集，建成全州米粉等 8 个农产品加工集聚区，培育力源粮油、三金药业、莱茵生物等一批国家级农业龙头企业。构建支撑田园综合体发展的产业体系，创新农村“资源变资产、资金变股金、农民变股民”机制，大力发展农产品深加工、冷链物流、农村电商，利用“互联网 +”“旅游 +”“生态 +”等模式，拓展农业功能，推进农业产业与旅游、教育、文化、康养等产业深度融合。

三是农产品质量安全保障工程。实施农药零增长行动，建立统防统治与绿色防控暨农药减量控害示范区 112 个，示范区农药使用量减少 15% 以上，单位面积农药使用量 1.54 千克/亩。实施化肥零增长行动，单位面积农用化肥使用量 139.75 千克/亩。开展农产品产地环境监测，强化土壤污染防治，推广测土配方施肥、经济绿肥、秸秆还田技术、节水农业技术、富硒生产技术等试验示范。桂林市认证的无公害农产品企业 109 家、无公害农产品总数 143 个，“绿色食品标志”使用权产品 27 个，全国绿色食品原料标准化生产基地 2 个，有机产品认证产品 2 个。扎实推进“农产品质量安全示范市”创建和农产品质量安全监管与追溯体系建设，桂林市监管和检测机构已成体系，建立市、县、乡三级检测体系，农产品质量安全实现可追溯管理，解决质量安全监管“最后一公里”。

（4）文化康养产业创新发展行动

包括历史文化遗产保护传承与开发示范、民俗与特色文化保护开发示范、民族特色医药与健康产业开发示范、社会养老与康乐休闲服务创新示范四大工程，共投入 164.46 亿元。从投资来源上看，财政投资和内资占比相近；从投资方向上看，产业发展和基础设施建设占比较高（见图 5）。

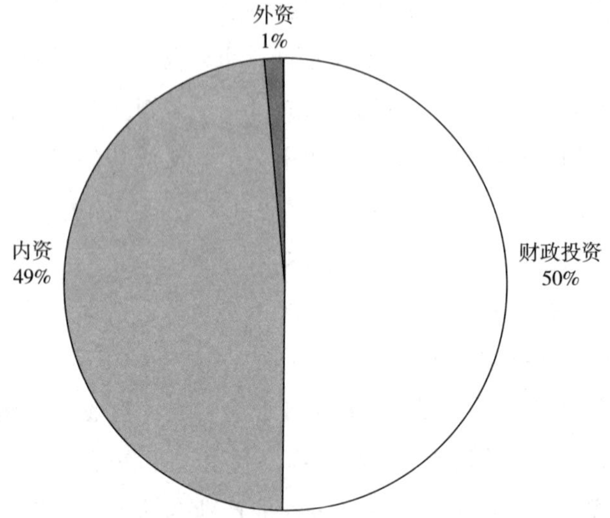

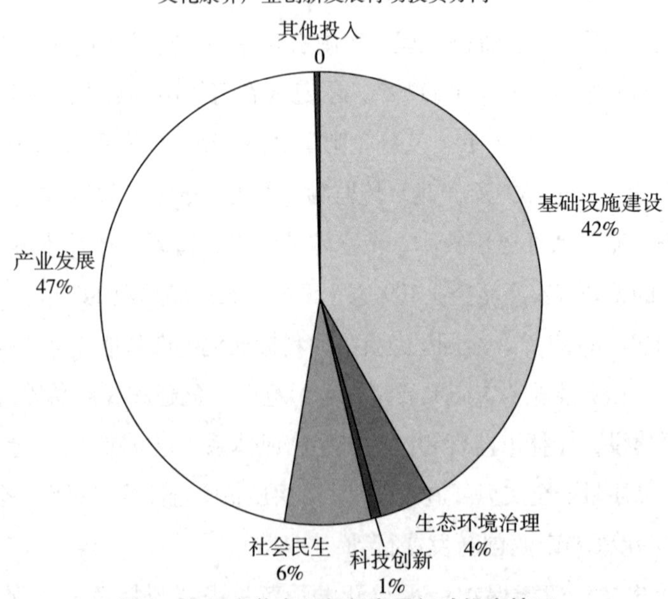

图5　文化康养产业创新发展行动投资情况

一是历史文化遗产保护传承与开发示范工程。新建红军长征湘江战役纪念馆、改造提升红军长征突破湘江纪念馆和迁建新圩阻击战史实陈列馆，得

到中央领导的高度肯定。“一院两馆”营业以来，接待游客近百万人次，红色文化旅游成为新热点。甑皮岩、靖江王陵国家考古遗址公园建设、展览馆维修改造项目基本完成，桂林市文化旅游中心、非遗展示馆、省立艺术馆旧址维修改造、桂林石刻——龙隐岩龙隐洞石刻抢险加固工程加快推进，东巷博物馆完成陈列布展，灵渠展示中心对外开放，三千漓山水人文度假区、全州大碧头国际旅游度假区开业运营。大岩遗址、父子岩遗址、桂林静江府城墙、乐湾村古建筑群（恭城）、广西省立艺术馆、湘江战役合并增补点获评第八批全国重点文物保护单位。

二是民俗与特色文化保护开发示范工程。打造一批具有桂北民族文化特色的桂剧、舞台歌剧等少数民族文化新名片，《破阵曲》获第十届广西政府铜鼓奖和第十五届“五个一”工程奖，《咏桂林》音乐纪录片在中央电视台播出，《桂林有戏》走进国家大剧院，民族歌剧《刘三姐》走出国门唱响悉尼歌剧院和墨尔本艺术中心 Hamer Hall，将桂林山水、桂林精神、桂林力量传播到世界各地。桂林千古情景区一期也于 2018 年 7 月建成运营，其大型歌舞《桂林千古情》展示桂林漓江山水下的民俗文化。

三是民族特色医药与健康产业开发示范工程。中国中药（桂林）产业园、市中医药传承创新项目、华邦（桂林）国际旅居健康颐养园、龙光·桂林国际养生谷等 18 个健康旅游重大项目被列入 2019 年自治区层面统筹推进重点项目库。桂林入选全国医疗服务多元化监管城市、医联体建设试点城市，灵川、灌阳、龙胜、恭城、临桂入选国家紧密型县域医共体建设试点县，2 家单位入选广西首批中医药健康旅游示范基地。2019 年“每千人口医疗卫生机构床位数”和“每千人口执业（助理）医师人数”分别达 4.8 张/千人和 2.41 人/千人，医疗服务水平不断提升。

四是社会养老与康乐休闲服务创新示范工程。建设中医养生文化聚集区，依托“一街三院”（崇华中医街/中医药文化街、广西生命与健康国际职业学院、桂林老年病医院/信和康复医院、老年护理院），打造中医养生小镇。桂林首家公建民营的华邦控股桂林翠竹·孝慈轩养老服务中心已对外开放。华邦（桂林）国际旅居健康颐养园、龙光·桂林国际养生谷、恭城瑶汉养寿城、灌阳千家洞景区旅游开发设施建设项目4个项目纳入广西壮族自治区“双百双新”大健康旅游产业项目库。举办中国（桂林）国际健康旅游高端论坛和大健康产业相关会议（论坛）、中国—东盟商务与投资峰会·中日韩健康产业论坛等重大活动。

（5）创新驱动能力支撑行动

创新驱动能力支撑行动包括创新平台建设、人才引进与培养、技术创新与成果转化三大工程，共投入166.6亿元。从投资来源上看，内资占比最高，达61%；从投资方向上看，产业发展和科技创新占比较高（见图6）。

一是创新平台建设工程。国际岩溶中心在科技平台建设、“全球岩溶资源环境效应”国际大科学计划实施、重大科研项目实施、举办国际培训班取得系列成果。加强与华为等头部科技企业合作，总投资146亿元，建设桂林华为信息生态合作区和深科技智能制造产业园，着力打造成为千亿元数字经济生态产业聚集区。截至目前已完成投资35.25亿元，产业聚集成效初显，形成以华为、深科技等为龙头的大数据和智能终端的新一代信息产业集群，注册企业97家，入驻企业48家，从业人数超7000人。推动桂林电子科技大学与华为成立桂电—华为鲲鹏联合创新中心，打造政产学研用一体化示范基地。

二是人才引进与培养工程。持续实施精准式“鱼鹰引才”计划，紧扣重点产业和企事业单位的岗位需求，有效招揽一批高校人才；持续实施“丹桂育才”计划，结合桂林市重点行业、产业发展需要，选派各类优秀人才到一流企业和国内外科研院所、知名高校学习，截至目前，已组织开展丹桂育才培训6期，累计培训797人。实施人才小高地建设项目，2019年度对已确定的11个项目，年度资助总额达320万元，进一步加快推动人才向科研生产一线聚集；与深圳市创新建立桂林人才飞地，实现深桂两市人才直接对话、跨区域资源对接，目前已有15家企业正式入驻桂林。升级打造桂林市海内外高端人才创业创新示范基地，12名高层次人才与基地签订入驻协议并陆续进驻，9名专家携具体项目载体与12家企事业单位达成合作意向，为桂林市经济社会高质量发展提供强有力的智力支持。

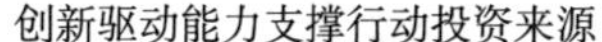

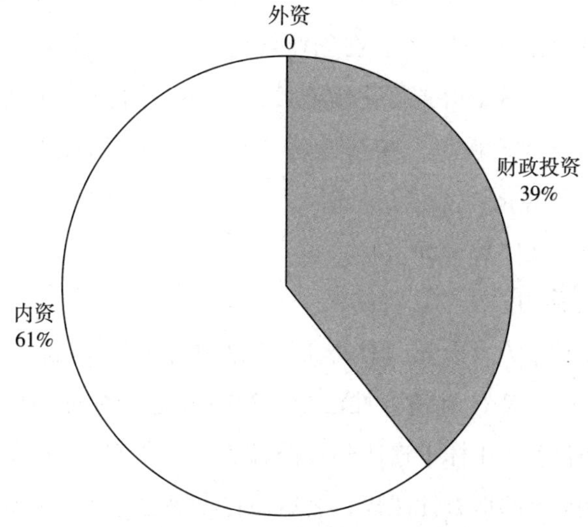

创新驱动能力支撑行动投资方向

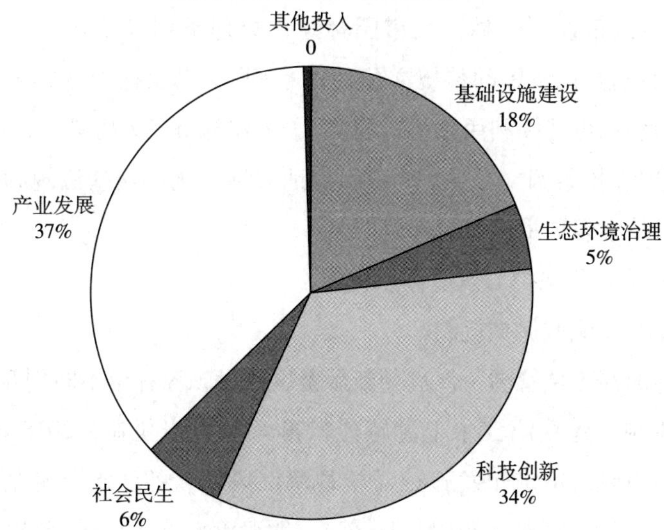

图 6　创新驱动能力支撑行动投资情况

三是技术创新与成果转化。依托桂林电子科技大学实施桂林花江智慧谷电子信息创业产业园项目，科技园“慧谷”主抓创新研发，转化园“智谷”

负责承接产业落地，通过校企合作，在无人机技术、北斗卫星导航技术、智慧旅游服务技术等领域开展关键核心技术研发及产业应用示范合作，已转化和引进数字经济相关企业17家。在创业孵化平台和技术转移机构创建方面实施一批重点项目，城德科技孵化园项目、民华科技企业孵化器桂林创新大厦孵化基地项目已建成使用，初步构建“众创空间—孵化器—加速器—产业化基地”的科技孵化体系。

3. 体制机制创新实施情况

（1）不断完善相关法律法规体系

近年来，桂林市人大颁布《桂林市石刻保护条例》《桂林市城市市容和环境卫生管理条例》等7部地方性法规，2019年起陆续推动出台《桂林市城乡规划管理条例》《桂林市违法建设防控和查处条例》《桂林市漓江风景名胜区管理条例》3部地方性法规，之后还将表决通过《广西壮族自治区水污染防治条例》，审议通过《桂林市机动车船及非道路移动机械排气污染防治条例》，继续审议《桂林市城市园林绿化管理条例（草案）》，审议通过《龙胜各族自治县民族民间传统文化保护条例》，以及初审《桂林市喀斯特景观资源保护和可持续利用条例（草案）》《桂林市养犬管理条例（草案）》《桂林市灵渠保护条例（草案）》等5部地方性法规。这些法规的颁布将为推动桂林可持续发展提供法制保障。

（2）持续优化保护与发展体制机制

①创新漓江流域保护机制

为统一漓江流域管理，促进创新示范区建设，桂林市不断创新出台漓江流域保护机制。建立漓江水上游览经营准入与退出机制，2018年3月26日，经桂林市政府审定印发施行《桂林漓江风景名胜区水上游览项目经营权管理办法》（市规划〔2018〕11号），明确漓江水上游览经营权的属性，采取分期、分步、分批方式，通过梯度性运量奖励等政策鼓励，推动游船企业与风景区管理机构签订《桂林漓江风景名胜区水上游览项目经营权合同》，漓江精华段游船企业依法依规取得经营权，推动实施漓江水上游览票制票价改革，构建统筹利益分配“新”机制和漓江水上游览“新”秩序。

建立科学合理的票制票价体系，2020 年 8 月 31 日，经市政府办公室印发《桂林漓江风景名胜区水上游览线路票制票价改革方案（2020—2025 年）》（市政办〔2020〕17 号），全面规范漓江风景名胜区水上游览线路，建立统一的票务管理平台，统筹兼顾各方利益。

②创新科技发展体制机制

2017 年 5 月，桂林市发布《中共桂林市委员会　桂林市人民政府关于实施创新驱动发展战略的决定》（市发〔2017〕15 号），以及《桂林市促进科技创新发展实施办法》（市政〔2017〕10 号）等系列创新政策，累计落实奖补资金 5600 万元。2019 年，又制定出台《桂林市科技创新支撑产业高质量发展实施方案（2019—2021 年）》（市政办〔2019〕6 号）、《桂林市促进全社会加大研发经费投入的实施方案》（市政办〔2019〕3 号）等创新政策，进一步形成推动创新驱动的政策“组合拳”。

③创新人才发展体制机制

一是制定出台人才政策。自创新示范区建设以来，桂林市研究出台以《桂林市关于深化人才发展体制机制改革的实施意见》（市发〔2017〕24 号）为统领，《桂林市急需紧缺高层次人才评价办法》《桂林市关于进一步深化产学研合作的指导意见》《桂林市政府投资引导基金设立方案》（市政办〔2018〕1 号）为依托的“1 + 3”政策，重新修订《桂林市人才引进和培养办法》《桂林市拔尖人才选拔和管理办法》《桂林市人才小高地管理办法》等一系列人才政策，形成政策围合。在政策扩面、奖励扩量、育才扩充、服务扩容、载体扩展等方面实现前所未有的突破。二是制订人才计划。制订拔尖人才选拔计划，评选表彰企业管理、科技创新、文化旅游、专业技术以及青年拔尖人才。持续实施精准式“鱼鹰引才”计划，紧扣重点产业和企事业单位的岗位需求，有效招揽一批高校人才。实施“丹桂育才”计划，结合桂林市重点行业、产业发展需要，选派各类优秀人才到一流企业和国内外科研院所、知名高校学习。实施“漓江学者”选聘计划，先后选聘 13 名“漓江学者”，组建由 100 余名青年业务骨干组成的 13 个研发团队，吸引一批国家和自治区级科研项目落户桂林。三是开展智库专家桂林行活动。桂林市委、市政府出台《桂林市国家可持续发展议程创新示范区建设智库管理办法》（市政规〔2019〕7号），选聘28位桂林可持续发展智库专家，其中两院院士5人。

④创新社会广泛参与机制

按照“政府组织、专家咨询、企业支持、公众参与”合作共建原则，制定社会各方多元参与激励政策，引导和调动社会各方力量和资源参与创新示范区建设。① 2018年7月13日，广西师范大学联合8家单位合作共建的广西师范大学可持续发展创新研究院，是目前广西唯一专门从事可持续发展的研究机构，还组建景观资源生态与可持续利用重点实验室，并获得桂林市科技局立项培育，在此基础上申报的广西漓江流域景观资源保育与可持续利用重点实验室通过自治区科技厅认定。

⑤创新财政资金支持方式

制订《桂林市政府投资引导基金设立方案》（市政办〔2018〕1号）及《桂林市政府投资引导基金子基金操作指引的通知》（市政办〔2018〕20号），并完成建立引导基金投资平台。基金首批财政出资1900万元已注资至桂林引导基金投资有限公司，开展首批桂林市政府投资引导基金决策咨询专家选聘工作，为桂林市可持续发展子基金的设立创造总平台。荔浦市科创基金成为广西首家县域科创基金。

（3）不断加强政策保障体制机制

桂林市积极争取自治区对创新示范区的专项支持，与自治区科技厅共同组织专家，通过征集政策需求，借鉴先进地区做法，参照北部湾经济区政策体例，经过多轮征求意见和反复修改完善并形成政策文本。2019年11月22日，广西壮族自治区人民政府印发实施《关于支持桂林市建设国家可持续发展议程创新示范区若干政策》（桂政发〔2019〕48号）。该政策主要在财政金融、科技支撑、产业结构调整、用地、人力资源、体制机制改革、对外

① 广西壮族自治区人民政府、桂林市人民政府：《桂林市国家可持续发展议程创新示范区建设方案（2017—2020年）》，桂林市科学技术局网站，http：//kjj.guilin.gov.cn/zwgk/zcwj/bszcwj/201811/t20181109_1025523.htm，2018-03-02。

交流与合作七个方面，给予创新示范区专门政策支持，为创新示范区建设提供有力保障。

（4）逐步推进管理创新体制机制

一是加强组织领导。创新示范区批复建设以来，成立自治区、桂林市、各县（市、区）三级创新示范区建设领导小组并实行联席会议制度，统筹协调推进创新示范区建设工作，形成上下联动、层层抓落实、协同推进的工作格局；二是加强管理创新。2019 年桂林市以机构改革为契机，在全国 6 个创新示范区（太原市、桂林市、深圳市、郴州市、临沧市、承德市）中率先成立创新示范区专门工作机构——桂林可持续发展促进中心，促进创新示范区日常工作有效运转；三是加强考核监督。自治区统筹制定创新示范区中、远期建设方案和年度实施方案，将年度工作任务列入自治区政府对有关厅局年度绩效考核内容。桂林市委、市政府将创新示范区建设作为桂林市重点工作之一列入政府工作报告，制定创新示范区建设考核评价办法，将各相关部门、县（市、区）承担的创新示范区建设任务列入年度绩效考评，定期开展任务落实情况督查检查，使可持续发展理念转化为全体干部的自觉行动。

（二）创新示范区创新驱动可持续发展能力分析

国务院印发的《中国落实 2030 年可持续发展议程创新示范区建设方案》（国发〔2016〕69 号）明确要求创新示范区建设要紧密结合落实《2030 年可持续发展议程》，以实施创新驱动发展战略为主线，以推动科技创新与社会发展深度融合为目标，以破解制约我国可持续发展的关键瓶颈问题为着力点，促进经济建设与社会事业协调发展①。因此，提升创新示范区的科技创新能力，加速创新驱动可持续发展已成为创新示范区建设的核心工作。创新示范区创新驱动可持续发展能力分析从科技创新、创新驱动经

① 国务院：《国务院关于印发中国落实 2030 年可持续发展议程创新示范区建设方案的通知》，《中华人民共和国国务院公报》2017 年第 1 期。

济发展、创新驱动社会进步和创新驱动环境改善四个方面构建指标体系，运用指数的方法对创新示范区的创新驱动可持续发展能力提升情况进行分析，并与全国平均水平进行比较。

1. 全国创新驱动可持续发展能力总体情况

（1）总指数及增长情况

以2017年为基数100，分别计算2018年和2019年的创新驱动可持续发展总指数。2018年和2019年全国创新驱动可持续发展能力总指数分别为106.73和112.01，分别提升6.73点和5.28点（见图7）。

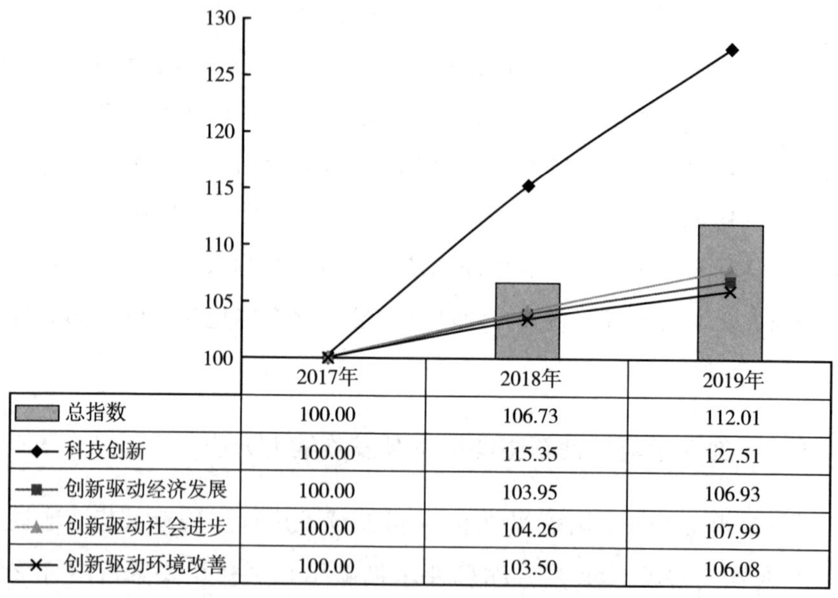

	2017年	2018年	2019年
总指数	100.00	106.73	112.01
科技创新	100.00	115.35	127.51
创新驱动经济发展	100.00	103.95	106.93
创新驱动社会进步	100.00	104.26	107.99
创新驱动环境改善	100.00	103.50	106.08

图7　2017～2019年全国创新能力指数

（2）一级指标对总指数的贡献

从全国层面看，2018～2019年科技创新、创新驱动经济发展、创新驱动社会进步和创新驱动环境改善4个一级指标对全国总指数增长的贡献率分布如图8所示。这4个一级指标对全国总指数增长的贡献率基本稳定，其中科技创新的贡献率明显高于其他3个一级指标。

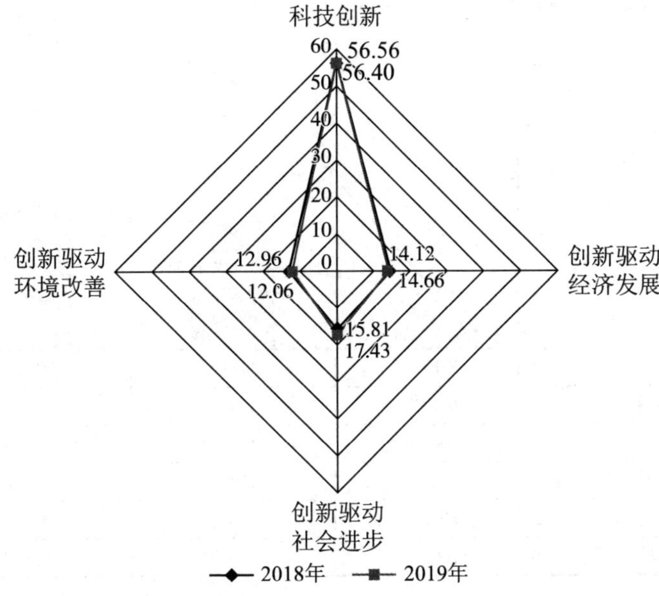

图8　2018年和2019年一级指标对全国创新能力总指数增长的贡献率

2. 桂林市创新驱动可持续发展能力分析

（1）总指数及增长情况

2018～2019年桂林市总指数分别达到111.76和114.06（见图9），呈较快增长趋势。

2018年，科技创新、创新驱动经济发展和创新驱动环境改善三个一级指标的指数均正向提升，分别增长37.04点、11.35点和5.10点。但是，创新驱动社会进步一级指标出现负增长，下降3.28点。一级指标对总指数增长贡献11.76点，其中，科技创新贡献8.81点，创新驱动经济发展贡献2.77点，创新驱动社会进步贡献－1.09点，创新驱动环境改善贡献1.27点，其贡献率分别为74.92%、23.58%、－9.30%和10.80%。数据显示，科技创新对总指数提升的贡献最大（见图10）。

2019年，科技创新、创新驱动经济发展和创新驱动环境改善三个一级指标指数分别提升8.22点、4.22点和0.15点，但创新驱动社会进步指标继续下降，降低3.46点。一级指标对总指数增长贡献2.30点，其中，科技创新贡献

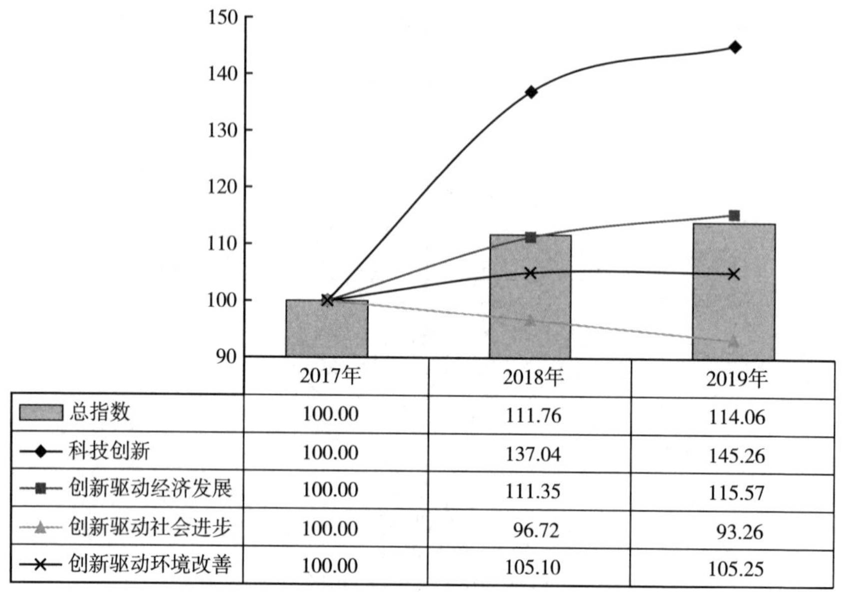

	2017年	2018年	2019年
总指数	100.00	111.76	114.06
科技创新	100.00	137.04	145.26
创新驱动经济发展	100.00	111.35	115.57
创新驱动社会进步	100.00	96.72	93.26
创新驱动环境改善	100.00	105.10	105.25

图 9　2017～2019 年桂林市创新能力指数

2.01 点，创新驱动经济发展贡献 1.09 点，创新驱动社会进步贡献 -0.82 点，创新驱动环境改善贡献 0.04 点，贡献率分别为 87.07%、47.21%、-35.80% 和 1.52%。结果表明，连续两年科技创新对总指数的贡献最大。

（2）一级指标对总指数的贡献

2018～2019 年桂林市科技创新、创新驱动经济发展、创新驱动社会进步和创新驱动环境改善 4 个一级指标对总指数增长的贡献率分布情况如图 10 所示。2018～2019 年科技创新对总指数增长的贡献率均明显高于其他 3 个一级指标，两年的贡献率分别为 74.92% 和 87.07%。与 2018 年相比，2019 年科技创新对总指数增长的贡献率提升 12.15 个百分点，表明桂林市对科技创新的重视程度日趋明显。

2018～2019 年桂林市总指数分别高出全国平均水平 5.03 点和 2.05 点。即使科技创新和创新驱动经济发展 2 个一级指标指数均高于全国平均水平，但 2018～2019 年桂林市创新驱动社会发展指数呈持续下降态势，这应引起高度重视。

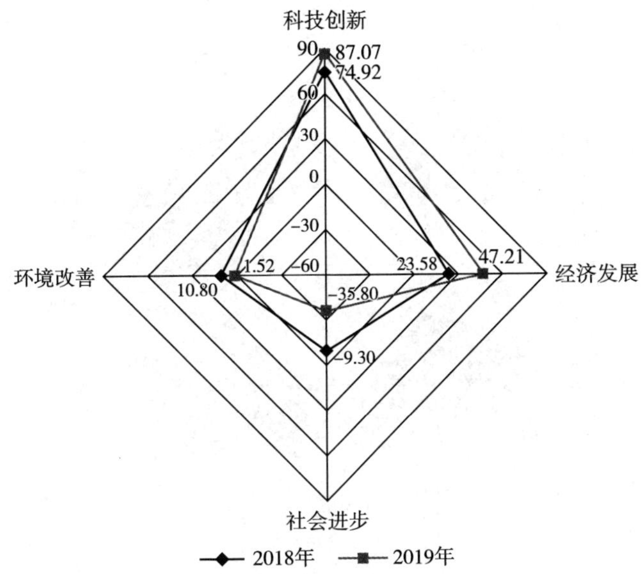

图 10　2018 年和 2019 年一级指标对桂林市创新能力总指数增长贡献率

（三）创新示范区落实2030可持续发展目标（SDGs）的情况

本节主要从创新示范区落实 2030 可持续发展目标（SDGs）总体情况及进展两个维度进行分析。评估所用的指标体系是基于我国城市可持续发展的现实情况、对 2030 可持续发展目标（SDGs）指标体系进行本土化基础上多次验证后构建。该指标体系包括 15 个可持续发展目标（除目标 14、目标 17）、共计 75 项指标。

1. 落实 SDGs 的总体得分情况

创新示范区 2019 年落实 SDGs 的总体得分为 78. 12，各目标落实情况有所差异。其中，消除贫困目标（SDG1，得分为 97. 10）、清洁饮水和卫生设施目标（SDG6，得分为 92. 38）等目标表现突出；但产业创新和基础设施目标（SDG9，得分为 38. 03）、体面工作和经济增长目标（SDG8，得分为 55. 42）等表现欠佳（见图 11）。

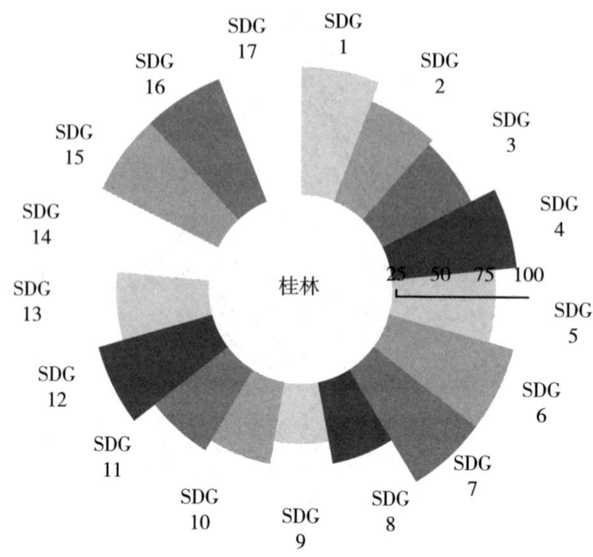

图 11　桂林市 2019 年落实 2030 可持续发展目标情况

2. 分目标落实进展

桂林市可持续发展指标进展情况如表 3 所示。

消除贫困目标（SDG1）总体进展良好。从 2017 ~2019 年的趋势看，降低贫困发生率（指标 1.1）、降低城市低保人口百分比（指标 1.2）和提高城乡居民基本医疗保险参保率（指标 1.3）三个指标方面，均取得积极进展。

零饥饿目标（SDG2）总体进展良好。从 2017 ~2019 年的趋势看，降低 5 岁以下儿童低体重率（指标 2.1）、提升农业劳动生产率（指标 2.2）和食用农产品抽检合格率（指标 2.3）等方面均取得明显进展。

良好健康与福祉目标（SDG3）总体进展良好。从 2017 ~2019 年的趋势看，降低孕产妇死亡率（指标 3.1）、降低结核病报告发病率（指标 3.5）、降低自杀死亡率（指标 3.7）、降低法定传染病发生率（指标 3.3）、降低道路交通死亡率（指标 3.8）、提高每千人口医疗卫生机构床位数（指标 3.9）等方面取得明显进展；但降低婴儿死亡率（指标 3.2）、降低病毒性肝炎报告发病率（指标3.6）、提高每千人口执业（助理）医师人数（指标3.10）、提升适龄儿童免疫规划疫苗接种率（指标3.11）和提高人口平均预期寿命（指标3.12）等方面进展不明显。

优质教育目标（SDG4）总体进展平稳。从2017~2019年的趋势看，提升普惠性幼儿园在园幼儿人数占总在园幼儿人数的百分比（指标4.3）取得明显进展；但提升特殊教育学生入学率（指标4.4）、降低小学师生比（指标4.6）、提升小学学龄儿童入学率（指标4.1）、提升初中阶段毕业率（指标4.2）等方面进展不明显。

性别平等目标（SDG5）总体进展欠佳。从2017~2019年的趋势看，提高桂林市人大代表和桂林市政协委员中女性百分比（指标5.2）、提升小学女童入学率（指标5.1）和女性占公务员的百分比（指标5.3）等方面进展平缓。

清洁饮水和卫生设施目标（SDG6）总体进展平稳。从2017~2019年的趋势看，提升地表水达到或好于Ⅲ类水体比例（指标6.4）、提高农村饮用水安全保障率（指标6.1）、提高城市集中式饮用水水源地水质达标率（指标6.3）等方面进展平稳。

经济适用的清洁能源目标（SDG7）总体进展平稳。从2017~2019年的趋势看，提升万元GDP能耗（指标7.4）取得一定进展；但提升城市燃气普及率（指标7.2）、提升可再生能源发电量占全部发电量的百分比（指标7.3）等方面进展不明显。

体面工作和经济增长目标（SDG8）总体进展突出。从2017~2019年的趋势看，提高GDP增长率（指标8.2）、降低每十万人安全生产事故死亡人数（指标8.6）等方面取得显著进展；提高在岗职工平均工资（指标8.4）、提高人均GDP（指标8.1）、降低城镇登记失业率（指标8.5）取得一定进展；但提升劳动生产率（指标8.3）进展不明显。

产业创新和基础设施目标（SDG9）总体进展显著。从2017~2019年的趋势看，除了提高科技进步贡献率（指标9.7）进展不明显外，提高每十万人拥有高新技术企业数（指标9.8）、提高规模以上工业企业研发支出占规模以上工业企业生产总值的百分比（指标9.2）、提升研究与发展（R&D）经费支出占地区生产总值的比重（指标9.3）、提高每万人研究与试验发展（R&D）人员全时当量（指标9.4）、提升高新技术产业产值比例（指标9.5）、提高每万人发明专利拥有量（指标9.6）、提高第三产业生产总值占地区生产总值的百分比（指标9.1）等方面均取得积极进展。

减少不平等目标（SDG10）总体进展欠佳。从2017～2019年的趋势看，降低城乡居民人均可支配收入之比（指标10.1）、提升农村居民人均可支配收入增长率（指标10.2）、提升城镇居民人均可支配收入增长率（指标10.3）、降低城镇恩格尔系数（指标10.4）、降低农村恩格尔系数（指标10.5）、降低城乡最低生活保障标准之比（指标10.6）等方面均未取得明显进展。

可持续城市和社区目标（SDG11）总体进展良好。从2017～2019年的趋势看，提高每十万人拥有公共交通运营线路长度（指标11.1）、降低PM2.5年平均浓度（指标11.3）、提高人均公园绿地面积（指标11.5）、提升城市公交出行分担率（指标11.6）等方面取得积极进展，但提高城市垃圾分类覆盖率（指标11.2）、提高城市空气质量优良天数比例（指标11.4）等方面进展不明显。

负责任消费和生产目标（SDG12）总体进展显著。从2017～2019年的趋势看，提高一般工业固废综合利用率（指标12.3）、降低单位面积农药使用量（指标12.5）、提高工业危险废物安全处置率（指标12.1）、提高农村生活垃圾收集处理率（指标12.2）、降低单位面积农用化肥使用量（指标12.4）、提升农田灌溉水有效利用系数（指标12.6）、降低万元国内生产总值用水量（指标12.7）等方面均取得积极进展。

应对气候行动目标（SDG13）总体进展良好。从2017～2019年的趋势看，降低万元GDP温室气体排放强度（指标13.2）取得显著进展；在减少每十万人中因自然灾害死亡、失踪人数（指标13.1）方面取得积极进展；在提升面向中小学生开展气候变化减缓、适应、减少影响和早期预警等方面的教育和宣传活动覆盖率（指标13.3）方面进展平稳。

保护陆地生态目标（SDG15）总体进展良好。从2017～2019年的趋势看，提高生态环境状况指数（EI）（指标15.2）进展良好；但提高林草覆盖率（指标15.1）进展不明显。

公正、和谐与包容社会（目标16）总体进展平稳。从2017～2019年的趋势看，减少每十万人中故意杀人案的直接受害者人数（指标16.1）进展明显；但提高乡镇（街道）公共法律服务工作站覆盖率（指标16.2）进展不明显。

表3　桂林市可持续发展指标进展情况

目标	指标	2019年评估结果	2017年～2019年趋势
目标1. 消除贫困	(－)1.1 贫困发生率	99.41	↗
	(－)1.2 城市低保人口百分比	92.97	↗
	(＋)1.3 城乡居民基本医疗保险参保率	98.93	↗
目标2. 零饥饿	(－)2.1 5岁以下儿童低体重率	82.02	↗
	(＋)2.2 农业劳动生产率	64.36	↗
	(＋)2.3 食用农产品抽检合格率	98.00	↗
目标3. 良好健康与福祉	(－)3.1 孕产妇死亡率	100.00	↗
	(－)3.2 婴儿死亡率	97.37	→
	(－)3.3 法定传染病发生率	0.00	↗
	(－)3.4 艾滋病新增发病率	96.20	↗
	(－)3.5 结核病报告发病率	89.63	↗
	(－)3.6 病毒性肝炎报告发病率	39.05	→
	(－)3.7 自杀死亡率	88.32	↗
	(－)3.8 道路交通死亡率	94.12	↗
	(＋)3.9 每千人口医疗卫生机构床位数	66.57	↗
	(＋)3.10 每千人口执业(助理)医师人数	53.35	→
	(＋)3.11 适龄儿童免疫规划疫苗接种率	98.66	→
	(＋)3.12 人口平均预期寿命	87.41	→

续表

目标	指标	2019 年评估结果	2017 年~2019 年趋势
目标 4. 优质教育	(+)4.1 小学学龄儿童入学率	99.57	→
	(+)4.2 初中阶段毕业率	99.88	→
	(+)4.3 普惠性幼儿园在园幼儿人数占总在园幼儿人数的百分比	78.00	↗
	(+)4.4 特殊教育学生入学率[2]	98.80	→
	(-)4.5 成人文盲率	94.67	
	(-)4.6 小学生师比	80.74	→
目标 5. 性别平等	(+)5.1 小学女童入学率	99.51	→
	(+)5.2 桂林市人大代表和桂林市政协委员中女性百分比	62.45	→
	(+)5.3 女性占公务员的百分比	61.31	→
目标 6. 清洁饮水和卫生设施	(+)6.1 农村饮用水安全保障率	78.76	→
	(+)6.2 农村卫生厕所普及率	90.78	
	(+)6.3 城市集中式饮用水水源地水质达标率	100.00	→
	(+)6.4 地表水达到或好于Ⅲ类水体比例	100.00	→
目标 7. 经济适用的清洁能源	(+)7.1 电力覆盖率	100.00	→
	(+)7.2 城市燃气普及率	99.45	→
	(+)7.3 可再生能源发电量占全部发电量的百分比	64.92	→
	(+)7.4 万元 GDP 能耗	99.12	↗
目标 8. 体面工作和经济增长	(+)8.1 人均 GDP	24.23	→
	(+)8.2 GDP 增长率	80.74	↑
	(+)8.3 劳动生产率	100.00	→
	(+)8.4 在岗职工平均工资	36.03	↗
	(-)8.5 城镇登记失业率	91.50	↗
	(-)8.6 每十万人安全生产事故死亡人数	0.00	↑

续表

目标	指标	2019年评估结果	2017年~2019年趋势
目标9. 产业创新和基础设施	(+)9.1 第三产业生产总值占地区生产总值的百分比	63.55	↗
	(+)9.2 规模以上工业企业研发支出占规模以上工业企业生产总值的百分比	—	↗
	(+)9.3 研究与发展(R&D)经费支出占地区生产总值的比重	—	↗
	(+)9.4 每万人研究与试验发展(R&D)人员全时当量	—	↗
	(+)9.5 高新技术产业产值比例	24.54	↗
	(+)9.6 每万人发明专利拥有量	7.29	↗
	(+)9.7 科技进步贡献率	91.55	→
	(+)9.8 每十万人拥有高新技术企业数	3.23	↗
目标10. 减少不平等	(-)10.1 城乡居民人均可支配收入之比	47.32	→
	(+)10.2 农村居民人均可支配收入增长率	81.12	→
	(+)10.3 城镇居民人均可支配收入增长率	0.00	→
	(-)10.4 城镇恩格尔系数	64.25	→
	(-)10.5 农村恩格尔系数	58.00	→
	(-)10.6 城乡最低生活保障标准之比	75.65	→
目标11. 可持续城市和社区	(+)11.1 每十万人拥有公共交通运营线路长度	45.13	↗
	(+)11.2 城市垃圾分类覆盖率	100.00	→
	(-)11.3 PM2.5 年平均浓度	64.94	↗
	(+)11.4 城市空气质量优良天数比例	84.91	→
	(+)11.5 人均公园绿地面积	60.36	↗
	(+)11.6 城市公交出行分担率	32.78	↗

续表

目标	指标	2019 年评估结果	2017 年 ~ 2019 年趋势
目标 12. 负责任消费和生产	(+)12.1 工业危险废物安全处置率	94.90	↗
	(+)12.2 农村生活垃圾收集处理率	97.80	↗
	(+)12.3 一般工业固废综合利用率	91.50	↗
	(-)12.4 单位面积农用化肥使用量	81.93	↗
	(-)12.5 单位面积农药使用量	83.61	↗
	(+)12.6 农田灌溉水有效利用系数	90.00	↗
	(-)12.7 万元国内生产总值用水量	60.01	↗
目标 13. 应对气候行动	(-)13.1 每十万人中因自然灾害死亡、失踪人数	10.00	↗
	(-)13.2 万元 GDP 温室气体排放强度	100.00	↑
	(+)13.3 面向中小学生开展气候变化减缓、适应、减少影响和早期预警等方面的教育和宣传活动覆盖率	100.00	→
目标 14. 保护海洋生态			
目标 15. 保护陆地生态	(+)15.1 林草覆盖率	100.00	→
	(+)15.2 生态环境状况指数(EI)		↗
目标 16. 公正、和谐与包容社会	(-)16.1 每十万人中故意杀人案的直接受害者人数	98.97	↗
	(+)16.2 乡镇(街道)公共法律服务工作站覆盖率	100.00	→
目标 17. 伙伴关系			

注：+表示提高等正向指标，-表示降低等负向指标。

三　桂林市国家可持续发展议程创新示范区建设存在问题及原因分析

自桂林市国家可持续发展议程创新示范区获批建设以来，自治区及桂林市重点针对喀斯特石漠化地区生态修复和环境保护等问题，积极探索适用喀斯特景观资源可持续利用的技术路线和系统方案，已取得明显成效；但在基础设施建设、民生改善、环境治理等领域仍然存在短板，资源景观优势尚未有效地转化为发展优势，保护与发展的互促互融机制尚待形成，正面临建设合力需进一步增强、可持续发展创新动能不足、景观资源保育任务艰巨等现实困难。

（一）景观资源保育的内生动力不足，支撑景观多功能价值实现的能力弱

几十年来，各级政府对漓江流域环境治理持续地投入，特别是近三年来通过创新示范区建设中自然景观资源保育行动的落实，极大地促进了桂林景观资源的保育工作；但由于投资主要来源于政府财政，缺乏市场资本参与，其保育成果在景观的生态、生产、经济、社会、文化等多元功能的价值实现上仍然不充分，尚未形成保护与发展的内生动力，景观资源的保护与可持续利用仍然面临巨大压力。

1. 景观资源多功能融合与拓展速度慢，价值实现链条延伸不够

多元化、差异化的景观资源优势发挥不充分，景观资源由单一生态功能向包括生产、生活、文化等在内的多重功能延伸和拓展不够，未能体现出景观资源对于提高特色的旅游产品、农产品、文创产品等附加值的作用；由景观资源直接或间接带动的旅游文化创业、农产品加工业带动能力与农产品流通辐射力不强，上下游衔接不紧密，品牌影响力弱，消费者体验不高，旅游消费市场竞争力不强。

2. 景观多功能开发利用的绩效量化和特征评估体系缺失

目前，桂林市缺少对景观多功能性评估的法律依据和技术体系，无法通过对景观多重价值投入与产出的有效衡量来促进包括生态补偿机制在内的体制机制创新，以及有效促进景观保护与利用的平衡和经济社会的可持续发展；相对于打造经典景观资源而言，目前桂林全域景观资源多样化利用和特征的评估不足，不利于通过景观资源的差异化禀赋延长产业链条、增强优势景观资源利用的延展性；相对于环境保护和景观保育的“底线”控制要求，不同产业类型对于景观资源利用的影响以及景观容量的研究不够，缺乏针对景观资源多功能间“供需平衡”的项目建设标准、产业准入标准以及产品

的政府采购标准等。

3. 促进景观资源多途径价值实现的新型经营主体支撑条件不充分

规模大、科技含量高、加工能力强，能够对景观资源进行多维度、高水平开发的新型经营主体较少，旅游、农业、生物医药等领域龙头企业全国影响力和地方经济发展带动力不强，景观价值转化能力差，主导产品的竞争力有待加强；景观衍生产品普遍缺乏商品标准。以景观资源为依托的产品质量和科技含量整体处于较低水平，大量地标产品未形成有效的经济推动力，品牌价值没有得到充分挖掘。个性化、差异化旅游产品短缺，高附加值的农产品供给不足，多元参与景观资源价值实现的激励机制和风险抵御机制不够完善。

（二）产业创新及基础设施提升不足，社会经济发展新动能培育的能力弱

桂林市的可持续发展面临新旧动能转换不畅、创新能力不适应高质量发展要求和“不进则退、慢进亦退”的严峻挑战。经济总量偏小，产业结构有待优化，工业化、城镇化、信息化进程滞后，后发展和欠发达仍是最大的市情。

1. 生态产业发展基础薄弱，高水平支撑景观资源保育与修复的能力较弱

桂林总体经济实力偏弱，2019 年人均地区生产总值仅 41186 元，为全国平均水平的 58%、全自治区的 96%。现代服务业发展基础薄弱，农业现代化的步伐明显偏慢，生态农业、健康养生、文化创意、商务会展等新型生态产业和新型业态占比小，对经济社会发展的贡献度较低。城乡发展、区域发展不平衡，优质公共产品和公共服务供给不足，导致新型生态产业布局分散，规模效应尚不明显，缺少骨干企业和知名品牌，产业带动能力亟须持续提高。经济基础薄弱，可能直接影响生态资源保护与可持续利用。

2. 资源要素集聚能力弱，单一粗放的供给与日益多样化的需求不匹配

桂林三花酒、桂林米粉、荔浦芋头、永福罗汉果、阳朔金橘、恭城月柿、全州禾花鱼等一批国家地理标志产品，与景观资源、生态资源、旅游资源、文化资源、科教资源等特色资源类似，尚未转化为桂林经济发展的优势；小规模、分散的资源开发方式导致需求与供给之间形成低水平动态平

衡，产业整体处于价值链的中低端；服务业品质有待提高，缺少世界一流的高端项目，不能适应消费新形势；工业用地成本高、耕地占补平衡缺口大、土地利用效率不高，生产要素市场化配置和商品服务流通的体制机制存在障碍，进一步影响营商环境的优化。

3. 创新链和产业链融合度较低、可持续发展创新动能明显不足

与中、东部地区相比，桂林存在创新投入不足、技术交易不活跃、企业尚未真正成为技术创新主体、创新创业政策和服务体系不完备、科技成果转化率不高等问题，科技创新支撑生态产业转型升级的能力处于较低水平。桂林市目前研究与试验发展（R&D）经费支出仅占地区生产总值的0.59%，远低于全国平均水平（2.19%），投入不足仍是科技进步的制约因素。以科技创新为引领的新产业新业态尚未成型，新一代信息技术、生物医药等高新技术产业整体规模偏小，发展水平还不够高，部分产业布局比较分散，尚未形成明显的集群效应。同时，桂林还涉及产业链环节较短的问题，高新技术产业增加值占 GDP 比重仅为 13.2%，产业带动能力和核心竞争力较弱。

四　推进桂林市国家可持续发展议程创新示范区建设的政策建议

本报告从准确把握国家可持续发展议程创新示范区建设与经济发展和生态保护的角度，围绕可持续发展战略布局，紧密结合“创新、协调、绿色、开放、共享”五大发展理念，从宏观、中观、微观维度对桂林市国家可持续发展议程创新示范区建设与经济发展和生态保护的制度与实际操作层面的顶层设计提出以下政策建议。

（一）完善顶层设计，推进上下联动

1. 强化顶层领导组织机构建设

借鉴其他国家可持续发展议程创新示范区的推进经验，在自治区层面成

立由自治区主要领导亲自抓的国家可持续发展议程创新示范区协调推进领导小组，每季度至少召开一次现场协调推进会或专题研讨会，将创新示范区建设纳入各部门“一把手”工程；在市级层面，桂林市、各县（市、区）建立创新示范区建设领导小组传导机制，桂林市17县市区建立专门的可持续发展推进办、桂林市创建国家可持续发展议程创新示范区工作领导小组各成员单位设定创新示范区工作专员，每月组织召开工作汇报交流会。

2. 建立定期交流汇报制度

系统组织可持续发展规划、建设方案及政策与体制机制改革宣贯会。动态发布桂林市国家可持续发展议程创新示范区创建工作简报，定期向广西壮族自治区创建国家可持续发展议程创新示范区工作领导小组和桂林市创建国家可持续发展议程创新示范区工作领导小组各成员单位提交工作进展及成效、国家政策及行动动向，每半年向国务院和国家可持续发展实验区部际联席会议提交工作进展报告，督促各单位尽职、务实开展工作。在桂林市层面，可参照其他示范区的做法，组织开展县（市、区）、乡镇（街道）负责人及市、县（市、区）相关职能部门负责人的专题培训，全面宣讲国家可持续发展议程创新示范区建设目标和任务，设立国家可持续发展议程创新示范区宣传月和主题日活动。区市形成合力，有效对接科技部相关部门，建立起自治区、桂林市相关职能部门与国家可持续发展实验区部际联席会议成员单位的定期沟通机制，推动创新示范区建设的重点项目与工程获得相关部委支持。

3. 建立评估考核机制

针对制度优势尚未有效发挥、若干政策落地实施的效果不明显的现状，建立政策落地实施考核评估制度。桂林市创建国家可持续发展议程创新示范区工作领导小组牵头制定年度任务实施计划和桂林市建设国家可持续发展议程创新示范区绩效考评细则，有效发挥考核“指挥棒”“风向标”作用。一是将自治区层面发布的《关于支持桂林市建设国家可持续发展议程创新示范区的若干政策》（桂政发〔2019〕48号）等政策实施情况纳入广西壮族自治区创建国家可持续发展议程创新示范区工作领导小组自治区相关单位年度目标考核指标任务中，加强实时监测、督查和全程跟踪纪实，推动各项任务有效落实；二是依据桂林市可持续发展规划和建设方案制定年度实施方案行动，目标指标和重点任务及工程项目责任到人，纳入部门及区县年度绩效考核。

（二）构建多元化投融资机制，畅通生态产品价值转化路径

1. 创新生态产品价值实现路径

深化资源性产品价格和税费改革，探索生态价值向人文价值、经济价值、生活价值转化的实现路径，搭建生态价值实现平台，构建以山水景观为核心的绿色发展动力机制。鼓励引导社会资本参与山水景观建设，深化山水景观管理体制改革，构建生态建设运营双平衡机制，完善生态建设成本定向提取等制度，探索以土地增值收益平衡前期投入、以市场运营收益平衡后期维护的可持续投入方式。构建生态系统生产总值（GEP）核算标准和评估体系，在恭城、龙胜等生态功能重点区县探索 GDP 和 GEP“双核算、双运行”的绿色经济考评体系，实现 GDP 与 GEP 良性互动互促，构建以 GEP 核算为基础的生态产品市场交易机制，加速推动生态价值转化为经济价值。利用生态景观资源经济业态升级、模式创新，以生态价值多元转化保障生态环境建设的可持续性。以景观资源与社会经济融合为突破，深化资源性产品价格和税费改革，探索生态价值向人文价值、经济价值、生活价值转化的实现路径，搭建生态价值实现平台，培育全息情景营造、主题消费体验、田园生态旅居等新经济业态，打造形成新业态、新模式、新场景的策源地，推动土地增值与生态投入良性互动，以生态价值多元转化保障生态环境建设的可持续性。

2. 健全生态环境保护管理机制

完善生态保护红线、环境质量底线、资源利用上线和生态环境准入清单等“三线一单”生态环境分区管控体系①，开展重要生态空间自然资源确权登记，构建桂林市水资源和生态环境保护制度体系。进一步健全排污权、用能权、用水权、碳排放权等交易机制，降低交易成本，提高运转效率。加快

① 广西壮族自治区人民政府：《广西壮族自治区人民政府关于实施“三线一单”生态环境分区管控的意见》，广西壮族自治区人民政府门户网站，http：//www.gxzf.gov.cn/zfwj/zxwj/t7367206.shtml，2020－12－07。

建立初始分配、有偿使用、市场交易、纠纷解决、配套服务等制度，做好绿色权属交易与相关目标指标的对接协调①。健全水权交易平台，加强对水权交易活动的监管，强化水资源用途管制。推动设立漓江流域生态环境保护专项资金，通过健全漓江水上游览票制票价体系，争取市级层面的价格审批机制，鼓励探索建立多元化的漓江流域生态补偿机制，逐步加大对漓江流域重点生态功能区转移支付的支持力度，推动开展中央、自治区、桂林市、创新示范区内县四级联动生态公益林补偿机制试点。制定自然资源资产管理、生态价值评估、生态环境损害评估和赔偿、多元化生态补偿、自然资源权属管理、有偿使用和使用权流转等各项制度。全面落实河湖长制和林长制。市县乡三级党委、人民政府主要负责同志共同担任总河长，分级分段（片）设立河长湖长。市、县两级分别设立总林长、副总林长和林长，建立部门协作机制、林长会议制度，设立林长制办公室，各级林长重点负责抓总纲、解难题、压责任，帮助各级林草部门解决自身难以解决的问题，统筹推动森林资源保护和发展各项工作。完善应对气候变化工作机制，建立健全应对气候变化部门及区县联席会议制度，夯实温室气体减排责任，落实碳排放权交易相关工作，积极推进碳达峰和碳中和，科学设定碳达峰目标和路径，推动能源、工业、交通、建筑等部门制定实施碳达峰专项行动方案，形成纵向传导、横向互动的碳达峰行动布局，构建多层级多领域的“零碳”示范体系等，推动建设一批碳达峰、碳中和领先企业、示范园区。②

3. 创新生态价值转化多元投入机制

构建市场化的投融资机制，探索在循环经济、生态环保、公共服务、社会治理等领域引入 PPP 模式，广泛吸引各类社会资本参与项目的投融资、建设和运营。创新景观与生态资源市场化运营模式，探索设立生态价值转化基金，建立自然景观、公园绿地、生态带要素支持制度，撬动更多的社会资

① 国务院：《国务院关于加快建立健全绿色低碳循环发展经济体系的指导意见》，《中华人民共和国国务院公报》2021 年第 7 期。

② 朱智翔、晏利扬、王雯：《打造美丽中国先行示范区》，《中国环境报》2021 年 3 月 4 日，第 2 版。

本投资生态环境保护和绿色产业发展，完善漓江可持续发展资金保障体系，重点支持景观资源保育、生态环境保护修复、生态环境基础设施建设、生态环境产业发展等，促进景观资源可持续利用。通过先建后补、以奖代补、贷款贴息、PPP 等方式，引导社会资本多渠道、多形式投入生态领域。支持桂林喀斯特世界自然遗产地创新生态开发投融资机制，探索“生态银行”模式，创新自然保护地管理体制机制。鼓励和支持运作规范、符合条件的创业投资企业创新各类募集手段，通过上市募集、发行双创债、发行资金信托等融资方式拓展融资渠道，形成市场化、多元化的资金来源。

4. 创新绿色金融政策

健全商业性金融、开发性金融、政策性金融、合作性金融，形成分工合理、相互补充的金融机构体系，引导金融行业服务向可持续发展领域倾斜，发展普惠金融，探索建立财政、国资收益和社会资金多渠道并举的滚动投入机制。创新金融政策，健全绿色金融支撑，探索建立绿色基金和碳基金，大力发展绿色信贷，发行绿色债券，创新绿色保险；支持符合条件的绿色企业上市融资，发挥国有资本示范作用，引导社会资本投入重大生态工程，率先形成绿色金融全产业链示范。对接科技部国家科技成果转化引导基金等资源，探索设立桂林市可持续发展创新引导基金和可持续发展影响力基金，发挥引导作用，吸引社会资金进入可持续发展创新领域。整合政策性金融、开发性金融、商业性金融、合作性金融等资源，建立健全多主体、多渠道、多形式的投融资机制①，建立分工合理、相互补充的创新金融体系，重点为乡村振兴、产业升级、城市提质、景观资源保育、生态文化保护和城乡融合发展等提供金融支持。

（三）完善科技创新体制机制，构建市场化绿色技术转化机制

1. 构建市场化多元化科技投入机制

加大财政对可持续发展的研发投入力度，设立常态化的区市两级可持续

① 广西壮族自治区人民政府、桂林市人民政府：《桂林市可持续发展规划（2017 - 2030 年）》，桂林市科学技术局网站，http：//kjj. guilin. gov. cn/zwgk/zcwj/bszcwj/201811/t20181109_1025508. htm，2018 - 03 - 02。

发展科技专项，完善自治区、桂林市两级政府科技稳定投入保障机制，优化财政科技投入结构和支持方式，积极发挥财政资金的引导作用，在桂林市产业引导基金下设立科技创新子基金，按照市场化方式进行运营管理，撬动更多的社会资本投资生态环境保护和绿色产业发展。科技专项资金中重点对可持续发展基础研究、前沿技术研究和社会公益性技术研究、技术集成与工程示范给予稳定支持。产业引导基金重点支持企业科技创新示范工程建设，推动先进适用的科技成果在县域的转化和产业化，构建“技术引入—技术匹配—技术孵化加速—技术商业化”的技术发展和产学研合作全链条。

2. 健全创新生态体系

改革科研项目立项和组织方式，建立主要由市场决定的科技项目遴选、经费分配、成果评价机制。深化科技成果使用权、处置权和收益权改革，在探索赋予科研人员科技成果所有权或长期使用权、成果评价、收益分配等方面先行先试。持续加强需求引导的基础研究，持续优化基础科学研究支持体系建设，重视推动基础研究和应用研究的融通创新、全面发展、重点突破。加快完善技术成果转化相关制度，推进国家科技基础资源服务业基地和科研机构聚集区建设，建立具有地方特色的绿色技术创新成果转化服务体系和绿色技术交易市场，适当提升县域层面技术合同技术交易额补贴、简化申报流程，提高科技成果转移转化效率。探索设立桂林市科技成果转化基金和创业孵化基金，完善科研人员成果转化收益分配政策，完善事业单位科技成果转化处置实施办法，研究制定知识产权股权分红等激励政策，调动科研人员的积极性和创造性。加强对技术交易中介机构的指导和评价监管，培育一批专业化的绿色技术创新“经纪人”。加强创新共建共享，建设创新共同体，打造协同创新示范区域。

3. 健全绿色技术创新人才激励机制

以“引、育、培、用、留”为重点，加快实施人才优先发展战略，打造以景观资源可持续利用为核心的国际一流人才汇聚之地、建设具有较强竞争力和产业带动力的人才强市。充分利用桂深人才飞地机制，进一步打造国内外创新创业引才聚才平台建立跨区域发展合作机制和利益共享机制，搭建

桂林与粤港澳大湾区人才、技术、资本和项目等创新要素的流通渠道和高端资源的对接平台，为桂林可持续发展源源不断地注入新鲜血液。加大柔性用才力度，推动用人单位到区外设立离岸研发中心和孵化基地，就地延揽高层次人才，对引进的创新人才视同在创新示范区工作，可申报自治区级人才工程和科技项目。依托院士工作站、技能大师工作室、专家服务基地等载体，灵活使用各类人才。优化人才服务环境、着力解决人才来桂就业创业的过渡性、周转性住房问题，不断完善人才生活居住保障体系，完善“共建共管共享”的运营模式，将人才公寓建成人才生活、创业、创新集聚载体，构筑人才留桂的栖息地；优化人才发展环境，落实高层次急需紧缺人才落户、住房、医疗、子女上学、配偶就业等政策，推动形成“山水甲天下，英才聚桂林”的人才生态环境。

4. 建立绿色技术转化机制

健全绿色技术知识产权保护制度，强化绿色技术研发、示范、推广、应用、产业化各环节知识产权保护。积极建设绿色技术银行，加快推进市场导向绿色技术创新体系建设，实现科技成果资本化，为绿色技术的转移转化提供资金服务。推动本土科技要素市场与上海绿色技术银行的对接合作。积极利用首台（套）重大技术装备政策支持绿色技术应用。充分发挥国家科技成果转化引导基金作用，强化创业投资等各类基金引导，支持绿色技术创新成果转化应用。支持企业、高校、科研机构等建立绿色技术创新项目孵化器、创新创业基地。及时发布绿色技术推广目录，加快先进成熟技术推广应用。①

（四）集聚全区资源，补齐补强2030可持续发展目标中的短板指标

结合美丽中国战略、“十四五”规划和 2035 年远景目标、创新示范区可持续发展规划等，组织编制《中期桂林市国家可持续发展创新示范区建设方案》，以此加快补齐补强短板指标，有效推动体面工作和经济增长目标

① 国务院：《国务院关于加快建立健全绿色低碳循环发展经济体系的指导意见》，《中华人民共和国国务院公报》2021 年第 7 期。

（SDG8）、产业创新和基础设施目标（SDG9）重点目标和指标的完善提升。

1. 实施生态价值转化能力提升行动

着力将景观资源优势转化为发展优势的迫切需求，着力提升旅游消费服务、公共基础服务支撑能力，推动生态产品多途径、多功能、全链条开发模式，构建完善的生态产品价值实现机制。通过科技、管理、文化等支撑能力的提升，提高优势特色旅游产品、农产品、文化创意产品的附加值，增强景观资源直接或间接带动特色旅游文化创业、农产品加工业与农产品流通的影响力，将景观资源由单一生态功能向生产生活文化等多重功能延伸和拓展。建设、优化生态价值转化服务平台建设，为实现生态价值转化能力提升提供更为友好、高效的营商环境。

完善公共服务设施，推进城乡基础设施一体化工程建设。统筹城乡公共交通发展，抓旅游通达工程。全面打通旅游景区、乡村旅游区交通基础设施建设中的“最后一公里”，建立健全镇村地区公交服务网络，积极推进城市公交向农村公交延伸，尽快实现机场、高铁站、汽车站和重点景区无缝衔接，促进空港、铁路港、公路港“三港”联动，建设市内交通干线快捷公交体系，提高旅游通达水平。强化县城综合服务能力，完善乡村水、电、路、气、通信、广播电视、物流及公共服务等基础设施，完善乡村公共服务水平。加强水利基础设施建设，提升防灾减灾能力。

积极推进新型基础设施建设提速工程。围绕强化数字转型、智能升级、融合创新支撑，布局建设新一代信息网络及数据智能基础设施、一体化融合基础设施、智能化创新等新型基础设施，推动互联网、大数据、人工智能与实体经济深度融合和推广应用①，打造网络化协同公共服务平台，实施新型网络基础设施建设行动、数据智能基础设施建设行动、新型智慧城市建设行动等。

深入开发景观衍生价值挖掘工程。打造漓江沿线、湘桂走廊、西南通

① 《中共中央关于制定国民经济和社会发展第十四个五年规划和二〇三五年远景目标的建议》，《人民日报》2020年11月4日，第1版。

道三大景观资源价值多功能开发带。以中心城区、阳朔等为重点，布局建设具有较强国际影响力的新型消费商圈、智慧商圈，打造中国—东盟旅游商品交易基地。搭建城乡产业协同发展平台，培育城乡产业协同发展先行区，创建一批城乡融合典型项目，打造集聚特色产业的创新创业生态圈样板。推进桂林地标特色农产品加工深度开发与产业化工程，提升生态食品附加值。

价值转化服务平台建设工程。加强政务一体化平台建设，打造网络化协同公共服务平台；深化推进中国（广西）自由贸易试验区、面向东盟的金融开放门户等国家级重大开放平台的建设，深化中国—东盟可持续发展创新合作国际论坛交流，探索设立域外创新中心，为桂林市深度融入国内国际双循环、全方位提升转化景观生态价值搭起更高平台；以服务实体经济为导向，创新金融组织、产品和服务，建立市级投融资平台，鼓励金融资本介入土地收储等环节，推动财政专项资金、产业投资基金、融资担保基金、直接股权投资向重点企业和项目集中；搭建全域“景观特征”评估与营造信息化平台，推进数字景观文化遗产公共服务平台建设，持续提升桂林的文化品位。

2. 实施经济振兴行动

着力提升生态产业发展水平，保障经济稳定快速增长，按照“强龙头、补链条、聚集群、抓创新、创品牌、拓市场”的要求，以产业结构的合理化和高级化为切入点，促进要素资源向生态产业集聚配置，做大做强文化产业，推进构建旅游与相关产业融合发展，推动构建制造业智能化、绿色化、集群化发展，构建全空间优化、全资源整合、全要素提升、全产业融合、全服务覆盖、全方位协作的生态产业发展新格局，实现生态产业提质升级，推动形成发展牵引保护、保护创造发展的更高水平动态平衡。

高效生态循环农业提升。以绿色生态有机农业为导向，推行农业绿色生产方式，推动生态循环农业发展。建设一批高效生态农业生产基地与示范工程，推进桂林地标特色农产品加工深度开发与产业化工程，提升生态食品附加值。

培育特色医药康养产业。适应疫情防控常态化带来的变化，积极发展地域特色鲜明的医药康养产业，建设一批民族特色医药产业开发示范工程，实施一批大健康与康养休闲服务创新示范工程，加快推动生物医药产业发展，引进和培育提供先进医疗信息及技术服务平台、生产体检所需的仪器和设备企业、国内外知名健康体检机构、健康咨询及护理服务企业，促进中医药与旅游业融合发展，培育和发展医疗服务、健康保险、健康管理、互联网医疗等产品和业态。

文化旅游产业提质增效。优化“一核三带三极多点”全域旅游发展格局，加快建设桂林市中心城区文化旅游发展核心，打造漓江沿线、湘桂走廊、西南通道三大文化旅游经济发展带，做优做强阳朔、龙胜、兴安三大文化旅游增长极，强化多点辐射，带动桂林市文化旅游发展和提质扩容，建设大桂林大景区。

现代制造产业优化提升。聚焦产业转型升级，重点发展能促进产业分工和功能互补、带动企业集聚和要素整合的高新技术产业。围绕高端装备制造、新一代信息技术、新材料、节能环保，推进传统产业绿色化改造和现代制造业大发展，培育一批具有创新能力的高新技术企业，推动制造业智能化、绿色化、低碳化、集群化发展。

3. 实施动力培育行动

以桂林市绿色高质量发展为导向，大力实施创新驱动发展战略，发展数字经济、智能经济、绿色经济、创意经济、流量经济、共享经济等新产业形态，集成应用天地一体化信息网络技术、移动互联网、大数据、信息资源整合与共享技术、健康及政务安全保障技术、新一代人工智能技术等，构建服务实体经济能力、智慧城市建设、双创平台提能增效、人力资本协同、消费提档升级、绿色低碳建设、现代供应链创新等新产业应用场景，营造有利于新经济产业发展的制度环境和社会氛围，加速培育发展新动能，为建设全面体现新发展理念的城市打造新的动力引擎和现代化经济体系。

发展新产业形态。以技术创新为引领，以新技术、新产业、新业态、新模式为核心，推动形成知识、技术、信息、数据等新生产要素为支撑的新经

济产业形态，打造生产要素高端化、社会生产智慧化、创新创业大众化、企业组织平台化、产业链网络化为特征的新经济体系。

培育新产业形态应用场景。以应用示范工程为抓手，构建与新经济产业形态高度契合的多元化应用场景，促进新技术推广运用、新业态衍生发展、新模式融合创新、新产业裂变催生，实施智慧城市建设示范工程、“双创”平台提能增效工程、人力资本协同示范工程、绿色低碳建设示范工程、现代供应链创新应用工程，全面促进消费、实施消费提档升级工程。

提升新产业形态环境。突破传统的市场格局，重塑经济发展空间格局，做深做实开放合作平台，打造更具新产业形态特征的可持续发展营商生态体系，优化政府服务方式，实行包容审慎的监管方式，使企业发展环境从“个别服务”向“生态营造”转变，激发和保护企业家精神，实施优质企业梯度培育计划。

建设新产业创新服务平台。聚力科技创新和应用，以科技创新为驱动全面支撑新经济业态发展，积极构建区域创新生态体系，加快建设科技创新平台，催动新发展动能，实施自主创新示范区引领工程，开展创新创业人才汇聚工程，推动重点领域重大技术攻关及产业化工程示范。

（五）探索优势目标指标的示范推广路径，为推动全国可持续发展进展提供支撑

经过三年的实践，创新示范区在零饥饿目标（SDG2）、清洁饮水和卫生设施目标（SDG6）、负责任消费和生产目标（SDG12）、气候行动目标（SDG13）、保护陆地生态目标（SDG15）等领域探索并初步形成一些成熟的经验与模式，在破解新时代社会主要矛盾、落实新时代发展任务方面做出示范并发挥带动作用。

1. 加强可持续发展典型经验的交流分享

创新示范区应加强组织领导，搞好协同配合，认真总结在破解可持续发展瓶颈问题方面形成的典型模式，为全球可持续发展提供中国经验，讲好桂林发展故事和破解可持续发展瓶颈问题的系统方案。

2. 加强典型经验的示范推广

研究梳理每项可持续发展经验的推广方式，找准各自工作的结合点，因地制宜、分类施策，结合全面创新示范区创建的推进阶段，做实做细各个环节的工作，同时要强化对改革亮点的典型宣传，营造良好氛围，确保可持续发展的经验“移植”成功，发挥效益，加快在国内形同类型地区成示范效应。

3. 鼓励社会各方参与

建立广泛参与机制，开展可持续发展理念和知识及法律法规宣传，充分调动广大群众勇于创新实践的积极性，鼓励全民参与可持续发展建设，加快形成绿色价值观、消费观、发展观。积极开展以“可持续发展”为主题的文化活动，调动群众参与积极性，营造全民了解、全民参与的活跃氛围，为创新示范区建设奠定良好的群众基础。建立灵活的智力资源引入机制，动态更新桂林市落实 2030 年可持续发展议程示范区的高端智库，促进高校新型智库与政府智库、社会智库、企业智库、媒体智库协同创新，加强与国家和国际专业可持续发展智库对接和交流活动，引入国家和国际层面智力资源支持创新示范区建设。与可持续发展领域专家建立合作交流机制，通过培训、咨询、参与项目实施等形式为创新示范区的建设提供智力支持。加强与其他创新示范区的联系协作与互动联合，主动融入广西自贸区战略、粤港澳大湾区、北部湾港口群和西部陆海新通道等重大战略。积极举办与可持续发展密切相关的高层次论坛、峰会、会展等交流合作活动，提升桂林知名度和影响力。

4. 加强落实2030可持续发展目标的国际交流与合作

积极参与国际交流合作，充分展示桂林可持续发展成果。鼓励国际和地区组织、国内外非政府组织、私营部门等参与，充分发挥它们在推动落实《2030 年可持续发展议程》上的优势，为创新示范区建设提供支撑。结合创新示范区建设，推动设立跨地区、跨学科、跨专业和跨行业的可持续发展专家队伍，通过定期对话交流、会议研讨等形式，加强沟通交流，积极学习国内外先进经验。结合“一带一路”倡议和相关国际公约及共识，建立可持

续发展全球伙伴关系，打造机制化合作交流平台，进行全球性、国家间、各省市和地方层面的SDGs进展交流，跟踪各层面SDGs具体目标和指标落实情况，提供关于可持续发展的科学和政策的专家建议。① 推动《2030年可持续发展议程》及可持续发展目标融入创新示范区生态文明、乡村振兴和绿色转型高质量发展的创新实践，推动创新示范区更好落实《2030年可持续发展议程》，开展高质量发展的行动、故事、经验、成果总结和交流。

为更好落实《2030年可持续发展议程》和推进实现可持续发展目标，创新示范区应充分结合“十四五”规划的实施，桂林在既有的发展基础上，坚持创新推进，全面对接国际国内新形势和新发展格局，畅通国内大循环、促进国内国际双循环、推进政策创新、塑造发展新优势、推动经济体系优化升级，全面深化改革，推动2030可持续发展目标与桂林市社会经济发展行动相融合，探索构建高水平社会主义市场经济体制。全面落实主责主抓要求，勇担重担、敢啃“硬骨头”，创新完善创新示范区工作运行机制，同时要积极谋划开展新一轮经验总结提炼，不断形成和推出可复制推广的经验，充分展示我国可持续发展成绩。以创新示范区2030可持续发展目标进展评估为导向，加快推进治理体系和治理能力现代化，构建与当地经济社会发展水平和资源环境禀赋条件相适应的体制机制，稳步推进联合国《2030年可持续发展议程》的实现。

参考文献

《变革我们的世界：2030年可持续发展议程》，联合国网站，https：//www. un. org/zh/documents/treaty/files/A－RES－70－1. shtml，2015－09－25。

《中共中央关于制定国民经济和社会发展第十四个五年规划和二〇三五年远景目标的建议》，《人民日报》2020年11月4日，第1版。

① 陈晨、赵元浩、郝春旭：《2020年可持续发展目标生态环境领域指标分析与建议》，《环境保护》2021年第2期。

《中国落实 2030 年可持续发展议程国别方案》，外交部网站，https：//www. fmprc. gov. cn/web/zyxw/t1405173. shtml，2016－10－12。

陈晨、赵元浩、郝春旭：《2020 年可持续发展目标生态环境领域指标分析与建议》，《环境保护》2021 年第 2 期。

广西壮族自治区人民政府、桂林市人民政府：《桂林市国家可持续发展议程创新示范区建设方案（2017－2020 年）》，桂林市科学技术局网站，http：//kjj. guilin. gov. cn/zwgk/zcwj/bszcwj/201811/t20181109_ 1025523. htm，2018－03－02。

广西壮族自治区人民政府、桂林市人民政府：《桂林市可持续发展规划（2017－2030 年）》，桂林市科学技术局网站，http：//kjj. guilin. gov. cn/zwgk/zcwj/bszcwj/201811/t20181109_ 1025508. htm，2018－03－02。

广西壮族自治区人民政府：《广西壮族自治区人民政府关于支持桂林市建设国家可持续发展议程创新示范区若干政策的通知》，广西壮族自治区人民政府门户网站，http：//www. gxzf. gov. cn/zfwj/zzqrmzfwj_ 34845/t1509652. shtml，2019－11－22。

广西壮族自治区人民政府：《广西壮族自治区人民政府关于实施“三线一单”生态环境分区管控的意见》，广西壮族自治区人民政府门户网站，http：//www. gxzf. gov. cn/zfwj/zxwj/t7367206. shtml，2020－12－07。

桂林市环境保护局：《2017 年桂林市环境状况公报》，广西桂林市生态环境局网站，http：//sthjj. guilin. gov. cn/xxgkml _ 29550/ztfl/hjzljc/hjzkgb/201806/t20180606 _ 814397. html，2018－06－06。

桂林市生态环境局：《2019 年桂林市生态环境状况公报》，广西桂林市生态环境局网站，http：//sthjj. guilin. gov. cn/xxgkml _ 29550/ztfl/hjzljc/hjzkgb/202006/t20200605 _ 1823938. html，2020－06－05。

桂林市生态环境局：《2018 年桂林市生态环境状况公报》，广西桂林市生态环境局网站，http：//sthjj. guilin. gov. cn/xxgkml _ 29550/ztfl/hjzljc/hjzkgb/201906/t20190605 _ 1161833. html，2019－06－05。

桂林市统计局、国家统计局桂林调查队：《2019 年桂林市国民经济和社会发展统计公报》，广西桂林市人民政府门户网站，https：//www. guilin. gov. cn/glsj/sjfb/tjgb/202005/t20200509_ 1774263. shtml，2020－04－27。

桂林市统计局：《2018 年桂林市国民经济和社会发展统计公报》，广西桂林市人民政府门户网站，https：//www. guilin. gov. cn/glsj/sjfb/tjgb/202005/t20200509 _ 1774255. shtml，2019－05－27。

桂林市统计局：《2017 年桂林市国民经济和社会发展统计公报》，广西桂林市人民政府门户网站，https：//www. guilin. gov. cn/glsj/sjfb/tjgb/202005/t20200509_ 1774254. shtml，2018－05－10。

桂林市统计局国民经济综合统计科：《2019 年桂林市国民经济主要指标》，广西桂林市人民政府门户网站，https：//www. guilin. gov. cn/glsj/sjfb/tjsj/202005/t20200509_

1774572. shtml，2020 - 04 - 13。

桂林市统计局国民经济综合统计科：《2018 年桂林市经济社会发展主要指标情况表》，广西桂林市人民政府门户网站，https：//www. guilin. gov. cn/glsj/sjfb/tjsj/202005/t20200509_ 1774559. shtml，2019 - 04 - 30。

桂林市统计局国民经济综合统计科：《2017 年桂林市经济社会发展主要指标情况表》，广西桂林市人民政府门户网站，https：//www. guilin. gov. cn/glsj/sjfb/tjsj/202005/t20200509_ 1774544. shtml，2018 - 05 - 16。

国务院：《国务院关于同意桂林市建设国家可持续发展议程创新示范区的批复》，《中华人民共和国国务院公报》2018 年第 7 期。

国务院：《国务院关于加快建立健全绿色低碳循环发展经济体系的指导意见》，《中华人民共和国国务院公报》2021 年第 7 期。

国务院：《国务院关于印发中国落实 2030 年可持续发展议程创新示范区建设方案的通知》，《中华人民共和国国务院公报》2017 年第 1 期。

黄尚宁、罗艳屏：《广西定向保障桂林创新示范区建设用地》，《中国自然资源报》2019 年 12 月 20 日，第 2 版。

吕永龙、王一超、苑晶晶等：《关于中国推进实施可持续发展目标的若干思考》，《中国人口·资源与环境》2018 年第 1 期。

秦春成：《政府工作报告》，《桂林日报》2020 年 1 月 22 日，第 2 版。

邵超峰、陈思含、高俊丽等：《基于 SDGs 的中国可持续发展评价指标体系设计》，《中国人口·资源与环境》2021 年第 4 期。

邵超峰：《“双碳”背景下推动创新示范区绿色低碳循环发展的思路》，《可持续发展经济导刊》2021 年第 5 期。

邵超峰：《桂林景观资源可持续利用面临的挑战和对策》，《可持续发展经济导刊》2020 年第 7 期。

王秋蓉：《打造景观资源可持续利用“桂林样本”——访桂林市副市长兰燕》，《可持续发展经济导刊》2020 年第 9 期。

薛澜、翁凌飞：《中国实现联合国 2030 年可持续发展目标的政策机遇和挑战》，《中国软科学》2017 年第 1 期。

钟源：《聚焦人居环境建设共话城市可持续发展——四位全国人大代表畅谈国家可持续发展议程创新示范区建设》，《经济参考报》2020 年 5 月 26 日，第 5 版。

周全、董战峰、吴语晗等：《中国实现 2030 年可持续发展目标进程分析与对策》，《中国环境管理》2019 年第 1 期。

周邵清：《新时代赋予新使命　桂林成为可持续发展排头兵——桂林获批建设国家首批可持续发展议程创新示范区综述》，《桂林日报》2018 年 3 月 26 日，第 1 版。

朱婧、孙新章、何正：《SDGs 框架下中国可持续发展评价指标研究》，《中国人口·资源与环境》2018 年第 12 期。

朱智翔、晏利扬、王雯：《打造美丽中国先行示范区》，《中国环境报》2021 年 3 月 4 日，第 2 版。

Bandy X. Lee, Finn Kjaerulf, Shannon Turner, "Transforming Our World: Implementing the 2030 Agenda Through Sustainable Development Goal Indicators." *Journal of Public Health Policy* 2016 (37): 3 – 13.

Cameron Allen, Michael Reid, John Thwaites, et al., "Assessing nationalprogress and priorities for the Sustainable Development Goals (SDGs): experience from Australia," *Sustainability science* 2020 (15): 521 – 538.

Robin Naidoo, Brendan Fisher, "Reset Sustainable Development Goals for a pandemic world," *Nature* 2020 (583): 198 – 201.

B.7

桂林市特色小镇建设引领新型城镇化发展报告

蒋团标　王宇萌　邓紫薇　苏柳榕*

摘　要：本文通过梳理桂林市9个特色小镇建设现状，总结各个特色小镇引领新型城镇化发展的经验及模式，发现桂林市特色小镇在引领新型城镇化建设进程中存在资金缺口大、特色产业不突出、专业人才缺乏、城镇化质量不高、产业集聚效应弱等问题。鉴于此，从寻找融合切点、优化融合方式、培育多元融合主体、完善利益分配机制等维度，本文探索桂林市特色小镇引领新型城镇化发展的创新模式；并通过多方筹措资金、立足特色产业、培育专业人才、强化龙头企业带动作用等措施以保障其稳态运行，为桂林市特色小镇建设引领新型城镇化发展提供参考。

关键词：特色小镇　新型城镇化　特色产业　桂林

改革开放以来，国家对于“三农”问题的关注度不断提升，从加强农

---

* 蒋团标，广西师范大学经济管理学院教授，广西师范大学西南城市与区域发展研究中心主任，广西师范大学珠江—西江经济带发展研究院研究员，中国区域经济学会珠江—西江经济带专业委员会副主任委员，研究方向为区域经济可持续发展；王宇萌，广西师范大学经济管理学院硕士研究生，研究方向为区域经济学；邓紫薇，广西师范大学经济管理学院硕士研究生，研究方向为区域经济学；苏柳榕，广西师范大学经济管理学院硕士研究生，研究方向为金融学。

村基础设施建设到推进社会主义新农村建设，从以工促农、以城带乡到城乡一体化发展，从构建美丽乡村建设到开展特色小镇建设。党的十九大报告中指出，为更好实施乡村振兴战略，尤其是在城乡区域发展不平衡不充分的现实背景下，需要明确“产业兴旺、生态宜居、乡风文明、治理有效、生活富裕”的总要求，对农业农村问题实行优先发展战略①。随后，2018 年 9 月出台的《乡村振兴战略规划（2018—2022 年）》，按照乡村振兴战略的总要求进行阶段性规划，并提出实施产业兴村强镇，以发展本地特色优势产业为主导，培育农业产业强镇的具体措施②。特色小镇建设是实施乡村振兴的重要举措，是引领新型城镇化发展的重要途径，对实现社会主义现代化具有重要意义。

一　特色小镇培育与建设概况

（一）特色小镇及其建设背景

特色小镇是城市发展到特定阶段的必然产物。城市化的发展规律通常是首先有市场，然后发展工业化；随着工业化的发展，第三产业逐渐取代第二产业；最后工业逐渐远离城市，出现逆城市化现象。这种规律的存在主要是由于产业发展寻求低成本。特色城镇的功能和意义是推翻传统的“城镇”和“区域”的行政意识，使之成为一个新的区域生产力创新空间，将有限空间内的生产力布局升级优化，并突破高端要素集聚不足的局限。目前，由于中国城市发展速度的加快和城市居民生活成本的提高，城市人口压力逐年累积，各种城市病也随之出现。发展特色小镇是中国城市发展道路的新思路，它试图通过合理的城市群和大中小城市的分布带动实体经济，探索一条

① 习近平：《决胜全面建成小康社会夺取新时代中国特色社会主义伟大胜利》，人民网，http：//politics. people. com. cn/n1/2017/1028/c1001 - 29613514. html，2017 - 10 - 28。

② 中共中央、国务院：《乡村振兴战略规划（2018—2022 年）》，中国政府网，http：//www. gov. cn/zhengce/2018 - 09/26/content_ 5325534. htm，2018 - 09 - 26。

新的城市化道路。

目前，我国对特色小镇尚未形成统一定义。综合国家发展和改革委员会、住房和城乡建设部、财政部指导意见和国内部分学者看法，可将其定义为：特色小镇是依照企业主体、资源整合、项目组合、产业融合原则，有着明确产业定位、文化内涵、旅游以及一定社区功能的发展空间平台，是一个集产业、文化、旅游与社区之功能于一体的一个新型聚落单位。我国特色小镇建设是由国家发展和改革委员会、财政部以及住房和城乡建设部发起的，计划在全国范围培育一批具有鲜明特色的小镇，是借以引领全国新型城镇化建设的一项培育工程。这项培育工程旨在贯彻创新、协调、绿色、开放、共享的发展理念，在供给侧结构性改革的思路下，走出一条集约、智能、绿色、低碳的新型城镇化道路。它不同于依托行政区划上的镇以及一般的产业园区，特色小镇侧重于聚焦独具特色的核心产业和新兴产业，聚集多种发展要素，改造提升村、镇的配套功能和产业业态，在吸引游客旅游、创客进驻、发展特色产业、引入专业人才的过程中实现产城一体化发展。特色小镇建设的特色性体现主要表现在产业、功能、形态和机制四个方面：产业上坚持特色产业、旅游产业两大发展架构；功能上实现“生产 + 生活 + 生态”的“三生融合”模式，形成产城乡一体化功能聚集区；形态上具备独特的风格、风貌、风尚与风情；机制上是以政府为主导、以企业为主体、社会共同参与的创新模式。

为贯彻落实党中央和国务院推进特色小镇建设的精神，2016 年 7 月 1 日，住房和城乡建设部、国家发展改革委和财政部联合出台《关于开展特色小镇培育工作的通知》。该通知的出台充分调动全国小城镇的建设热情，提高特色小镇的建设水平与质量；截至 2020 年，培育 1000 个左右各具特色、富有活力的休闲旅游、商贸物流、现代制造、教育科技、传统文化、美丽宜居等特色小镇①，引领带动全国小城镇建设，促进新型城镇化发展。

① 中华人民共和国住房和城乡建设部、中华人民共和国国家发展和改革委员会、中华人民共和国财政部：《关于开展特色小镇培育工作的通知》，住房和城乡建设部官网，http：//www. mohurd. gov. cn/wjfb/201607/t20160720_ 228237. html，2016 - 07 - 01。

2016 年 10 月 8 日，国家发展和改革委员会出台《关于加快美丽特色小（城）镇建设的指导意见》，文中指出，“发展美丽特色小镇是推进供给侧结构性改革的重要平台，是深入推进新型城镇化的重要抓手，有利于推动经济转型升级和发展动能转换，有利于促进大中小城市和小城镇协调发展，有利于充分发挥城镇化对新农村建设的辐射带动作用”①。2017 年 12 月 4 日，国家发展改革委、国土资源部、环境保护部、住房和城乡建设部联合出台的《关于规范推进特色小镇和特色小城镇建设的若干意见》，明确推进各地区特色小镇建设的重点任务，指出特色小镇的内涵特质就是特色产业②。2018 年 8 月 30 日，国家发展改革委发布《关于建设特色小镇和特色小城镇高质量发展机制的通知》，指出“特色小镇和特色小城镇是新型城镇化与乡村振兴的重要结合点，也是促进经济高质量发展的重要平台”③，进一步界定特色小镇的内涵与发展机制，为小镇经济高质量发展提供推力。

（二）国家特色小镇建设概况

特色小镇一经国家正式提出便受到广泛关注，从中央到地方，从传统产业到新兴产业，从实体企业到金融机构，特色小镇建设热潮愈演愈烈，成为当前经济的新热点。2016 年 10 月 11 日，全国共 127 个镇被列入住房和城乡建设部公布的第一批中国特色小镇名单；2017 年 8 月 22 日，又有 276 个镇被列入住建部公布的第一批中国特色小镇名单；除此之外，地方特色小镇的建设与培育也占有一定比例。截至 2020 年底，我国批准设立的国家级特色小镇共有 403 个，加上各个地方建设的省级特色小镇，总数达 2000 多个。

---

① 国家发展改革委：《关于加快美丽特色小（城）镇建设的指导意见》，国家发改委官网，https：//www. ndrc. gov. cn/xxgk/zcfb/tz/201610/t20161031 _ 963257. html？ code = &state = 123，2016 - 10 - 08。

② 国家发展改革委、国土资源部、环境保护部、住房和城乡建设部：《关于规范推进特色小镇和特色小城镇建设的若干意见》，国家发改委官网，https：//www. ndrc. gov. cn/xwdt/ztzl/xxczhjs/ghzc/201712/t20171205 _ 972181. html？ code = &state = 123，2017 - 12 - 04。

③ 国家发展改革委办公厅：《关于建立特色小镇和特色小城镇高质量发展机制的通知》，国家发改委官网，https：//www. ndrc. gov. cn/xxgk/zcfb/tz/201809/t20180928 _ 962283. html？ code = &state = 123，2018 - 08 - 30。

近年来，在相关部门的带动下，各地基于当地资源禀赋，进一步挖掘当地特色，形成各具特色发展模式。有文化传承型特色小镇，有产业型特色小镇，有国际型特色小镇等。浙江云栖小镇，基于农产品生产与加工，运用“互联网+农业”模式，依托产业链进一步促进农业、加工业、贸易、售后服务等相关产业的融合发展，充分展示农业特色小镇的多重功能；湖南凤凰古镇，依托自然和人文资源，充分展示文旅特色小镇的产业、文化、旅游等多项功能的吸引力；昆明嘉丽泽小镇，以高原体育运动产业为主导，将生态旅游、体育文化与健康养老相结合，充分展示体育运动特色小镇的吸引力。

（三）广西特色小镇建设概况

党的十八大提出新型城镇化建设的重要战略部署后，广西壮族自治区各市党委政府迅速响应中央政策，采取一系列措施推进小城镇和特色小镇建设。2016 年 10 月，广西壮族自治区住建厅等部门联合印发的《广西百镇建设示范工程实施方案》明确提出，全自治区计划先后分三批组织实施，统筹推进 100 个经济强镇、特色名镇、特色小镇建设，力争培育出一批布局合理、经济发达、配套设施完善、环境优美、特色鲜明，且进入全国先进行列的小城镇。近年来，广西大力开展的特色名镇、百镇建设示范工程和民族乡建设等工作已初见成效，小城镇建设取得长足进步，一批基础设施完善、公共服务健全、经济发展活跃、城镇特色凸显的小城镇脱颖而出。2016 年 10 月，住房和城乡建设部公布的我国第一批 127 个特色小镇名单中，广西桂林市恭城瑶族自治县莲花镇、北海市铁山港区南康镇、柳州市鹿寨县中渡镇、贺州市八步区贺街镇 4 个特色小镇上榜。2017 年 9 月，住房和城乡建设部评出我国第二批 276 个特色小镇，其中广西河池市宜州区刘三姐镇等 10 个特色小镇入选。2018 年 8 月，广西评出第一批特色小镇，其中南宁市横县校椅镇的茉莉小镇等 45 个特色小镇入选。2019 年 12 月，第二批广西特色小镇培育名单确定，其中兴宁区昆仑关军事主题文旅小镇等 17 个小镇入选。

近年来，广西各市根据住房和城乡建设部、自治区特色小镇培育的工作要求，结合当地的产业特色、文化底蕴、旅游资源实际情况，按照分类培育思路积极开展特色小镇谋划建设工作，并取得一定的工作成效。首批4个国家级特色小镇迅速完成基础设施建设项目：鹿寨县中渡镇完成古镇南大门、古镇西大门古城墙修复、管线下地改造、污水处理站设备安装工程及水车工程等项目；恭城县莲花镇的红岩4A级旅游景区、柿子博览园、县全域旅游精品示范带项目等项目迅速完成规划设计，目前各项目建设工作基本完成；北海市铁山港区南康镇已建成广西第一家乡镇3D影城，小街小巷改造项目步入收尾阶段，并采取政企合作（PPP）模式争取社会资金投入特色小镇建设；贺州市八步区贺街镇也很快完成特色小镇的策划和规划方案编制，旧住宅综合整治项目和易地扶贫移民（一期）工程已完工。第二批10个国家级特色小镇特色产业发展迅速：各小镇依托特色产业，加快基础设施的建设，吸引众多企业投资落户，为当地提供大量就业岗位，提升就业率；各市县围绕自治区政府对特色小镇在产业定位、空间布局、投资、功能集成等方面要求不断优化产业结构，加快城镇发展速度，促进经济发展转型。

（四）桂林市特色小镇建设概况

从2014年开始实施的广西百镇建设示范工程，先后分三批组织实施，统筹推进100个经济强镇、特色名镇、特色小镇建设，桂林共有23个镇上榜。其中，包括第一批的阳朔县福利镇、灵川县大圩镇、兴安县界首镇、永福县百寿镇、荔浦市马岭镇、平乐县二塘镇、灌阳县文市镇；第二批的平乐县沙子镇、全州县绍水镇、龙胜县瓢里镇、灌阳县黄关镇、荔浦市青山镇、雁山区雁山镇、恭城县栗木镇、资源县梅溪镇、兴安县湘漓镇；第三批的临桂区五通镇、灵川县三街镇、全州县石塘镇、永福县苏桥镇、荔浦市修仁镇、恭城县莲花镇、龙胜县三门镇。

在国家和自治区的带动下，桂林市特色小镇建设正在如火如荼地推进。2016年10月恭城瑶族自治县莲花镇被住房和城乡建设部列入我国第一批特色小镇培育名单；2017年9月兴安县溶江镇又被列入国家级第二批名单。在2018年广西第一批特色小镇培育名单列出的45个小镇中，桂林有5个入选，是广西入选特色小镇最多的地级市。这5个小镇分别是：漓水文化小镇

（灵川县大圩镇）、漓江三花小镇（兴安县溶江镇，2017 年国家级）、罗汉果小镇（永福县）、衣架小镇（荔浦市）、月柿小镇（恭城瑶族自治县莲花镇，2016 年国家级）。在 2019 年广西第二批特色小镇培育名单列出的 17 个小镇中，桂林占据 4 个，分别是健康养生小镇（恭城瑶族自治县平安镇）、丹霞旅游小镇（资源县梅溪镇）、油茶小镇（灌阳县黄关镇）和粉业小镇（全州县才湾镇）。桂林市 9 个国家级、自治区级特色小镇建设进展顺利。首批 5 个特色小镇建设已全面开工，累计完成特色产业投资 39.3 亿元，建设项目投资 62.2 亿元；第二批 4 个广西特色小镇产业策划和核心区建设规划成果已通过市级评审，并报送自治区审核，自治区级特色小镇数量居全区之首。根据《特色小镇培育工作实施方案》，桂林市将构建起国家、自治区、市三级特色小镇培育体系，建设一批特色产业鲜明、服务功能完善、体制机制灵活、生态环境优美、文化底蕴彰显、宜居宜业宜游的国家级、自治区级、市级特色小镇，使其成为桂林县域经济发展新的增长点，成为农民就地就近城镇化的重要载体。

基于城乡融合的发展背景，特色小镇建设具有怎样的实践功能与意义，特色小镇在桂林市特色产业发展中起着何种作用，特色小镇建设引领桂林市新型城镇化发展的现状、问题、发展模式及实现路径等方面，都是本文的主要关注点。本文主要通过梳理桂林市特色小镇建设现状，总结特色小镇引领新型城镇化发展的经验与模式，发现桂林市特色小镇与新型城镇化建设过程中存在的问题，寻找桂林市特色小镇引领新型城镇化发展的路径，进而为桂林市未来的发展与建设提供借鉴和参考。

二　桂林市特色小镇引领新型城镇化发展的现状分析

桂林市特色小镇分级分批共 8 县（市）9 镇入选，分别是恭城瑶族自治县月柿小镇、兴安县漓江三花小镇、灵川县漓水文化小镇、荔浦市衣架小镇、经开区罗汉果小镇、全州县粉业小镇、灌阳县油茶小镇、恭城瑶族自治县健康养生小镇、资源县丹霞旅游小镇。其中自治区级特色小镇数量位居全区之首，特色小镇建设通过特色产业发展实现产城融合以推动新型城镇化进程。

（一）国家级特色小镇发展现状

桂林市国家级特色小镇有两个。一个是入选 2016 年国家级第一批的恭城瑶族自治县莲花镇：月柿小镇[①]；另一个是 2017 年入选的兴安县溶江镇：漓江三花小镇[②]。

1. 恭城莲花月柿小镇

恭城瑶族自治县月柿小镇入选国家级第一批特色小镇及自治区级第一批特色小镇，地处恭城瑶族自治县莲花镇，镇域面积 361 平方公里，享有“全国十大魅力乡村”“中国村庄名片”等美誉。全镇月柿产业蓬勃发展，月柿种植面积 5 万亩，建立莲塘岭万亩无公害月柿标准化栽培示范基地；月柿产量占全国总产量的 13.8%，居全国首位。1996 年被农业部授予“中国月柿之乡”的美誉，2000 年，恭城月柿被中华果品流通协会授予“中华名果”称号。

莲花月柿小镇主要以月柿生产、加工、销售为特色产业为主，构建“一心两带”和“一轴四区”的城乡融合多功能小镇。“一心两带”中的“一心”是指将莲花镇区、红岩 4A 景区及周边用地作为特色小镇的核心区，“两带”是指陆路产业带动带和莲花河文化带，通过“两带”链接周边各村屯作为特色小镇的协同区，完善产业体系。“一轴四区”就是构建串联四个功能区的生活、产业、生态轴线；实现月柿高新产业示范区、宜居小镇及综合服务区、红岩 4A 级旅游景区、月柿生态农业区协调发展。特色小镇的建

① 中华人民共和国住房和城乡建设部：《住房城乡建设部关于公布第一批中国特色小镇名单的通知》，住房和城乡建设部官网 http://www.mohurd.gov.cn/wjfb/201610/t20161014_229170.html，2016-10-11。

② 中华人民共和国住房和城乡建设部：《住房城乡建设部关于公布第二批全国特色小镇名单的通知》，住房和城乡建设部官网 http://www.mohurd.gov.cn/wjfb/201708/t20170828_233078.html，2017-08-22。

设不仅带动产业发展，也促进新型城镇化建设。

近年来，莲花镇月柿产业发展迅猛，实现集月柿生产、加工、销售、研发于一体，开发出甜柿、脆柿、柿饼、柿叶茶、柿果酒等系列产品，形成产品多元化格局。此外，月柿产业链不断延伸，建设以恭城“甜蜜柿业”核心示范区为中心的国家现代农业（柿子）产业园，推进恭城月柿产业的经营组织化、装备设施化、生产标准化、要素集成化、特色产业化。柿子生产加工环节以丰盛园农产品开发有限公司为龙头，带动一批月柿冷链物流加工企业，产品远销泰国、俄罗斯等国家。月柿销售环节以“华成电子商务有限公司”为龙头，建立电商服务点30余个。2018年以“月柿文化”为载体的月柿景观大道、月柿主题雕塑、月柿主题文化街区、月柿博物馆、柿子博览园等以月柿为主题的旅游精品线路，接待游客人数突破30万人次，月柿年销售额超3亿元。

莲花月柿小镇的发展模式主要包括两个方面：一是形成以月柿种植为支柱产业的生态农业经济结构，保障全镇90%以上的农民因此获得持续稳定的收入来源；二是扶持龙头企业、专业合作社发展“市场+企业+基地+农户”的模式，使莲花镇的月柿产业化之路灵动而有活力。

2. 兴安溶江漓江三花小镇

兴安县溶江镇漓江三花小镇入选国家级第二批特色小镇和自治区级第一批特色小镇，镇域总面积为468平方公里，享有“华南米酒之都”“中国米酒之源”的美誉。溶江镇以桂林三花米酒等一批食品加工制造业为产业核心，结合葡萄等富饶的农业资源，灵渠航道等文化旅游资源，形成“产、城、人、文”融合发展的全国特色小镇——漓江三花小镇。

根据产业发展基础，漓江三花小镇形成“2+3+6”的主导、兼容、配套结合的产业发展体系。主导产业为米酒制造和米粉制造两个产业，兼容产业发展葡萄酒制造、毛竹制品制造、航运3个服务产业，配套产业发展文化旅游产业、农业科技研发服务、现代物流、电子商务、商贸办公、教育会展6个产业。

漓江三花小镇作为桂林米粉的发源地，得益于得天独厚的气候环境和区位优势，聚集两家大型米酒酿造企业及30余家小型米酒酿造公司，占据广西约30%的市场份额。按照"一心、两带、三区"的规划，集行政、文化、商业、旅游于一体的镇区综合服务中心（一心）已经建成，溶江滨水景观带、灵渠滨水景观带（两带）正在加紧建设，综合商业区、生活配套区、工业生产区（三区）已经初具规模。小镇高度重视兴安县米粉文化产业园项目建设，通过知名企业入园和采用PPP模式融资孵化带动群众创业，由政府搭建平台与米粉产业上游企业（设备制造、米粉供应商、卤肉卤水供应商、银行、物流等）合作，建设米粉及相关产业生产基地、文化博物馆、制作体验中心、创业培训学校等，并邀请相关研发机构入驻园区。

溶江镇作为华南最大的葡萄生产基地，其种植面积高达7.5万亩，葡萄产业也是溶江镇的支柱产业。荣获广西一乡一品特色农业"葡萄之乡"称号，兼有"南方吐鲁番"之美誉。溶江镇竹林每年可生产毛竹300余万根，原木6000立方米，是兴安县最大的竹木生产、集散地；建有广西首个通用机场，并开通兴安至阳朔漓江段低空旅游航线。

漓江三花小镇的发展模式为：一是以食品加工业、特色农业为重点发展产业，"结合文化+"、"旅游+"、田园综合体等新理念，促进镇域多元产业共生融合、健康发展。二是高标准建设米酒实验室，积极提高生产标准化；建立电商平台，拓宽销售新渠道。三是结合红色旅游、乡村休闲旅游等项目，进一步丰富溶江旅游内容。

（二）自治区级特色小镇发展现状

桂林市自治区级特色小镇共有9个①②，但恭城县莲花镇月柿小镇和兴安县溶江镇漓江三花小镇同时也是国家级特色小镇，这里主要介绍其他7个

---

① 广西壮族自治区文化和旅游厅：《广西壮族自治区文化厅关于开展特色文化小镇创建工作的通知》，广西文旅厅官网，http：//wlt. gxzf. gov. cn/zwgk/tzgg/t3919827. shtml，2018 - 11 - 22。

② 广西壮族自治区文化和旅游厅：《自治区住房城乡建设厅发展改革委财政厅关于公布第二批广西特色小镇培育名单的通知》，广西文旅厅官网，http：//wlt. gxzf. gov. cn/zwgk/tzgg/t2235327. shtml，2019 - 12 - 23。

小镇的发展概况。

1. 灵川大圩漓水文化小镇

灵川县大圩镇漓水文化小镇获批自治区第一批特色小镇，该镇始建于公元200年，是广西古代“四大圩镇”之一。漓水文化小镇文化底蕴深厚，融合中原文化与岭南文化，如代表儒家思想的孔庙、代表武学道教的关帝庙以及代表佛教的教本寺等。龙舟赛是古镇传统的文化娱乐项目，桂剧、彩调、龙船歌、送船歌等更是人们喜爱的传统曲目。灵川特色美食成就大圩镇独有的地方饮食文化，其中以狗肉系列与漓江清水鱼等为主要代表，并于1991年荣获中国首届民俗文化博览会“最佳饮食文化奖”。

漓水文化小镇以文旅产业为主导产业，核心区规划面积3.24平方公里，计划完成投资43.86亿元，目前已引进企业2家。位于古镇古街上的古镇风情体验园，目前已建成五里商业古街、创客民宿、码头文化长廊、漓水绿道驿站、滨水主题公园；位于漓水文化创意区的漓水人家项目二期建设已启动；位于漓水文化山水度假区的山水人文度假中心项目累计已完成7.9亿元投资，在建9大主题酒店群、创业基地部落、营地部落；位于毛洲岛的田园滨水风情民宿、都市农夫体验地、清境竹林生态园正在建设中。目前已对古镇基础设施及公共服务进行保护性开发修复共计1750万元，主要用于修复古镇两处码头、完善雨污管网分流系统、新建一栋两层游客服务中心和公共停车场、提升改造古镇慢行步道、系统更新全镇旅游标识、修复古镇已受损的建筑外立面等。

灵川大圩漓水文化小镇的主要经验与做法：一是依托文旅融合带动经济发展。二是加大旅游宣传力度，打造精品旅游路线，提升知名度。三是完善基础设施建设，提升旅游服务的质量与效益。

2. 荔浦衣架小镇

荔浦市衣架小镇荣获自治区第一批特色小镇，衣架产业成为荔浦市三大“百亿工程”之一。目前荔浦市拥有木材加工企业326家，木衣架企业126家，年产各类衣架数量达40余亿支，获得“中国衣架生产基地”“中国衣架之都”等称号。近年来，荔浦市成为全球最大的衣架生产基地，产量占全国市场的份额约70%，实现世界衣架“桂林制造”。

荔浦市发展衣架产业从作坊生产到如今的“中国衣架之都”主要依托于创新，从单一的木衣架产业开始向多品种、多功能高端衣架家居用品转型升级，应用机械化、智能化全力推进衣架家居产业高质量发展。荔浦陆续制定《木制衣架》等8个行业标准，成为全国衣架市场行业标准的制定者和先行者，共6家企业获得“广西名牌产品”称号，3家企业获得“广西著名商标”称号，5家企业参与国家行业标准制定工作。此外，荔浦还挂牌成立荔浦高新技术产业投资公司和博士创业园，以产业链吸引人才链实现引智引资同步。

荔浦衣架小镇的小五金制造、明胶生产、纸箱印制、物流等行业与主导产业协同发展，形成多业态融合并存的局面。为创新销售渠道，拓展国际市场，荔浦市进一步完善“国家外贸转型升级专业型示范基地”建设，目前有自营进出口额的衣架企业26家，自营进出口额累计达20亿元，规模以上工业企业电子商务应用率达90%以上，电商销售额累计超过30亿元。

荔浦衣架小镇的主要经验与做法：一是避免同质竞争，发挥优势，引导木衣架企业实施产品差异化发展战略。二是深化产业链和生产工艺的垂直分工，将部件生产和加工环节向家庭扩散转移。三是运用市场机制，促进企业优胜劣汰，实现衣架产能向优质龙头企业集中。

3. 永福罗汉果小镇

位于桂林市经济技术开发区的永福罗汉果小镇荣获自治区第一批特色小镇，规划面积2.98平方公里，种植历史300余年，是全国最大的罗汉果生产、加工、出口基地，冠有“中国罗汉果之乡”美誉，形成以罗汉果特色产业为主导，成为科技与文化结合、工业与旅游融合的特色小镇。小镇采用一镇两区模式，其中核心区为创新小镇建设主体，研发孵化区为创新小镇科技创新孵化中心。在核心区形成“一带、四区、两节点”的空间结构，“一带”即贯穿区域的旅游文化带，“四区”即休闲康养片区、创新创业生产制造区、商业展销区、教育培训区，“两节点”即北侧的休旅康养核心节点以及南侧的综合配套节点。建立以桂林经开区创新创业服务中心和桂林莱茵生物科技股份有限公司为重点罗汉果产业联合创新区。

2019年永福罗汉果小镇罗汉果产业继续在全国保持领先，种植面积约7万亩，产果量约为7.06亿个，原果产值约14亿元，加工业产值约18亿元。经过多年的发展，小镇集聚以甙元生物等为代表的多家罗汉果加工企业，其产品种类多达50余种，加工工艺达到国际先进水平。近年来，罗汉果加工企业与高校、科研院所的产学研领域深度融合，围绕罗汉果育苗—种植—加工链条，深入探索产品研发及产业化应用，初步形成相对完备的产业链。

罗汉果小镇形成“企业+基地+农户”模式，采取统一选种和种苗培育、统一肥料和农药使用、统一提供信息和技术服务、统一回收果实，保证罗汉果的产量和质量，发挥企业在特色小镇中的主力军作用，推动多元化主体同心同向、共建共享。近年来罗汉果小镇企业市场稳步拓展，龙头企业逐步壮大，产业聚集效应明显，成为引领桂林市罗汉果产业发展的重要力量。

永福罗汉果小镇的主要经验与做法：一是建设标准化示范基地，进行罗汉果品种选育和种苗培育。二是建设产品加工园区，促使罗汉果加工集聚化并打造永福罗汉果产销联盟。三是进行品牌建设，制定品牌建设方案、专业策划及加强品牌宣传，全力塑造品牌形象。

4. 全州才湾粉业小镇

全州县才湾镇粉业小镇入选自治区第二批特色小镇，位于全州县城西部，总面积359平方公里。才湾镇素有“鱼米之乡”和“水电强镇”的美誉，年种植水稻9.5万亩，产量达3.9万吨；放养禾花鱼、泉水草鱼4000余亩；现有亚洲第一高水头电站——天湖电站及大小水电站共39座，发展前景广阔。

才湾镇得益于优质水稻生产，发展米粉加工特色产业并建设米粉加工园区。目前，园区聚集规模较大的米粉加工企业20多家，年产干米粉30多万吨，总产值近4亿元，实现当地1万多富余劳动力就业。通过“企业+村集体+贫困户”模式与45个村签订优质稻购销合同，创建优质稻种植基地2.7万多亩，辐射带动周边农户种植优质稻7.8万亩。围绕农业产业结构调整，以米粉加工业为主导产业，延伸出大米精深加工、米粉餐饮、酿酒等产业的“米＋”产业链，培育起乡土特色浓厚、市场效益良好的特色农副产品企业161家。米粉产业加工初步呈现集聚化、品牌化的特征，产能达25万吨，占到全县米粉产量的57%左右。

才湾特色小镇利用广袤的水稻及渔业种养殖区，建设以米粉文化展示体验为主的生态田园博览园，设置契合主题的景观节点及文化长廊。同时，依托红军长征湘江战役纪念园与天湖生态旅游度假区等特色资源，以“红色＋生态”旅游为载体，以农旅产业融合发展为支撑，打造特色品牌，建成独特的生态、饮食、休闲、文化等旅游服务基地。

全州才湾粉业小镇的主要经验与做法：一是积极培育农民专业合作社、农业龙头企业等新型农业经营主体，通过“合作社＋基地＋农户”模式夯实农业基础，推动产业纵向融合、抱团发展。二是延长上游米粉生产产业链，按照“特色示范、面上推广”的工作思路，建设现代特色生态农业示范园区。

5. 灌阳黄关油茶小镇

灌阳县黄关镇油茶小镇入选自治区第二批特色小镇。黄关油茶小镇项目是灌阳县“稻甲天下·茶香万家”田园综合体建设的主要组成部分，主要包括以稻博园、茶博园为核心的水稻及其粮食加工项目、茶油及附属产业品加工项目等，总规划面积40.2平方公里，建设重点项目26个，总投资约11.7亿元。项目按照灌阳县“一带、双核、三区”规划，走农旅融合发展之路，充分利用稻博园、茶博园及辖区内农业农村资源，精心打造现代农业综合发展经济带，依托稻博园打造稻香产业聚集区，依托茶博园打造茶油及其加工产业拓展区。

特色小镇精心打造的神农稻博园，占地规模30000亩，平均亩产突破1000公斤，连续八年创广西之最，获自治区级四星级现代农业示范区、袁隆平农业科技奖、广西超级稻高产第一县等荣誉。2010年，黄关镇被确定为超级稻高产栽培示范点，2017年“超级稻＋再生稻”首次超过1500公斤，实现“吨半稻”目标，再创世界纪录，获评四星级广西特色农业（核心）示范区。示范区采取“示范区＋龙头企业＋企业务工＋贫困户”模式，直接带动2070家贫困户增收超1500万元，并促进全县水稻产业的发展。油茶小镇茶博园项目核心区油茶种植面积现已达11000亩，拓展区种植面积25000亩，带动全县种植面积近10万亩。项目配套建设有茶油加工基地，主要进行新型品种培育、栽培技术研究、开发丰富茶籽产品、加工等应用型技术，通过建立电商平台，设置商业服务网站，以微商、超市、土特产商店或其他新型媒体途径进行分销。2019年采生茶籽5880吨，榨茶油1473吨，年产值净收入达上亿元。

灌阳县黄关油茶小镇的主要经验与做法：一是创新生产技术，提高产品产量。二是创建绿色品牌，提升产品效益。三是加大基础设施建设，打造美丽乡村名片。四是发展农村休闲旅游，提高居民收入。

6. 恭城平安健康养生小镇

恭城瑶族自治县平安镇健康养生小镇荣获自治区第二批特色小镇，下辖10个行政村，面积约150平方公里，常住人口约3万人。养生小镇着力塑造集循环农业、文化创意、康养体验于一体的田园综合体，并按“一核、两带、四区”规划建设。“一核”是以发展智慧健康养生产业集群为核心，“两带”为建设瑶汉特色康养宜居带和农文旅养融合带，“四区”是建成美意延年智慧养老区、气候宜居身心愈养区、瑶乡风情文旅度假区、花果相映农养融合区。以“两医三养”（两医：中医、民族医融合发展；三养：农养、医养、颐养功能结合）为产业定位，将康养平安田园综合体建设为全国智慧健康养老示范区、民族康养文化体验区、全国气候宜居度假区。

平安健康养生小镇围绕田园综合体建设目标和功能定位，以现代特色农业示范区、“美丽恭城·幸福乡村”建设和农村人居环境整治为基础，以地缘相邻、人居环境等基础较好的若干个自然村为片区，进行集中连线连片建设，打造集循环农业、文化创意、康养体验于一体的田园综合体。在2019年召开的全国智慧健康养老产业发展大会上，平安镇成功入选全国第三批智慧健康养老示范乡镇，并在会上接受由工业和信息化部、民政部、国家卫生健康委员会颁发的“智慧健康养老应用试点示范乡镇”授牌。近年来，平安镇响应国家政策，建设集居民身体健康、心灵健康、社会关系健康、道德健康为一体的“健康养生第一村”健康文化村，加快完成房屋改造、村级卫生室、长寿文化街、健康养生广场、瑶族原生态生活游览体验，民俗旅游区等的建设。

恭城平安健康养生小镇的主要经验与做法：一是依托互联网医疗信息平台，构建个体化的全生命周期的“智慧”健康管理。二是在平安镇试行医院团队直接经营养老院，通过吸引社会资本参与，打造医养结合示范基地。

7. 资源梅溪丹霞旅游小镇

资源县梅溪镇丹霞旅游小镇入选第二批广西特色小镇培育名单，位于资源县北部，2015 年列入自治区百镇建设示范镇，2017 年被授予“桂林市第三批新型城镇化建设示范乡镇”称号。

丹霞旅游小镇以丹霞生态旅游作为主导产业，素有“丹霞之魂”之称的八角寨坐落辖区内，拥有“世界自然遗产、国家森林公园、国家地质公园、国家 4A 级旅游景区、广西风景名胜区”多项桂冠。境内景观还有天湖—真宝顶风景区、广西银竹老山资源冷杉国家级自然保护区、塔子寨景点、大河边景点等。全镇年接待游客量达 60 万人次。丹霞旅游小镇以丹霞文化为主题，依托于优越景观资源和良好的生态环境，在巩固发展“吃、住、行、游、购、娱”旅游六要素的基础上，不断拓展延伸“商、养、学、闲、情、奇”新旅游发展六要素，通过推动旅游服务业的提档升级，助推脱贫攻坚，实现乡村振兴的总目标。

资源梅溪丹霞旅游小镇的主要经验与做法：依托自然资源和丹霞文化，将其打造成为集休闲旅游、观光度假、民宿体验于一体的国家 5A 级旅游景区和世界丹霞风光旅游目的地。

（三）桂林市特色小镇引领新型城镇化发展现状

通过特色小镇建设，培育一批工业强镇、农业大镇、商贸重镇、旅游名镇、文化古镇，桂林市的新型城镇化水平跃上新高度。目前，桂林市共投入资金 150 多亿元，分 5 批建设 74 个新型城镇化示范乡镇，数量占桂林市乡镇总数的 55%。2020 年，桂林市加快实施以促进人的城镇化为核心、提高

质量为导向的新型城镇化战略。新型城镇化建设取得新进展、新成效，全年常住人口城镇化率达52.58%，比2019年提高1.68个百分点。

1. 农业转移人口市民化质量不断提高

一是户籍制度改革更具普惠性。2020年，桂林市印发并实施深化户籍制度改革户口迁移实施意见，对在校学生、转业、退伍军人等重点群体户口迁移政策进一步放宽，户口迁移审批手续不断简化，户籍准入基本实现“零门槛”。积极推行“互联网+户籍”新型工作模式，群众在网上公安局户政大厅可实现一次提交、一次办结。

二是落实未落户城镇常住人口基本公共服务均等化政策。桂林市各学校在读随迁人员子女均享受到与本地户籍学生同等待遇，公办学校接收符合政策条件的进城务工人员随迁子女占比超过81%。依托全民参保登记，将在城镇稳定就业的农民工纳入职工社会保险覆盖范围，基本医疗保险关系转移接续和异地就医结算工作有序推进，方便农民工就近就地就医。持续加大对新就业无房职工、城镇稳定就业外来务工人员的住房保障力度，完成保障性安居工程13.4万套（户），城镇保障性住房常住人口覆盖率约为27.39%。

三是农民工就业创业服务更加有效。针对农民工复工复产需求，精准做好劳务对接，累计组织“点对点”专车61车次、专列1列，共计运送农民工3714人。建成农民工创业园3个，带动就业4613人。组织参加广西第六届农民工技能大赛，获得大赛一等奖3名，共13名选手获得名次。

2. 城镇化空间格局逐步优化

一是完善中心城区辐射带动功能，增强县城的关键纽带作用。坚持老城做减法、新区做加法，坚持扩容提质和凸显特色并重，各县城及重点乡镇建设日新月异。全州、荔浦两个副中心城市建设发展迅速，灵川与桂林同城化步伐加快。灌阳、平乐、阳朔等县城新区建设逐步成型，资源、龙胜、恭城、兴安、永福等县城风貌改造迈出新步伐，县城框架不断拉大。各县（市）交通路网、给排水、供气供电等基础设施和配套设施不断完善，综合承载能力和公共服务能力进一步提高，逐步由城镇向城市转型。

二是新型城镇化示范乡镇建设扎实推进，乡镇服务农村经济的能力不断提升。第五批 14 个新型城镇化示范乡镇建设扎实推进并完成验收，348 个计划项目全部开工建设，城镇道路、垃圾污水处理、给排水、电力等基础设施和学校、卫生院、广场等公共服务设施不断健全。着手启动第六批 12 个乡镇建设，正在进行前期策划等工作。第一批五个自治区级特色小镇建设项目累计完成投资额约 60 亿元；第二批四个特色小镇产业策划和核心区建设规划成果已通过市级评审并报送自治区审核。通过示范乡镇和特色小镇建设，城镇化建设跃上新水平。

3. 城市品质和综合承载能力显著提高

一是城市基础设施不断完善。八一桥改扩建工程顺利完工；桂林市第二水源工程——引水工程子项实质性开工并加快推进建设；市区 23 座小型垃圾转运站的升级改造均已完成；2020 年度老旧小区改造任务 50285 户全部实现开工；新建改建市政公共厕所 260 座；镇级污水处理设施全覆盖，桂林市城镇污水处理率保持在 95% 以上。"公交都市"创建稳步推进，公交智能化建设累计建设投放 48 个电子站牌，为市民提供实时、精准的公交运行信息。人工智能、物联网等新型基础设施建设加快推进，桂林市核心区域 5G 网络实现连续覆盖。城镇设施的便利度不断提高，居民生活舒适度持续增强。

二是城市品质提升取得明显成效。以"五率一控制"为目标，路灯亮灯率保持在 99%，重要部位重要节点景观照明提升顺利推进。大气污染防治网格化管理持续强化，工业、生活等污染源治理持续深化，城市空气质量优良天数比例达到 96.4%。生活垃圾分类工作全面推进，桂林市城镇生活垃圾无害化处理率保持在 99% 以上。实现城市水体有效循环治理，确保城镇排水与污水处理设施运行正常和环境良好。黑臭水体截污工作基本完成，完成道光河和部分灵剑溪河道垃圾清理淤泥整治。

三是城市治理方式更加科学合理。成功创建全国文明城市，持续开展市容市貌专项整治，组织实施小广告、共享单车、非法占道经营、"两违"清理整治等攻坚方案并取得积极成效。研究制定《关于建立健全城市管理长效机制的意见》，通过加强领导，持续高位推动，完善八大机制，强化五项举措及三层保障，将创城的宝贵经验转化为城市长效管理办法，城市管理逐步实现标准化、精细化。

4. 城乡融合发展程度和水平稳步提升

一是城乡融合发展的体制机制逐渐完善。制定《关于建立健全城乡融合发展体制机制和政策体系的实施方案》，明确城乡融合发展体制机制改革的总体方向、主要目标和重点任务，搭建起城乡融合发展工作推进机制；制订《2020 年桂林市推进新型城镇化和城乡融合发展重点工作方案》，推动新型城镇化工作联席会议制度调整为城镇化工作暨城乡融合发展工作部门联席会议制度，改组成员单位，进一步夯实推进城乡融合发展的制度保障。

二是城乡基础设施一体化持续推进。城乡干线公路与城市道路衔接不断加强，站场、枢纽等交通节点布局不断完善，连接城区、乡镇、景区的“最后一公里”被加速打通。推进“四好农村路”高质量发展，桂林市乡乡通二级（或三级）公路率达到 95%，高于全自治区平均水平；桂林市县道中等路以上比例达 79.2%、乡道中等路以上比例达 77%；桂林市农村公路质量监督覆盖率和质量鉴定合格率均达 100%。稳步推进农村客运线路及班线车公交化运营改造，不断提升建制村客车通达率和通公交比例，完成建制村通客车 32 个，实现建制村通客车率 100%，具备条件的乡镇、建制村通公交率分别达 100%、60%。提高城乡公交线网覆盖面和通达深度。

三是城乡基本公共服务普惠共享程度加快提升。参加基本医疗保险的城乡居民 100% 参加大病保险，县级医疗机构、乡镇卫生院和村卫生室标准化加快建设。多渠道增加普惠性农村学前教育资源，实现普惠幼儿园覆盖率 78.37%。完善乡村教师补充机制，教育信息化加快发展，加速推动优质教育资源城乡共享。建立社会救助标准动态调整机制，城市低保标准每人每月由 660 元提高到 750 元，农村低保标准每人每年由 4500 元提高到 5300 元，积极构建多层次农村养老保障体系建设，实现四级养老服务设施全覆盖。统筹城乡公共文化、体育资源并重点向乡村倾斜，争取自治区乡村振兴补助资金 1580 万元，建成 1 个全民健身中心、3 条健身步道和 3 个体育公园，完成 8 个村（屯）篮球场、18 个村（屯）健身路径等自治区为民办实事项目，建设足球场地 117 个。

目前，桂林市已经初步构建起国家、自治区、市三级特色小镇培育体系，形成一批产业特色鲜明、服务设施完善、体制机制齐备、生态环境优美、文化底蕴深厚、经济社会发展可持续的国家、自治区、市级特色小镇，引领其成为市县域经济发展新的增长点和带动当地农民就地就近城镇化的重要载体，并力争实现桂林市一流、全区领先、全国知名的建设目标。

三　桂林市特色小镇建设引领新型城镇化发展存在的主要问题分析

桂林市在特色小镇建设引领新型城镇化发展过程中，虽然取得较大成就，但2020年常住人口城镇化率为52.58%，低于全国（63.89%）11.31个百分点，低于全自治区（54.2%）1.62个百分点，与南宁、柳州差距较大。同时，促进新型城镇化的动力问题，农业人口市民化质量问题，特色小镇建设和新型城镇化发展资金缺口问题仍是困扰桂林市新型城镇化发展的主要问题。

（一）投融资机制创新不足，建设资金缺口大

特色小镇建设项目资金需求量大，建设周期较长，基础设施和公共服务建设经济负担较重，项目申报时间长难度大，资金筹措比较困难。税源项目少且规模小、产业聚集能力弱致使桂林大部分特色小镇普遍存在财力短缺的问题。发展仅仅依靠国家以及自治区政府拨款不能满足小镇建设以及后续维护。有些特色小镇尝试通过PPP模式引入社会资本，但由于特色小镇具有投资回报期长，投资回报率不确定性高的特点，因此，现阶段桂林大多数小城镇很难成为投资者的关注重点。除此之外，在特色小镇的资本投入以及运营中也较少有企业愿意真正地参与其中，致使小城镇资金等外部要素活力不足，资金来源渠道也相对单一，长此以往，不仅阻碍新型城镇化进程的推进，还将影响当地财政运行。如兴安三花小镇建设计划投资22.45亿元，但是目前只落实16.34亿元，仍然存在6.11亿元的资金缺口。

（二）特色小镇“特色”不显著，特色产业发展有待于提升

特色小镇的内涵特质就是特色产业，“特色”是小镇的灵魂。尽管桂林特色小镇建设依托着小镇的农业、生态比较优势、资源禀赋，因地制宜地规划小镇发展的主导产业，加快转型升级已有较强基础的特色优势产业，通过小镇建设开发产业价值较高、带动效应较强的品牌资源。但有些小镇在打造特色产业上可能有一定的偏差或凝练不够，小镇建设雷同，缺乏地域特点和竞争力，影响特色小镇和新型城镇化的可持续发展。如灌阳黄关油茶小镇依靠农业和生态旅游建设出“特色”，是灌阳县田园综合体建设的组成部分，充分利用农业农村丰富的绿色资源，建设富有文化内涵和科技含量的稻博园、茶博园，打造以粮、果、茶油加工为主导产业链条的农耕科普体验中心，是农旅结合的特色小镇。但在灌阳县，政府将打造的重心置于田园综合体的稻博园建设，并非油茶小镇的特色产业茶油种植与加工。实际上，稻博园在黄关镇更具特色，也更具有建设成特色小镇的潜质。由于此地已建立袁隆平院士工作站和超级稻再生稻实验基地，袁隆平院士先后 6 次到达黄关镇指导研究实验并题词“灌阳——广西超级稻高产第一县”“灌阳再生稻甲全球”，奠定灌阳水稻在广西乃至全国的特色地位。兴安县的红色资源丰富，拥有兴安红军长征突破湘江烈士纪念碑园，改造完成湘江战役的综合馆、党史馆，但红色旅游并没有被当地政府纳入“特色”来打造。同时，兴安县溶江镇漓江三花小镇打造的特色是米酒产业和米文化，但实际上该镇的主导产业和支柱产业都是葡萄生产与销售。

（三）缺乏专业人才，推动城镇化建设的人才储备不足

在特色小镇基础设施建设、空间规划设计、特色产业培育与发展、产品开发、市场营销等方面，专业人才的作用至关重要。在桂林特色小镇建设和管理中，存在缺乏高端人才的问题。优秀人才是乡村振兴发展的核心资源，在新型城镇化和城乡融合发展的过程中，推动人才等要素在城乡之间流动十分重要，构建城乡一体化人才发展格局，就是适应工业化、城镇化和城乡统

筹发展的需要。桂林存在特色小镇留不住人才、缺乏人才的情况，一方面反映乡镇吸引人才的有利条件尚未形成，仍存在制约因素；另一方面反映特色小镇在城镇建设上并未能充分地引领新型城镇化的快速发展。

（四）小镇建设重“形”轻“神”，人的城镇化质量有待提高

个别小镇建设只看重特色小镇外形外貌的建设，未能把握好其内在精神与核心，将过多的精力用于选地址、修建房子和马路等基础设施，注重特色小镇的“面子”工程，忽视产业支撑、服务配套等“里子”工作。有的地方建设特色小镇仍以工业园区、产业集聚区的传统思维来谋划，对产业、文化、社区服务等多种功能融合考虑不足，特色小镇在留住优秀专业人才、带动当地就业、促进经济转型升级方面的能力较弱。特色小镇规划未能与新型城镇化发展充分融合，未能真正起到以小镇建设引领城镇化发展的作用。因为新型城镇化的“新”，不是简单的城市人口比例的增加和规模扩张，更不是“造城运动”。其本质是在于强调以人为核心，实现产业支撑、人居环境、社会保障、生活方式由“乡”到“城”的转变，实现人的城镇化。目前桂林市主要受经济发展水平限制，以及“人、地、钱挂钩”等配套激励和保障力度不够、公共资源支撑不足等因素影响。此外，即使部分农村人口因撤乡改镇等城乡属性调整转为城镇户籍，但仍保留之前的生产生活方式，也未完全享有城镇基本公共服务，使得人的城镇化质量有待提高。

（五）产业规模聚集参差不齐，对新型城镇化引领不足

特色小镇首先要具备一定的产业规模，才能聚集资金、劳动力等各种资源要素，才能不断增强特色小镇发展活力和生命力。也只有产业兴旺，才能有效解决城镇化后续建设和维护问题，让小镇居民享受到优质文化教育、医疗条件、社会保障等公共服务，实现小镇宜业宜居。桂林的特色小镇普遍存在产业规模小、抵御市场风险能力弱、缺乏核心竞争力等问题。桂林 9 个特色小镇中也存在产业规模、聚集程度参差不齐现象。如苏桥罗汉果小镇是桂林市罗汉果种植以及加工的重要基地，这里集聚与罗汉果相关的省级以上研

发机构44家，罗汉果深加工企业7家以及与罗汉果生产相关的生产性服务企业20余家，形成从育苗、种植、初加工、深加工、销售到相关服务的产业链。荔浦衣架小镇聚集木材加工企业326家，木衣架企业126家，衣架产品有木制、竹制、植绒等8个大类3000余个品种，年产各类衣架数量达40余亿支，占据全球70%的出口份额。由于他们的产业有规模、产品上档次，小镇建设已成为助力广大农民脱贫致富、建设宜居乡村、推进新型城镇化建设的主要推手。但也存在不少特色小镇产业规模小，产品水平低，无法形成规模集聚效应，特色小镇产业难以摆脱传统、单一、价值链低端的模式。如灌阳油茶小镇示范区虽建有油茶等特色产业基地，但数量偏少、规模较小、集约化经营程度不高、辐射作用不强、产业具有明显的季节特征，主导产业的引领作用难以显现。

产业兴旺是新型城镇化的核心动力。由于桂林特色小镇普遍存在产业规模小、水平低、聚集程度不足等问题，产业无法形成规模效应和集聚效应，特色小镇引领新型城镇化发展仍任重道远。

四　推进桂林市特色小镇建设引领新型城镇化发展的对策建议

为有效推进桂林市特色小镇建设引领新型城镇化发展，一方面要以创新理念构建一套符合桂林发展实际的特色小镇建设引领新型城镇化发展的新模式，另一方面要采取积极措施使新模式得以落地实施。

（一）构建桂林市特色小镇建设引领新型城镇化发展的创新模式

基于桂林市特色小镇建设引领新型城镇化发展的现状及问题，本文从社会层面、区域产业层面、农村基层组织层面及新型农业经营主体层面，探索创新桂林市特色小镇建设引领新型城镇化发展的体制机制。具体包括寻找融合切点、优化产业融合方式、培育多元融合主体、完善利益联结机制、健全融合发展服务机制等方面内容。

1. 寻找融合切点，创新产业融合机制

桂林市特色小镇建设引领新型城镇化发展的首要任务是找到二者的融合切点，打造产业融合载体。特色小镇建设应立足于各县资源禀赋，突出不同地区的特色产业，创建一批多产业融合的发展示范园，形成多主体参与、多要素聚集、多业态交融发展机制。例如对于漓水文化小镇和丹霞旅游小镇而言，特色小镇建设整合自然与文化资源，提升资源利用率，打造复合型文化旅游产品；对于健康养生小镇而言，应以养老产业为主导，将旅游业、养老业合为一体，使特色小镇成为实现旅居养老可持续发展的载体；对于月柿小镇和罗汉果小镇来说，农业种植是主导产业，观光农业景观和种植加工过程是特色小镇景观的重要构成部分，特色小镇建设应从生态人文角度出发，在夯实本地农业基础上，结合乡镇产业现状，优化、提升特色小镇片区景观风貌。

2. 优化产业融合方式，促进多业态融合发展

特色产业优势的发挥离不开产业融合发展。就目前而言，桂林市特色小镇依然是以农业为主导产业的居多，这类特色小镇需调整和优化小镇产业结构，通过小镇农业与现代产业要素的合理配置，促进产业深度交叉融合，加快现代农业化进程，形成多业态发展态势。以罗汉果小镇为例，政府应当大力支持特色小镇罗汉果产业化龙头企业的发展，构建产业融合载体，创建以罗汉果产业为基础、多产业融合发展的示范园。以旅游业、文化产业为支柱的特色小镇，在设计规划时要更多地考虑将文化创意和规模集群，推动形成兼具文化经济效益和集聚效益的文化创意产业核心区。在深度挖掘、保护和传承小镇特色文化遗产的同时激发文化遗产的活力和生机，形成传承弘扬优秀传统文化的示范地区。例如，对于健康养生小镇而言，应实施休闲农业和乡村旅游精品工程，建设设施完备的休闲观光园区、乡村民宿和康养基地，培育乡村旅游特色小镇。同时要发展新型城乡一体的环境保护机制，统一调配城乡的生态环境治理资金，完善地方性法律法规建设，保护特色小镇生态环境，建成生态宜居的小镇生态环境，为大力推进特色小镇生态环境建设保驾护航，为新型城镇化的实现保驾护航。

3. 培育多元融合主体，发展多类型融合载体

桂林市特色小镇引领新型城镇化发展需要培育多元融合主体，发展多类型融合载体。特色小镇发展离不开龙头企业的发展，应合理引导其向特色农产品优势区集聚，规范化农民合作，鼓励发展龙头企业，跟进农民合作社，强化小农户参与的农业产业化联合体，实现优势互补、风险共担、利益共享。桂林市特色小镇要对农业和现代产业要素合理配置，促进产业深度融合，形成“农业+”多业态发展态势。例如推进油茶小镇的规模种植与林牧渔融合，发展稻渔共生、林下种养等；推进健康养生小镇的农业与文化、旅游、教育、康养等产业融合，发展创意农业、功能农业等；推进月柿小镇的农业与加工流通业融合，发展中央厨房、直供直销、会员农业等；推进罗汉果小镇的农业与信息产业融合，发展数字农业、智慧农业等。

4. 完善利益分配，创新共享机制

在特色小镇建设过程中，形成以政府为主导、以企业为主体、社会共同参与模式，着力完善利益分配，创新共享机制，实现特色小镇建设和新型城镇化目标。各镇应主动积极构建利益联结机制，建立企业与小农户之间契约型、分红型、股权型等多类型合作方式，保护合作生产中农民的合理利益，保证农民收入的持续稳步上涨；完善农业股份合作制企业利润分配机制，提高特色小镇居民收入。特色小镇的经济水平的显著提高有利于推进现代农业服务业的发展，能够改善小镇居民生活状态，全面拉动农村发展，为新型城镇化的发展提供有力支持，形成坚强后盾。

5. 健全融合发展服务机制，促进“三生”融合的产城乡一体化

新型城镇化强调以人为本，特色小镇引领新型城镇化发展也是一个实现人的自由、全面发展的过程。在这个过程中应通过健全融合发展的服务机制，实现“生产—生活—生态”的“三生”融合发展的产城乡一体化。对此，桂林市特色小镇建设应大力培育新型服务业，开展农资供应、土地托管、统防统治、烘干收储等多种农业生产性服务业。改造农村传统的小门店模式，发展现代农村生活性服务业。通过乡村信息产业深入推进“互联网+”现代农业、国家数字农业农村系统的建设，全面推进信息进村入户，

推动农村电子商务公共服务中心和快递物流园区发展。加大政府资金投入，扩大县城公共设施建设覆盖范围和数量，提升县城的公共服务能力，以适应在桂林市特色小镇建设推动新型城镇化背景下小镇居民日益增长的需求；完善便民设施，结合公共服务与社会保障共同提高农民的生活水平，推动桂林市新型城镇化进程。

（二）推进桂林市特色小镇建设引领新型城镇化发展创新模式运行的对策建议

1. 立足特色产业，加速产业集聚

为防止“千镇一面”，特色小镇应以特色产业为基础，促进多业态融合发展，与新型城镇化要求的城乡统筹、产业互动相一致，是一种提高供给质量的经济发展模式。桂林市特色小镇的建设和发展主要体现在特色产业、特色产品及特色文化上，科学定位特色产业，促进产业融合发展并实现产业集聚，以特色小镇发展为契机带动当地居民收入水平和生活品质的提升。例如，兴安县溶江镇的漓江三花小镇应大力发展米酒产业，而不是一味地学习江浙地区特色小镇发展农业或旅游业。同理，对于丹霞旅游小镇而言，旅游业是其特色产业，应合理开发旅游资源并加大宣传力度，发挥其特色自然资源优势。

实现产业集聚时应注意：一是提升农产品加工流通业，加强农产品物流骨干网络和冷链物流体系建设，统筹农产品产地、集散地、销地批发市场建设。二是优化乡村休闲旅游业，培育设施完备、功能多样的乡村旅游重点村。三是改造传统农村生活性服务业，开展农资供应等农业生产性服务业。四是加快“互联网+”与现代农业融合的步伐，实施“互联网+”农产品出村进城工程，实现农业产业链的大数据建设，推动农村电子商务公共服务中心发展建设。特色小镇发展中的特色产业集聚创造众多就业岗位，实现人口集聚，进而推动城市周边地区快速崛起，即通过特色小镇建设引领新型城镇化发展。

2. 引进和培育优势企业，强化龙头企业的带动作用

桂林市特色小镇建设需要政府支持与企业引领，大力引进和培育相关企业，以特色小镇企业的发展带动桂林市新型城镇化建设。例如降低企业准入门槛，政策补助方面向高科技、可持续发展的企业倾斜等措施，提升产业竞争力以带动桂林市新型城镇化建设。重点培育龙头企业进行技术改造，加强政企合作、多方参与，实现各要素的良性发展。桂林市各特色小镇应整合现有科技创新要素，在特色小镇文化创意建设中加入数字媒体和智能语音等技术，利用现代高科技手段改造传统产业。强化科技创新驱动，同时应当促进传统文化与现代创意的有效结合。以经济技术开发区罗汉果小镇为例，当地积极与国内外优秀企业合作共同推广罗汉果作为天然甜味剂的应用，采用线上线下交易模式拓宽销售渠道，在科技手段的支持下提升产品价值，将罗汉果及其衍生成品推向世界。

3. 建立人才培育机制，增强小镇对高端人才的吸引力

特色小镇的开发建设离不开人才支撑，人才是小镇发展的核心要素，而新型城镇化正是通过农村转移人口城镇化驱动城乡一体化的过程。因此特色小镇在引领新型城镇化建设过程中，要应坚持“人才强镇”发展理念，突出引才、用才、留才，为特色小镇和新型城镇化建设提供人才保障。

特色小镇的人才引入机制应围绕特色产业，做好人才引进工作需由政府牵头，联合当地企业，引进高水平的创新创业团队。充分发挥桂林市自然生态、文化氛围等方面的优越性，围绕一些重点项目和领域制定相关人才政策。建立如众创空间、创业基地等科技创业人员集聚的载体，吸引高技术人才赴特色小镇创新创业。联合桂林市及附近地区的各大高等院校，充分发挥高校院所的人力资源优势，助力特色小镇建设。引入人才的同时，更为重要的是留住人才，应采取个性化服务模式，落实好人才联动机制，满足其工作生活需求。例如通过税收优惠、优先落户、人才奖励、住房补贴等激励机制，通过加大优质公共服务的供给吸引人才落户小镇，推动公共服务从按行政等级配置转向按常住人口规模配置，营造宜居宜业的生活环境。

4. 多方筹集资金，加大资金投入

与东部地区特色小镇相比，桂林市特色小镇和新型城镇化建设的主要难题在于经济发展缓慢，缺乏建设资金。虽然有相关政策的大力支持，但桂林市特色小镇发展资金受限，未能形成游、行、住、食、购、旅等多要素协调配套完整的产业体系，影响新型城镇化进展。由于政府财政资金供给不足，招商引资水平落后，导致特色小镇后期建设资金投入不足，难以进行产业化拓展，经营规模受限。特色小镇建设所需资金规模大，资金回收期长，因而融资难度较大。资金的筹集、投资、运营和使用成为特色小镇与新型城镇化建设的关键。

桂林市特色小镇引领新型城镇化发展要先解决资金问题，单靠政府融资杯水车薪，寻求社会资本合作开发建设将成主流。政企合作模式（PPP）则可以充分利用双方资源，降低风险，解决资金缺口问题，平衡各方面长期利益。目前，随着桂林市特色小镇的不断发展，民间资本参与开发的意愿逐渐增强，特色小镇融资模式多样，包括基金资金、开发性银行政策资金、政企合作模式（PPP）、资产证券化（ABS）等。在外来资金引入过程中也应注意，为避免“房地产式开发”“跑马圈地”等现象的发生，既需要加强政府监管，严格审查，正确引导特色小镇的开发；还需要充分发挥社会资本的作用，通过引入具有丰富经验的开发商建设运营，避免“重建设轻运营”的情况。

参考文献

邓晓强：《恭城模式：国家可持续发展议程创新示范的实践和思考》，广西师范大学出版社，2020。

国家发展改革委：《国家发展改革委关于加快美丽特色小（城）镇建设的指导意见》，国家发改委官网，https：//www. ndrc. gov. cn/xxgk/zcfb/tz/201610/t20161031_963257. html？code = &state = 123，2016 - 10 - 08。

国家发展改革委、国土资源部、环境保护部、住房和城乡建设部：《关于规范推进特色小镇和特色小城镇建设的若干意见》，国家发改委官网，https：//www. ndrc. gov. cn/xwdt/ztzl/xxczhjs/ghzc/201712/t20171205_ 972181. html？code = &state = 123，2017 - 12 - 04。

国家发展改革委办公厅：《国家发展改革委办公厅关于建立特色小镇和特色小城镇高质量发展机制的通知》，国家发改委官网，https：//www. ndrc. gov. cn/xxgk/zcfb/tz/201809/t20180928_ 962283. html？code = &state = 123，2018 - 08 - 30。

广西壮族自治区文化和旅游厅：《广西壮族自治区文旅厅关于开展特色文化小镇创建工作的通知》，广西文旅厅官网，http：//wlt. gxzf. gov. cn/zwgk/tzgg/t3919827. shtml，2018 - 11 - 22。

广西壮族自治区文化和旅游厅：《自治区住房城乡建设厅发展改革委财政厅关于公布第二批广西特色小镇培育名单的通知》，广西文旅厅官网，http：//wlt. gxzf. gov. cn/zwgk/tzgg/t2235327. shtml，2019 - 12 - 23。

广西壮族自治区住房和城乡建设厅：《广西壮族自治区住房和城乡建设厅关于印发2018 年自治区推进新型城镇化重点工作方案的通知》，广西住建厅官网，http：//zjt. gxzf. gov. cn/wjtz/t8607231. shtml，2021 - 03 - 30。

黄静晗、路宁：《国内特色小镇研究综述：进展与展望》，《当代经济管理》2018 年第 8 期。

唐刚：《发展特色产业与实现新型城镇化——“特色小镇”模式的理论机制与经济效应研究》，《商业研究》2019 年第 6 期。

习近平：《决胜全面建成小康社会　夺取新时代中国特色社会主义伟大胜利》，人民网，http：//politics. people. com. cn/n1/2017/1028/c1001 - 29613514. html，2017 - 10 - 28。

中华人民共和国住房和城乡建设部、中华人民共和国国家发展和改革委员会、中华人民共和国财政部：《关于开展特色小镇培育工作的通知》，住建部官网 http：//www. mohurd. gov. cn/wjfb/201607/t20160720_ 228237. html，2016 - 07 - 01。

中华人民共和国住房和城乡建设部：《住房城乡建设部关于公布第一批中国特色小镇名单的通知》，住建部官网 http：//www. mohurd. gov. cn/wjfb/201610/t20161014 _ 229170. html，2016 - 10 - 11。

中华人民共和国住房和城乡建设部：《住房城乡建设部关于公布第二批全国特色小镇名单的通知》，住建部官网 http：//www. mohurd. gov. cn/wjfb/201708/t20170828 _ 233078. html，2017 - 08 - 22。

中共中央、国务院：《乡村振兴战略规划（2018—2022 年）》，中国政府网，http：//www. gov. cn/zhengce/2018 - 09/26/content_ 5325534. htm，2018 - 09 - 26。

B.8
桂林市大健康产业发展报告

罗宇溪　孟德峰　何　萌*

摘　要：“十三五”规划以来，桂林市大健康产业体系建设在医疗卫生、康养服务、政策支持、旅游卫健等各个方面均取得重要成就，为大健康产业成为桂林市支柱型产业目标奠定良好基础。目前，桂林市大健康产业体系建设存在资源利用效率低、产业发展质量差、产业外应性较弱和产业发展不平衡等挑战和困难。据此，本报告围绕政策措施、产业体系打造、产业集聚、品牌建设与创新能力培养等方面探索问题的解决之道，为推动桂林市大健康产业均衡、快速发展寻找最优路径。

关键词：大健康产业　健康旅游　新型医疗保障体系　桂林

一　桂林市大健康产业发展现状

（一）桂林市大健康产业发展总述

2016年，习近平总书记提出加快推进健康中国建设，着重推动健康生活、健康服务、健康保障、健康环境发展。大健康产业逐渐成为国家经济社会发展

* 罗宇溪，博士，广西师范大学经济管理学院讲师，广西师范大学珠江—西江经济带发展研究院研究员，研究方向为空间计量、产业规划和可持续发展；孟德峰，博士，广西师范大学经济管理学院讲师，广西师范大学珠江—西江经济带发展研究院研究员，研究方向为数量经济学、区域经济学；何萌，硕士，广西桂林恭城瑶族自治县城乡建设投资有限公司总经理，恭城产教融合协同中心研究员，研究方向为产业规划、数字大健康。

的重大战略，引起政界、学术界和商界的广泛关注。学界普遍认为，作为市场潜力巨大的新兴产业，大健康产业包括5种业态（见图1）。

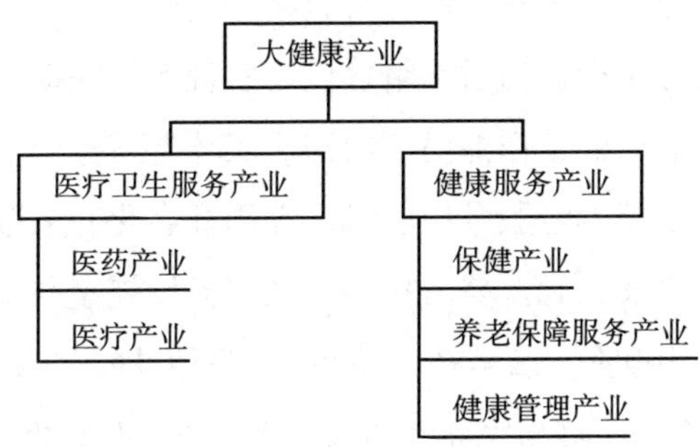

图1　健康产业构成

一是医药产业，该产业主要包含药品、医疗器械、医疗耗材产销等业务；二是医疗产业，以从事疾病诊断、治疗活动的各类医疗服务机构为主体；三是保健产业，主要从事保健食品、健康产品生产和销售等经济活动；四是养老保障服务产业；五是健康管理产业，包括健康管理与咨询，主要为个体或群体提供健康检测、评估、有效干预及连续跟踪等服务。按照服务目的不同，大健康产业分为两个大类：第一类以恢复服务对象健康为目的的医疗卫生服务产业，第二类以保持或保护服务对象健康为目的的健康服务产业。前者包括上文所述的医药产业和医疗产业，后者则包括保健产业、养老保障服务产业和健康管理产业。据统计，截至2020年12月，中国大健康产业的规模为8万亿元。

学者段晓梅通过分析《2019国民健康洞察报告》认为物质生活水平的提高，推动我国人民健康意识的觉醒；整个健康行业在国内外资本的助推和市场的驱动之下，市场规模将扩展到2039亿元。因此，大健康产业在我国有着非常巨大的发展潜力。

桂林作为世界著名的旅游城市和中国历史文化名城，风景、生态环境良好，以享誉世界的旅游资源为基础，发展大健康产业具有巨大优势。近年来，桂林市委、市政府坚持绿色发展之路，将发展大健康产业作为新的经济增长点，逐步加大培育力度。

1. 政府统筹发展模式持续推进

桂林市政府抓住健康服务业发展机遇，结合本地优势，聚焦健康管理产业，探索养老服务业与健康管理产业有机结合新模式，积极打造大健康产业集聚环境，推动大健康产业沟通网络建设，实现产业联动。一是通过部门协同，成立大健康养老产业工作专门部门即居家养老服务中心、桂林市城市综合养老服务中心、乡镇养老服务中心等，编制社会化养老服务标准，设立试点单位，积累产业发展经验。努力提高养老服务设施覆盖率，城乡居家养老服务设施覆盖率达100%。二是补齐短板，全面发展。在养老服务方面，政府为20061名高龄老人开展居家养老的人性化服务，并对相关配套产业短板提供资金扶持。桂林市工信委数据显示，政府对桂林市养老服务产业加投养老服务资金达1.27亿元，并支持全州、临桂、阳朔民政园区建设。截至2020年12月，根据《桂林市民政局关于康养产业及桂林市民政事业基本情况的报告》，桂林市老年人口床位数达到30.12张/千人，全市总养老床位数31766张。2020年，全市发放高龄老人津贴162万人次，累计发放金额7111万元。三是加强监督管理，发挥政府的市场监管和统筹管理职能，强化引导和分类指导，促进相关产业服务提质增效。政府积极推动参与黑龙江省天鹅颐养经济走廊城市合作机制共建，批准10家具备接待候鸟老人的养老机构纳入合作机制体系，累计提供3380张养老床位。四是积极宣传，鼓励发展，凝聚社会各方力量，形成政府带头，企业响应，群众联合的良好发展态势。在医疗保险养老保险等康养方面政府创新宣传方式，利用数据平台互联网手段精准宣传。同时深入企事业单位和社区进行面对面基层社保政策宣讲，解答劳动者关心的养老、工伤、失业保险等问题，在全社会普及和培育大健康意识。

2. 医疗卫生服务产业发展迅速

以桂林三金、桂林南药、啄木鸟、优利特为代表的现代化医药企业发展较快，发展良好。截至2020年12月，桂林市拥有规模以上生物医药企业共33家，实现规模工业总产值近75亿元，占全市规模以上工业总产值的9.1%。在医疗器械方面，桂林市已拥有规模企业共10家，2020年实现规模工业总产值近20亿元。其中，优利特尿液分析产品还获得国内市场占有率第一的优异成绩。此外，光隆光电、迪信通科技等优秀医疗器械配套企业，实现年产值 25 亿元，预计 2021 年规模以上生物医药企业完成工业总产值共 86 亿元，同比将增长 14.67%。综上，桂林市在医疗卫生服务产业方面实现工业总产值约 100 亿元。桂林市医药工业体系较为完善，在发展医疗卫生服务产业上具有一定的基础和优势。

桂林市持续鼓励和重视企业对创新人才的培养，加大政策支持力度，促进医药产业人才集聚。从桂林市生物医药产业发展基本情况看，全市医药企业现有教授级高级工程师、博士生导师及博士研究生、硕士研究生等中、高级技术人员 400 余人，各类专业技术人员占行业职工人数的 25% 左右。同时，桂林市立足产业发展，积极深化科研平台建设。目前拥有 1 个国家级企业技术中心、2 个国家地方联合工程研究中心，形成科研氛围浓厚、科研转化高效的政产学研环境。此外，桂林市具备良好的产业融合发展环境。作为著名国际旅游胜地城市，桂林的度假康养先天优势显著，是国际知名、国内首选的旅游康养目的地。独特的地理位置和自然资源属性，使桂林成为天然的药物原材料产地。这些优势为制药、医疗器械以及健康疗养产业融合发展奠定良好基础，通过产业赋能和结构调整优化，桂林市业已形成较为完善的大健康产业链与产业结构布局；同时积极融入市场和推动医疗卫生服务与健康服务提质增效，促进大健康产业体系建设发展和业态繁荣。

3. 区域康养产业特色彰显

疫情对桂林市的旅游产业产生较大冲击，但随着疫情形势的平稳，桂林市旅游行业逐渐复苏。2021 年桂林市一季度接待游客总人数 1814.97 万人次，同比 2020 年增长 159.22%，恢复至 2019 年同期的 71.61%；实现旅游总消费 232.76 亿元，同比 2020 年增长 125.97%，恢复至 2019 年同期的 64.05%。桂林市旅游产业的快速恢复，除了桂林独特的旅游资源在国内外旅游市场难以替代的地位之外，桂林市康养产业基础雄厚也是重要原因之一。

随着经济的发展和人民对美好生活的向往，人们已不只满足于物质方面的需求，对自身的健康、康养越来越重视。健康产品、健康服务、健康食品的消费需求增长迅速。2017 年桂林将健康旅游作为旅游产业新的增长点以来，依托本地自然、生态、地理和人文等独特的优势，积极推动资源整合与产业融合。集旅游观光与健康功能于一体的康养产业在疫情中逆势成长，逐渐凸显出鲜明的、具有桂林区域特色的优势。

当前，依托国际旅游名城品牌，桂林市充分发挥青山秀水的环境优势，积极打造康养体育产业，网球、攀岩、自行车、蹦极等健康管理产业发展已初具规模。利用上述优势，桂林市积极推动全域旅游发展，创建全域旅游示范区、广西特色旅游名县、旅游标准化示范县等，打造一批文化旅游强县。同时，依托当地优秀民族传统文化，打造特色文旅品牌，截至2020年12月，桂林市新增广西文化产业示范园区3家、4A级旅游景区3家、3A级旅游景区7家、自治区旅游度假区1家、广西星级乡村旅游区6家、广西星级农家乐8家、广西生态旅游示范区2家、四星级饭店2家、三星级饭店3家、银叶级绿色饭店1家，新增全国乡村旅游重点村4个。这些优秀的旅游资源又可作为天然的健康产品得以发展和对外销售。不仅如此，桂林作为天然药材原料产地，可将桂林中医药产业作为基础，建立理疗中心、食疗中心、中医药研究中心和中医药大学与医院。依托丰富的药用植物资源，可发展健康食品产业。例如发展以食疗食补为核心的健康餐饮业和中医药养生保健业等。做到在游山玩水的同时，享受中医保健的优质健康产品服务。综上所述，桂林市在健康管理产业、保健产业以及健康管理产业各产业链上，均形成独有的品牌特色和优势，拥有发展大健康产业的独特性与不可替代性。

（二）桂林市大健康产业发展条件

1. 政策依据

表1　国家出台的大健康产业发展文件

年份	政策文件
2016	《“健康中国2030”规划纲要》
2018	《国务院办公厅关于促进“互联网+医疗健康”发展意见》
2018	《国家健康医疗大数据标准、安全和服务管理办法》
2020	《国民经济和社会发展第十四个五年规划和二〇三五年远景目标建议》

如表1所示，2016年国务院颁发的《“健康中国2030”规划纲要》（以下简称《纲要》）中指出大健康产业规模在2020年达到8万亿元，而2030年则要达到16万亿元。在经济结构转型升级的过程中，努力将我国的健康产业打造成为我国的重要支柱性产业。2018年，国务院发布的《国务院办公厅关于促进“互联网+医疗健康”发展意见》中，提出要提升医疗现代化管理水平，强化资源合理配置，在服务模式上有所创新，提高医疗服务效率，降低医疗服务成本。同年，国务院还发布《国家健康医疗大数据标准、安全和服务管理办法》，要求进一步推进完善医疗大数据的管理和资源有效配置，充分发挥其在医疗资源、医疗服务上的先进优势，不断发挥大数据平台在国家基础资源配置中的关键性作用。更为重要的是，《国民经济和社会发展第十四个五年规划和二〇三五年远景目标建议》中，党中央再次提出加快发展现代产业体系，加快现代服务业发展脚步，促进生活性服务业转型升级，并将加快发展健康、养老、文化等服务业放到重要的地位。因此，大健康产业作为新兴产业，就国家层面而言，有着强大的政策支持，该政策支持将成为推动大健康产业发展的核心动力。

以国家战略及政策为依托，广西壮族自治区根据区域特色和区内社会经济发展情况，积极推动区域大健康产业发展的引领和规划。2016年颁布的《“健康广西2030”规划》和2019年颁布的《关于加快大健康产业发展的若干意见》均提出要围绕产业链各要素行业，推进大健康产业中的各要素各行业融合发展，整合体育保健、医疗服务、养老服务三大产业，充分发挥广西的自然风光、医药产地等优势，将大健康产业培养为自治区战略性支柱产业。

桂林市委、市政府认真贯彻自治区要求，出台支持文化旅游发展的“1+7”系列文件，推出一批干货多、含金量高的政策，出台3个支持桂林文化旅游发展的政策性文件，重点支持桂林建设58个文化旅游产业发展重点项目。在文化旅游方面，突出“红色+绿色生态”“红色+民族风情”等特色模式，做到凝聚特色、推陈出新；着力培育大健康和文旅产业新业态，打造8条大桂林生态休闲旅游精品线路，基本形成以漓江黄金水道为主轴、两岸为双翼，各县区连为一体的全域旅游发展新格局。在基础设施建设方面，加快旅游设施建设，融合现代科技，推出智慧旅游项目；发挥政府监管作用，加快净化文旅和医药原料产销市场环境，加大对传统中医药产业的扶持和建设；针对桂林特有的天然医药产地，围绕以中医药为产销的核心，打造特色保健产业，建立中医药研究所、理疗院等，为医、体、养产业提供良好基础和环境。在社会保障方面，不断加大社会保障能力建设，主动作为，积极落实各项惠民惠企业政策，下调职工养老保险缴费比例；加大养老保险政策的宣传力度，引导相关人员主动参保、持续缴费；根据自治区审计厅赴桂林市社会保险基金审计组的审计报告并以自治区第七巡视组巡视整改工作为契机，推进被征地农民参加基本养老保险工作；完善养老服务行业体制，加大对养老服务产业的政策支持力度，加大对养老服务产业进行资金支持，巩固桂林在大健康产业中养老服务产业的重要地位。

2. 自然资源条件

桂林拥有著名的优美自然环境资源，得天独厚的自然地理位置，是广西自然资源禀赋最为优越的城市之一。桂林属于亚热带季风区，年平均气温在21 摄氏度左右，气候适宜，适合老年人居住，利于发展养老服务产业。另外，桂林森林覆盖率高，环境空气质量和河流水质在全国皆处于较高水平，“桂林山水甲天下” 的美誉响彻世界。

在生物资源方面，桂林市不仅拥有壮美的自然风光，还拥有着丰富的生物多样性以及医药原材料，是我国的“天然医药原料库”，药材资源在我国药用植物资源中占有很大比重，少数民族医药资源尤为丰富。桂林不仅是医疗药材原料的产地，也是“生物资源的基因库”。桂林市动植物以及珍稀生物资源丰富，同时也盛产各种特色水果，有各种知名农产品生产基地 38.8 万公顷，且拥有声誉较好的特色农产品传统产业，如桂林马蹄、荔浦芋头、恭城月柿等。

从经济区位来看，桂林区位条件良好，属于华南经济圈、西南经济圈和东盟经济圈的交汇之处。面向东盟，毗邻粤港澳大湾区，背靠中南、西南地区。交通便捷，交通网络发达。贵广高铁、湘桂铁路等铁路动脉穿城而过；

桂柳、桂梧以及在建的桂黄高速等干线要道交织成网。扩建后的两江机场可通达国内 30 余个大中城市和香港、澳门特别行政区。国外可达日本福冈、韩国济州、泰国曼谷、马来西亚吉隆坡等地。水路上，漓江、湘江也可直达各沿岸港口，如香港、广州、澳门等。综上，桂林的多元立体的交通网线，为桂林区域大健康产业的发展提供了良好的区位条件。

3. 人文和卫生健康条件

从旅游业来看，除良好的自然资源外，桂林同时拥有丰富的人文资源，主要表现为：第一，民族文化优势突出。桂林拥有丰富的民俗文化资源。作为少数民族聚居区域，拥有壮、瑶、回、苗等十几个少数民族，人口达 73.47 万，非物质文化遗产丰富多样。第二，桂林红色旅游资源丰富，红色景点几乎遍布全域。第三，民族医药资源丰富。据统计，桂林区域内被引用的药用植物高达 3000 余种，其中“壮药”更是在国内影响力逐年扩大。丰富的医药资源为民族医药发展提供坚实的基础。

桂林市生态食品产业基础雄厚，健康食品产业发展基础较好。近年来，桂林市生态食品行业紧紧抓住改革开放有利时机，内引外联，通过国内外企业强强联手、国内企业兼并重组、股份制改造等多种途径，生态食品行业迈上发展快车道。产业经济总量进一步增大，整体效益稳定提高，成为桂林市工业重点产业之一。截至 2020 年 12 月，桂林市规模以上食品制造企业已经达到 72 家，占全市规上企业总数的 13.7%。食品产业全年总产值为大约 115.2 亿元，占全市产业的 14%，同比增长 2.1%。25 家企业实现年产值 1 亿元以上，行业从业人员近 2.1 万人。预计 2021 年规模以上食品制造业产值完成 129.36 亿元，同比增长 12.06%。

健康管理产业方面，桂林市不断完善市场监管体系并优化市场环境，建立相对健全的健康管理制度。广西健康管理质量控制中心于 2017 年成立，拥有在全区范围内对健康管理工作的专项监督管理职能。广西健康管理质量控制中心有着严格的健康管理标准和评估措施，并可实现及时改进健康管理质量。

医疗卫生产业发展趋势向好，医药产业规模逐渐增大，医疗器械制造业产业升级趋势明显。截至2020年12月，桂林市拥有规模以上生物医药企业33家，实现规模工业总产值近75亿元，占全市规模以上工业总产值的9.1%。医疗器械方面，桂林市现有规模以上医疗器械企业10家，2020年12月实现规模工业总产值近20亿元。当前，桂林市政府正大力推进医疗以及医疗设备等产业发展，对其进行资金扶持，鼓励创新，并加强医疗设备以及制药等方面的国际合作与交流，推动产业升级，提升产业竞争力。随着国家及广西壮族自治区大健康产业政策和规划的深入实施，桂林借助已有的产业基础，必然呈现更好的发展态势。

（三）新型医疗保障体系建设取得阶段性成果

2017年桂林获得广西唯一国家健康旅游示范基地后，桂林市以此为契机，大力发展健康产业，积极进行医疗卫生事业体制改革，引导市、县、乡、社区各级行政区域下的医药资源优化组合，利用互联网、大数据技术构建新型医疗保障系统，持续优化大健康产业发展环境。

1. “一体覆盖”医联体网格化建设基本完成

自党的十八大以来，党中央高度重视人民健康，提出以“大健康、大卫生”理念为基础的新时期健康工作方针。2017年，桂林市印发《关于推进健康桂林建设的决定》《“健康桂林2030”规划》，标志着桂林市医疗卫生事业从依靠卫生健康系统向社会整体联动转变。2018年，桂林市被确定为广西唯一医联体建设整体推进改革试点城市，并出台《桂林市医联体建设整体推进改革试点实施方案》。该方案明确桂林市通过“三二医联体”、县域医共体（医疗集团）、城市区域医联体、专科联盟和远程医疗协作网5类模式优化全域医疗资源结构布局。

自被确定为广西医联体建设整体推进改革试点城市以来，桂林市在自治区卫生健康委年度全自治区医联体建设情况的通报中，2019～2020年连续两年排名第一；灌阳县、恭城县、龙胜县连续两年获县区红榜。灌阳、恭城、龙胜、灵川、临桂四县一区成功入选国家紧密型县域医共体建设试点县（区）。灌阳县医共体建设更是“弯道超车”，成为全区乃至全国学习、借鉴的新典型。桂林市中医医院探索医联体建设的工作经验作为先进典型报送到国家中医药管理局。目前，桂林市已建成 15 个“三二医联体”，紧密型县域医共体 19 个，城市区域医联体 3 个、专科联盟 49 个，远程医疗协作网 11 县全覆盖，县域医共体乡镇卫生院参与率达 98.4%。全市 1785 家基层医疗卫生机构标准化建设达标率达到 95% 以上，形成规范协同的市、县、乡三级远程医疗服务网络。依托远程医疗服务，医疗资源与服务有序衔接，优质医疗资源有序下沉，逐步实现优质高效、网格化的一体覆盖型医疗卫生服务体系。

2. “互联网 +”医疗保障能力进一步增强

桂林市积极探索“互联网 + 医疗健康”便民惠民模式，医疗保障体系信息化程度不断加强，医疗保障、资源配置、精准性、监管等能力不断提高。

医疗体系保障能力大幅度提高。桂林市全力推进全民健康信息平台建设。以电子病历为核心的医院信息互联互动建设取得阶段性成果。全市二级以上公立医院和基层医疗卫生机构全面实现与全民健康信息平台的互联互通。完善急救医疗网络，为患者提供智能、快捷、高效的院前急救服务。突发应急救治效能，突发事件处置水平，突发事件卫生应急处置能力皆大幅度提高。

医疗资源配置优化能力加强。积极推动居民健康卡应用，市区内平均使用率达到 21%。推动社会保障卡和居民健康卡在医疗健康服务信息共享。构建预防、治疗、康复和健康管理为一体的健康管理信息化服务体系。依托“桂林健康”健康服务平台，构建标准统一、分级管理，共建共享的“号源池”，有效缓解“三长一短”（挂号时间长、候诊时间长、取药时间长、就诊时间短）问题。推进县域信息互联互通，力求远程医疗全覆盖。推进合理用药远程管控，构建线上线下药品供应配送体系。推动家庭医生线上签约，逐步实现家庭医生线上签约服务全覆盖。颁布《桂林市整合城乡居民基本医疗保险制度工作实施方案》，实现全市统一的城乡居民医保制度。全市城乡居民基本医疗保险实行门诊统筹，参加基本医疗保险的城乡居民

100%参加大病保险。

医疗保障精准性不断提高。加强与扶贫、医保等部门信息共享，实现建档立卡贫困户家庭、患者和病种精准识别。依托研究机构开展医疗健康领域大数据研究，在技术层面不断提高医疗保障的精准性和及时性。

医疗保障监管体系不断健全。以2019年成功入选广西唯一国家医疗服务多元化监管试点城市为契机，桂林市积极探索“互联网+监督”执法模式，政府分别从法治机构管理体系、医疗机构自查自纠制度、行业自律制度、行业协会建设、综合执法网格化管理等多方面推动医疗服务多元化监管体系建设。建设多部门协同监管机制，形成跨部门跨区域打击医疗行业违法违规能力。积极开展医疗机构风险等级评估体系建设，强化卫生健康部门内部协同监管机制。探索引进医疗机构依法执业信息化、智能化自查系统，推进智能化监管，强化医疗卫生法律法规知识宣传和培训，提高公众健康维权意识。

3. “人民健康”社区医养体系建设卓有成效

2020年2月，桂林被民政部、财政部确定为第五批中央财政支持开展居家和社区养老服务改革试点地区。桂林市政府先后安排中央和市本级配套资金2837万元，用于服务站点、独居老人智能看护系统、长者食堂、老年人心理服务进社区、失能老人家属护理培训等项目建设，社区医养体系快速发展。

居家和社区养老高质量发展。推动老年人健康咨询管理、慢性病管理、康复理疗、中医养生、心理健康监测与治疗等服务进入社区。截至2020年12月，桂林市社区养老和照料设施已达166家、社区互助型养老设施1013家。新建小区“同步规划、同步建设、同步验收、同步交付”居家养老服务设施正在持续推进。桂林市翠西社区、凯风社区被评为3A级广西老年人宜居社区。2017年，象山区平山社区卫生服务中心、叠彩区北门街道办事处北门社区卫生服务中心荣获“全国百强社区卫生服务中心”称号。同年，秀峰社区卫生服务中心被评为“全国卫生计生系统先进集体”。桂林象山区和临桂区入选“2020年中国康养县域发展潜力100强”。桂林市社会福利医院（桂林精神卫生中心）与社区居家养老服务中心合作，打造社区老年心理健康服务站点。

积极鼓励养老机构发展。全市养老机构达79家，人均养老资源位居全区前列。一批综合化、专业化、连锁化、品牌化社区养老服务机构建成。在安康通、12349、夕阳红、孝慈轩等居家养老服务品牌引领作用下，全市机构养老健康产业蓬勃发展，初步形成机构、社区及居家层次多、融合度高、覆盖范围广的养老服务体系。

积极探索“互联网+居家养老”模式。推动“互联网+信息平台”建设，桂林市以该平台为中心，形成辐射全市的养老服务网络。在兴安县、龙胜各族自治县、阳朔县设立信息系统，及时录入当地居家养老服务开展情况，掌握更广泛、更真实的数据信息。为65周岁以上老年人建立健康档案，实现建档率60%以上，并将该数据库与市级居家养老服务信息平台对接，打通数据资源使用障碍，提高弱势群体基本医疗服务水平，为高龄、重症、失能及计划生育特殊困难家庭等提供定期体检、上门巡诊、家庭病床等服务。

农村养老服务逐步完善。农村居家养老服务设施、县乡村养老服务设施实现“双百”覆盖率。建成7家福利院、128家区域性养老服务中心、乡镇日间照料中心、367家农村幸福院、1786个基层老年协会。提高县乡村失能特困老人集中供养力度。筹集资金建立集中供养工作试点，鼓励引导失能、半失能无人照顾的老人进入集中供养机构，为养老服务机构争取适当补贴。

加强特殊困难老人兜底服务体系建设。积极开展特殊困难老人群体的现状调查工作，建设数据翔实、内容全面的特殊和困难老人数据库。对低收入家庭、建档立卡贫困户家庭的高龄、失能、孤寡、失独、重病等特殊困难老年人予以重点保障。继续推动居家养老政府购买服务工作，持续开展高龄、失能、孤寡、失独、重病等特殊困难老年人的兜底服务。积极落实高龄老人津贴补贴政策。

（四）积极探索产业发展新模式

借助国家倡导“大健康、大卫生”理念的“东风”，桂林市积极研究旅游与健康产业融合发展新模式，先后编制完成《桂林市健康旅游产业发展规划（2017—2025年）》《桂林国家健康旅游示范基地建设实施方案》《桂林市健康产业三年专项行动计划（2017—2019年）》等规划和文件，将医、康、养、健、智、学作为健康旅游产业发展重点，分别从医药与医疗器械、传统医药服务、养生养老等方面积极推动大健康产业发展，形成“六位一体”的健康旅游产业的发展新态势。

1. “高标聚合”医药与医疗器械产业集群培育

桂林市医药与医疗器械产业具有较好的发展基础。企业数量、规模、经济效益、主要产品、科技研发在区内均占有重要地位。桂林作为广西化学原料药主要产地，广西中医中药研发生产基地和唯一抗生素生产基地，国家首批医药出口基地，有条件将医药和医疗器械制造业和健康产业有机融合，为大健康产业发展带来广阔的市场。

（1）产业规模不断壮大

近年来桂林医药及医疗器械产业发展持续向好，截至2020年12月，医药与医疗器械规模以上企业达到43家，实现总产值95亿元。同时，一批医疗器械配套企业也在快速发展，光隆光电、信通科技、斯壮微电子、科创精密模具等年产值达25亿元。

（2）医药工业体系逐渐完善

桂林市医药产业涵盖中成药、中药饮片、植物提取、化学原料药及制剂、生物制药、临床检验设备及配套诊断试剂、口腔诊疗设备等医药工业门类，特别是集聚一批研发实力强，发展潜力大的医疗器械重点企业。新冠肺炎疫情发生后，桂林市积极引进并鼓励企业新上防疫类医疗器械项目，新增医用（民用）口罩（含鼻梁条、熔喷布生产项目）生产企业13家、红外额温仪生产企业4家、医用护目镜生产企业2家，进一步完善产业体系。

（3）特色企业不断涌现，中医药产品优势逐渐凸显

立足中药材及富硒资源优势，桂林市特色医药企业不断涌现。三金药业为实施IPO新政后首家上市企业，其规模处于同类中药品牌第一；南药股份为我国青蒿衍生物类药物最大出口商，并成为我国首位取得世界卫生组织供应商资格企业；天和药业膏药生产规模位居全国前列。随着大健康产业竞争优势的不断增强，桂林市中医药产品优势逐年凸显。

（4）培育壮大龙头企业，促进生物医药及医疗器械产业集群

建立生物医药龙头企业领导联系跟踪服务工作机制，连续3年将三金、南药、优利特、莱茵生物等生物医药龙头企业纳入“市领导联系重点工业企业”并持续跟踪服务，着力解决企业生产经营和项目建设中遇到的困难。抓好桂林八加一公司年产1亿盒中药新药复方参芎滴丸产业化建设、广西一方天江公司中国中药（桂林）产业园、桂林南药公司整体搬迁三期工程、桂林三金公司西瓜霜清咽含片生产车间搬迁改造等一批“双百双新”“千企技改”等重大项目，确保项目按期投产。抓住高端医药及医疗器械市场需求旺盛的机遇，加快引进研发先进生物医药技术；加大桂林三金、桂林南药、一方天江等现有龙头企业培育力度，力争成为领军型企业。注重八加一、莱茵生物成长型企业的培育和发展，力争打造成骨干企业。全力抓好锐锋医药、优尼康通等小而精企业的培育，促进其快速成长。通过“抓大育小”丰富产业链节点，积极推动医药及医疗器械产业集群。

2. “散点部署”传统医药服务体系快速发展

广西12个少数民族聚居地流传着大量的中草药、民族药、民间药单方验方，以壮瑶医药为代表的民族医药产业发展条件得天独厚。依托丰富的民族医药资源优势，桂林市积极推动特色民族医药示范点建设，引导中医药优势资源下沉、提高基层中医药服务能力。

（1）基层中医药服务体系初步建成

在中央和自治区支持下，桂林市积极推动基层中医馆标准化建设。建成基层中医馆116个，实现社区卫生服务中心全覆盖，乡镇卫生院覆盖率76%。沿旅游路线打造精品中医馆，形成灵川县大圩镇、阳朔国医堂等一批

“旅游 + 中医民族医保健服务”品牌。推动中医疗优质资源下沉，促进中医药与大健康产业、养生养老融合发展。为基层群众提供基本医疗、预防保健、养生康复为一体的中医药服务。鼓励社会资本举办只提供传统中医药服务的中医门诊部、中医诊所。推动中医药在基层的服务覆盖范围。90% 以上的社区卫生服务中心、乡镇卫生院、社区卫生服务站可以提供中医药服务。能够提供中医药服务的村卫生室达到 80%，县级中医药达到二级甲等水平的占比达 90%。

（2）推动中医药健康旅游产业发展

探索推出“中医药特色服务 + 文旅”“康复疗养 + 文旅”“民族医药 + 文旅”等产业融合新模式，推动健康旅游产业不断集聚发展。崇华中医街、广西信和信桂林国际智慧产业园、恭城瑶汉养寿城先后获批国家、广西中医药健康旅游示范基地。广西一方天江制药、桂林市中医医院和全州中药材标准化示范种植基地获批自治区中医药局第一批“定制药园”单位。桂林市中医医院建设国家中医药传承创新项目有序推进。灵川县大圩镇、阳朔国医堂、恭城县平安乡等“旅游 + 中医保健服务”精品中医馆品牌进一步成熟。

（3）推动中医药、民族医药创新传承

积极挖掘壮瑶药等民族药潜力，完成《桂林中药资源典》编纂出版。成立恭城县瑶医药学会，该县政府与广西中医药研究院签订《瑶医药创新发展战略合作协议》。提升中医药服务水平，加强康复科、治未病科建设和中医重点专科（专病）建设。开展中医“名院、名科、名医”工程建设活动。加强中医药人才队伍培训。举办中国针灸学会基层适宜技术推广、中医优势病种等培训班。积极推动传统医药交流，成功举办“第六届中国—东盟传统医药论坛”“中医中药中国行——广西中医药健康文化大型主题活动”，定期邀请国内知名中医进行学术讲座和义诊活动，先后邀请国医大师韦贵康等 50 余位专家到中医街进行学术讲座。

3.“路带结合”养生养老产业快速壮大

（1）培育养生养老交易路径

打造优良养生养老交易环境，降低养生养老产业交易成本。积极推动县区健康养老产业交易服务平台建设，探索生物医药、医疗器械、老年用品、健康产品等商品、服务交易新业态。改造象山区瓦窑批发城部分区域，增设健康商品交易服务区，在七星区、叠彩区规划新建健康用品、运动用品交易服务区，在市区大型商业网点增设健康产品销售专柜。

吸引社会资本进入康养行业，推动康养产业发展规范化。鼓励企业投资疗养院、养生养老公寓、养生养老综合体、生态养生农庄等康养设施的新建、改造及升级。及时制定或修订康养设施行业标准及经营规范，为300张床位以上养老机构评定星级，赋予其旅游宾馆特性，允许其接待老年人为主的旅游团体，提高老年人康养设施供给质量和规模。适应养生养老国际化要求，从500张床位以上养老机构中择优确定具备外事接待资质的机构，提升国际化养生养老机构服务品质。

（2）构筑生态农业产业带

发挥桂林生态多样性优势，大力发展生态农业。规划建设富硒粮食、蔬菜、水果、菌类、茶叶生态种植基地，积极推动金银花、罗汉果、三七、丹参、灵芝、淮山、葛根、百合、白术、菊花等中草药种植产业聚合。培育广西香猪、肉牛（水牛和黄牛）、竹鼠、冷水鱼、梅花鹿特色养殖基地。成功打造204个县（市、区）级以上现代特色农业（核心）示范区，桂林罗汉果、月柿、金橘、砂糖橘等农产品远销美国、韩国、日本、东南亚国家等地。

（3）打造保健食品与加工营养膳食产业带

挖掘桂林生态资源，打造保健食品与加工营养膳食品牌。桂林罗汉果、芋头、白果、食用菌、茶叶、中药材等优质农产品市场竞争力逐年增强，葛根系列粉丝、燕麦、富硒大米等产品销量逐年增长；健康饮品、健康食品、营养膳食、保健酒类等系列产品培育初见成效，目前已形成千家峒、龙脊溢竹、龙脊那秀、天湖等一系列生态水产品。罗汉果、保健茶等一批健康饮品也顺利推出。开发出桂花糕、荔浦芋头、禾花鱼等系列地方特色旅游休闲食品。随着一批桂林特色营养膳食品牌的崛起，一个横跨灌阳、龙胜、全州、永福、临桂的保健食品与加工营养膳食产业带正在形成。通过推动优质农产品、食品加工制造与养生养老的融合发展，桂林市不断向打造竞争力强、辐射面广、产业链长的养生养老产业集聚区目标迈进。

4. “六位一体”健康旅游产业发展

（1）顶层设计夯实基础，产业布局初步形成

从 2017 年开始，桂林市出台一系列健康旅游产业发展的配套规划和文件①，明确提出“一核两线，多点辐射”的布局思路，并将健康旅游产业分解为“医、康、养、健、智、学”六大重点方向，从产业发展的顶层设计到具体的实施步骤都进行详细的计划和分工。重点项目建设克服新冠肺炎疫情影响，保质保量，按时推进，保证各项产业发展任务如期完成。2020 年以来，新实施大健康旅游产业项目 21 个，到位资金 27.78 亿元；大力推进健康旅游集聚区建设，建成国际智慧健康产业园、中国—东盟友好疗养基地、阳朔兴坪休闲度假区、遇龙河国家旅游度假区、桃花湾旅游度假区 5 个健康旅游产业集聚区，“一核两线、多点辐射”的产业布局初步形成。

（2）“漓水青山 · 养生桂林”城市品牌度进一步提高

“健康 + 旅游”深度融合新业态发展优势渐显。“中医药特色服务 + 旅游”“康复疗养 + 旅游”“体育赛事 + 旅游”“民族医药 + 旅游”等产业融合模式影响力逐渐提高。《候鸟式养老服务标准》和《疗养式养老服务标准》两个广西地方标准编制完成。“医养旅游结合”新型养老模式广受欢迎，客户遍及内地、港澳台地区甚至东南亚地区。通过举办一系列体育赛事，吸引中外体育运动爱好者来到桂林体验“体育赛事 + 旅游”模式，提高对桂林健康旅游产业发展的认可度②。通过举办或参与一系列健康旅游宣

---

① 主要包括《桂林市健康旅游产业发展规划（2017—2025 年）》《桂林国家健康旅游示范基地建设实施方案》《2018 年桂林健康旅游示范基地建设重点任务分工》《加快推进桂林国家健康旅游示范基地建设的若干政策》《桂林旅游综合医院筹备运营方案》《市直医疗资源整合方案》等。

② 目前桂林举办的体育赛事有“环广西”公路自行车世界巡回赛、桂林国际马拉松赛、资源漂流赛、阳朔国际山地越野赛、阳朔国际攀岩公开赛、资源漂流世界杯、阳朔铁人三项赛、全国老年人健步走大联动、“一带一路”中国—东盟健身气功交流大赛、全国山地户外运动挑战赛（灌阳站）等。

传活动①，广泛宣传桂林健康旅游新理念，促使“漓水青山·养生桂林”的城市品牌度不断提高。

（3）狠抓健康旅游重点项目引入和落实

主动出击，突入东部发达地区广泛招商，吸引一批重大项目落户桂林。融创、深圳益田、上海复星、中国中药等10余家健康旅游龙头企业成功落地；广西医疗器械（桂林）产业示范园、益田·雁山民国风情小镇（一期）、秀峰区城市绿道系列建设等一批大型健康旅游项目列入2020年自治区层面统筹推进重大项目。桂林市社会福利医院和桂林医学院第二附属医院2家三级医院、桂林市中医医院城北院区、自治区南溪山医院雁山院区等一批重大医疗卫生项目开工建设。中国健康好乡村、龙光·桂林国际养生谷、桂林荔浦天誉养生谷等13个重点健康旅游项目持续推进中。

（4）积极推动健康旅游硬件和线路建设

积极推动健康养生养老主题小镇建设，打造温泉康体、文化养心、农业体验、森林养生、民俗风情等多层次、多形态主题小镇群落。创新开发集中医医疗、养生保健、旅游博览、娱乐休闲、科技转化、健康产品研发等于一体的新型中医药健康旅游基地。积极打造健康养生精品旅游线路。以“红色+生态”旅游为载体，培育生态休闲旅游精品线路，构筑全域旅游新格局。

二　桂林市大健康产业发展面临问题

（一）产业发展短板明显

桂林市大健康产业发展不平衡。大健康产业总体所包含的产业，简

---

① 举办或参与的活动主要有中国—东盟传统医药论坛、中国—东盟商务与投资峰会中日韩健康产业论坛、中国—东盟可持续发展创新合作国际论坛暨中国（桂林）国际健康旅游高端论坛、发展中国家医药产业发展与公共健康研讨会，桂林百位百岁寿星纪实摄影展、桂林长寿养生文化资源调查等。

单概括为“医、体、养”这三个方面的产业发展存在失衡现象。虽然2016年广西壮族自治区已经颁布的《“健康广西2030”规划》全面地提出要围绕“医、养、管、食、游、动”的产业链要素，全方位整合体医养产业各资源，推进全区大健康产业融合发展，但仍然面临着发展不全面、各产业所占比重失衡的严重问题。规划文件所涉及的产业门类对一些产业并未作出详细的政策规划和要求，仅仅概括性提出支持和推动某些产业的发展和扩大。尤其体现在“医、体、养”产业的融合发展，政策上对于将这几个门类产业如何有效融合与朝什么方向发展，使其有效发挥在“体”与“医”的积极和主要作用较为粗糙，未做详细说明。总之，关于构建“医、体、养”三方面融合发展的有关大健康产业体系的相关文件较少，模糊性较大。

从桂林市大健康产业上规入统企业名单（见表2）可看出：第一，在医疗卫生产业方面，该类企业主要以医疗器械的产销为主，医药生产制造销售的企业仅占一家。这说明在医疗卫生中，医药产销方面企业角色地位过轻，所占比重过小、规模小。第二，在7家健康服务企业中，基本上为保健食品企业，仅一家为保健产品企业，缺乏规模较大的保健产品产业，未形成一定规模和数量的养老服务产业。因此，健康服务产业体系同样存在市场缺失、企业门类不齐全的严重问题。第三，由表2可知缺乏疗养和体育等相关企业或规模数量较小，在体育、保健、疗养等方面还存在巨大的市场空白。综上所述，桂林市大健康产业发展不平衡、不充分、产业结构较为单一，无法满足产品丰富性和消费者的多样性需求。

表2　桂林市大健康产业上规入统企业名单

企业	类别	门类
桂林陈氏大家庭食品科技有限责任公司	健康服务	保健食品
广西珂深威医疗科技有限公司	医疗卫生	医疗器械
桂林三金日化健康产业有限公司	医疗卫生	医疗器械
荔浦保联食品有限公司	健康服务	保健食品
桂林恒保卫生防护用品有限公司	医疗卫生	医疗器械

续表

企业	类别	门类
桂林桂柳现代食品有限公司	健康服务	保健食品
桂林鑫晶琳食品有限公司	健康服务	保健食品
桂林市锐锋医疗器械有限公司	医疗卫生	医疗器械
桂林全州鑫计米业有限公司	健康服务	保健食品
广西立腾食品科技有限公司	健康服务	保健食品
桂林普兰德生物科技有限公司	医疗卫生	保健产品
桂林三真食品有限公司	健康服务	保健食品
广西天方医药有限公司	医疗卫生	医药产业

究其原因，有以下几个方面。

第一，对发展大健康产业体系中“医、体、养”三类产业的认识有所欠缺和落后。在传统的认知观念里，所谓健康仅仅局限于医疗卫生和治疗疾病的狭义范畴中。现代“大健康”观念中，除包含医药、器械、治疗等传统健康产业之外，更为强调肉体与精神兼顾的预防性调理，其不单纯是物理上的治疗，而是一个涉及生态环境、社会文化、风俗习惯等诸多因素优化整合的系统性工程。根据世界卫生组织（WHO）在维多利亚的宣言之中所提出的“社会完好状态”来看，心理平衡、适当运动、合理膳食、戒烟限酒是人类健康的四大基石。健康社会学也对此作出相应解释，人类的疾病谱已经从“医学时代”转变成为“后医学时代”。对人们造成危害的诸多疾病，多是由于人类的种种社会行为以及自身的不良生活方式造成的。因此，医疗已经不再是唯一的关注点，更重要的是针对其致病原因寻找更多和行之有效的社会解决方案。但是，传统过时的健康管理观念依然存在，人们依然将健康和医疗划分为不同的两个概念，往往更加重视医疗对健康与疾病的作用，轻视疾病的预防以及真正造成疾病、对健康构成危害的主要元凶——社会因素的管控；进而造成对“体育”“保健养老”等方面有所忽视，无法实现“医、体、养”的融合发展。

第二，大健康产业所涉及部门的发展基础和发展条件不平衡。桂林市产业结构不完善，第三产业比重过大，工业产业较为单薄，诸多产业规模较小，无法形成规模效应，产业融合难度大，融资困难。城市影响力以及辐射力较弱，以致吸引稀缺人才难度较大。

第三，传统条块化管理模式造成医疗卫生、体育、健康养老等类别产业相互沟通不畅。统一决策机构和实施主体的缺失导致特色资源开发不协调，使得体医养产业无法充分利用当地的优势资源。

（二）产业资源整合有待提升

休闲运动产业方面，居民的有效运动健身场地增加，随着广西壮族自治区对全民运动与健康的越发重视和体育产业的扶持，人均体育场地有所增加，但仍低于全国平均水平。体育休闲产业发展资源不足，在于以下方面：第一，城乡差距过大，资源无法合理分配。与城市相比，农村的基础设施、健康观念较为落后。导致农村健身设施投资有效性较低。这进一步引致农村健身设施投资规模与聚集度与城市拉开更大的距离。从而在乡村地区无法形成运动参与、运动消费观念，逐渐造成运动健身资源与市场向城市乃至中心城市不断集中，使城乡差距逐步增大，发展进一步失衡，协调性差的恶性循环。第二，有关体育休闲产业的相关法律法规不够健全，人们在进行体育锻炼时无从参照。对消费者、经营者两方的保护无法做到全面，形成市场机制混乱、法律制约不到位的情况。在利益驱动之下休闲运动产业出现恶性竞争、恶意抬高休闲体育消费门槛等问题，严重挫伤消费者对于体育锻炼和休闲康养的消费热情。第三，专业人才稀缺，对于体育人才的培养注重以竞技为主，忽视了休闲运动方面的专业人才培养，导致人才供给不足、产业发展受阻。即使现如今国内已经开始大力支持设置培养休闲运动方面人才的机构，高校同样也设置相应课程，但无论从质量上还是数量上，很难满足休闲运动业的需要，人才的稀缺已成为制约休闲运动业发展的关键要素。

健康医疗方面，桂林市在医疗卫生方面近期取得不错的成绩，但其产业发展中仍存在一些关键性的问题。第一，产业布局分散。例如，桂林市生物医药和医疗器械企业主要分布在桂林的高新区与经济技术开发区，尚未建立专业化的产业园区和服务平台，限制产业进一步集聚。桂林作为重要的医药原材料产地，其在医用原料方面仍极度依赖进口，医用原料产地价值并未体现，未实现对原材料资源的充分有效利用和有效配置。第二，龙头带动作用不明显，企业辐射带动力弱。截至 2020 年 12 月，全市 32 家生物医药和医疗器产销中有一定规模的企业中，超 10 亿元产值的企业仅有桂林三金公司。大部分企业规模较小，辐射带动作用不强，企业之间协作配套少，产业链较短。第三，产品附加值不高，仍处于产业链的中下低端。桂林现有的医疗耗材产业附加值较低。缺乏口腔科高端医疗耗材以及血管介入类、非血管介入类、骨科植入、神经外科、电生理类、起搏器类等多样化、专业化的医用高值耗材生产企业。第四，医药产业“互联网 +”融合度不足、与现代服务业结合度不够，科技含量较低，对于现有的先进互联网大数据资源未实现充分利用，相比于大健康产业整体化发展存在较大差距。

健康产业方面，虽然广西壮族自治区政府在这方面取得巨大成就，但同样存在不足。从 2016 年开始，养生长寿健康产业成为广西特色优势和发展前景的先进战略性新兴产业，但仍然还有较大的发展空间、健康产值仅占全部工业产值的 0.27%。对于桂林而言同样如此。除此之外，桂林市食品健康业的发展还存在一些比较突出的问题：产业规模不够大，大部分企业规模小，带头企业辐射作用不强；企业之间协作少，且产业链较短；企业市场营销能力低下；实施的重大项目少，企业发展空间不足；企业普遍存在融资困难问题；未形成食品制造产业集群，传统销售模式，企业难做大做强。粮油加工属于低端制造业，突破存在瓶颈。桂林市的中医药产业也存在资源利用效率低下、配置不完善等弊端。投入大、成本高、利用率低、企业效益低下而环境负面影响大。有限的中医药健康资源及其生产所需附属的其他资源消耗巨大，浪费严重，给桂林的生态环境带来破坏。

（三）产业发展质量仍待提升

通过运用区位熵计算公式，计算桂林大健康产业的竞争能力。公式引用：

$$LQ_{ij} = \frac{q_{ij}/q_i}{q_i/q} \tag{1}$$

q_{ij}为桂林市大健康产业产值，q_j 为桂林所有产业产值，q_i 为全国大健康产业产值，q 为全国所有产业产值。2020 年度，桂林市大健康产业产值 q_{ij}约为 41.53 亿元，国内生产总值 q_j为 2130.41 亿元；全国大健康产业产值 q_j为 72000 亿元，全国国内生产总值为 1015986 亿元①。通过公式可得出桂林市大健康产业区位熵值为 0.2750，小于 0.5，表明桂林市大健康产业竞争力低于全国平均水平，其在质量和数量上均需要提升。桂林市大健康产业在质量上存在以下问题：第一，产业布局同质化，产品服务低端化。桂林市拥有较强的先天优势，但各个县区的相似性导致各地区产业布局趋同化严重。这导致企业局限于对已有资源的过度利用，缺乏研发和创新的同时，品牌塑造和营销推广动力不足，造成单打独斗和恶性竞争的不良市场氛围，使区域产业集群陷入价值链低端的泥潭之中，形成低端供给过剩，高端供给不足的畸形现象。第二，科技水平低下，大数据平台、互联网通信等先进技术运用较少，康养、医养、休闲体育与现代先进技术融合发展不到位。第三，缺乏资金、人才、技术要素供给。未形成创新性政策体系，政策扶持落后观念陈旧，体现在优惠扶持政策少，资金不充裕，融资渠道缺乏流畅性等方面。专业技术人才稀缺，技术研发与投入不足，产品附加值低。例如在医疗卫生体系以及公共体育等方面，服务水平单一，内容和形式陈旧且同质化严重，缺乏实质的竞争力。

（四）产业品牌建设影响力不足

桂林市大健康产业品牌及建设有待提升。截至 2020 年 12 月，桂林市拥

① 桂林市大健康产业产值数据来源于新华网《桂林推进大健康和文旅产业融合发展》。http：//www.gx.xinhuanet.com/newscenter/2020 - 11/08/c_ 1126711729.htm；桂林市与国家 GDP 数据分布来源于桂林市和国家统计局网站；我国大健康产业产值数据来源于中国情报网《2021 年中国大健康产业及其细分领域市场规模预测分析》https：//www.askci.com/news/chanye/20210515/1035221447447.shtml。

有规模以上生物医药企业 33 家，其中，桂林市现有规模以上医疗器械企业 10 家。涌现出三金药业、桂林莱茵生物、桂林优利特电子集团等一批拥有独立品牌和市场影响力的企业，但在品牌建设上还存在一些问题。第一，品牌意识不强，桂林市大健康产业中企业具有一定品牌影响力的企业很少，关键在于建立品牌效应的意识淡薄。桂林市医药产业的药业企业中，药业生产单位所生产中草药等产品，销售对象多为中成药生产企业或饮片生产企业等零售网点。并不直接面对广大消费者以及社会公众使用者，使得这一部分药企对自己的商标以及广告宣传等关注程度过低。总之，企业在研究商标，开发和运用商标进行宣传，扩大自己的品牌效应方面仍有很大的发展空间。第二，基础工作不完善，品牌创建的社会氛围较为淡薄，社会群众的品牌创建参与意识较差，各个企业管理模式陈旧，效率低，创新度不高。在人才方面供给不足，缺乏专业的创新型人才。在品牌战略之下无法实现有效地管理经营。桂林的一些企业也没有完善健全的管理机构，无明确的责任承担者。第三，地理标志区域品牌维护和监督管理机制不健全。相关专利和知识产权保护不到位，严重打击企业和创新人才的积极性和创造性，企业只能通过质量等单一手段来提高市场份额，造成恶性竞争的市场乱象。企业间只有竞争而无合作，以质量来压低成本，造成“柠檬市场”现象。第四，未充分发挥区域地理人文价值，品牌建设缺乏历史人文思考。每一个地区的地理与人文都是独一无二且富有巨大价值的，桂林更是如此。对于桂林而言，虽然拥有著名的山水与人文文化的优质资源，其本身便具备品牌所需的独特性与差异性，但地理标识仅仅被用于原产地产品的代名词，无法充分发挥品牌的文化价值载体作用，优秀独特的自然与人文资源价值无法表达，造成巨大的资源浪费。品牌缺乏内涵和文化积淀。宣传未能与当地文化建设较好契合，缺乏文化特色，造成优秀或独特产品与普通产品混同的局面。

（五）产业发展外应性不强

桂林大健康产业的外部关系方面还需加强，对外部变化的适应性不强，未完全跟上我国大健康产业发展的脚步，存在一定的“脱钩”现象。第一，健康服务的供给与整体消费需求不均衡，与我国大健康产业发展政策与方向融合的广度、深度不足，与我国大健康产业发展政策与方向存在一定偏差。第二，未紧跟现代化潮流，在技术运用和管理模式上较为陈旧，缺乏创新。在现代大数据，互联网平台等先进模式的运行之下，桂林大健康产业体系在其接纳和使用上较为落后，医药产业“互联网 +”融合度不够，和现代服务业结合度不够，相较于大健康产业整体化发展存在较大差距。

三　桂林大健康产业发展对策建议

（一）加大政策供给，提升大康养产业建设力度

大健康产业具有高度综合性，是中西医疗及医疗器械业、体育产业、文化产业、养老服务业、互联网等多产业有机融合的新业态。既与第一、第二、第三产业发展高度联动，也需要区域基础设施、医药服务体系及社区发展水平支撑，同时涉及产业发展管理部门、文旅管理部门，安全生产部门、食品医药监管部门、卫生健康部门、民政部门、医疗保障部门、景区等各方面的交叉管理问题。因此需要在政策层面构建细密的产业制度文件，协调不同产业部门和政府管理部门，以优化产业发展环境、提高产业发展竞争力。

1. 完善顶层设计，强化高位统筹

充分发挥桂林市健康旅游示范基地工作领导小组及其办公室作用，建立健全健康旅游产业发展机制，加强部门、县区间的统筹协调。梳理国家、自治区和桂林市大健康产业相关政策，结合桂林实际，探索先行试验和“一事一议”政策，积极争取国家和自治区政策落地、项目和资金支持。制定积极的产业引导政策，在土地、金融、人才、科技等方面支撑健康旅游产业发展。优化财政专项发展资金使用，加大对健康旅游产业资金支持力度。推动各地区合理配套，细化各县乡实施重点，保证不同部门，不同层级的规划

与政策的一致性与连贯性。以龙头企业建设为推手，通过强化产业集聚、补齐产业链短板、完善配套体系等措施，推动产业资源整合，提高产业竞争力。

2. 建立大健康产业标准与规范体系

大健康是一个新兴产业，相比于传统产业，其产品服务标准与规范体系存在缺失、不健全或不一致等问题。应依据桂林大健康产业发展实际，加强科学的规范标准与规范体系建设，确保大健康产业的规范化和制度化。积极研究大健康产业发展量化指标体系，建立科学、统一、全面的产业统计制度，加强统计过程的信息化管理技术研发，实现产业发展的动态监测和跟踪分析。不断完善产业监管制度，确保产业有序、高质量发展。

3. 完善政策配套

抓住重点矛盾，完善政策配套。积极调研，梳理现有企业发展政策瓶颈，灵活开展政策试点，总结经验，快速推广试点中已证明有效的配套政策，为企业争取先发优势。抓住重点领域，提升行政效率。对重点领域、重点企业简化审批手续，放宽市场准入。细化配套措施，积极推进医养护一体化、分级诊疗体系、全科医生签约服务、医师多点执业等医药卫生体制改革。

（二）加强薄弱环节建设，优化产业链条

大健康产业链是一个多环节、多链条、多功能的协同运作系统。若产业链出现短板，则会对整个系统产生不利影响。为保证产业链条贯通，应积极探索从要素源头到产出终端整个过程的有效管理手段，提高产业链内各环节的衔接效率，补齐产业短板。

1. 延长民族医药产业链

重点发展中成药、化学药、生物药、民族药等产业链，继续深耕中药制药传统主业，大力推进优势中成药企业建设规范化、规模化、产业化。加强化学药物研发，鼓励支持有条件的生物医药企业运用现代科技手段，针对壮药、瑶药民间验方进行重点研究与开发，推动桂林市民族药产业链不断

延长。

2. 补齐高端医疗器械产业链短板

依托桂林市现有产业优势，积极引进智能化口腔诊疗设备、高性能诊疗设备、康复医疗设备及高端医疗耗材等高端医疗器械产业，推动桂林市医疗器械产业全面升级。打造以智能数字化口腔诊疗设备、高性能诊疗设备及配套诊断试剂、生物医药产业为主导的医疗器械产业集群，形成立足广西、辐射东盟的具有区域特色的医疗器械生态产业园。

3. 提高城乡医疗康养服务能力

全面深入推进公立医院综合改革，进一步提升医联体建设成效。稳步推进基层医疗康养工作，加大传染病科学防治力度，充实稳固基层医疗康养人才队伍，完善基层中医药服务体系。加强大型康养服务设施建设，推动一流康养机构品牌培育。进一步完善构兜底保障、居家上门服务和康养医养相结合的养老关爱服务体系。

4. 推动大健康产业与信息服务业深度融合

抓住信息产业发展的窗口期，推动建设5G智慧医疗、康养体系。深化“互联网+应用层次”，实现医疗、康养、养老、旅游智慧平台的互联互通。促进旅游资源、康养资源与先进诊疗设备深入融合，提升大健康产业信息化程度。推动大数据与大健康的融合，加强大健康产业数据的收集与管理，提升不同部门、机构、行业数据融合水平。完善现有医疗服务、医疗保障、药品供应、公共卫生、疾病防控、计划生育等部门数据分享机制，建设具有数据共享、业务协同、综合管理功能的大数据业务平台。

（三）聚焦产业核心，做大做强龙头企业与品牌

深入研究国家、自治区宏观政策和产业投资导向。以“抓点、串线、扩面”的思路，推动康养、旅游产业深度融合。围绕重点产业及企业，精准发力。依据“一核两线、多点辐射”空间布局，聚焦休闲养生旅游、特色医疗医药和健康运动产业的发展壮大。强化重点项目和龙头企业的跟踪服务，及时解决项目和企业难题，为项目和企业的快速健康发展保驾护

航。进一步优化产业发展环境，积极引进和培育竞争力强、科技含量高的大企业。

注重核心产业、核心企业品牌培育。深化品牌意识，加强品牌建设。着力培养桂林市大健康产业中具有一定品牌影响力的企业，推动企业深入开展市场调研，培养现代营销团队，构建现代化网络营销体系，提升品牌影响力。健全地理标志区域品牌维护和监督管理办法，保护知识产权，维护桂林市知名品牌影响力，充分发挥桂林市地理人文价值，丰富品牌内涵与文化积淀。

（四）培育创新能力，拓展健康市场

1. 推动技术、产品创新

注重基础科学研究，着力培养中医新药、医药专利、高端医疗仪器设备的科技研发能力，大力发展具有自主知识产权的药物、设备。加大智能健康技术开发力度，提高技术实用性，提升技术转化速度。注重知识产权保护，对重大的技术、产品创新企业或个人进行奖励。

2. 推动融合业态创新

经济发展、健康理念变迁、交通网络变动所引起的区位条件变化等均会引导大健康产业需求不断变化。同时，随着技术进步及大健康产业内部以及产业之间的融合发展，新的融合业态会不断出现。桂林市应依据自身区域资源禀赋和市场需求，打造符合桂林自然环境、社会文化及区位条件的特色大健康产业，不断推动大健康产业业态创新。

3. 推动市场创新

把握“粤桂画廊”建设契机，合力打造“两省三地”康养旅游示范带，扩大桂林大健康产业的内地市场。将桂林健康旅游产业发展融入“一带一路”建设，以中国—东盟自贸区平台为媒介，扩大桂林大健康产业品牌国际影响力。

通过资源优化重组，推进大健康产业客户目标全龄化。依据年龄、性别、身份、收入等属性对客户进行多维分群，积极研究不同客群的需求规律，

表 3　桂林市大健康产业相关称号/资格获得情况

主体	称号/资格	发布部门	文件/通知公告名称	发布时间	备注
叠彩区	第三批全国健康促进县(区)项目试点	国家卫生计生委办公厅	国家卫生计生委办公厅关于公布第三批健康促进县(区)项目试点的通知	2017. 03	68 个县(区、县级市、旗)入选,广西 2 个县(区)入选
桂林市中医医院	中医药传承创新工程项目	国家中医药管理局规划财务司	中医药传承创新工程项目储备库名单公示	2017. 04	全国 99 家入选,广西 4 家入选
桂林市	第一批健康旅游示范基地	国家卫生计生委、国家发展改革委、财政部、国家旅游局、国家中医药局	关于开展健康旅游示范基地建设的通知	2017. 07	全国共有 13 个城市(区、县)入选,广西唯一
秀峰区秀峰社区卫生服务中心	全国卫生计生系统先进集体	全国卫生计生系统评选领导小组办公室	全国卫生计生系统先进集体、先进工作者和劳动模范	2017. 08	全国 255 个集体入选,广西 9 个集体入选
象山区平山社区卫生服务中心,叠彩区北门街道办事处北门社区卫生服务中心	全国百强社区卫生服务中心	国家卫生计生委基层卫生司	关于发布 2017 年全国百强社区卫生服务中心名单的通知	2017. 09	广西共有 4 个社区入选
广西信和信桂林国际智慧产业园	第一批国家中医药健康旅游示范基地创建单位	国家旅游局、国家中医药管理局	关于国家中医药健康旅游示范基地创建单位名单公示	2018. 03	全国 73 家单位,广西 2 家
桂林市	医联体建设整体推进改革试点城市	广西壮族自治区卫生和计划生育委员会、广西壮族自治区财政厅、广西壮族自治区人力资源和社会保障厅	关于确定桂林市为广西医联体建设整体推进改革试点城市的通知	2018. 06	广西唯一
桂林市	国家医疗服务多元化监管试点	国家卫生健康委办公厅	关于开展医疗服务多元化监管试点工作的通知	2019. 04	全国首批,广西唯一

续表

主体	称号/资格	发布部门	文件/通知公告名称	发布时间	备注
灌阳县、恭城县、龙胜县、灵川县、临桂区	国家紧密型县域医共体建设试点	国家卫生健康委办公厅、国家中医药管理局办公室	关于印发紧密型县域医疗卫生共同体建设试点省和试点县名单的通知	2019.09	全国567个县,广西32个县入选
信和信·桂林国际智慧健康旅游产业园、恭城瑶族自治县瑶汉养寿城	广西首批中医药健康旅游示范基地	广西壮族自治区中医药管理局	自治区中医药局关于广西首批中医药健康旅游示范基地的公示	2019.10	广西16家基地(公司)入选
雁山区草坪、灵川县大圩	2019年广西养生养老小镇	广西壮族自治区民政厅	2019年广西养生养老小镇名单公示	2019.10	广西9家入选
象山区、临桂区	2020年中国康养县域发展潜力100强	中国生态康养发展高峰论坛暨2020中国康养城市(县域)研究成果发布会	—	2020.01	象山区位列37名,临桂区位列39名
桂林市	中央财政支持开展居家和社区养老服务改革试点地区	民政部、财政部	民政部　财政部关于确定第五批中央财政支持开展居家和社区养老服务改革试点地区的通知	2020.02	同批次广西有梧州和桂林两市入选
翠西社区、凯风社区	AAA级广西老年人宜居社区	广西壮族自治区民政厅	2019年广西老年人宜居社区评审结果公示	2020.07	同期共有13个社区入选
广西一方天江制药有限公司、桂林市中医医院、广西桂林市全州县中药材标准化示范种植基地	广西第一批“定制药园”	广西壮族自治区中医药管理局、农业农村厅、工业和信息化厅、扶贫开发办公室、林业局、药品监督管理局、中国农业发展银行广西壮族自治区分行	自治区中医药局等7部门关于公布广西第一批“定制药园”名单的通知	2020.07	广西8家入选,三个单位联合申报

续表

主体	称号/资格	发布部门	文件/通知公告名称	发布时间	备注
恭城瑶族自治县平安、阳朔县高田	2019年广西养生养老小镇	广西壮族自治区民政厅	2020年广西养生养老小镇名单公示	2020.10	广西13家入选
桂林市秀峰区、桂林市灵川县、桂林市龙胜各族自治县、桂林市恭城瑶族自治县	全国计划生育优质服务先进单位	国家卫生健康委人口家庭司	关于2018～2020年全国计划生育优质服务先进单位名单的公示	2020.11	全国426个县(区、市)入选,广西17个县入选
桂林医学院附属医院门诊西药房	第20届卫生健康系统全国青年文明号集体	国家卫生健康委文明办	关于第20届卫生健康系统全国青年文明号候选集体的公示及"白求恩奖章"获得者拟表彰对象公示	2021.04	全国28个集体入选,广西2个集体入选
桂林市恭城瑶族自治	优质高效整合型医疗卫生服务体系试点	国家发展改革委、国家卫生健康委、国家中医药管理局、国家疾病预防控制局	关于印发《"十四五"优质高效医疗卫生服务体系建设实施方案》的通知	2021.06	全国6县入选,广西2个县入选

资料来源：作者根据政府网站整理。

设计满足不同客群需求的康养产品，不断创新发展现有融合业态。如针对孕妇设计孕妇婴幼康养产品、针对中青年推出亚健康康养产品、针对青少年推出“康养+游学”产品、面向女性群体推出“康养+美容”产品，面向家庭推出“康养+亲子拓展”等。通过丰富康养产品和服务，不断扩大桂林大健康产业市场边界。

参考文献

习近平：《把人民健康放在优先发展战略地位》，《人民日报》2016年8月20日，第1版。

黄华君：《大健康产业现状与发展趋势分析》，《现代商业》2021年第16期。

蓝敏萍：《新时代广西体医养大健康产业融合发展的路径设计》，《改革与战略》2019年第10期。

潘慧：《广西面向2035年民族大健康产业发展愿景及其对科技需求的研究》，《广西民族研究》2020年第1期。

李欣阳、程芸燕：《新冠肺炎疫情防控背景下桂林旅游业发展研究》，《时代人物》2020年第7期

唐钧：《大健康与大健康产业的概念、现状和前瞻——基于健康社会学的理论分析》，《山东社会科学》2020年第9期。

于继洋：《我国休闲体育业发展的制约因素浅析》，《社会体育学》2017年第9期。

张文龙、张建华、余锦龙：《生态文明视域下我国中医药健康产业的生态化发展——以全产业链为视角》，《企业经济》2020年第8期。

李耿：《2020广西壮族自治区国民生产总值》，广西新闻网，2020年11月18日。

申珅：《边疆民族地区大健康产业发展问题探究——以云南省昆明市为例》，《中共云南省委党校学报》2019年第4期。

孙悦娟：《地理标志区域品牌化策略研究》，《广西社会科学》2013年第6期。

陈群：《基于大健康视角的品牌发展战略研究——以亳州市中药产业为例》，《经济研究导刊》2018年第24期。

附　　录

Appendix

B.9
2020年桂林市经济社会大事记

孙　毅　钟学思　朱琳琳　黄莎莎*

一月

1日　全自治区人力资源市场建设工作现场会在桂林市人才服务中心召开。

桂林市落户高新区的3个园区——桂林国家高新区创业园、民华科创园、城德科技孵化园荣获广西第一批特色小微企业示范园称号。

广西质量协会公布2019年度广西质量品牌管理工作最佳组织等奖项榜单，全区有6市工信局获评广西质量品牌管理工作最佳组织，63家单位获评广西质量管理先进企业，120人获评广西优秀质量管理工作者。其中，桂

* 孙毅，桂林市发展和改革委员会国民经济综合科科长，研究方向为城市与区域发展规划；钟学思，博士，广西师范大学经济管理学院教授，广西师范大学社会科学研究处副处长，广西人文社会科学发展研究中心副主任，广西师范大学珠江—西江经济带发展研究院副院长，研究方向为城市化与区域经济可持续发展；朱琳琳，广西师范大学经济管理学院硕士研究生，研究方向为人口资源与区域发展战略；黄莎莎，广西师范大学珠江—西江经济带发展研究院科研秘书，研究方向为区域经济学。

林市工信局荣获广西质量品牌管理工作最佳组织，桂林三金药业股份有限公司、中国人民解放军第五七一八工厂两家桂林企业被评为广西质量管理先进企业，桂林广陆数字测控有限公司谭芳和桂林三金药业股份有限公司卢丹、汪星以及中国人民解放军第五七一八工厂张建春等 4 人被评为广西优秀质量管理工作者。

2 日　桂林市脱贫攻坚战取得关键进展。桂林市又有 86 个贫困村、7.5 万贫困人口实现脱贫出列，灌阳县预脱贫摘帽。至此，桂林市从“十三五”初期的 3 个贫困县、499 个贫困村、28.4 万贫困人口，减少到 1.6 万贫困人口、51 个贫困村，脱贫攻坚战取得关键进展，为 2020 年全面打赢脱贫攻坚战奠定坚实基础。

国家林业和草原局公布 2019 年国家湿地公园试点验收结果。荔浦荔江国家湿地公园榜上有名，正式成为“国字号”湿地公园。

大型民族歌剧《刘三姐》在澳大利亚悉尼歌剧院和墨尔本汉墨音乐厅上演。

兴安县传统村落文化研究会隆重召开成立大会并揭牌，宣告桂林市是全广西首个成立县区传统村落文化研究会的城市。

3 日　桂林市首个公共资源交易中心远程异地评标系统在荔浦启动并投入使用。

4 日　桂林欧美同学会（桂林留学人员联谊会）举行年会，讨论通过《桂林欧美同学会参与助推乡村振兴工作方案》。

茶花汉服文化节在兴安乐满地度假世界欢乐中国城开幕。

5 日　桂林市永福县罗锦镇入选全国乡村治理示范乡镇，兴安县溶江镇莲塘村、恭城瑶族自治县平安镇北洞源村、龙胜各族自治县龙脊镇金江村、临桂区中庸镇泗林村入选全国乡村治理示范村。桂林市入选数量居广西各市首位。

6 日　由桂林市委宣传部牵头举办的桂林市新时代文明实践活动，“我们的中国梦”——文化进万家暨 2020 年文化科技卫生“三下乡”活动在资源县车田苗族乡文化广场启动。

7日 广西首家电工材料产品检测企业桂林赛盟检测技术有限公司揭牌成立。

由桂林市教育局、桂林市教师培训中心主办，全国中小学教师继续教育网承办的2019年桂林市基础教育名校长领航工程培训项目（第二年第三期）在恭城举行。

10日 桂林市工信局公布桂林首批市级绿色园区和第二批市级绿色工厂名单，其中：荔浦市工业集中区成为首个市级绿色园区，桂林橡胶机械有限公司、桂林市艺宇印刷包装有限公司、桂林毛嘉工艺品有限公司3家企业成为第二批市级绿色工厂。目前，桂林市有1个国家级绿色园区、5家国家级绿色工厂、8家自治区级绿色工厂、1个市级绿色园区、4家市级绿色工厂。

11日 桂林公交开通苏桥定制专线。

12日 专家品鉴桂林市柑橘新品种"纤维橘"。

14日 八里四路西延线（灵川大道至福利路段）提质改造工程建成通车。

15日 中国化学工业桂林工程有限公司参与完成的"特种高性能橡胶复合材料关键技术及工程应用"项目，荣获2019年国家科学技术进步奖二等奖，这也是近年来国内橡机制造企业首次获得国家级大奖；桂林市思奇通信设备有限公司高级工程师彭铁雁参与完成的"面向一体化无线网络的多域资源认知与虚拟化关键技术"荣获国家技术发明奖二等奖。

由自治区文化和旅游厅党组、自治区纪委监委驻自治区文化和旅游厅纪检监察组特别策划推出的"八桂清风"——广西廉政文化展在桂林博物馆正式开展。

16日 灵川县入选全国农村创新创业典型县范例。

在广西第二批特色小镇培育名单上，桂林市恭城瑶族自治县健康养生小镇（平安镇）、资源县丹霞旅游小镇（梅溪镇）、灌阳县油茶小镇（黄关镇）、全州县粉业小镇（才湾镇）赫然在列。

17日 桂林新增5家广西工程研究中心，桂林光隆科技集团股份有限公司的广西光芯片及光器件应用工程研究中心，桂林航天工业学院、广西圣尧航空科技有限公司的广西小型无人机系统及应用工程研究中心，中国化工集团曙光橡胶工业研究设计院有限公司的广西军转民特种橡胶材料工程研究中心，桂林理工大学的广西智慧结构材料工程研究中心，桂林优利特电子集团有限公司的广西医疗器械及试剂工程研究中心 5 家桂林单位的工程研究中心榜上有名。

桂林市召开漓江干流联动执法精细化管理工作现场会，启动桂林漓江风景名胜区漓江干流精细化管理工作。

18 日　制定《桂林市机动车船及非道路移动机械排气污染防治条例（草案）》《桂林市城市园林绿化管理条例（草案）》。

19 日　桂林市居民电子健康卡首发仪式在市人民医院举行。桂林市成为广西唯一以“虚实”并行推进居民健康卡全面普及应用的城市。

23 日　满载着桂林市约 10 万枚罗汉果的专列驰援武汉。

二月

4 日　桂林市召开全市疫情防控工作视频会议，对全市新型冠状病毒感染的肺炎疫情防控工作进行再部署、再落实。

6 日　桂林市国家高新技术企业——品创检测（广西）有限公司利用自身技术优势，决定从 2 月 10 日至 2 月 29 日免费为桂林市区的酒店及餐饮企业以及广西境内有需要的企业进行农产品和食品检测服务。

7 日　一列满载着桂林市约 200 吨优质果蔬物资的直达冷链专列——“广西（桂林）驰援湖北果蔬专列”，从桂林西铁路物流中心出发，直发湖北咸宁市。

8 日　央视《新闻联播》对桂林市再次捐助优质果蔬驰援湖北进行报道，展现桂林人民与湖北人民在一起的大爱。

9 日　桂林市新冠肺炎疫情防控指挥部与驻桂林高校举行座谈会，就进一步加强地方政府与高校新冠肺炎疫情防控情况，特别是做好下一阶段各学校开学后疫情防控工作进行座谈交流，强调地校双方要共同担起联防联控主体责任，共同打赢疫情防控阻击战。

10 日 桂林机场货站为全力做好新型冠状病毒感染的肺炎疫情防控工作，保障疫情防控相关应急物资能够高效、顺畅运输，已开通优先订舱、优先发运、优先提货的“绿色通道”。

11 日 减免租金、帮助做好疫情防控——高新七星区送上暖心大礼包助力企业复工，已有超过 50 家企业复工陆续投入生产。

在桂林市市直医院首批驰援湖北医疗队出征仪式上，9 名来自市人民医院和市第二人民医院的医务人员，举起右拳庄严宣誓。

桂林市印发《桂林市人民政府办公室关于坚决打赢疫情防控阻击战切实做好农产品销售和农业生产工作的通知》。

12 日 桂林市医疗保障局积极为相关医院协调解决医用物资短缺等困难，保证医护人员全身心投入防控救治工作；针对疑似患者不断增多的实际情况，根据国家相关部署出台新政策——医保报销和财政兜底不仅负责所有新冠肺炎确诊患者，还将范围扩大至所有疑似病例。

13 日 桂林市委统战部召开全市统一战线助力做好民企复工复产工作会议，积极引导民营企业做好疫情防控和复工复产工作。

14 日 临桂秧塘工业园区各大企业在确保员工生命健康安全的前提下，陆续复工、复产，为临桂经济发展注入强劲动力。

桂林经开区打好疫情防控和企业复产复工组合拳，主动作为，实施“周转池”“代办员”“关爱包”“网格化”“代采购”五项新制度，助力企业有序复产复工。经开区规划范围内 74 家规模以上企业复产复工 46 家，复产率 62.2%，其他企业也将有序错峰复产。

15 日 在桂林市文化广电和旅游局的倡导下，市内 80 家旅游景区明确表示：从恢复营业之日（届时统一发布）起至 2020 年 12 月 31 日，全国医务工作者凭有效证件（医师证、护士证或与医务工作相关的其他资格证件）免费入园。

16 日 桂林市启动春季线上免费就业指导活动。

桂林合兴医疗科技有限公司日产5000个护目镜的第一条生产线试运行成功，将为桂林、广西乃至全国疫情防护物资供应再添强力保障。

17日 桂林市召开新型冠状病毒肺炎疫情防控宣传工作电视电话会议，传达中央、自治区关于疫情防控宣传引导文件和市委常委会、市疫情防控工作领导小组指挥部会议精神，总结现阶段全市疫情防控宣传工作，部署下一阶段全市新型冠状病毒肺炎疫情防控宣传工作。

18日 桂林市各级各部门强化联防联控，基层党组织和党员干部积极响应号召，迅速投身疫情防控一线，让党旗在防控疫情斗争第一线高高飘扬，在疫情防控阻击战中践行初心使命。

为切实做好新冠肺炎疫情防控期间的市场保供稳价工作，增加市场猪肉供应，桂林市启动市级储备冻猪肉第二轮投放，2月18日至3月18日投放期间各销售网点每天安排储备冻猪肉300公斤进行销售，售完为止。

19日 桂林市国资委派出工作组指导企业一手抓防疫，一手抓生产，有针对性地实行“一企一策、一人一档”科学有序复工，以“保姆式”服务助力企业做好疫情防控和复工复产。

桂林市市场监管局按照市委、市政府的统一部署，在行政许可、市场经营秩序、检验检测等市场监管职能上对标施策，主动对接企业，全力促进企业顺利复工复产。

桂林深科技二期项目正在有序推进中，建成后将形成月产500万部手机的产能。

20日 桂林市召开全市土地报批储备出让工作布置电视电话会，总结2019年全市土地报批储备出让工作，研究部署2020年工作。

桂林高铁经济产业园核心区范围已有26家企业实现复工复产；同时园区还为企业发放84消毒液50件、酒精60件、体温枪20把、口罩25600个。

21日 由桂林经开信息产业投资有限责任公司、广西华云大数据公司、华为公司建设的桂林疫情防控大数据平台投入使用。

桂林锐锋医疗器械有限公司自主研发生产的医用护目镜取得第一类医疗

器械备案凭证。

22日 桂林市82个A级旅游景区开始有序向国内外疫情防控低风险地区游客开放。

桂林经开区规划范围内74家规模以上工业企业中已有53家复产，复产率达71.6%，其他企业也将有序错峰复产。

桂林市召开2020年全市工业招商暨重大投资活动动员部署视频会议，研究部署在科学做好疫情防控的前提下，全力抓好桂林市2020年工业招商引资和重大投资促进工作，为加快实现桂林市工业振兴作出新的贡献。

23日 桂林市委组织部、市人力资源和社会保障局联合印发《关于在全市抗击新冠肺炎疫情工作中开展及时奖励工作的通知》，及时奖励抗疫一线先进个人和集体。

中国化工集团曙光橡胶工业研究设计院有限公司和沈阳院紧急立项转产，开展医用隔离服研发生产的消息登上央视《新闻联播》。

桂林市科技成果交易平台携手科易网，利用线上渠道、直播技术等创新资源，为桂林市企业推出疫情期间“科技套餐”服务。

桂林市中医医院研发的3个新冠肺炎制剂获自治区药监局备案号。

桂林公交开通“点对点”复工返产专线。

24日 秀峰区推出全市首个复工复产网上申报系统“在线申报监测管理系统”。

桂林银行股份有限公司全部网点恢复营业，全力支持企业复工复产。

桂林市11个低风险地区将全面复工复产，6个中风险地区有序推动复工复产。

桂林电网全州220千伏昆仑变电站正式投入运行。

桂林市扶贫开发领导小组召开2020年第一次全体会议。

桂林市政协召开五届二十六次主席扩大会议。

桂林市480家规上企业已复产复工383家，达79.8%。其中6城区174家复工157家、11县（市）306家复工226家。

总投资11.33亿元的阳朔县创业服务中心项目开工建设。

象山景区正式恢复对疫情防控低风险地区的游客开放。这也是受疫情影响封闭以来，桂林第一家对外开放的景区。

27 日 桂林市人社局交出战“疫”保民生暖心答卷，1307 万元稳岗返还助力 38 家中小企业渡难关。

28 日 叠彩区坚持疫情防控和脱贫攻坚战的“双线作战”，抢抓农时，抓紧春耕备耕、农业企业复工复产和农产品供应。截至目前，叠彩区已有 128 家农业企业复工。

桂林 740 家银行机构网点已营业 718 家，营业率 97%；305 家保险和保险中介机构网点营业 210 家，营业率 68.9%；26 家证券机构营业网点全部复工营业，营业率 100%；2 家期货公司营业网点均已营业，营业率 100%。

29 日 广西开出的全国首趟县域始发“定制”复工动车专列—D4965 次列车准时从桂林全州南火车站驶出。列车搭载 353 名全州籍赴粤务工人员前往广州南站。

桂林农合行（农商行）各项存款突破 1000 亿元，达 1012 亿元，成为桂林本辖区首家超 1000 亿元的银行业金融机构。

三月

1 日 桂电研制出新冠病毒快速检测试纸，10 分钟出结果，在首批定点医疗机构批量临床测试对照核酸检测符合率达到 100%。

桂林市住房公积金管理中心针对疫情出台多项阶段性支持政策。

桂林市 62 家重点外贸企业和 16 家加工贸易企业已全部复工复产。

在全市 480 家规模以上工业企业中，除政策性停产、季节性停产的企业以外，已实现全面复工。

桂林市执行新的最低工资标准。调整后市区最低工资标准为 1810 元/月，比之前 1680 元/月多 130 元/月，各县、自治县也由之前的 1300 元/月调整为 1430 元/月，市区小时最低工资标准也由原来的 16 元调整至 17.5 元，县区、自治县非全日制小时最低工资标准调整至 14 元。

2日 满载桂林市17家爱心企业捐赠的桂林米粉39050碗、罗汉果制品3200袋等物资的邮政物流专车出发驰援湖北。

3日 市委召开书记专题会暨巡查工作领导小组会议，听取审议五届市委第九轮巡察工作报告，安排部署下一阶段巡察工作。

桂林市历史文化保护利用工作领导小组召开第七次会议。

桂林召开进一步做好民政服务机构疫情防控工作视频会议，重点对养老机构（含公办、民办）、儿童福利机构、未成年人救助保护机构、精神卫生福利机构、流浪乞讨人员救助管理机构（含托养机构）和殡葬服务机构等民政服务机构新冠肺炎疫情防控和经济社会发展工作进行部署。

5日 桂林市国有资产监督管理委员会、市统计局、市人力资源和社会保障局、市城市管理委员会、市生态环境局、市审计局、市体育局、市交通运输局、市发展和改革委员会、市委老干部局10家单位获评自治区无烟政府机关。

桂林市应急救援综合服务中心挂牌成立。

桂林市人社部门积极推进疫情期间援企稳岗返还有关政策落地，已审核通过“一般企业稳岗返还”资金1471.43万元，惠及企业688家，惠及职工5万人，助力企业稳发展渡难关。

6日 桂林市妇联决定授予卢青等60名桂林驰援湖北抗击新冠肺炎疫情一线女医务工作者桂林市“三八红旗手”荣誉称号。

桂林市召开基础设施补短板“五网”建设三年大会战工作部署会。

桂林市召开第七次全国人口普查领导小组工作会议，部署全面开展桂林市人口普查工作。

桂林市部署开展为期一个月的抗疫爱卫“五大清洁行动”，为复工复产后的生产、生活、购物、交通等营造良好环境。

9日 桂林市启动“春风行动”首届网络招聘大会第十一届公益性人才交流大会暨十万大学生留桂就业创业网络双选会，2000余家优秀企业近10万个岗位虚位以待。

10日 桂林市“防控抗击新型冠状病毒肺炎疫情”主题艺术作品征集

活动评选结果出炉，共评出77件音乐、曲艺、美术、书法、诗歌等各类优秀艺术作品。

桂林市正式启动2020年首批人才公寓线上申办，共推出桂林市人才公寓（奥林匹克花园）首批房源60套，重点面向复产企业、医疗战线专技人才投放。

象山区第一季度重大项目集中开工，包括2个市级层面、1个区级层面的重大项目，总投资10亿元。

驻桂林高等院校外籍师生疫情防控工作现场会在广西师范大学育才校区召开。

桂林市全面贯彻实施《支持打赢疫情防控阻击战　促进零售和餐饮业平稳运行十条措施》。

11日　桂林市共为受疫情影响短期内存在缴存公积金困难的27家企业办理缓缴业务，金额达950万元。

新冠肺炎确诊患者宫某从南溪山医院康复出院，标志着桂林市新冠肺炎确诊病例“清零”，治愈率100%。

桂林奥泰医疗科技有限公司将市场售价约1000万元的首台“广西产”EMR601.5T超导磁共振机捐赠给桂林市，助力桂林疫情防控及后续康复检查工作。

12日　桂林晚报微信公众号阅读量和综合影响力迅速大幅度提高，首次进入全国微信500强，排名第318位，高居桂林各大微信公众号之首。

桂林大可以饮业有限责任公司入选2019年“广西老字号”企业名单。

2019年桂林市公安工作成果丰硕：桂林公安队伍满意度实现历史性突破，满意度达97.45%，排名全自治区第四，群众安全感攀升至97.29%，均为历史最好成绩。社区警务工作走在全区前列，并在全区首届公安机关社区警务工作大比武中荣获团体第一。秀峰分局白龙派出所获公安部首批100个“枫桥式公安派出所”，叠彩分局叠彩派出所、七星分局穿山派出所、阳朔县公安局城关派出所获全区首批20个“枫桥式公安派出所”命名。

在第17届广西名特优农产品交易会产品奖评选中，桂林市阳朔遇龙河

生态农业发展有限责任公司的阳朔金橘等 4 个农产品获评金奖，桂林市平乐县阳发茶业有限公司的桂花崖茶等 13 个农产品获评银奖。

世界田径官网公布桂林马拉松赛正式升级为世界田径铜标赛事，这是广西首个升级为世界田径铜标的赛事。

由桂林市工信局组织的银企对接服务活动在桂林优利特电子集团有限公司举行。农业银行桂林分行与优利特集团签订银企合作协议。

桂林市召开 2020 年度“一帮一联”和信息数据提升工作培训会。

桂林市市场监督管理局发布《2020 年工业产品质量监督抽查实施细则》，明确 22 类产品抽查实施标准。

13 日　桂林市组织部长会议在市党群服务中心主会场召开。

14 日　电商成为桂林经济发展强劲动力，2019 年桂林市电商网络零售额在广西占比超 1/5。

秀峰区的桂花糕登上央视频 App《中国一分钟》。

16 日　在“3·15”国际消费者权益日到来之际，桂林市消费者协会决定对桂林航空有限公司等 109 个桂林市消费维权“诚信单位”予以表彰。

17 日　红军长征突破湘江纪念馆 VR 全景虚拟网上展馆正式上线。

18 日　桂林市住房公积金管理中心推出纯公积金贷款还贷提取网上办理业务。

桂林市重点企业、重大项目复工率超过 99%。

秀峰区入选自治区基础教育教学改革示范区建设名单。

阳朔县发布《阳朔县促进旅游业全面复苏六条措施》。

19 日　桂林市共有 5 个集体和 14 人获评自治区离退休先进集体和先进个人，获评数量在全区 14 个地市中排名第一；桂林市七星区退休干部第五党支部获评全国先进集体。

20 日　《桂林市工业振兴 2020 年实施方案》出台，将重点发展八大产业集。

桂林市已为疫情期间符合条件的困难群众发放 1 月份价格临时补贴 555.86 万元。其中，城乡低保人群发放补贴 21.7 万人次，金额 491.6 万元；

城乡特困发放补贴30169人次，金额64.26万元。

桂林市召开全市工业振兴大会，统筹部署疫情防控和工业振兴工作。

桂林市政协携波兰桂林商会等特邀贵宾单位捐赠一批疫情防控物资，定向捐赠给桂林市公安局机场分局和桂林火车站。

桂林市出台《桂林市关于加强疫情防控促进文化旅游业振兴发展的若干奖励措施》。

21日 桂林援十堰市医疗队20名队员完成任务胜利返回广西。湖北十堰市政府授予全体队员“十堰市荣誉市民”。

雁山区启动主题为“雁山云集·全力以‘复’”的“三月三”云上购物节。

秀峰区启动主题为“促消费、助发展、见行动”活动。

22日 桂林实施市领导“一联三”服务工业发展新举措，加快工业振兴，助力重点企业发展和负增长企业脱困。

23日 桂林市兴安县荣获“全国村庄清洁行动先进县”，成为广西获通报表扬的3个县之一，也是桂林市唯一一个获表扬的县。

受国家民委和自治区民宗委的委托，桂林市在兴安县红军长征突破湘江烈士纪念碑园举行全国民族团结进步教育基地挂牌活动。

桂林市“交通网”大会战建设组办公室印发《桂林市基础设施补短板“交通网”建设三年大会战实施方案（2020—2022年）》，计划三年总投资363.92亿元，建设项目26个，高铁建设里程430公里、公路建设里程946.6公里、轨道交通建设里程29.2公里。

24日 桂林市已铺开阶段性减免企业社保费相关工作，为企业减免社保费8000余万元，惠及企业9864家。

象山区正式启动“漓江生态西麦樱桃园”建设。

25日 桂林市国资系统共组织120个、720余人参加的自查自纠安全督查小组，发现一般性问题、隐患97项，未发现重大安全隐患，截至目前已基本整改完毕。

桂林市印发《关于强化金融信贷资金支持企业全面有序复工复产工作

的通知》。

26 日 桂林医学院附属医院正式启用电子就诊卡。

“壮美广西·三月三暖心生活节”桂林分会场活动暨“春暖桂林·三月三暖心生活节”活动全面启动。

桂林海关为桂林艺峰进出口贸易有限公司自美进口的高功率窄线宽连续激光器办理退税手续，退税金额 1.46 万元。这是我国发布第二批对美加征关税商品第一次排除清单相关退税政策后，桂林市办理的首笔相关业务。

高新七星区华侨旅游经济区“漓韵侨乡”田园综合体项目启动建设。

27 日 桂林交控集团恢复主要线路末班车发车时间。

桂林市委全面深化改革委员会召开第五次会议，发出 2020 年桂林市全面深化改革动员令和路线图。

自治区体育局印发《关于 2020 年为民办实事全民健身工程项目名单及建设方案的通知》，桂林市共获得 85 万元建设资金的 26 个为民办实事全民健身工程项目。

28 日 恭城民族中学获全国民族团结进步示范单位称号。

2020 年全国象棋特色学校网络赛，桂林获 25 金 91 块奖牌位居广西第一。

由桂林市文化广电和旅游局主办的“桂林人游桂林”活动在桂林国际会展中心启动，首批近 400 名市民分成 7 条线路出发饱览桂林春天的美景。

桂林市组织全市中小学生开展网上清明祭英烈活动，通过献花、敬礼、鞠躬和留言寄语等形式，致敬先烈先辈，感恩幸福生活。

29 日 桂林市召开田园综合体创建和粮食生产、生猪生产工作推进会。

30 日 广西桂林图书馆推出创新创意的线上活动“三月三·线上嘉年华”。

桂林市为注册登记开通“快速通道”，企业开办 2 小时可办结。

由广西旅游协会主办的广西旅游行业“大培训、大观摩、大练兵”北线活动在桂林市璟象酒店启动。

31 日 桂林市获评 1 个全国“枫桥式公安派出所”、3 个全区“枫桥式公安派出所”，数量位居广西第一。

桂林市召开全市“五网”基础设施建设三年大会战工作推进会。

四月

1 日　秀峰区大龙湾工地的一辆挖掘机获得桂林市首张非道路移动机械防伪金属环保标牌，标牌号（环保登记号）为3－LC000001。这意味着桂林市非道路移动机械开始拥有“身份证”。

国家税务总局桂林市税务局、桂林市工商业联合会、市社会保险事业管理中心、中国人民银行桂林市中心支行联合开展“减税费优服务　助复工促发展”线上政策宣讲会，拉开桂林第29个税收宣传月的序幕。

2 日　桂林市政金企融资对接暨金融支持企业全面复工复产融资对接会召开。

广西首批援鄂抗疫医疗队结束集中休整，桂林市22名援鄂医护人员回到桂林。

在阳朔县召开推动桂林国际旅游胜地升级发展暨文旅复苏振兴现场会。

桂林市人大财经委联合市工商联，共同开展服务民营企业面对面“1＋1＋1”专题活动。

2020年度桂林市退役军人事务工作电视电话会议召开。

3 日　桂林市政协启动“推进桂林市3岁以下婴幼儿照护服务工作”专题调研行动。

4 日　桂林市第二批20名驰援湖北白衣战士回到桂林。

6 日　桂林实行阶段性减征职工基本医疗保险费。

7 日　桂林市按80%的标准退还旅行社旅游服务质量保证金，缓解旅行社行业现金流压力。

桂林市启动新冠肺炎疫情防控人才小高地科研项目申报工作。

2020年广西科学技术奖励大会召开。桂林市2项科技成果获得2019年度国家科学技术奖，39项科技成果获得2019年度广西科学技术奖。

8 日　桂林市第三批援鄂医疗队51名队员凯旋。

2020年“诗在壮乡　何必远方——广西人游广西”桂林文旅复苏自驾

游活动在象山景区启动。

9 日　灌阳县首家教育基金会成立，已接受首笔捐赠 200 万元。

10 日　桂林市首个未成年人观护基地在桂林市青少年社会服务中心揭牌，开创涉罪错未成年人帮教工作新模式。

11 日　市妇幼保健院患者出院可“床旁结算”是桂林市首家让患者或家属在病房即可办结出院结算手续的医院。

民建桂林市第十一届委员会召开第五次全体（扩大）会议。

12 日　桂林至阳朔漓江旅游线路重要景点全线实现 5G 网络覆盖。

13 日　桂林市本级正式启用政府采购“政采云电子卖场”系统。

14 日　桂林市经开区建立“家人式”企业服务机制。

16 日　桂林旅游全新概念一票通游产品——“桂林一城游春天”套票推出。

2020 年桂林市优化营商环境工作会议召开。

2020 年桂林市残疾人工作会议召开。

自治区“双百双新”产业项目集中开竣工暨桂林市智能电子三轴稳定器产业化基地建设项目投产仪式，在桂林智神信息技术有限公司智能电子三轴稳定器产业化基地举行。

17 日　桂林政协文史馆在创业大厦开馆，共收集展出文字材料 309 万字、照片 1300 余张、手稿等实物 100 余件。

桂林市首个县区级两新组织党群服务中心——象山区两新组织党群服务中心正式揭牌启用。

18 日　桂林市最后一名援鄂医疗队员平安返回桂林。

20 日　秀峰区蝉联信访工作全国“三无”县（区）和自治区“人民满意窗口”。

21 日　桂林市 2020 年科技创新暨国家可持续发展议程创新示范区建设工作电视电话会议在临桂召开。

22 日　荔浦市荔城镇入选首批广西民营经济示范乡镇。

24 日　桂林市制定出台《桂林市 2020 年社会救助兜底脱贫行动实施方

案》，明确 2020 年将农村最低生活保障标准提高到 5000 元以上。

25 日 全国退役军人创业创新大赛（广西赛区）桂林市选拔赛暨桂林市首届退役军人创业创新大赛在叠彩区桂林智慧谷文创产业园开赛。

27 日 桂林市首台 PET/CT 正式投入临床使用。

桂林电子科技大学与华为共同成立“桂电—华为鲲鹏联合创新中心”。

28 日 桂林市召开 2019 年度根治欠薪考核迎检工作暨《保障农民工工资支付条例》宣传月活动布置视频会。

桂林市召开全市机关事务管理暨公共机构节能工作会议。

秀峰区启动全国民族团结进步示范区创建工作，将在辖区范围内广泛开展以“共同团结奋斗、共同繁荣发展”为主题的民族团结进步创建活动，通过积极开展民族团结进步教育进机关、进企业、进社区、进街道、进学校、进连队、进宗教场所“七进”活动，力争在 2023 年创建成为全国民族团结进步示范区。

29 日 正阳西巷历史文化街区正式开街，标志着历经 4 年多的桂林市靖江王府片区历史文化旅游休闲街区改造提升项目收官。

桂林智慧谷众创空间、奥创园众创空间和桂林智能仪器众创空间成功备案为国家级众创空间。至此，桂林市国家级众创空间增至 6 家。

桂林市农业科学研究中心举行成立揭牌仪式，标志着桂林市农业科研事业开启新征程。

桂林市全面加强共享单车及助力车规范管理，目前入驻桂林的共享单车及助力车突破 6 万辆。

正阳西巷正式建成开街，标志着靖江王府片区历史文化旅游休闲街区改造提升项目完美收官。

全州县凤凰镇红军长征渡口便民桥架设完成并交付使用。

30 日 秀峰区与中国二十冶集团有限公司举行战略合作框架协议签约，双方将合力打造琴潭千亩荷塘湿地项目。

五月

2日 桂林签约高端绿色家居产业项目10个，签约金额达17.28亿元。

桂林市召开全市防范中小学生溺水工作会议。

桂林市召开全市2020年住房保障工作现场推进会。

桂林市全面完成国企职工家属区“三供一业”分离移交工作。

4日 致公党桂林市第八届委员会召开第五次全体（扩大）会议，会议审议通过《中国致公党桂林市第八届委员会常务委员会工作报告》。

6日 桂林市全面部署推进2020年禁毒工作，实施“清隐”“毒驾”“收戒攻坚”三大管控行动。

桂林市举行“一枚印章管审批”启动仪式，41枚各单位原审批专用章被封存，新的“桂林市行政审批局行政许可专用章”正式启用，意味着28个部门相关行政许可权由市行政审批局相对集中行使，标志着桂林市行政审批改革、加快政府职能转变迈出重要步伐。

桂林市不动产登记和房产交易中心搬迁至金荣大厦（市中山南路88号）揭牌办公。

7日 桂林医学院附属医院优生遗传实验室在顺利完成基因组病分子检测（CNV-Seq）预实验后，正式面向市民提供基因组病分子检测服务。

桂林市妇女联合会对一批市级巾帼文明岗进行授牌，广西平乐农村合作银行车站支行荣获桂林市“巾帼文明岗”荣誉称号。

桂林市举办病媒生物防制技术视频培训班。

8日 桂林市共有5个“地下管网”项目集中开工。

广西首次实现“南宁—桂林—梧州”三地环飞。

9日 国内中高端酒店品牌亚朵酒店进入桂林，第一家酒店高新亚朵酒店开业。

11日 桂林首个三二一妇幼专科联盟组建成立，筑起市县乡三级妇幼健康堡垒。

灵川县现代特色农业人大代表联络站揭牌。

12日 桂林市劳动人事争议调解中心暨工会劳动人事争议调解点揭牌。

13日 桂林市政协启动2020年提案承办大户督办活动。

14日 桂林首批3个国家绿色制造系统集成项目通过自治区专家组验收。

15日 桂林电网首个V3.0智能配电网项目投入运行，标志着桂林市正式迈入智能电网时代。

桂林市教育局出台《桂林市中小学（幼儿园）教师职业道德考核办法（试行）》。

资源县在中峰镇工业园区设立首个“优化营商环境法律服务站”。

17日 中国铁塔股份有限公司桂林市分公司集中交付280个5G基站。

20日 秦春成等7位桂林市全国人大代表全国政协委员赴京参加全国两会，带去多个建议提案，发出桂林声音。

桂林市召开全市金融服务实体经济座谈会暨金融重点工作推进会。

桂林数字化第一街——饿了么口碑街开街仪式暨“壮美广西·三月三暖心生活节·美食嘉年华”系列之“e口吃遍春天”活动在秀峰区华润万象城举行。

22日 桂林市政府和广西师范大学正式签署战略合作框架协议。

桂林市首次网络“春风行动”圆满收官。

广西汉西鸣环保工程有限公司一次性办理完成注册登记及在桂林银行漓东支行开立基本账户开户，这是桂林市城区首个通过“企业开办七事项”套餐半日办理完结的企业。

23日 桂林市推进369个老旧小区改造，涉及2446栋住宅，受益人数达到50221户。

24日 自治区对台交流基地在秀峰区桥头村委芦笛三村鲁家村挂牌。

26日 自治区人民政府批复同意设立自治区级桂林经济技术开发区。

桂林橡胶机械有限公司自主研发的首台77英寸工程轮胎新型双模液压硫化机正式包装发运交付国内客户使用。这也是广西企业生产的首台77英寸新型双模液压硫化机，标志着桂林市企业在硫化机生产研发领域实现新突破。

“桂林经开区人才服务中心授权招工网点”揭牌仪式在桂林银行临桂镇侯寨村农村普惠金融综合服务点举行。

27 日 桂林市教育局相继出台《关于进一步规范义务教育学校招生入学工作的通知》和《关于做好 2020 年市区小学升入初中和市直属小学招生入学工作的通知》。

桂林市“五网”建设大会战信息网项目集中开工暨桂林市 4G、5G 基站和光纤网络项目启动仪式在中国移动桂林分公司举行。

2020 年桂林文化旅游推广发布会在上海携程总部举办。

28 日 桂林市部署 17 县（市、区）开展垃圾分类示范建设。

29 日 桂林市高铁物流规划建设推进会在高铁（桂林）广西园管委会举行。

30 日 桂林市 10 名优秀科技人员荣获“桂林市最美科技工作者”称号。

六月

1 日 桂林市政府与融创中国共同签署《桂林市文化旅游康养产业项目投资合作框架协议》。

《桂林市城乡规划管理条例》《桂林市违法建设防控和查处条例》正式实施。

桂林市城市居民最低生活保障标准提高到每人每月 750 元，农村居民最低生活保障标准提高到每人每年 5300 元。新标准于 6 月 1 日起执行。

2 日 平乐县村级集体经济工业产业园动工。

桂林海吉星农产品物流园举行仪式开启试业运营。

桂林市工业振兴现场推进会在兴安县召开。

3 日 首批桂林米粉地方标准正式发布。

桂林市正式启动建筑垃圾专项整治行动。

由桂林旅游股份有限公司投资近1000万元打造的广西首艘五星级新能源豪华游轮正式开工。这将是漓江上首艘采用电动力的新能源游轮。

桂林市农业农村综合发展中心举行揭牌仪式。

5日 中国共产党桂林市互联网行业委员会召开第一次党员大会。

桂林市召开大气污染集中整治专项行动推进会。

8日 桂林南药股份有限公司的注射用氟氯西林钠一致性评价补充申请获得国家药品审评中心承办受理，是国内首家为氟氯西林钠申报仿制药一致性评价的药企。

桂林市开展“决战决胜走基层、总攻之势大采访”——千名记者一线行大型主题采访活动。

教育部南京大学中国南海研究协同创新中心协同单位广西师范大学越南研究院揭牌仪式在桂林顺利举行。

9日 2019～2020年桂林市危房改造任务已全部完成封顶。

桂林市印发《桂林市2020年初中学业水平考试与高中阶段学校招生工作方案》。

桂林市文化市场综合行政执法支队正式挂牌。

10日 象山区万福商圈妇女联合会挂牌成立。

全国“集装箱+生态池塘”尾水处理技术模式观摩活动在桂林市举行。

11日 “奔跑吧，宝藏”媒体见面会在桂林市“兴进塔山·漓江文化旅游度假区”举行，集中推介桂林米粉、砂糖橘、五通农民画等一批“桂林宝藏”。

12日 桂林市启动工业企业节能诊断，加快实现绿色发展。

纪念杨东莼先生120周年诞辰系列活动之杨东莼学术思想研讨会在广西师范大学召开。

13日 2020年文化和自然遗产日主场城市活动在独秀峰下盛大开幕。开幕式活动设桂林主会场和北京中央广播电视总台会场，通过连线直播方式共同启动。

“文物赋彩全面小康”主题论坛在桂林举办。

坐落在西山畔的桂林非物质文化遗产体验馆正式落成。

广西省立艺术馆旧址保护工程开工暨社会力量参与文物保护利用捐赠仪式举行。

中华文物全媒体传播精品（新媒体）云展播活动举行，由桂林博物馆选送的“鄂青桂博五一大联欢”微博联动项目获得全国十大入围奖。

14 日　“万年文化延续现代设计首款产品发布会”在甑皮岩国家考古遗址公园举行，是“2020 年文化和自然遗产日主场城市活动”系列之一。

17 日　42 家桂林企业参加首届网上广交会。

七星区退役军人创业就业基地正式揭牌投入使用。

桂林市出台《城中村用电改造管理办法》。

18 日　阳朔县村级集体经济产业园揭牌暨葡萄镇消费扶贫“6·18”电商扶贫特色农产品展销活动在葡萄镇举行。

20 日　桂林与全国各地一样同步实行普速铁路电子客票。

21 日　根据《桂林市拔尖人才选拔和管理办法》规定，经过推荐、资格审查、评审委员会终评等环节严格评选，产生桂林市第五批拔尖人才（在新冠肺炎疫情防控医护人员中增补）人选 10 名。

22 日　全区水稻大钵体毯状苗育插秧技术示范演示会在兴安县全新农机合作社举行。

桂林市政协召开“加快推进桂林市 3 岁以下婴幼儿照护服务工作”专题界别协商会议。

23 日　资源成为广西首个实现县乡村环卫一体化全覆盖县城。

桂林市第一批党员教育培训示范基地揭牌仪式在阳朔现代特色农业示范园举行。该园也是桂林市首个挂牌的示范基地。

改造中的桂林火车站站房最后一道框架结构梁完成浇筑捣鼓，这标志着桂林站站房主体结构工程提前完成封顶，且有望在 7 月底实现过渡开通使用目标。

24 日　自治区人民政府办公厅向全区各市、县人民政府及区直部门发布文件，通报表扬桂林市 5 起自然灾害成功避险案例。

广西师范大学成立党内法规研究中心。

桂林市全力推进残疾儿童救助制度全面落地。

桂林医学院附属医院荣获国家卫健委医政医管局、健康报社颁发的2019年度“改善医疗服务创新医院”荣誉称号，医院副院长蒋伟被评为“2019年度改善医疗服务突出贡献工作者”。

由中共桂林市委人才办、桂林市临桂区委组织部共同筹建的桂林市人才公寓（奥林匹克花园）在临桂区奥林匹克花园揭牌。首批46名人才领到钥匙入住市人才公寓。

2020年《红色传奇》进校园系列活动桂林市启动仪式在逸仙中学举行。

自治区政府办公厅印发关于对2019年落实有关重大政策措施真抓实干成效明显地方予以督查激励的通报，对相关工作取得明显成效的14个设区市、95个县（市、区）督查激励。其中，桂林市在河湖长制工作中推进力度大、河湖管理保护成效明显，在全区综合评价排名第一，获得320万元资金奖励。

25日 自治区工信厅于日前公布广西第三批绿色制造示范名单，全区共有36家企业获评广西绿色工厂，其中桂林市艺宇印刷包装有限公司、桂林吉福思罗汉果有限公司、桂林福达曲轴有限公司、桂林福达齿轮有限公司、桂林橡胶机械有限公司、广西科伦制药有限公司等6家桂林企业榜上有名。至此，桂林市已有14家自治区级绿色工厂、5家国家级绿色工厂。

26日 自治区新时代文明实践中心建设交流活动在恭城瑶族自治县举办。

27日 桂林市2020年农机购置补贴资金任务已提前超额完成，农机购置补贴资金使用进度居全区首位。

28日 桂林市部署人工繁育陆生野生动物处置工作。

2020年桂林市第三次重大项目集中开竣工暨雁山区雪松（漓江）文旅小镇开工仪式在雁山区柘木镇禄坊村举行。此次开竣工项目共47个，总投资216.57亿元。

广西人游广西——“山水桂林，身临骑境（文明健康，有你有我）”文旅推广活动暨2020年哈啰城市骑游活动在桂林市正式启动。

桂林市二季度广西“双百双新”产业项目集中开竣工（投产）仪式在七星区铁山工业园广西一方天江制药有限公司中国中药（桂林）产业园举行。

28日至29日 桂林市公安局组织民警在阳朔县局开展全警大练兵活动。

29日 桂林市启动节能宣传周暨低碳日活动。

30日 自治区应急管理厅开展安全生产八桂行走进桂林活动，邀请新华社、中新社、中央广播电视总台广西站、《广西日报》等10余家新闻媒体走进桂林市龙胜各族自治县、阳朔县，采访报道桂林市少数民族村寨防火、防汛抗洪救灾等工作开展情况。

草坪回族乡的稳固住房工作实现100%全覆盖。

中国农业发展银行桂林分行向包括临桂区、荔浦市、兴安县、平乐县、阳朔县、灵川县在内的多个县（市、区）投放共计2.5亿元的应急救灾贷款，贷款将全部用于这些县（市、区）的灾后重建工作。

七月

1日 桂林市在市党群服务中心启动“文明桂林先锋行”志愿服务大行动，号召全市广大党员充分发挥先锋模范作用，带头参加志愿服务行动，助力桂林创建全国文明城市，以实际行动为党的99岁华诞献礼。

全国铁路实施新列车运行图。桂林火车站管辖7站（包括桂林、桂林北、桂林西、阳朔、恭城、五通、三江南站）图定停靠列车159对，其中动车组列车139对，占图定停靠列车总对数的87.4%；普速列车20对，占图定停靠列车总对数的12.6%，旅客列车布局进一步优化，旅客出行将更加便捷。

由兴安北站始发至广州南站的“广西桂林——秀美灵渠·红色兴安”动车组D2981次列车正式开行——这是该县首次开行跨省始发动车，也是广西第一个在县域城市始发自治区以外开行的动车组列车。

由自治区文化和旅游厅指导，桂林市文化广电和旅游局、桂林红军长征湘江战役文化保护传承中心、兴安县人民政府共同主办的红动中国·长征100暨新时代新长征之“最美逆行者，不负新征程”主题活动在桂林兴安举行。

桂林市委直属机关工委在市委党校举行市直属机关抗疫先进事迹报告会。

象山区、秀峰区、叠彩区、七星区、雁山区全境禁止使用高排放非道路移动机械。

首批桂林米粉地方标准正式实施。

3日 自治区党委统战部副部长、区民宗委党组书记、主任农融一行就该区民族宗教工作到象山区开展深入调研，并为崇善清真寺自治区宗教界爱国主义教育基地揭牌。

4日 桂林市政府召开“漓江流域生态环境保护与修复情况”新闻发布会。

5日 桂林市召开全市卫生健康工作电视电话会。

7日 桂林市创建全国文明城市工作指挥部召开扩大会议。

8日 桂林市政府召开桂林国际旅游胜地建设情况新闻发布会。

10日 商务部公布2020年国家电子商务进农村综合示范县名单。广西共有9个县（市）榜上有名，桂林荔浦市位列其中。

11日 桂林首个NB-IoT智能灯控系统在八一桥投入使用。

桂林市妇幼保健院、恭城妇幼保健院与龙虎乡卫生院三二一妇幼专科联盟签约揭牌仪式举行。这标志着广西首个覆盖市县乡（镇）三级医院及村卫生室的三二一妇幼专科联盟正式完成组建。

14日 全区政协“引企入桂　委员行动”工作推进会在桂林市召开。

15日 桂林市在桂林人才飞地启动“湾才入桂”系列活动，邀请桂林校友回归和粤桂产业人才进行对话，通过招商引才座谈交流、走访考察校友企业等方式，吸引更多人才和项目到桂林发展。

17 日　桂林市田园综合体创建、争当脱贫攻坚“明白人”活动、脱贫攻坚普查业务对接、农用地安全利用工作现场调度会在永福县召开。

2020 年上半年桂林文旅产业复苏振兴分析会召开。

18 日　中国·桂林首届乡村带货节直播大赛在七星区“漓韵侨乡”田园综合体开幕。

20 日　兴安严关二期风电项目的竣工投产运行，标志着源江片区 365 台风机 60 万千瓦全部完工并网发电，也标志着兴安县开发利用风能向风电产业化方向发展迈出坚实而重要的一步。

桂林市兴安、全州、永福、灵川、资源、恭城等地的 11 家合作社通过认定，认定数量位居全区榜首。

桂林市司法行政系统“七五”普法工作推进会在灌阳县召开。

21 日　桂林高新区 2020 年重大项目集中开竣工暨项目集中签约仪式举行，集中开竣工暨签约的重点产业项目共 22 个，总投资 292 亿元。

22 日　广西“决战决胜脱贫攻坚”桂林市专场新闻发布会在广西新闻中心召开。经初步核验评估，现行标准下桂林市剩余的 1.42 万建档立卡贫困人口、51 个贫困村已全部达到脱贫摘帽标准。

2020 年市直机关党建品牌建设暨党支部标准化规范化建设现场推进会召开。

24 日　桂林市公安局交警支队与人保财险桂林分公司合作建设的人保财险警保联动机动车登记服务站正式启用。

29 日　桂林市委、市政府召开 2020 年桂林市创建全国文明城市决胜冲刺大会，进一步贯彻落实中央和自治区关于创建全国文明城市的决策部署，深入分析当前桂林市创城工作形势，对创城工作再部署、再推进、再落实。

30 日　桂林市政协发出《致桂林市政协委员的一封信》，号召全市政协系统、全体政协委员开展“创城政协委员行”，团结一致、攻坚克难，积极参与创城和 2020 年社会评价满意度调查工作，全力冲刺、决战决胜创城“大考”。

31 日　桂林火车站升级改造工程取得阶段性进展，一楼新进站大厅、候车厅正式投入使用。新投入使用的一楼候车厅面积约1500平方米，最多可同时可容纳1200人候乘，进一步满足旅客候乘需求。

桂林市“绚丽王城　点亮桂林”夜间经济活动启动仪式在靖江王府·东西巷历史文化旅游休闲街区正阳门广场举行。

八月

1日　《桂林市漓江风景名胜区管理条例》正式实施。

桂林海关实行《入境货物检验检疫证明》电子化，企业可通过国际贸易单一窗口在线查询并自主下载打印《入境货物检验检疫证明》。

八一桥改建取得新进展。桥两侧的人行道已完成基本的路面铺设，一侧围栏已经基本拆除，行人可以正常通行，非机动车道车流通行顺畅；另一侧桥面的非机动车道、人行道被绿色帷幕隔离，但路面也干净整洁。

3日　广西首个民营经济人士现代企业管理培训基地在福达学院挂牌成立，自治区工商联还在福达控股集团有限公司、桂林海威科技股份有限公司、桂林光隆光电科技股份有限公司、桂林莱茵生物科技股份有限公司、桂林智神信息技术有限公司等5家企业设立广西民营企业科技创新研学点；广西第二个民营经济人士理想信念教育基地在兴安湘江战役纪念碑园挂牌成立，并在全州红军长征湘江战役纪念馆挂牌设立广西民营经济人士理想信念教育教学点。

桂林市委统战部召开全市统战系统全面参与桂林市全国文明城市创建部署推进会。

4日　桂林市已完成粮食播种面积430.85万亩，全面完成早稻生产任务。

广西师范大学越南研究中心获批为第三批国家民委“一带一路”国别和区域研究中心。

5日　桂林市累计完成“信息网”项目投资13.26亿元。

“2020桂林漓江购物节”在桂林万象城正式启动。

桂林市召开创建全国文明城市交通秩序整治专项工作会议。

2020 年上半年桂林市出口医药材及药品 5.29 亿元，同比增长 26.2%，占同期广西医药材及药品出口总值的 77.5%。

6 日 桂林市召开全市律师工作调研座谈会。

7 日 桂林市政府残疾人工作委员会举办第十个残疾人健身周暨“康复健身”知识讲座，进一步倡导健康生活方式，普及康复健身知识，提升为残疾人服务保障能力，营造全社会扶残、助残良好氛围。

9 日 桂林市金融机构累计发放“稳企贷”相关贷款 48.12 亿元，支持稳定就业人数 16782 人。其中，普惠小微信用贷款、支持企业数量、延期还本付息排名全区第一。

10 日 2020 年桂林市以推进“五网”建设三年大会战为目标，加大 5G、数据中心、工业互联网等建设力度。精准发力，加速“智变”，全面助力全市产业转型升级和经济高质量发展。数据显示，1～6 月，桂林市已建成超过 1000 个 5G 基站，“读秒时代”触手可及。

由桂林旅游学院等单位举办的首届研学旅行教育发展论坛在桂林举办。

11 日 桂林市住建局市政工程管理处实施的“西门下穿通道道路沥青改造工程”全面完工。此工程是桂林市首次在市政道路铺设 SMA 路面，铺设路面总面积约 1970 平方米。

12 日 桂林罗汉果以排名第四的成绩成功入选中欧第二批互认地理标志产品清单，是广西入选 9 个互认产品之一。

13 日 灌阳县黄关镇联德村示范田通过专家现场产量查定，示范推广杂交稻新品种“万太优美占”获得成功，最高亩产达到 763.39 公斤。

16 日 桂林市尚贤学校正式揭牌成立。

18 日 桂林福达农产品冷链物流园和临桂新区福达总部基地项目开工奠基。

20 日 兴安县公安局交警大队车管所被评定为“全国一等县级车辆管理所”。

25 日 由自治区党委宣传部、自治区文化和旅游厅主办的全自治区文旅融合产业发展培训班在桂林旅游学院举行。

26 日　桂林市召开扫黑除恶专项斗争冲刺会暨百日会战动员部署会。

自治区党委办公厅、自治区人民政府办公厅印发《〈关于推进广西高端智库建设试点工作的实施意见〉的通知》（厅发〔2020〕42 号），广西人文社会科学发展研究中心入选“广西首批高端智库建设试点单位”，广西师范大学广西民族教育发展研究中心入选“广西首批高端智库建设培育单位”。

七星区“共享文明　智慧阅读”启动仪式在万达广场拉开帷幕，其打造建设的 2 处“24 小时智慧阅读”微型图书馆正式启用。

28 日　政协桂林市第五届委员会常务委员会举行第二十次会议。会议审议通过《关于强化精准招商　助推工业振兴的调研报告》。

2020 科创桂林新时代高峰论坛暨桂林经华科创园揭牌仪式举行。

30 日　桂林经济技术开发区自治区级经开区授牌仪式举行。

九月

1 日　桂林市临桂新区、临桂区、经济技术开发区分别举行项目集中开竣工和签约仪式，64 个项目总投资约 500 亿元，其中临桂新区、临桂区开工项目 23 项，计划总投资约 200 亿元；经开区集中开竣工、签约的项目共 41 项，总投资约 300 亿元。

2 日　民盟“守护天使工程”示范基地暨西门子医疗医学影像示范中心在荔浦市人民医院揭牌。

3 日　桂林市育才融创实验学校揭牌，并宣布正式投入使用。

来自广西社会科学院文化研究所、广西抗战文化研究会、桂林市党史研究室、桂林市社科联、桂林市抗战文化研究会、秀峰区档案馆及关注桂林抗战文化的市民等各界人士共聚桂林讲古堂，追忆桂林抗战往事，缅怀抗战英烈，共商桂林抗战遗址保护，纪念中国抗日战争胜利 75 周年。

4 日　桂林市举行 2020 年扫黑除恶专项斗争新闻发布会。

7 日　完成提升改造的桂林市聋哑学校附属幼儿园举行开园仪式。

8 日　桂林市总工会联合市文化广电和旅游局举行授牌仪式，为桂林市首批 15 家职工（劳模）疗休养基地授牌。

广西第十七届“看禾选种”大会（桂北）在全州县举行。

9 日　桂林市召开庆祝第 36 个教师节座谈会，与教师代表面对面交流，共庆教师节，共话桂林教育事业发展大计。

12 日　2020（第二届）中国城市水环境与水生态发展大会在桂林召开。

13 日至 15 日　全区政协“巩固脱贫攻坚成果　助推乡村振兴”活动现场经验交流会在桂林市召开。

14 日　桂林市委常委会召开会议，学习贯彻习近平总书记在全国抗击新冠肺炎疫情表彰大会上的重要讲话精神。

2020 国家网络安全宣传周广西活动启动仪式在桂林博物馆举行。

15 日至 17 日　全国农民体育工作现场会、“大碧头杯”第四届全国农民体育健身大赛暨 2020 年广西庆祝农民丰收节将在全州县大碧头田园综合体举办。

17 日　桂林山水大酒店职工（劳模）疗休养基地揭牌投入使用。

18 日　桂林市第 11 届“中国统计开放日”活动在临桂新区金山广场举行。

19 日　全国农民体育工作现场会暨“大碧头”第四届全国农民体育健身大赛和 2020 年广西庆祝中国农民丰收节在全州县“康养大碧头”田园综合体圆满落幕。

桂林市作为“格力·中国造”全国巡回直播活动的第三站，“中国风·甲天下”格力电器全国巡回直播桂林站活动在临桂新区“一院两馆”广场举行。

22 日　由市委网信办，广西日报传媒集团旗下广西新闻网共同主办的“山水桂林　红色热土”——2020 年全国重点网络媒体桂林行活动正式启动。

兴安县首届农民丰收节暨“天上源江·放飞梦想”源江第四届风车文化节在兴安镇源江村热闹开幕。

23日 2021年度桂林市重点党报党刊发行工作会议召开。

桂林银行举行桂林分行揭牌活动，将桂林辖区分支机构的管理职能划归桂林分行。

广西师范大学马克思主义学院靳书君教授的成果《马克思主义经典著作重要术语中国化渊流考释》成功入选2019年度国家哲学社会科学成果文库。这是广西师范大学入选国家哲学社会科学成果文库的首项成果，也是广西历史上第二部入选国家哲学社会科学成果文库的成果。

24日 桂林恭城综合客运枢纽站揭牌。

2020年健康中国（恭城）康养大会在恭城瑶族自治县瑶汉养寿城茶江书院召开。

25日 比亚迪纯电动厢式运输车V3在桂林经开区苏桥工业园正式下线，这是全球首款搭载“刀片电池”的纯电动厢式运输车，也是继2019年4月首台“桂林制造”的比亚迪新能源商用车总装下线后，桂林比亚迪推出的又一款新能源汽车。

26日 第七届全国道德模范故事汇基层巡演活动（桂林专场）在桂林师范高等专科学校临桂校区举行。

27日 桂林市举行2020年桂林市“湾企入桂”签约仪式，签约项目17个，签约金额70.41亿元。

桂林医学院附属医院医疗健康旅游中心暨健康管理（体检）中心在桂林医学院东城校区正式启用。

南京大学中国南海研究协同创新中心、广西师范大学越南研究院联合主办的“一带一路愿景与中越关系”视频国际研讨会成功举行。

28日 桂林市第六次重大项目、“双百双新”产业项目集中开竣工活动在高铁产业园举行。

29日 召开桂林大健康和文旅产业工程指挥部第一次全体会议。

桂林市轨道试验线进行动车测试。

广西师范大学历史文化与旅游学院唐凌教授领衔申报的《湘江战役研究》获批2020年度教育部哲学社会科学研究重大课题攻关项目立项。这是

广西师范大学在该类别项目上首次获得立项，也是本年度广西唯一获得立项的高校，实现了广西师范大学在重大攻关项目立项中零的突破。

30日 220千伏平钢电源线路正式投产运行。

广西（桂林）民营小微企业首贷续贷中心在桂林市住房公积金管理中心大楼正式揭牌成立。

十月

3日 广西（桂林）民营小微企业首贷续贷中心在桂林市住房公积金管理中心大楼正式揭牌成立。

4日 2020年中国农民丰收节上表彰全国第二届“最美农技员”，广西共4名农技员入选。桂林市平乐县平乐镇农业技术推广站陆泉宇获得“最美农技员”荣誉称号，是桂林市唯一入选人员。

5日 由中央广播电视总台、中国国家铁路集团有限公司联合启动的《坐着高铁看中国》主题宣传活动报道团来到阳朔兴坪镇，从漓江兴坪码头上船，以游船做移动直播室，进行彩排。

7日 生态环境部公布2020年7月和1～7月全国地表水设区市及以上城市国家地表水考核断面排名，桂林水质量继续在全国领先，排名第四。

8日 驴妈妈旅游网发布《2020中秋国庆出游总结报告》显示，桂林居十大热门旅游目的地第四位。

11日 由交通运输部、中华全国总工会联合主办的2019年最美公交司机先进事迹报告会暨表彰大会在湖南长沙举行。桂林交通控股公交集团91路驾驶员邓兴岗荣获“最美公交司机”荣誉称号并赴长沙参加表彰会。

13日 自治区文化和旅游厅、自治区市场监督管理局联合发布文件，对经过考核评审达到广西旅游标准化示范单位评定标准的5个单位进行公布，评出2020年广西旅游标准化示范单位。荔浦市榜上有名。

14日 桂林市召开全市市域社会治理突出问题集中整治百日攻坚行动启动大会。

14 日至 16 日 中国社会保障学会、广西师范大学主办，中国社会保障学会教学委员会、广西师范大学政治与公共管理学院承办的“第五届全国社会保障师资培训班”在桂林举办。

15 日 2020 年全国大众创业万众创新活动周广西分会场活动在桂林电子科技大学花江校区正式启动。

16 日 《农民日报》评选发布 2020 全国农民合作社 500 强排行榜。桂林市 6 家农民合作社入选，入选数量位居全区第一，占全区 27 家入选总数的 22%，入选合作社皆来自永福县。

桂林市召开打击治理电信网络新型违法犯罪工作局际联席会议暨“断卡”行动部署会。

首届广西花卉苗木交易会产业论坛暨全区花卉苗木产业高质量发展培训班在桂林市叠彩区“缤纷叠彩”田园综合体（尧山花卉基地）举办。

17 日 2020 年广西金秋招聘月活动启动仪式暨就业扶贫日全州专场招聘会在全州县中心广场举行。

17 日至 18 日 由中国法学会法理学研究会主办、广西师范大学法学院承办的中国法学会法理学研究会 2020 年年会暨“全面依法治国与国家治理现代化”学术研讨会在桂林召开。

由中国社会保障学会、广西师范大学主办，中国社会保障学会教学委员会、广西师范大学政治与公共管理学院承办的第六届全国社会保障教学研讨会在桂林召开。

18 日 由自治区林业局和桂林市政府主办的第一届广西花卉苗木交易会闭幕。

19 日 桂林市中央预算内投资、抗疫特别国债、新增政府债券、PPP 项目和隐性债务化解工作推进视频会在市会议中心 309 会议室召开。

柳州文化旅游和特色农产品展示咨询中心（桂林）启用仪式在桂林璟象酒店举行。

20 日 全国双拥模范城（县）命名暨双拥模范单位和个人表彰大会在北京举行。会上，桂林市荣获“全国双拥模范城”光荣称号，是桂林市第九次被授予“全国双拥模范城”光荣称号，成功实现九连冠。

23日 桂林市首个“招聘夜市”在高新万达广场热闹开幕。

中国长城（广西）PKS 网信产业生态基地网信产品正式下线。

24日 由广西师范大学与列宁思想研究会联合举办的“纪念列宁诞辰150周年”学术研讨会暨列宁思想研究会2020年年会在桂林召开。

26日 桂林市《养老机构老年人护理常见风险防控规范》《养老机构老年人介护服务规范》通过自治区专家组审定，被认定为广西地方标准。

27日 2020中国·桂林物流与供应链创新发展峰会暨桂林市国家物流枢纽承载城市建设发展研讨会在桂林市举行，来自全国的物流行业专家、学者及企业和媒体代表等300余人参加盛会。

28日 八路军桂林办事处旧址和灵川县路莫村军需物资转运站旧址挂牌成为“全国机要密码系统革命传统教育基地”，这也是全国第7个“全国机要密码系统革命传统教育基地”。

29日 “脱贫感党恩　奋进新起点”第41届“漓江之声”决赛在灵川县开幕。

30日 由自治区党委老干部局主办，桂林市委老干部局、市戏剧创作研究中心承办的自治区第八届“多彩金秋”文化活动戏曲展演，在桂林市少年宫春天剧场上演。

31日 2020年广西自驾游大会在桂林市召开。

十一月

1日 桂林市正式开始第七次人口普查。

3日 桂林市政务服务事项“一窗分类”受理率达100%，提前完成年度指标任务。

6日 中宣部在京举办学习贯彻党的十九届五中全会精神研讨班，会上表彰一批全国基层理论宣讲先进代表。其中，桂林市委讲师团被授予“全国基层理论宣讲先进集体”。

西山科技乳腺微创旋切技术规范化培训基地在桂林南溪山医院挂牌成立。

9日 自治区普及高中阶段教育评估验收组召开会议，对桂林市普及高中阶段教育评估验收情况进行反馈。验收组一致认为，桂林市达到普及高中阶段教育达标市标准。

10日 中央文明办公布第六届全国文明城市入选名单，桂林市成功入选。

11日 2020年全国老年人健步走大联动桂林市万名老人健步走活动在市园林植物园启动。

12日 由农工党中央、国家中医药管理局、自治区人民政府主办的2020中国（广西）大健康产业峰会在桂林开幕。

“优医保互联网＋医疗5G云HIS/EDC平台数字经济公益项目”团队到桂林进行考察和项目推介。

14日至15日 由中国心理学会民族心理学专业委员会主办，广西民族教育发展研究中心、广西师范大学教育学部和广西心理学会承办，国家民委“民族语言文化心理重点研究基地”及教育部民族教育发展中心“民族心理与教育重点研究基地”协办的2020年中国心理学会民族心理学专业委员会学术年会在桂林成功举办。

17日 桂林市灵川县三街镇龙坪村（红薯干）和荔浦市东昌镇安静村（三华李）两村入选农业农村部发布第十批全国“一村一品”示范村镇名单，占广西16个入选村镇的1/8。

广西2020年全民终身学习活动周开幕式暨桂林市2020年全民终身学习活动周在桂林国际会展中心启动。

18日 桂林市消防救援支队在市园博园景区内建成桂林市首个应急消防主题文化公园。

19日 桂林市桂林金富元精致农业开发有限公司入选2020年广西第一批桂台农业合作示范基地。

20日 全国精神文明建设表彰大会在北京召开，中央文明委对第六届全国文明城市、文明村镇、文明单位和第二届全国文明家庭、文明校园及新一届全国未成年人思想道德建设工作先进进行表彰。桂林市获得第六届全国文明城市光荣称号。

21日 桂林市文明精神传递活动先后在临桂、秀峰、叠彩、灵川、七星、象山、雁山等区（县）开展。

21日至22日 由中国演化经济学年会秘书处主办，广西师范大学经济管理学院、广西人文社会科学发展研究中心、广西师范大学珠江—西江经济带发展研究院、广西师范大学学报编辑部联合承办的第十二届中国演化经济学年会在桂林成功举办。

25日 第六届中国—东盟传统医药论坛在桂林举办。

28日 以“创新合作·产业融合·绿色发展”为主题的2020中国—东盟可持续发展创新合作国际论坛在桂林香格里拉大酒店开幕。

十二月

6日 第四届“红军长征论坛”筹备工作交流会在桂林召开，来自赣州、遵义、延安、丽水、阿坝、桂林六市（州）代表就第四届“红军长征论坛”的筹备工作进行讨论交流。

7日至8日 2020非物质文化遗产整体性保护论坛在桂林举行。

8日 第15届中国—东盟文化论坛、第十四届联合国世界旅游组织/亚太旅游协会旅游趋势与展望国际论坛、2020中国—东盟博览会旅游展在桂林举办。

10日 第十届桂林国际山水文化旅游节在桂林大剧院开幕。

广西师范大学共有4项成果获评第八届高等学校科学研究优秀成果奖（人文社会科学），其中二等奖2项、三等奖2项；获奖总数超过学校历届获奖数量总和，获奖数并列广西首位，取得历史性重大突破。

11日 中医中药中国行——2020年广西（桂林）中医药健康文化大型主题活动在桂林市崇华中医街举行。

12日 2020年全区农产品仓储保鲜冷链设施建设项目现场会在恭城瑶族自治县举行。

由中国茅盾研究会主办，广西师范大学文学院/新闻与传播学院、广西高校人文社科重点研究基地桂学研究院承办的中国茅盾研究会第十二届年会在桂林召开。

15日 桂林市印发《桂林市人民政府关于印发〈桂林市农（自）用船舶安全管理办法（试行）〉的通知》，标志着桂林市首个农（自）用船舶安全管理的行政规范性文件正式出台，为今后农（自）用船舶安全管理提供重要依据。

17日 桂林市举办“2020年桂林市企业家活动日”活动，贯彻《桂林市营造企业家健康成长环境弘扬优秀企业家精神更好发挥企业家作用若干措施》。

17日至19日 第二届广西新兴领域产业创新融合发展大会在桂林召开。

18日 第20批来桂中央博士服务团到龙胜各族自治县马堤乡开展助学扶贫活动。

19日 由西安交通大学马克思主义学院、兰州大学马克思主义学院、四川大学马克思主义学院、西南大学马克思主义学院、广西师范大学马克思主义学院、中国马克思主义研究基金会《理论视野》、广西师范大学马克思主义理论与区域实践研究中心共同主办的第五届西部高校马克思主义论坛在桂林成功举行。

19日至20日 由亚洲城市与建筑联盟和亚洲设计学年奖组委会主办、广西师范大学设计学院承办的2020亚洲城市与建筑联盟国际学术年会暨第十八届亚洲设计学年奖颁奖论坛及典礼在桂林成功举行。

20日 由中国农民体育协会授牌的“全国亿万农民健身活动示范基地”在桂林大碧头田园综合体揭牌。

21日 由广西桂林图书馆与桂海碑林博物馆联合申办的国家级古籍修复技艺传习中心桂林传习所在广西桂林图书馆揭牌。

中国博物馆协会公布第四批国家一、二、三级博物馆名单，桂林博物馆成功晋升国家一级博物馆。

22日 桂林市行政审批局向大博医疗科技股份有限公司和广西瑞迅供应链管理有限公司发放跨行政区域设置库房现场验收结果通知单，这是桂林市首次完成跨行政区域设置库房验收工作，标志着桂林推进简政放权、放管结合、优化营商环境迈出新的一步。

我国新一代运载火箭长征八号在海南文昌发射场点火升空，以“一箭五星”的方式，成功将一颗主星和4颗小卫星送入预定轨道，首次发射任务取得圆满成功。其中，桂林航天电子有限公司为长征八号运载火箭配套提供高质量的电磁继电器、直流固态继电器、特种开关等产品，主要用于点火控制系统、供配电切换电路、提供分离信号、实现星箭分离等功能，为保障发射任务成功作出积极贡献。

2020年首次广西大型商业综合体夜间灭火救援实战演练在桂林举行。

23日 自治区农业农村厅公布自治区级农产品加工集聚区认定名单，桂林市永福县苏桥农产品（罗汉果）加工集聚区、荔浦市长水岭农产品加工集聚区、全州县城西农产品加工集聚区和全州县才湾农产品加工集聚区4个农产品加工集聚区获自治区级农产品加工集聚区称号。

24日 第19届广西名特优农产品（桂林）交易会在桂林国际会展中心开幕，展会为期4天。

25日 桂林交通控股公交集团将观光1号线、2号线合并为观光1号线，并于12月25日起正式运行。

桂林平钢钢铁有限公司年产120万吨炼钢轧钢技改项目竣工投产仪式在平乐县工业集中区举行。该技改项目引进目前世界最先进的短流程钢铁生产线，可生产屈服强度600兆帕的高强度抗震建筑用钢材，填补广西及周边地区无高强度建筑钢材的市场空白。

桂林国际旅游胜地提质升级新闻发布会在南宁市广西新闻发布厅召开。

桂林产融合作高质量发展论坛在金融大厦举行。

桂林医学院附属医院“手机全流程诊疗+线上医保支付”启用仪式

举行。

28 日　桂林日报社、桂林广播电视台临桂新区办公新址揭牌。

29 日　由全国工商联与自治区人民政府共同举办的全国知名民营企业助推“建设壮美广西共圆复兴梦想”大会在桂林举行。

Abstract

During the 13th Five-Year Plan period, guided by Xi Jinping's socialist ideology with Chinese characteristics in the new era, and in accordance with the new mission of "Three Positioning" and the new requirements of "Five Soundness" entrusted to Guangxi by General Secretary Xi Jinping, Guilin adhered to the new development concept and set up a world-class standard. Guilin will accelerate the construction of the National Sustainable Development Agenda Innovation Demonstration Zone, the National Tourism Innovation Development Pioneer Zone, the National Ecological Civilization Construction Demonstration Zone and the National Health Tourism Demonstration Base, and build a world-class tourist destination and an international cultural exchange center.

Annual Report on Economic and Social Development of Guilin (2021) consists of three parts: general report, topical reports and special reports. The general report reviews and analyzes the economic and social development situation of Guilin in the past five years, makes a comprehensive and objective assessment of the implementation of the 13th Five-Year Plan, and looks forward to the development trend during the 14th Five-Year Plan. According to the report, during the 13th Five-Year Plan period, Guilin's strategic goal of "Two Built" has been successfully achieved, the strategy of "Two Revitalization" of industrial revitalization and rural revitalization has been further promoted, the level of urban modernization has been continuously improved, the battle against poverty has been won in an all-round way, the urban and rural development has been coordinated, and the happiness index of urban and rural residents is rising. However, there are still many problems in the process of Guilin's economic and social development, such as the weak ability to cope with risks and challenges, the low level of "international first-class quality" of tourist attractions, the prominent shortcomings of industrial development, and the unbalanced and uncoordinated development of urban and rural areas. In the "14th Five-Year Plan" and even longer period in the future, we need to continue to meet the international first-class standards, create a good environment suitable for industry, living, entertainment and tourism, and promote the construction of international tourist cities; further establish the guiding ideology that manufacturing industry is the fundamental industry, vigorously promote industrial revitalization, and make up for the shortcomings of manufacturing industry development; concentrate on rural revitalization, and promote the priority development of agriculture and rural areas; focus on green sustainable development, and optimize the "Production-Living-Ecological Space"; implement the integration of the east and the expansion of the south and actively integrate the domestic and international "Dual Circulation"; integrate innovative resources, cultivate the endogenous driving force of development with innovation; strive to safeguard people's livelihood and improve people's "happiness index" .

The topical reports and special reports of this book are further expansion of the core content of the general report combs the important achievements of Guilin's international tourist resort construction, summarizes the basic experience of Guilin's international tourist resort construction and development, analyses the factors restricting Guilin's tourism development, looks forward to Guilin's building a world tourist city, and puts forward relevant countermeasures and suggestions. Focusing on the new vision of Guilin's construction of the National Sustainable Development Agenda Innovation Demonstration Zone, and analyzes the current situation of the construction of the demonstration zone from the five actions of promoting the conservation of natural landscape resources, the innovative development of ecotourism, the innovative development of ecological agriculture, the creative development of cultural and recreational industries, and the support of innovation-driven capacity, and systematically summarizes the construction of demonstration zones. While also analyzes the problems existing in the demonstration area, such as the need to further strengthen the construction force, the lack of innovation momentum for sustainable development, and the arduous task of landscape resources conservation, and puts forward some policy suggestions to promote the construction of the demonstration area.

Focusing on the core contents of industrial revitalization, rural revitalization, the construction of characteristic towns leading the development of new urbanization, the development of massive health industry, and social development, the special reports strive to comprehensively reflect the realistic basis, comparative advantages, problems, strategic opportunities and main directions of Guilin's economic and social development under the background of building a new development pattern.

Keywords: International Tourist Attractions; National Sustainable Development Demonstration Zones; High-quality Development; Guilin

Contents

I General Report

Abstract: Closely around the economic and social development goals, tasks and policy measures of Guilin in the 13th Five-Year Plan, this paper reviews, summarizes and systematically evaluates the current situation and effectiveness of economic and social development in the 13th Five-Year Plan, analyzes the shortcomings and constraints in the development, and puts forward counterm-easures and suggestions for economic and Social Development in the 14th Five-Year Plan. During the 13th Five-Year Plan period, around the overall strategic goal of "Two Built", Guilin accelerated the establishment and implementation of new development concepts, promoted supply-side structural reform, innovation-driven transformation and upgrading, and comprehensively deepened reform. After five years of development, Guilin's strategic goal of "Two Built" has been successfully achieved, the strategy of "Two Revitalization" of industrial revitalization and rural revitalization has been further promoted, the comprehensive economic strength has been comprehensively enhanced, the level of urban modernization has been continuously improved, the battle against poverty has been won in an all-round way, urban and rural development has been coordinated in an all-round way, and the happiness index of urban and rural residents has been rising. Significant progress has been made in social and livelihood undertakings and ecological civilization construction, and cultural soft power has been significantly enhanced. The development pattern of all-round and high-level opening-up is speeding up. However, at present, there are still many problems in the process of Guilin's economic and social development, such as weak ability to cope with risks and challenges, low level of "international first-class quality" of tourist attractions, prominent shortcomings in industrial development, and unbalanced and uncoordinated development between urban and rural areas. In the "14th Five-Year Plan" and even longer in the future, we should continue to meet the international first-class standards, create a good environment suitable for industry, livability, pleasure and tourism, and promote the construction of international tourist cities; establish the guiding ideology that manufacturing industry is the fundamental industry, vigorously promote industrial revitalization, and make up for the shortcomings of manufacturing industry development; concentrate on rural revitalization, and promote the priority development of agriculture and rural areas; Concentrate on green and sustainable development, optimize "Production-Living-Ecological Space", implement integration in the east and expansion in the south, and actively integrate into the "Dual Circulation"; We should integrate innovative resources, foster endogenous driving force for development, and strive to safeguard people's livelihood and improve people's "happiness index".

Keywords: the 13th Five-Year Plan; Assessment of Economic and Social Development; Guilin

Ⅱ Topical Reports

B.2 Analysis and Prospect of Social Development in Guilin

Xiao Fuqun, Xu Qilong / 062

Abstract: In 2020, under the dual pressures of the COVID-19 and the economic downturn, Guilin coordinated the promotion of epidemic prevention and control and economic and social development, and finally successfully completed the 13th Five-Year Plan, achieving the dual victory of fighting against poverty and building a well-off society in an all-round way. In 2020, the income of Guilin residents continued to grow, education was further improved, medical and health services achieved remarkable results, the level of social security continued to improve, employment and entrepreneurship as a whole stabilized, public cultural and sports undertakings were smoothly promoted, ethnic work was steadily promoted, and Guilin was successfully selected as a national civilized city. But at the same time, there are also some problems, such as the widening gap between urban and rural residents'per capita income year by year, the prominent structural contradiction of employment, the need to strengthen the quality of education, the low level of people's livelihood security, and the shortcomings of social governance. The year 2021 is a new starting point for building a socialist modern country in an all-round way and striving for the goal of the second century. It is also the first year of the 14th Five-Year Plan. Guilin should thoroughly implement Xi Jinping's important speech and directive spirit on Guilin, take building a world-class tourist city as the center to guide the overall economic and social development, and make every effort to improve the quality of life of residents and accelerate the development of cultural undertakings. We should stabilize and promote employment and build a multi-level social security system. Promote the goal of educational modernization, promote the balanced development of high-quality medical resources, enhance the ability of social governance, and promote the high-quality development of society.

Keywords: Livelihood of People; Social Development; Guilin

Abstract: This report mainly analyzes and discusses the achievements of Guilin's industrial revitalization and development in 2020, the main problems faced by Guilin's industrial revitalization, and the countermeasures and prospects for Guilin's Industrial Revitalization and development. Through the scientific analysis of relevant statistical data and first-hand and second-hand data, it is found that Guilin's industrial revitalization and development in 2020 has achieved relatively good results, which are mainly reflected in six aspects: "Three-Four-Five" (which means three industrial parks, four key industrial counties, and five ecological functional districts and counties) industrial development layout has initially taken shape; Three municipal parks [Guilin National High-tech Zone, Guilin Economic Development Zone and Guangxi Park of High-speed Railway (Guilin)] The construction has been fruitful, leading industries (mainly electronic information, advanced equipment manufacturing, biomedicine, ecological food and other four leading industries) and leading enterprises have continued to grow, strategic emerging industries have developed steadily, major industrial projects have been smoothly promoted, and enterprise services and business environment have continued to improve. While achieving the above development results, this report finds that Guilin's industrial revitalization is facing some typical problems, mainly including: unbalanced spatial development, convergence of positioning; weak industrial parks, low industrial agglomeration; small leading industries, weak leading enterprises; poor industrial structure, insufficient innovation and development; slow pace of industrialization, poor business environment, and so on. In view of the typical problems in the implementation of Guilin's industrial revitalization strategy, this report believes that it is necessary to take corresponding measures to solve them one by one, and suggests that we should optimize the layout of "Three-Four-Five" space development, promote the construction of industrial parks with high quality, strengthen and optimize the four leading industries, build a modern industrial system with optimized structure, and take various measures to optimize the business environment.

Keywords: Industrial Revitalization; Industrial Park; Leading Industry; Leading Enterprise; Guilin

B.4 Report on the Development of Guilin's Implementation of Rural Revitalization Strategy

Abstract: 2020 is the closing year of the 13th Five-Year Plan and the decisive year of the battle against poverty. The CPC Central Committee has issued policies on the theme of winning the battle against poverty and implementing the strategy of rural revitalization, so as to promote the effective connection between poverty alleviation and rural revitalization. At this key point, in order to ensure the full implementation of rural revitalization, Guilin has explored and practiced around five aspects, namely, industrial prosperity, ecological livability, rural civilization, effective governance and affluent life, and constantly consolidated the existing achievements in poverty alleviation and fortification. We will intensify rural revitalization, improve the quality of agricultural development, promote the continuous increase of farmers' income, improve the living environment of rural people, strengthen the construction of rural culture and civilization, and improve the rural governance system, and achieve remarkable results. However, at present, the overall economic development level of Guilin is relatively backward, and there are many problems, such as the low level of agricultural industrialization development, the incomplete social security of farmers, the imperfect public service system, and the inadequate capacity of grass-roots governance subjects. In the opening year of the 14th Five-Year Plan, Guilin thoroughly implemented the relevant spirit of the central and autonomous regions, comprehensively promoted the strategy of rural revitalization, focused on stabilizing grain production, restoring the production capacity of important agricultural products, improving rural infrastructure construction, improving the efficiency of rural human settlements improvement, and continuously deepening rural reform.

Keywords: Rural Revitalization; Poverty Alleviation; Rural Reform; Guilin

Ⅲ Special Reports

Abstract: Guilin began to promote the construction of international tourist attractions in 2012, and basically completed the planning objectives and tasks of the Outline of Guilin International Tourist Attractions Construction and Development Planning (2012 – 2020) by the end of 2020. The construction of Guilin's international tourist attractions is an important node for Guilin to build a world-class tourist city, and also an important stage for Guilin to build a world-class tourist destination. At this stage, Guilin has carried out pilot projects in various fields, such as land use, mechanism and system, tourism industry, development mode and internationalization, and has gained important experience, initially forming the "Guilin Model", "Guilin Pattern" and "Guilin Sample" of China's international tourism. This report combs the important achievements of Guilin's international tourism resort construction, summarizes the basic experience of Guilin's international tourism resort construction and development through the important achievements, analyzes the core factors restricting Guilin's tourism development, and puts forward suggestions for Guilin to build a world tourism city.

Keywords: Guilin International Tourist Resort; World Tourism; Tourist City

Abstract: Focusing on the new vision of Guilin's construction of the

Guilin, this paper summarizes the experience and mode of each characteristic town leading the development of new urbanization, and finds that there are some problems in the process of new urbanization construction led by characteristic towns in Guilin, such as large funding gap, lack of prominent characteristic industries, lack of professionals, low quality of urbanization, and weak industrial agglomeration effect. In view of this, this paper explores the innovative mode of Guilin's characteristic towns leading the development of new urbanization from the dimensions of finding the integration point, optimizing the integration mode, cultivating multiple integration subjects, and improving the benefit distribution mechanism; Through raising funds from various sources, basing on characteristic industries, cultivating professionals, strengthening the leading role of leading enterprises and other measures to ensure its steady operation, it provides a reference for the construction of characteristic towns in Guilin to lead the development of new urbanization.

Keywords: Characteristic Towns; New Urbanization; Characteristic Industries; Guilin

B.8 Report on Guilin's Massive Health Industry Development

Luo Yuxi, Meng Defeng and He Meng / 280

Abstract: Since the "13th Five-Year Plan", the construction of Guilin's massive health industry system has made important achievements in medical and health care, health and wellness services, policy support, tourism health and other aspects, laying a good foundation for the development of the massive health industry as a pillar industry in Guilin. However, in the current construction of Guilin's massive health industry system, there are still some challenges and difficulties, such as low efficiency of resource utilization, poor quality of industrial development, weak externality of industry and unbalanced industrial development. Accordingly, we should focus on policy measures, industrial system building, industrial agglomeration, brand building and innovation ability training to promote

the balanced and rapid development of Guilin's massive health industry.

Keywords: Massive Health Industry; Health Tourism; New Medical Guarantee System; Guilin

Ⅳ Appendix

皮 书

智库成果出版与传播平台

皮书定义

皮书是对中国与世界发展状况和热点问题进行年度监测，以专业的角度、专家的视野和实证研究方法，针对某一领域或区域现状与发展态势展开分析和预测，具备前沿性、原创性、实证性、连续性、时效性等特点的公开出版物，由一系列权威研究报告组成。

皮书作者

皮书系列报告作者以国内外一流研究机构、知名高校等重点智库的研究人员为主，多为相关领域一流专家学者，他们的观点代表了当下学界对中国与世界的现实和未来最高水平的解读与分析。截至 2021 年底，皮书研创机构逾千家，报告作者累计超过 10 万人。

皮书荣誉

皮书作为中国社会科学院基础理论研究与应用对策研究融合发展的代表性成果，不仅是哲学社会科学工作者服务中国特色社会主义现代化建设的重要成果，更是助力中国特色新型智库建设、构建中国特色哲学社会科学“三大体系”的重要平台。皮书系列先后被列入“十二五”“十三五”“十四五”时期国家重点出版物出版专项规划项目；2013~2022 年，重点皮书列入中国社会科学院国家哲学社会科学创新工程项目。

S 基本子库
UB DATABASE

中国社会发展数据库（下设 12 个专题子库）

紧扣人口、政治、外交、法律、教育、医疗卫生、资源环境等 12 个社会发展领域的前沿和热点，全面整合专业著作、智库报告、学术资讯、调研数据等类型资源，帮助用户追踪中国社会发展动态、研究社会发展战略与政策、了解社会热点问题、分析社会发展趋势。

中国经济发展数据库（下设 12 专题子库）

内容涵盖宏观经济、产业经济、工业经济、农业经济、财政金融、房地产经济、城市经济、商业贸易等 12 个重点经济领域，为把握经济运行态势、洞察经济发展规律、研判经济发展趋势、进行经济调控决策提供参考和依据。

中国行业发展数据库（下设 17 个专题子库）

以中国国民经济行业分类为依据，覆盖金融业、旅游业、交通运输业、能源矿产业、制造业等 100 多个行业，跟踪分析国民经济相关行业市场运行状况和政策导向，汇集行业发展前沿资讯，为投资、从业及各种经济决策提供理论支撑和实践指导。

中国区域发展数据库（下设 4 个专题子库）

对中国特定区域内的经济、社会、文化等领域现状与发展情况进行深度分析和预测，涉及省级行政区、城市群、城市、农村等不同维度，研究层级至县及县以下行政区，为学者研究地方经济社会宏观态势、经验模式、发展案例提供支撑，为地方政府决策提供参考。

中国文化传媒数据库（下设 18 个专题子库）

内容覆盖文化产业、新闻传播、电影娱乐、文学艺术、群众文化、图书情报等 18 个重点研究领域，聚焦文化传媒领域发展前沿、热点话题、行业实践，服务用户的教学科研、文化投资、企业规划等需要。

世界经济与国际关系数据库（下设 6 个专题子库）

整合世界经济、国际政治、世界文化与科技、全球性问题、国际组织与国际法、区域研究 6 大领域研究成果，对世界经济形势、国际形势进行连续性深度分析，对年度热点问题进行专题解读，为研判全球发展趋势提供事实和数据支持。

法律声明